El universo literario de Laura Restrepo

El universo literario de Laura Restrepo

Antología crítica
Elvira Sánchez-Blake y Julie Lirot, editoras

TAURUS

PENSAMIENTO

© 2007, Elvira Sánchez-Blake, Julie Lirot, Carmiña Navia, Paolo Vignolo, Magdalena Maiz-Peña, José Jesús Osorio, Lourdes Rojas, Samuel Jaramillo González, Mery Cruz Calvo, Luz Stella Angarita Palencia, Montserrat Ordóñez, Gustavo Mejía, Helena Isabel Cascante, Rosana Díaz-Zambrana, María E. Olaya, Elizabeth Montes Garcés, Gricel Ávila Ortega, Vania Barraza Toledo, Juan Alberto Blanco Puentes, María Victoria García Serrano, Jaime Manrique, Pedro Saboulard.

© De esta edición:
2007, Distribuidora y Editora Aguilar, Altea, Taurus, Alfaguara, S. A.
Calle 80 No. 10-23
Teléfono (571) 6 39 60 00
Fax (571) 2 36 93 82
Bogotá - Colombia

• Aguilar, Altea, Taurus, Alfaguara S. A.
Av. Leandro N. Alem 720 (1001), Buenos Aires
• Santillana Ediciones Generales S. A. de C. V.
Avda. Universidad, 767, Col. del Valle,
México, D.F. C. P. 03100
• Santillana Ediciones Generales, S.L.
Torrelaguna, 60. 28043, Madrid

Fotografía de cubierta: Carlos Duque
Diseño de cubierta: Ana María Sánchez

ISBN: 978-958-704-573-4
Impreso en Colombia - *Printed in Colombia*

CONTENIDO

Introducción

Lo que las palabras significan y lo que se logra por su conducto es un compromiso adquirido con el simbolismo que hay detrás de cada una; un compromiso que tiene como fin rescatar la dignidad del ser humano.
LAURA RESTREPO

No es fácil reunir en un solo volumen la totalidad de la obra crítica sobre Laura Restrepo. Cuando Julie Lirot y yo lanzamos la convocatoria para recibir textos sobre Restrepo, nos llegó un número significativo de ensayos, reseñas y trabajos críticos desde diversos puntos del planeta. Por tanto, no fue sencilla la labor de seleccionar y organizar los trabajos en esta antología, pero ha sido todo un placer observar la suma de perspectivas, lecturas y análisis que suscita cada una de sus obras. Se podría afirmar que como escritora, Laura Restrepo cumple con el sueño de todos los autores: el de generar una amalgama de inquietudes y réplicas a partir de su literatura.

Esta compilación partió de una necesidad. Con más de siete novelas publicadas, que han sido traducidas a doce idiomas, Laura Restrepo es actualmente una de las escritoras colombianas más reconocidas y quizá la que ha trascendido con mayor éxito las fronteras nacionales. Su obra combina el reportaje con la ficción desde una perspectiva objetiva de los conflictos que vive Colombia. Pero es también, desde una perspectiva humana, el retrato de las pasiones que viven las personas en cualquier parte del mundo. Los ensayos que seleccionamos para esta antología así lo demuestran. Las consideraciones sobre su escritura aúnan diversos enfoques teóricos y son un reflejo del concepto universalista que nos ofrece la escritura de Restrepo.

La antología está dividida en partes que corresponden a cada una de las novelas más reconocidas, organizadas cronológicamente. Carmiña Navia, demostrando un conocimiento acertado y profundo de la obra de Restrepo, abre el caleidoscopio de esta compilación ofreciendo un panorama general de la obra de la escritora. Nos recuerda que «la autora pertenece a esa generación de medio siglo en Colombia, a la de los jóvenes y las jóvenes de los 60-70. Generación de múltiples intereses, compromisos, rupturas y aportes, generación de sueños y utopías que heredó de las vanguardias una conciencia estética de renovación».

Al ensayo de Navia le sigue uno, de mi autoría, sobre la primera publicación de Restrepo: *Historia de una traición* (1986), que después retitularon *Historia de un entusiasmo* (1999). Llama la atención que haya tan poca información sobre este texto y que la respuesta crítica a él sea casi inexistente. Sin embargo, constituye un pilar definitivo en la carrera literaria de la autora, y eso es lo que intenta destacar el análisis referido.

Sigue luego la sección dedicada a *La isla de la pasión* (México, 1989), que ha tenido más reconocimiento a partir de los sucesivos éxitos y premios de Restrepo que cuando se publicó originalmente. En la actualidad es una de las obras que más interés ha suscitado en el campo crítico. Paolo Vignolo, Magdalena Maiz-Peña y José Jesús Osorio nos ofrecen tres perspectivas distintas de esta novela y sus múltiples significados.

Paolo Vignolo, por ejemplo, destaca que Laura Restrepo descubre entre los escombros de la revolución mexicana la posibilidad de la utopía y desentraña una relación que él denomina «cortocircuito» entre los acontecimientos que sacuden la escena internacional y el trasegar insignificante de la gente de Clipperton. Esto «le permite a Laura Restrepo enfrentarse, sin temores reverenciales, a los grandes debates que van surgiendo en el mundo académico en los años de la publicación del libro: la emergencia de una historia desde abajo, los conflictos entre la visión hegemónica y la visión subordinada, los problemas relacionados con un quehacer histórico postcolonial y postnacional, las prácticas de la microhistoria y de la historia oral».

José Jesús Osorio, por su parte, ve una relación entre el periodismo y la literatura en *La isla de la pasión*. Según él, Restrepo recurre al reportaje y a la crónica para darle mayor sentido de realidad a la ficcionalización de la novela. También analiza la influencia del exilio de la escritora en México y cómo esta difícil situación la motivó a escribir una novela donde los personajes viven condiciones de aislamiento y desarraigo.

Magdalena Maiz-Peña, académica mexicana, se tomó el trabajo de visitar los lugares donde tiene lugar la novela para verificar «las geografías textuales, la cultura material y el género» de *La isla de la pasión* con el fin de darle una lectura desde la geografía interior mexicana. Maiz-Peña concluye que «Laura Restrepo desestabiliza los límites y las fronteras de representación de un episodio nacional e incita al lector a mirar con desconfianza el esquematismo de la documentación histórica al mostrarle en su práctica escritural el valor de la densidad narrativa de un imaginario que hibridiza narrativas en dispersión, más allá de datos, fechas, nombres y sitios».

El leopardo al sol (1993)[1] cuenta con dos ensayos: uno de Lourdes Rojas y otro de Samuel Jaramillo. El de Rojas descubre los matices de la cultura cinematográfica, telenovelesca y de folletín que se advierten en la novela, con un propósito evidente de conjurar esos géneros. Según Rojas: «Lenguaje e imágenes parodian el absurdo y el ridículo del mundo de la violencia... creando claves narrativas que nos permiten entender cómo viven o sobreviven bajo una guerra fraticida los que habitan la costa norte de Colombia, en un texto que se ubica con comodidad y voz propia dentro del paradigma literario colombiano de los últimos años». Por su parte, el ensayo de Samuel Jaramillo se refiere al aspecto del narcotráfico de *El leopardo al sol* desde una dimensión cultural. Jaramillo se pregunta: «El veredicto final que da la autora es deliberadamente ambivalente: la ruina final de estos antihéroes, presentida, ineludible en la narración, ¿se da como consecuencia de la trasgresión de las pautas rígidas y tradicionales en que se ejerce esta violencia y que la sublima? ¿Es un castigo por el intento de trascender estas raíces, de asimilarse, de cambiar? ¿O por el contrario, es la penalización que da la historia a quien no se adapta a la mutación de sus leyes?»

En «La construcción del personaje femenino», Mery Cruz Calvo hace un análisis desde una perspectiva de género de la novela *Dulce compañía* (1995), primera de las obras de Restrepo que mereció premios y reconocimientos internacionales. Calvo afirma que ha podido determinar un eje común en las novelas de Restrepo: el camino del amor no es posible, no se puede encontrar, sus sendas son tortuosas, dolorosas, como sucede con las mujeres de *El leopardo al sol* o *La novia oscura*. En *Dulce compañía* se recrea esta constante, pero, a diferencia de presentar decepciones personales, humanas, el amor se escapa por medio de un ángel, en la «esencia» de este personaje está la imposibilidad de un amor real. Sólo mediante los cuadernos del ángel se perfila la tradición femenina, que se perpetúa por medio de la palabra en la hija de la periodista narradora: una niña.

A continuación, Samuel Jaramillo, desde la perspectiva de lo fantástico, replica con una semblanza de *Dulce compañía* y advierte que lo sobrenatural en esta novela no tiene la dimensión que tiene en

---

1 La novela tiene este nombre en su primera edición, de Editorial Norma; en la edición de Alfaguara se llama *Leopardo al sol*.

otros textos de género fantástico. Laura Restrepo la articula de una manera precisa y la pone al servicio, según Jaramillo, de uno de los elementos nucleares del texto: la segmentación de la sociedad colombiana.

La sección sobre *La novia oscura* (1999) empieza con un ensayo de Julie Lirot que explora la posibilidad de retomar una historia de amor como fuente de liberación femenina. Plantea que al reescribir el mito del amor perfecto, la protagonista abandona lo aceptado tradicionalmente y se lanza a lo desconocido, apropiándose del papel activo generalmente reservado para las figuras narrativas masculinas. Después, Luz Stella Angarita desarrolla un análisis basado en el proceso de «écfrasis», por medio de la cual intersecta lectura y memoria personal. Angarita hace una lectura personal basada en su propia experiencia de infancia: «...Porque como lectora de *La novia oscura* cada detalle natural me apela culturalmente y de esa forma pude ingresar más vivamente en la retórica estética de la historia, apartándome de la realidad anterior a la construcción de la obra misma». El ensayo logra así una perspectiva que se mueve entre texto y el recuerdo, el análisis y los enlaces conversacionales.

Al texto de Angarita le sigue el artículo de Montserrat Ordóñez «Laura Restrepo, ángeles y prostitutas: dos novelas»[2]. Ordóñez resalta la representación de la mujer desde los extremos en las novelas *Dulce compañía* y *La novia oscura*. De acuerdo con Ordóñez, en estas dos novelas Restrepo intenta recuperar visiones y alternativas de vida por medio de la ficción, ante la imposibilidad de aprehender las historias desde el periodismo. «Así, la novela reemplaza su intento de lograr reportajes periodísticos o documentos y testimonios que den razón de estos elusivos mundos.»

Sobre *La multitud errante* (2001) recibimos ensayos de múltiples vertientes. Gustavo Mejía explora las relaciones entre la multitud y el individuo; la violencia y la paz; el pasado, el presente y el futuro; y el carácter y la libertad. Helena Isabel Cascante aborda las teorías sobre migración e identidad provenientes de los campos de la geografía, la antropología y los estudios culturales para llegar a un entendimiento

---

2 Este ensayo se reproduce con el permiso de Enrique Ordóñez y en honor a su memoria. Fue publicado originalmente en: Lady Rojas-Trempe y Catherine Vallejo, eds., *Celebración de la creación literaria de escritoras hispanas en las Américas,* Girol Books y Enana Blanca, Ottawa y Montreal, Canadá, 2000, p. 93-101. Luego se reprodujo en: Montserrat Ordóñez (Carolina Alzate, Liliana Ramírez y Beatriz Restrepo, eds.), *De voces y de amores,* Editorial Norma, Bogotá, 2005.

de los retos que el protagonista, Siete por Tres, enfrenta como epítome del desplazado. Concluye que Siete por Tres reestablece el mismo paradigma tradicional del hombre protector que salva a la mujer en peligro en vez de buscar una solución alternativa, reesquematizando el mismo error que ahoga a América Latina: «El deseo de regresar a lo conocido aunque no haya sido fructífero en el pasado». Rosana Díaz responde con una exploración del uso de figuras y motivos arquetípicos en *La multitud errante*, con el objetivo de posibilitar una lectura universal y trascendente de la experiencia humana en tiempos de movilización indeseada y crisis nacionales de frontera. Finalmente, María Olaya compara, en «Nomadismo e identidad», dicha novela con la video-instalación *Camino*, de Rolf Abderhalden. Al comparar los dos trabajos, los referentes culturales de «casa colombiana» aparecen extraños y fuera de lugar, mostrándonos que las certezas de la domesticidad o la vida cotidiana pierden su aparente solidez en un país que, como bien lo ha dicho Laura Restrepo, «está en el camino». Al final concluye que las dos obras no solamente coinciden sino que se complementan en la construcción de una óptica del exilio en el contexto colombiano. Estas cuatro lecturas de *La multitud errante* tienen un común denominador: el de la responsabilidad histórica que la novela revierte sobre el momento que vive Colombia.

Delirio (2004) es la obra de Restrepo que ha generado mayor respuesta y no es insólito, dada la repercusión que ha tenido como fenómeno literario. *Delirio* es el libro más vendido por Alfaguara en los últimos años. Este éxito editorial no es fortuito, pero sí es relevante. *Delirio* les cambió la vida a Laura Restrepo y a los lectores de su obra. De ahí las múltiples y variadas interpretaciones que presentamos en el aparte dedicado a esta novela.

Elizabeth Montes analiza *Delirio* desde la relación entre el deseo y la producción social, a la luz de las teorías de Deleuze y Guattari: «Por una parte, el delirio impulsa a Agustina y a Aguilar a romper los paradigmas establecidos de clase y de género (lo esquizo-revolucionario). Por otra parte, dicho delirio también incita a Midas y a la Araña Salazar a reafirmar los privilegios tradicionales de clase y género (lo paranoico) sin importar las consecuencias, que incluyen la violencia y la aniquilación de los más indefensos». Por su parte, Gricel Ávila compara *Delirio* con la tragedia *Edipo Rey* y explica el delirio como expiación de una culpa histórica. «En la tragedia griega se establece la necesidad de varios sacrificios para balancear un orden en el reino de Tebas, como el suicidio de Yocasta y la ceguera de Edipo. En la novela, los personajes desarrollan este sacrificio. Sus con tradicciones emocionales simbolizan el cuestionamiento del mundo que los rodea, pues develan el origen de sus "desgracias", y de esta manera los personajes se purgan a sí mismos, ofreciéndose como expiaciones. La expiación es para encontrar la raíz de los problemas que afectan a Colombia». A continuación, Vania Barraza sorprende con una lectura desde la perspectiva del espacio urbano/social y el elemento detectivesco de la novela. Barraza explora la geografía textual y simbólica de la ciudad de Bogotá en la novela y la serie de desplazamientos a nivel metafórico y real y unifica todo a partir de la relación con el misterio que suscita la narración.

Después, Juan Alberto Blanco logra una de las lecturas más completas de la novela al enmarcarla dentro de la novelística contemporánea colombiana de temas relacionados con la violencia y el narcotráfico y ahonda en los asuntos que se refieren a la preservación de la memoria individual y colectiva de la nación. El autor explora cada uno de los personajes y su papel en la intricada maraña del texto y conecta todos los cabos que producen el tejido narrativo desde lo social, lo político, lo temporal y lo atemporal de la novela. Leer este ensayo permite recomponer el armazón que Restrepo se propuso descomponer en su narración. María Victoria García acude en su ensayo a los planteamientos de Lacan y de Freud para comprender los rasgos de locura de Agustina. Según ella, el conflicto interno causado por dos fuerzas antagónicas: el amor al padre (el agresor) y el amor al hermano (la víctima) son los causantes de la locura. Agustina no logra reconciliar satisfactoriamente ambos afectos o bien decidirse por uno de ellos excluyendo al otro, y esta incapacidad le genera un fuerte sentimiento de culpa, que, en últimas, degenera en el delirio. Esta condición se refuerza con el ambiente de violencia e inseguridad que vive la protagonista a nivel de nación. García es una de las pocas que analiza también las otras enfermedades que menciona la novela, como la lepra, elemento determinante en la relación entre locura y descomposición social.

Para finalizar, el ensayo sobre la razón y la sinrazón, de mi autoría, se refiere a la frontera entre la visibilidad y la ceguera, la capacidad de ver y de no ver y la relación que se establece con el delirio o locura, la razón y la sinrazón, lo cual constituye el elemento central de la novela de Restrepo y en el que se concentra el análisis. Este ensayo establece también una conexión con las obras de José Saramago, particularmente *Memorial del convento* y *Ensayo sobre la ceguera*, en relación con el mismo tema de lo escópico y cómo influye en la manera de ver el mundo.

Esta compilación ensayística finaliza con una sección de entrevistas a Laura Restrepo. Una realizada por Julie Lirot, otra por Jaime Manrique y la que cierra con broche de oro y un tinte de humor: la que le hizo Pedro Saboulard a su madre.

Tanto Julie Lirot como yo, al igual que los autores de los ensayos que componen este libro, esperamos que este esfuerzo arroje nuevas luces y sea la semilla de discusiones fructíferas sobre la obra de una de las escritoras más representativas de Colombia y Latinoamérica hoy.

ELVIRA SÁNCHEZ-BLAKE

EL UNIVERSO LITERARIO DE LAURA RESTREPO

CARMIÑA NAVIA, UNIVERSIDAD DEL VALLE

Laura Restrepo, nacida en Bogotá en 1950, se ha perfilado paso a paso, a lo largo de la última década, como una gran escritora que recoge lo mejor de la tradición novelística, en Colombia. Su trabajo literario, investigativo y periodístico ha ido afianzándose y volviéndose más profundo, lo que la ha convertido en una figura fundamental de las letras y el panorama cultural colombiano. Mujer de Letras amplia y compleja, Restrepo ha incursionado en múltiples géneros y formas de escritura, desde la crítica literaria hasta la literatura infantil, pasando por la crónica y la novela.

Pertenece a esa generación de medio siglo en Colombia... los jóvenes y las jóvenes de los 60-70. Generación de múltiples intereses, compromisos, rupturas y aportes. Generación de sueños y utopías que heredó de las vanguardias una conciencia estética de renovación. Laura Restrepo ha sido precoz, por ello generacionalmente se ubica al lado de intelectuales como Alfredo Molano o Antonio Caballero, aunque por edad podría estar más del lado de escritores como Jorge Franco, Consuelo Triviño y Ana María Rojas.

Si bien *Historia de un entusiasmo*[1] es anterior, la narrativa de ficción de Restrepo se inicia en 1989, cuando publica su primer trabajo novelístico: *La isla de la pasión*, a partir de una investigación sobre una leyenda histórica mexicana. Ésta es su ópera prima y es necesario reconocer que se trata de una pequeña obra maestra. En ella, la autora logra un universo literario en el que la fantasía y la realidad, los sueños y las angustias se entrecruzan para lograr en los lectores y lectoras una experiencia profunda en la que se fusionan el goce estético y la reflexión sobre un mundo que se desmorona por el abandono y la indiferencia de las dinámicas sociales dominantes. El texto se ubica en aquellas dinámicas periféricas en las que se juega la vida en los límites. Esta novela es un acercamiento poético muy bien logrado

---

1 Este libro se publicó originalmente con el título de *Historia de una traición*, pero Norma lo reeditó con cambio de título.

a la vida que florece y lucha por mantenerse en la liminalidad, a la vida que es posible únicamente mediante una dinámica consciente y consistente de lucha y solidaridad. Dinámica que Restrepo reivindica como parte de su herencia literaria y que aprendió en obras como *Tortilla Flat*, de Steinbeck[2].

Resulta imposible olvidar a esa tropa de hombres y mujeres idealistas que se internan en la isla de la pasión, a cumplir la misión que les ha sido encomendada: mantener la vida y generar la cultura en un espacio árido, inhóspito, cerrado y olvidado por todos. El destino de estos personajes nos cala y nos exige, como lectores, una postura clara y firme de empatía.

A nivel de estructura profunda, *Historia de un entusiasmo* y *La isla de la pasión* tienen el mismo núcleo: un pequeño grupo de personas idealistas, sosteniendo sus sueños y sus luchas, aisladas y sin apoyo distinto al de ellas mismas. Ramón Arnaud y su grupo se alimentan de la fuerza que nutre, según planteamientos de la psicología social en cuanto a los grupos pequeños:

> Se incita al individuo solidario con su grupo a excederse, literalmente, y a no percibir sus propios límites... confesar su fatiga sería traicionar...
> La moral resulta entonces de una múltiple determinación:
> - El sentimiento de estar juntos o cooperación de grupo
> - La necesidad de tener un objetivo
> - La posibilidad de observar un progreso en marcha hacia el objetivo
> - El hecho de que cada miembro tenga tareas especificas significativas que son necesarias para el cumplimiento del objetivo[3].

A partir de una dinámica que podría ser similar a la anteriormente descrita, Arnaud organiza la vida en la isla de Clipperton. Pero su entusiasmo y su cabeza aparentemente empiezan a flaquear, cuando el objetivo en lugar de acercarse se aleja en el océano inmenso. Es entonces cuando las mujeres, y particularmente Alicia, asumen las banderas que les permiten subsistir y trascender de una historia inhóspita a la mitología, a la irrealidad, a la literatura. Los náufragos de Clipperton se ubican, gracias a *La isla de la pasión*, en el panorama de los personajes inmortales de la literatura latinoamericana.

---

2 Laura Restrepo habla de esto explícitamente en varias entrevistas, entre ellas una que le hice personalmente.
3 Didier Anzieu y Jacques-Yves Martin, *La dinámica de los grupos pequeños*, Editorial Kapelusz, Buenos Aires, 1971, p. 91.

Por otra parte, es importante mencionar que Restrepo, con *Historia de un entusiasmo*, se suma a otras mujeres como Rocío Vélez de Piedrahíta, Vera Grave, Patricia Lara y Constanza Ardila, entre otras, que están dejando oír la opinión femenina sobre la guerra y que están dándole visibilidad a las mujeres que están implicadas en los procesos de la guerra y de la paz en Colombia. De igual manera, con este texto, la autora hace un ajuste de cuentas con el Estado y el establecimiento, que no se comprometen a fondo en la construcción de una paz duradera[4].

Después de *La isla de la pasión*, la autora traslada definitivamente sus intereses y sus escenarios a la geografía política, espiritual y simbólica colombiana, y continúa la construcción de un universo narrativo cada vez más complejo, más profundo y más femenino. Laura Restrepo guía a sus lectores con su pluma encantada por diversos mundos, problemáticas y relaciones colombianas, haciéndolos descubrir tradiciones, momentos, sueños, encantos, retos y utopías de esta cultura nuestra, olvidada en otros corredores distintos a los literarios o artísticos.

En 1993 publica *El leopardo al sol*, novela que fue muy bien recibida por la crítica, especialmente la extranjera, porque, la verdad, en Colombia la narrativa de esta autora no ha recibido aún la atención que merece. En esta obra la narradora se acerca con respeto, profundidad y fascinación al mundo guajiro, ese mundo de tradiciones milenarias, implacables e inamovibles, ese mundo de fidelidades a ultranza y de violencias tormentosas. Ese universo que es casi desconocido para el resto de los colombianos, hombres y mujeres.

De alguna manera, *El leopardo al sol* pone en acto la legendaria dinámica wayuu, descrita por Guerra Curvelo[5]:

> La agresión o afrenta a un individuo wayuu desencadena un estado de tensión social que bien puede culminar en la compensación económica y el consecuente acuerdo entre las partes, o en un prolongado enfrentamiento armado. Las unidades sociales y políticas involucradas inician el tránsito de un estado de tranquilidad, en el que la vida cotidiana del grupo transcurre alrededor de la coordinación de las tareas sociales y económicas habituales, hacia un estado de preparación de los individuos para el conflicto.

---

4 He realizado una lectura más amplia de este texto en *Guerras y paz en Colombia. Las mujeres escriben*. Premio Casa de las Américas 2004. Edición, Casa de las Américas, La Habana, 2005.
5 Weildler Guerra Curvelo, *La disputa y la palabra: la ley en la sociedad Wayuu*, Ministerio de Cultura de Colombia, Bogotá, 2002, p. 111.

Por medio de los primos Barragán y Monsalve asistimos a un momento clave de la historia nacional que de una u otra manera vuelve a interesarles a los novelistas colombianos más recientes: el momento en el que se destruye un orden, en el que una tradición se hace pedazos, en el que surgen rutas nuevas todavía muy oscuras y la moral tradicional queda pendiendo de hilos rotos. Momento que coincide en nuestro país con la aparición del narcotráfico y su modo de vida, en todos los estratos de la sociedad.

La maestría de Restrepo consiste precisamente en integrar a su ficción el universo convincente de las tradiciones wayuu, las dinámicas del narcotráfico y una parábola sobre el destino colombiano, leído en clave del mito de la maldición de Caín. Estas familias unidas no sólo por los lazos de sangre, sino por la opción de vivir en comunidad de ideas, cotidianidad y sentimientos son las fieles guardianas de las leyes ancestrales:

> Salvo que los niños Monsalve eran verdes y los Barraganes amarillos no había diferencia entre ellos. Al padre y al tío les decían papá, a la madre y a la tía les decían mamá, a cualquier anciano le decían abuelo, y los adultos, sin hacer distingos entre nietos, hijos o sobrinos, los criaron a todos revueltos, por docenas, en montonera, a punta de voluntad, higos y yuyos secos (*El leopardo al sol*, 23).

Al iniciarse el relato esa unidad se rompe, y una vez rota ya no se puede recomponer más, es la maldición de la sangre, la maldición guajira, en algunas cosas similar a la maldición gitana:

> Entre nosotros la sangre se paga con sangre. Los Monsalve vengarán a su muerto, tú pagarás con tu vida, tus hermanos los Barraganes harán lo propio y la cadena no parará hasta el fin de los tiempos –rabia el anciano encarnizado, fanático, decidido a no ceder antes las súplicas… Esta es una tierra sin Dios ni evangelios, aquí sólo valen lo que dijeron los ancestros… Nuestra única ley es la que escribe el viento en la arena y nuestra única justicia es la que se cobra con la propia mano (*El leopardo al sol*, 31).

Parece que sobre estas tradiciones de venganzas mutuas –hasta el fin de los tiempos– se escribió entera la historia de Colombia.

La novela muestra entonces cómo a partir de este primer crimen –Caín que mata a Abel– el mundo se derrumba y surgen nuevas leyes, nuevos juegos, nuevas posibilidades y patrones de conducta alternos y radicalmente distintos. Rueda el oro, el dinero… el desierto se convierte en ciudad, la costa se une con el centro... y el poder, el ansia de poder, de dominio, de venganza se instaura en el corazón de las viejas tradiciones y familias.

No sólo se hace añicos un sueño de hermanos y una vida apacible, sino que también se cae el mundo patriarcal... Los acontecimientos que señalan la huida de Alina Jericó, la muerte de Mani Monsalve y el nacimiento de ese hijo que, fruto del amor, debe cambiar de apellido para cortar la infinita cadena de venganzas, ese hijo que nace en territorio neutral y moderno (un no-lugar, en términos de la antropología moderna): un avión, nos anuncian precisamente el fin de un universo y el surgimiento de otro. Sin embargo, la desesperanza se instaura de nuevo porque ese nuevo universo debe nacer en el exilio y porque el futuro no se percibe muy claro.

El leopardo al sol es una parábola del destino colombiano en el que una violencia antigua y ancestral se enlaza con la siguiente y la muerte entre hermanos se moderniza y se traslada a escenarios distintos y novedosos, sin que se vislumbre en el horizonte una posibilidad de reconciliación y paz.

Un escenario muy distinto es el que se dibuja y perfila en la siguiente novela de Restrepo: *Dulce compañía* (1995), que fue galardonada con los premios Sor Juana Inés de la Cruz y Prix France Cultura. En esta obra Restrepo logra combinar tradiciones y contradicciones de este país real-maravilloso en el que habitamos y que nos habita. La novela en su aparente simplicidad articula varios mundos: la vida desorganizada y solitaria de una reportera de una revista *light*; las angustias, dolores y privaciones de los habitantes de un barrio popular y marginado en Bogotá y el mundo maravilloso y fantástico de los ángeles protectores y las adivinaciones del futuro, propio tanto de la pre como de la postmodernidad.

El relato se instala en un universo en el que se confunden fantasía y realidad, ángeles y demonios, sueños/deseos y proyectos. Se trata de un mundo en el que todo cabe y en el que todo es posible: la ingenuidad, la estupidez, la dulzura y la violencia y la manipulación. La vida del barrio Galilea, con sus luces y sombras, su escasez y búsqueda y su religiosidad, desfila por las manos de la reportera y por las páginas de la novela.

A medida que la reportera-narradora, va escribiendo se va encontrando a sí misma y va descubriendo un país que ha marginado y del cual ha perdido parajes muy valiosos de su geografía. El lector va avanzando a lo largo de una trama más o menos loca y extraordinaria y de las reflexiones sobre el bien y el mal que llegan en los cuadernos escritos o dictados por el ángel o por Manuel. Pero que son, en últimas, los escritos de Ara, la madre/mediadora de la palabra y la experiencia. También, el texto lo invita a repensar, reubicar y revisar toda la tradición religiosa instaurada en la cultura popular: el nacimiento predestinado, la virgen madre, el mesías, el/la crucifijo/crucifija, las tradiciones de purezas o impurezas, entre otros.

En medio de todo este caótico mundo de milagros, apariciones y fantasías se teje la vida del barrio, de la migración, de la cárcel, todo ello con sus dolores y sus angustias. Se construye con mucha claridad el destino de abandono y orfandad de las mujeres y los niños en esta sociedad no sólo patriarcal, sino impune:

> El padre de mi hijo fue sólo una sombra, me dijo. Salió una noche de la oscuridad sin cara ni nombre, me tumbó al suelo y después se volvió humo... No me tuvo mucho tiempo, sólo el necesario para hacerme un hijo. Yo acababa de cumplir trece y el padre mío me tenía arreglado el matrimonio con un hombre rico, ya mayor, que era dueño de un camión. Por eso al padre mío la noticia no le gustó nada...
>
> Primero quiso que no tuviera el niño y me llevó donde una mujer que me dio de beber aguas amargas y me chuzó por dentro con agujas de tejer... pero mi niño no quiso salir, y siguió creciendo sin hacerle caso a la ira tremenda y a las malas amenazas que profería el padre mío...
>
> Me secaron la leche del pecho y ya se llegó la hora de entregarme a ese señor. Pero el daño estaba hecho y él, aunque viejo, se iba a dar cuenta, porque yo había perdido la virginidad. Que se quería casar con una virgen que no conociera pecado, ésa había sido su condición (*Dulce compañía*, 46).

La mujer, que es la madre del ángel, no logra nunca un verdadero espacio de libertad y pasa de ser manipulada por su padre, a ser manipulada por el cura, por la beata que monta un negocio a su costa, por su propio hijo... Los sueños de libertad que llega a impulsar su ángel no la tocan, y en medio de esa huida por los montes, huida seudoépica, seudocómica, Ara se ve obligada a regresar al barrio, para seguir haciendo frente a su cotidianidad, aún renunciando a ese hijo que le había significado todo, pero que al final le fue robado definitivamente por la locura.

En sus cuadernos, sin embargo, Ara se reencuentra con sus fuerzas más íntimas: una vida inconexa, ambigua, oscura y un misterio por descifrar. En sus cuadernos ella trata, como Melquíades, de hallar las huellas de una ruta que le devuelva al hijo y al mismo tiempo la retorne a un camino de mayor luminosidad y felicidad. Curiosamente encontrará esas huellas en los pasos de su pequeña nieta, que la amarrará de nuevo a la posibilidad de un futuro.

La madurez de Laura Restrepo como escritora se hace evidente en un primer momento con *La novia oscura*, novela de grandes proporciones que constituye una obra abierta, en el sentido que Eco[6] le da a este término. Se trata de una novela total, concepto planteado ya hace algunas décadas por Vargas Llosa, que, al referirse a *Cien años de soledad*, habla de las características de la novela de la totalidad, en estos términos:

> [Son] creaciones demencialmente ambiciosas que compiten con la realidad real de igual a igual, enfrentándole una imagen de una vitalidad, vastedad y complejidad cualitativamente equivalentes. [La novela total pretende] describir una realidad total, enfrentar a la realidad real una imagen que es su expresión y negación[7].

En esta novela Laura Restrepo culmina varios de los caminos que había iniciado en su narrativa anterior. En primer lugar, el proceso narrativo mismo, en el que perfecciona su manera propia de acceder a la construcción ficcional. Desde una investigación socio-histórica, la narradora crea un universo literario, un mundo posible en el que interactúan, para decirlo en términos de Vargas Llosa, la verdad y la mentira. La novela se convierte entonces en una reflexión constante sobre la escritura, sus posibilidades, sus cauces y sus límites:

> Hablo a tientas de todo esto, porque a Sayonara no llegué a conocerla personalmente [la narradora se refiere a Todos los Santos, uno de los personajes más fuertes de su obra]… Con ella trabé una amistad deliciosa en muchas tardes conversadas en el patio de la Olga, a la sombra de los cauchos benjamines, y por eso sería absurdo llamar investigación, o reportaje o novela, a lo que fue una fascinación de mi parte por unos seres y sus circunstancias. Digamos que este libro nace de una cadena de mínimos secretos revelados, que fueron deshojando uno a uno los días de Sayonara, buscando llegar hasta la médula (*La novia oscura*, 157).

Esa voz narrativa nos lleva de la mano y nos introduce en un mundo global, en el que la vida se anuncia, origina, crece y decae, para deshacerse finalmente entre el río y la ensoñación. En Tora

---

6 Umberto Eco, *La obra abierta*, Ariel, Barcelona, 1984.
7 Mario Vargas Llosa, *García Márquez: historia de un deicidio*, Barral Editores, Barcelona, 1971, p. 479.

y en su espejo, La Catunga, se repite otra vez el ciclo vital: génesis/creación, inauguración de la vida, momentos cumbres, presencia de la muerte, anuncio del porvenir, consumación del tiempo. Como Macondo, Sayonara y su mundo se desvanecen en el aire. «...Espejismos. Ustedes sólo vieron espejismos, que no son más que reverberaciones del deseo» (*La novia oscura*, 460), sentencia Todos Los Santos, con crudeza, al final de la obra. En medio de este universo devorado por los sueños y el deseo y la pasión, Todos los Santos no es sólo la voz de la experiencia y la sabiduría, sino la voz de la realidad.

La Catunga, el barrio de las prostitutas, funciona en la novela como un espejo de Tora:

> El espejo es una prótesis absolutamente neutra y permite captar el estímulo visual allí donde el ojo no podía alcanzar (frente al cuerpo propio, detrás de un ángulo, en una cavidad) con la misma fuerza y evidencia[8].

El barrio de las putas facilita entonces un conocimiento exhaustivo –desde adentro, desde los interiores más íntimos, más ocultos– tanto de Tora, como de la Petroleum Company, como del río y, en últimas, una vez más, de la realidad del país, que siempre está presente en la obra de esta autora. En este barrio, en el solar en el que las mujeres se encuentran: las cosas, los acontecimientos y las personas se ven desde el corazón y en una desnudez radical.

Tora y La Catunga, son un universo abierto en el cual se juegan relaciones económicas, políticas, sociales, vecinales, de género y familiares: relaciones que tejen y destejen los destinos de esos personajes que pueblan la novela y que desde allí interpelan a los lectores sobre su propia vida y sus relaciones. *La novia oscura* es, además, fundamentalmente una reflexión amplia y compleja sobre el amor. Sobre sus posibilidades, angustias, soledades, desencuentros y goces, especialmente sobre sus límites, en este cambio de época. En opinión de Sábato:

> La novela del siglo xx no sólo da cuenta de una realidad más compleja y verdadera que la del siglo pasado, sino que ha adquirido una dimensión metafísica que no tenía. La soledad, el absurdo y la muerte, la esperanza y la desesperación, son temas perennes de toda gran literatura. Pero es evidente que se ha necesitado esta

---

8 Umberto Eco, *De los espejos y otros ensayos*, Editorial Lumen, Barcelona, 1988, p. 19.

crisis general de la civilización para que adquieran su terrible y desnuda vigencia... La novela de hoy, por ser la novela del hombre en crisis, es la novela de esos grandes temas pascalianos[9].

Esta novela nos enfrenta a distintos tipos de amor y desamor: el familiar/materno, el fraternal, la pasión y el sexo, las identidades del alma, el amor entregado incondicional, el amor de interés y de pago, la solidaridad incondicional, la comunión de destinos y de dolores; el amor concreto de la cotidianidad y el día a día, el amor que consume y mata en su idealización. Igualmente nos enfrenta a las ausencias y faltas de todos estos amores, de todos estos deseos... a las frustraciones, traiciones y olvidos.

Todos los Santos, Sayonara, el Payanés, el médico... tanto ellas como ellos nos muestran una cara distinta, una característica específica de este camino no sólo totalizante, sino globalizante del amor. Sayonara, abandonada tanto por su madre como por su padre, se busca a sí misma como madre para nutrir a sus hermanas menores, se busca como esposa para nutrir al hombre que la ama y la protege. Fracasa en ambas búsquedas, entonces se entrega a su sueño de amor: el Payanés.

Y uno de los aspectos más significativos de la obra es que todo este mundo, todas estas reflexiones/vivencias, toda esta totalización, nos llega por medio de voces, evaluación y sensibilidades femeninas. La mirada de género se ha ido construyendo en Laura Restrepo a lo largo de todo su recorrido narrativo y en *La novia oscura* alcanza un primer momento importante. Este mundo posible es antes que nada un mundo de mujeres y para mujeres. Desde un oficio eminentemente femenino, la prostitución, se mira y evalúa el resto del mundo. Esta visión genérica tiene que ver con la escogencia de un barrio de trabajadoras sexuales, como espejo de Tora, porque como dice Marcela Legarde:

> El papel de la prostituta es en parte la exageración de las condiciones patriarcales de vida de la mayoría de las mujeres. La esposa como la prostituta es mujer objeto, pero su dependencia del hombre es directa, no pasa por el mercado[10].

---

9 «La novela total: un diálogo con Sábato», entrevista de Fernando Alegría a Ernesto Sábato en *Los novelistas como críticos*, Norma Klahn y Wilfrido Corral (comps), Fondo de Cultura Económica, México, 1991, tomo 1, p. 589.
10 Marcela Legarde, *Los cautiverios de las mujeres, madresposas, monjas, putas, presas y locas*, Universidad Nacional Autónoma de México, México, 1997, p. 587.

Las mujeres que vienen a La Catunga traen consigo no sólo la exclusión, sino su mirada evaluadora de la sociedad, la mujer y el hombre. No se trata, como en ocasiones se ha dicho, acusando a la autora, de una exaltación de la prostitución, sino de una mirada femenina que va más allá de los juicios morales y devela a la prostituta en toda su humanidad, historia, complejidad y subjetividad. No se puede hablar de exaltación porque es claro en todo momento que el camino hacia la prostitución es el camino del hambre, del abandono, de la exclusión y del desamor. La obra deja claro que la prostitución no es una salida feliz.

La prostitución es un tema literario que se repite: lo han tratado autores como Dumas, Balzac y Zolá, entre otros, y, en América Latina, también es recurrente: desde *Diana Cazadora*, de Clímaco Soto Borda, hasta *Teresa Batista cansada de Guerra*, de Jorge Amado, entre otros. Es un tema que siempre vuelve con renovados matices, y en *La novia oscura*, Laura Restrepo nos presenta un fresco totalizante de este drama humano, evaluado por la mirada femenina.

Después de esta novela, Restrepo publica dos textos más sencillos y de menos alcance, pero no por ello son universos de ficción menos logrados. Se trata de dos obras muy disímiles. La primera, de un cierto aliento épico, quiere responder a una de las exigencias más dramáticas de la sociedad colombiana: el desplazamiento masivo. *La multitud errante* (2000) recoge el clamor de las multitudes errantes del país. En «Laura Restrepo o la indagación permanente», una entrevista que le hizo Juan Fernando Merino, en el 2003, la autora se refiere a esta obra en los siguientes términos:

> Es una novela corta sobre el desplazamiento. En Colombia hoy día tenemos internamente más de dos millones de desplazados huyendo de un lugar a otro, tratando de encontrar un lugar dónde asentar la vida. Y ése, yo creo, es el gran drama del mundo contemporáneo... las hordas que andan buscando la tierra prometida. Es también una historia de amor, un hombre que anda buscando a una mujer que se ha refundido en el tráfago de la guerra y como trasfondo, todo el drama humano del desplazamiento.

Aunque la novela es corta y su narración es ligera, el universo literario de Laura Restrepo se amplía con la construcción colectiva de un sujeto social masivo que recorre las carreteras de Colombia en busca de un hogar sustituto. Y, como de costumbre, con la contundencia de dos de sus personajes centrales: la extranjera Ojos de

Agua (que también es la narradora) y el líder errante, Siete por Tres. Cada uno desde su rincón del mundo teje un destino que se libera en el amor.

El otro relato, más corto, de tono lírico e intimista, es *Olor a rosas invisibles* (2002), una *nouvelle* que, una vez más, pone al descubierto la capacidad de Restrepo de desnudar el alma humana y sus más recónditos rincones. Se trata de una historia de amor otoñal en la que la autora pone en juego a tres personajes: ese ejecutivo, entrando a los sesenta, que siente que se le viene el tiempo y la vejez encima, su álter ego o su yo más íntimo, el narrador, que nos presenta los acontecimientos, y Eloísa, que más bien llega como una sombra idealizada en su ingenuo intento de revivir un pasado demasiado remoto.

La obra es ante todo una reflexión sobre el miedo a la vejez, personificado en este caso por un hombre que decide desestabilizar un poco su vida en aras de alejar por unos días la sombra de la decrepitud y de sus pérdidas. La autora presenta a los dos amantes, que se vuelven a encontrar después de muchos años de vidas separadas y paralelas, con tal ternura que los lectores nos volvemos cómplices del ejecutivo en esta aventura, que aparentemente será la última que pueda vivir.

Con *Delirio* (2004), obra ganadora del Premio Alfaguara 2004, Restrepo da un nuevo salto cualitativo. Con una narración extraordinaria, en la que por medio de la confrontación y la complementación de un conjunto de voces y de puntos de vista se teje y desteje la historia central, la autora construye esta vez un universo ficcional en el que colombianos y colombianas nos podemos mirar, descubrir y entender. En la obra se entrecruzan la historia de la familia Londoño Portulinus, especialmente la de sus mujeres, con la historia de un país que se destruye y se enloquece a sí mismo. La locura, un tema que en ocasiones anteriores se había asomado a la narrativa de esta autora, se instala plenamente en el centro de la narración.

La lectura y la descodificación de la novela se abren en múltiples sentidos, entre los cuales es difícil escoger una sola dirección. La obra acerca y contrapone el mundo de la normalidad y de la locura, el de la vida cotidiana y las oportunidades perdidas, el de la ley del padre y la resistencia femenina, el de la fidelidad y la traición; el mundo subjetivo, íntimo y familiar; el social y el nacional. Nos encontramos de nuevo ante una obra abierta, cuya lectura puede transitar por distintos caminos.

El relato se desarrolla a partir de la historia de amor entre Aguilar y Agustina. Gracias a los protagonistas y a los hechos que se gestan a su alrededor, tenemos acceso a diferentes ambientes sociales y dinámicas del país. La historia de amor que conduce la trama de la novela nos muestra la ternura y la capacidad de sacrificio de Aguilar, un hombre medio fracasado cuya vocación por la literatura sucumbe ante las exigencias de la vida cotidiana.

El eje central de la novela presenta, mediante los corredores de la locura, la vida de una familia colombiana de clase media alta y, por medio de esta familia, la vida misma del país que se nos enloqueció entre las manos, sin que logremos encontrar o superar los hechos que condujeron a esa realidad.

Agustina, víctima de una dolencia que los siquiatras llaman «trastorno bipolar», cambia de estado de ánimo según se lo sugieran el tarot, el *I Ching*, o sus propias visiones. Su locura está muy bien trenzada en la novela; es una mujer aislada en su delirio que evoca irremediablemente a esa otra loca de la literatura colombiana, la protagonista de *María entre los muertos* (1964) de Magdalena Fetty de Holguín. El delirio, definido por la Enciclopedia de la Biblioteca Nacional de Medicina de los Estados Unidos como una «condición de confusión severa, que implica letargo o agitación, con interrupción de la atención, pensamiento desorganizado, cambios en la sensibilidad y percepción»[11], es la puerta de entrada tanto al relato como a la protagonista. Conocemos a Agustina en medio de una de sus crisis, pero llegamos a ella por medio de otras miradas que nos van dando una información más completa de la dolencia y las circunstancias que la aquejan.

Aguilar, desesperado, no tiene otro remedio que decirse a sí mismo: «Mi mujer está loca», pero, a su vez, no deja de pensar en la posibilidad de reencontrarla, porque: «Lo que pasa, tía Sofi, es que cuando Agustina está bien, es una mujer tan excepcional, tan encantadora, que a mí se me borran de la mente las demasiadas veces que ha estado mal» (*Delirio*, 273). Cuando vemos/leemos/escuchamos que Agustina pasa sin solución de continuidad de la depresión a la euforia, comprendemos otros aspectos de su mal:

> Típicamente el paciente bipolar experimenta a lo largo de su vida períodos de salud y de enfermedad. La enfermedad la sufre en forma de episodios en los que, o bien su humor se exalta y el paciente se encuentra eufórico y con gran vitalidad (es lo que lla-

---

11 Información tomada de la Enciclopedia de la Biblioteca Nacional de Medicina de los Estados Unidos y los Institutos Nacionales de Salud.

mamos episodio maníaco), o bien se deprime y entristece, dando la sensación de estar falto de energía (entonces decimos que está sufriendo un episodio depresivo)[12].

A partir de este episodio de desajuste más fuerte que los anteriores, el relato rastrea los caminos que conducen hasta ese pequeño apartamento en el que esta mujer padece su calvario. Encontramos que Agustina está atravesada por varios legados, como ella misma dice. Su tía abuela y su abuelo materno terminan suicidándose para aplacar su infierno interior.

Tanto en el caso de Isle, la tía abuela, como en el de Agustina, los aportes de Marcela Legarde pueden darnos nuevas luces:

> Es evidente que las diversas locuras surgen como producto de las dificultades de los sujetos para vivir a partir de contradicciones no reconocidas como tales, y que los desbordan. Éstas les imponen límites y restricciones y desde luego un sinfín de impedimentos para cumplir con aquellos deberes estipulados social e ideológicamente en los estereotipos de identidad.
>
> Las dificultades para vivir en el marco de contradicciones no enunciadas surgen también de la interpretación del mundo que asegura que la impotencia al cumplir con los ideales es responsabilidad del individuo frente a una sociedad, que hipotéticamente le da opciones. Los sujetos enfrentan crisis desestructuradoras también, cuando por su voluntad o sin ella indagan opciones diferentes a la norma, o cuando sobresale en su particular modo de vida el lado negativo de su existencia[13].

Uno de los núcleos de la narración lo constituye el momento en que se desencadena en la protagonista esta crisis, de profundas raíces. La escena en que su madre impone silencio y engaño ante las enormes contradicciones y mentiras que colman la vida familiar es una de las claves del rompecabezas de la obra. Cuando la tía huye de este escenario, alcanza a vislumbrar a Agustina de rodillas, quizás en lo que habría sido su primer escape de la realidad que la atormenta y apabulla, pero a la cual aún no es capaz de hallar una salida. Su único cómplice, Bichi, su hermano menor, al romper el secreto agota las posibilidades de continuar compartiendo la palabra y los secretos y, así, también elimina las posibilidades de discurso y comunicación en Agustina, la precipita a la sinrazón.

---

12 Alberto Domínguez *et al.*, *El trastorno bipolar: una guía para familiares y pacientes*, Generalitat Valenciana, Conselleria de Sanitat, Valencia, España, s.f., p. 13.
13 Marcela Legarde, *op. cit.*, p. 700.

Esta escena de la novela, que la narración parte en tres voces y/o puntos de vista, primero, para dosificar la información y, segundo, para complejizarla, resulta verdaderamente magistral. En la familia Londoño Portulinus se ha vivido y se vive bajo la rígida Ley del Padre: doble moral, engaños y autoengaños, ausencia de diálogo (que los abuelos suplen con sus diarios secretos), roles genéricos bien delimitados, sexualidad reprimida y oculta. Esa ley del padre va a cobrar sus arbitrariedades y atropellos en casi todos los implicados y las implicadas en la vida familiar.

En ese momento cumbre, Bichi, el hermano menor, es decir el que no es el heredero, el que no se adaptó, quiere restaurar el equilibrio, derrotando al padre en su vileza, en su injusticia y prepotencia, pero sobre todo en su engaño falaz. Este hermano menor quiere restaurar el derecho de su madre, quiere develar los secretos que perpetúan el poder patriarcal, para establecer otras reglas de juego que sitúen a su madre en el lugar que le ha sido robado por el padre y por el hijo mayor (el primogénito). Sin embargo, es ella, la madre/mujer anulada y rota, la que exige continuar la vida bajo la ley del padre.

Cuando Eugenia impone silencio, se está derrotando a sí misma y a sus dos hijos menores, Agustina tiene conciencia de ello y sabe que es inútil, que no van a sellar el pacto con la madre. Sobre este tema, Luisa Muraró en *El orden simbólico de la madre*, declara:

> Debemos tener presente que el intercambio lingüístico no es reductible al intercambio entre hablantes, siempre es también intercambio –más o menos logrado, pero siempre buscado de algún modo– entre palabra y experiencia...
>
> La ética de la comunicación y otras operaciones introducen la ley en un ámbito que por su naturaleza pertenece al orden simbólico de la madre... La palabra separada de su matriz se seca...
>
> De este modo el mundo decible en virtud de la lengua materna es sustituido por el mundo de la experiencia convencional, decible según reglas convencionales... aquél está en correspondencia con la lengua viva y puede desarrollarse por sí mismo, mientras que éste es fijo y sólo cambia cuando se tiene el poder de manipular sus reglas[14].

En este momento clave, salen de la familia, Sofi y el Bichi, porque la ley del padre y del hermano mayor ha triunfado definitivamente

---

14 Luisa Muraró, *El orden simbólico de la madre*, Editorial Horas y Horas, Madrid, 1994, p. 79.

y los expulsa. Agustina permanece en la ambivalencia de convivir, ya sin refugio, en un universo que rechaza desde lo más profundo de su ser. En un universo que no acepta y que por tanto la precipita hacia la locura. Con la continuación de la mentira y con la aceptación rotunda por parte de la madre, se anula definitivamente la posibilidad de reconciliación, la posibilidad de construir un universo simbólico y relacional en otros términos. Por eso Agustina sucumbe.

En los ires y veneres de esta familia encontramos igualmente las claves para entender mucho de lo que pasa en Colombia, como país y como sociedad. Esa doble moral que les impone el silencio a los hijos que han querido romper la ley del padre y restaurar el equilibro, que se impone de la misma manera en el juego social para que las familias «bien» perpetúen sus tradiciones y sus costumbres, aunque estén sostenidas con un dinero de origen oscuro: no importa de dónde provenga, lo que importa es que si es dinero del crimen, de la muerte, de la injusticia, permanezca en la sombra, en el secreto, oculto tras los grandes armarios en las haciendas, símbolo del prestigio familiar.

El hermano mayor (el primogénito) es el encargado de continuar el orden, el elegido para perpetuar el apellido y las conquistas de la raza del padre. Los herederos de la locura que llegó de Alemania, los que han roto con las normas de conducta establecida: el homosexual y la loca, igual que la tía transgresora, deben permanecer al margen y en silencio, o de lo contrario deben ser expulsados. No es ni siquiera problema de actuaciones, es problema de palabra, es la ley del silencio la que se impone. Y con el silencio, el sinsentido. Por ello –como para los colombianos y las colombianas– la expresión de Agustina es delirante, y el delirio, uno de los personajes de la novela lo dice claramente, no tiene memoria. A Agustina y al Bichi les han robado la palabra y, para recobrarla, él se va del país y ella se refugia en una palabra pronunciada desde la locura, una palabra delirante.

Agustina no puede romper con su padre, está presa, es su cautiva. La niña se la pasaba mendigando la atención paterna y su vida giraba en torno a la hora nona en la cual él le concedía la gracia de permitirle acompañarlo a cerrar la casa. Esto va logrando en la protagonista una división aberrante entre el adentro y el afuera: el adentro es el refugio en los brazos del padre (nunca de la madre) y el afuera es el horror multiplicado:

> Va creciendo el número de los seres dañinos contra los que debemos protegernos, los leprosos de Agua de Dios, los francoti-

radores del nueve de abril, los estudiantes con la cabeza rota y llena de sangre, y sobre todo la chusma enguerrillada que se tomó a Sasaima y que mató al abuelo Portulinus... ¿Al abuelo Portulinus lo mató la chusma? (*Delirio*, 135).

En la conciencia de la niña, las enfermedades infectocontagiosas, las desgracias familiares y los conflictos sociales del país se mezclan y confunden, retroalimentándose y causándose mutuamente... generando confusión en las salidas posibles o imposibles. Las imágenes se mezclan igual a como se mezclan en la televisión de hoy, sin que se puedan establecer los límites necesarios.

El cautiverio de Agustina respecto a su padre se pone en evidencia principalmente en su primera juventud, en la cual la búsqueda de hombres está ligada directamente a la consecución de la atención paterna. Ella conoce infinitas velas (en su propia expresión), haciendo tiempo para lograr el enojo de su progenitor. Christiane Olivier nos da pistas certeras en su estudio *Los hijos de Yocasta*, para comprender la evolución de esta adolescente:

> La falta de la mirada paterna en los primeros tiempos parece inscribirse en la niña en forma de angustia sexual, como duda identificadora siempre a colmar, siempre a reparar, mediante otra mirada en la edad adulta. ¿Qué mujer sería capaz de pretender que le resulta indiferente la mirada que se posa sobre ella? Ya sea percibida como estructuradora o como aniquiladora, la mujer logra muy difícilmente sustraerse al orbe de la mirada externa, en particular la del hombre[15].

¿Qué nos dice al final la obra sobre el destino de la gente que habita este universo delirante? Cuando la protagonista regresa de su delirio, aparentemente olvida todo lo que ha ocurrido durante él. Entonces la pregunta de los lectores es: ¿nos ha acompañado Agustina en ese recorrido por su vida e infancia, por los diarios de los abuelos? ¿Su conversación con Midas McAlister es un indicio de que ella ha realizado el recorrido completo? En este sentido la propuesta novelística permanece abierta: ¿podemos percibir la corbata roja como una señal de esperanza?, ¿o su dolencia cíclica terminará por sumirla en una locura definitiva?

Por otro lado, Aguilar constituye otra propuesta en este cuadro de caminos cerrados. Renuncia incluso a su propia vocación y profesión

---

15 Christiane Olivier, *Los hijos de Yocasta. Las huellas de la madre*, Fondo de Cultura Económica, México, 2004, p. 138.

para dedicarse a cuidar a Agustina, desde el amor y la ternura. Aguilar teje su vida cotidiana como una opción de solidaridad radical, como otros personajes de Restrepo. En ese mundo en el que Midas McAlister nos lleva a la sin-salida del país y en el que Agustina nos lleva a los callejones sin salida de nuestra locura social, Aguilar se la juega toda y se empeña en una esfera de la salida definitiva a las sucesivas crisis.

Con este protagonista, Restrepo logra construir esa propuesta de amor totalizador que le preocupa construir en sus mundos novelísticos, como ella misma lo ha expresado, por ejemplo en *Grandes conversaciones, grandes protagonistas*, en conversación con Rosa Montero:

> Yo admiro la historia de amor en *La muerte del estratega*, de Álvaro Mutis. Leyendo *La muerte del estratega*, como también otras historias de amor que conmueven a lo largo de la historia de la literatura, se puede deducir otro elemento clave: el amor es un asunto de vida o muerte, de lo contrario es débil como historia. Es decir, o se ama o no se ama, y si se ama, la vida es posible, y si no se ama, es la muerte. Lo que está allí, es el todo por el todo y el sentido mismo de la existencia. Es el hecho de poder amar lo que define que la existencia tenga o no sentido[16].

Ese amor loco de Aguilar por Agustina, amor sin horizontes claros porque la inestabilidad del objeto del amor no permite pensar en ninguna salida, sólo podía tener un final cursi (*kitsch*), como es el detalle de la corbata roja. Porque en este cuadro final de *Delirio*, Laura Restrepo logra poner en acto su particular concepción de lo cursi:

> ¿Qué es la cursilería? Lo contrario al buen gusto. La cantidad de cosas que la gente hace por ser de buen gusto y no ser tachada de cursi y de *loba* es infinita. Es mucho lo que se sacrifica en ese intento por el buen gusto. Me da la impresión de que en este principio de siglo, unas de las víctimas principales de los que tanto se preocupan por no incurrir en el mal gusto son el entusiasmo y precisamente el amor. Parecería que cualquier cosa que suscitara un exceso de creencia, de esperanza, de pasión, cualquier cosa que nos entusiasmara, cualquier cosa que nos llevara a decir «yo creo», «yo estoy convencido», «yo amo» automáticamente queda considerada de mal gusto. Entonces esa categoría de lo cursi, del mal gusto, me parece pavorosa... Pienso que hay que tener los ojos abiertos y estar alerta para no dejarnos ganar por todo el descreimiento que viene detrás de esta pose de buen gusto.

---

16 «Laura Restrepo y Rosa Montero», en: María Elvira Bonilla (ed.), *Grandes conversaciones, grandes protagonistas*, Norma, Bogotá, 2005, p.110.

Estas palabras, que Restrepo enunció también en su conversación con Rosa Montero, en el año 2004, el mismo en el que publica *Delirio*, ponen de manifiesto que con Aguilar la autora, constructora de la propuesta de un mundo social, quiere encarnar su preocupación (¿obsesión?) por una pasión, desde los más débiles, que dé sentido a la vida. Así, Aguilar se convierte dentro del caos en una propuesta de esperanza, en una luz al otro lado.

Laura Restrepo ha logrado con esta novela no sólo una magnífica literatura en la cual el placer de leer es intenso, sino una parábola que nos ayuda a comprendernos, atrapados y atrapadas como estamos en tantas redes invisibles que no nos permiten acceder a una palabra reveladora de sentidos y horizontes. Una palabra que pueda guiarnos en medio de la oscuridad, hacia una cultura diferente y alternativa.

Referencias bibliográficas

Alegría, Fernando, «La novela total: un diálogo con Sábato», en: Klahn, Norma y, Wilfrido Corral (compiladores), *Los novelistas como críticos*, tomo 1, Fondo de Cultura Económica, México, 1991.

Anzieu, Didier y Jacques-Yves Martin, *La dinámica de los grupos pequeños*, Editorial Kapelusz, Buenos Aires, 1971.

Bonilla, María Elvira (ed.), «Laura Restrepo y Rosa Montero», en: *Grandes conversaciones, grandes protagonistas*, Norma, Bogotá, 2005.

Domínguez, Alberto *et al.*, *El trastorno bipolar: una guía para familiares y pacientes*, Generalitat Valenciana, Conselleria de Sanitat, Valencia, España, s.f.

Eco, Umberto. *Lector in fábula*, Editorial Lumen, Barcelona, 1981.

_____, *De los espejos y otros ensayos*, Editorial Lumen, Barcelona, 1988.

_____, *La obra abierta*, Ariel, Barcelona, 1984.

Enciclopedia de la Biblioteca Nacional de Medicina de los Estados Unidos y los Institutos Nacionales de Salud, www.nlm.nih.gov/news/press_releases/spanishmedplus.html, consultada a finales del año 2006.

Fetty de Holguín, Magdalena, *María entre los muertos*, Antares, Bogotá, 1964.

Guerra Curvelo, Weildler, *La disputa y la palabra: la ley en la sociedad Wayuu*, Ministerio de Cultura de Colombia, Bogotá, 2002.

Legarde, Marcela, *Los cautiverios de las mujeres, madresposas, monjas, putas, presas y locas,* Universidad Nacional Autónoma de México, México, 1997.

Merino, Juan Fernando, «Laura Restrepo o la indagación permanente» (entrevista), en Cronopios Agencia de Prensa, mayo de 2003.

Muraró, Luisa, *El orden simbólico de la madre,* Editorial Horas y Horas, Madrid, 1994.

Navia, Carmiña, *Guerras y paz en Colombia: las mujeres escriben,* Editorial Casa de las Américas, Cuba, 2004.

Olivier, Christiane, *Los hijos de Yocasta, las huellas de la madre,* Fondo de Cultura Económica, México, 2004.

Restrepo, Laura, *El leopardo al sol,* Editorial Norma, Bogotá, 2000.

_____, *Dulce compañía,* Editorial Norma, Bogotá, 1995.

_____, *La novia oscura,* Editorial Norma, Bogotá, 1999.

_____, *La multitud errante,* Editorial Planeta, Bogotá, 2001.

_____, *Olor a rosas invisibles,* Editorial Suramericana, Buenos Aires, 2002.

_____, *Delirio,* Alfaguara, Madrid, 2004.

Vargas Llosa, Mario, *García Márquez, historia de un deicidio,* Barral Editores, Barcelona, 1971.

HISTORIA DE UN ENTUSIASMO

DE LA TRAICIÓN AL ENTUSIASMO

ELVIRA SÁNCHEZ-BLAKE, UNIVERSIDAD DE CORNELL

El trayecto que hay de la traición al entusiasmo es más que una edición o retitulación de un libro. En el lapso transcurrido entre la publicación de *Historia de una traición* (1986) e *Historia de un entusiasmo* (1999) se inscribe la trayectoria de Laura Restrepo en su crecimiento y transformación de periodista en escritora. De igual manera, en este tiempo se registra un momento histórico significativo en la transformación sociopolítica de Colombia. Y, además, hay un elemento subyacente: la historia oculta de la propia protagonista, pero entretejida dentro de la otra historia.

En este ensayo pretendo analizar y comparar las dos ediciones de la misma historia (de la traición y del entusiasmo), el recorrido de la autora en el transcurso de los trece años que separan las dos publicaciones y la correspondencia con las circunstancias políticas e históricas del país (1986-1999). Espero poder desentrañar no sólo lo que está explícito en el testimonio relatado, sino lo implícito que atañe a la historia de la propia autora.

Historia de una traición es un reportaje-testimonio sobre el proceso de negociación del grupo M-19 con el gobierno de Belisario Betancur entre los años 1984 y 1986. Laura Restrepo escribió este libro en calidad de reportera y miembro de la Comisión de Negociación, y su objetivo era dejar un testimonio que no se quedara dormido «en el fondo de un cajón de algún funcionario público», sino que llegara a la opinión pública, como lo señala en el prólogo (*Historia de una traición*, 10[1]). Sin embargo, las condiciones en que fue escrito (en el exilio) y publicado (en España) dan cuenta de que el manuscrito que relata el fracaso de las negociaciones y las causas que lo motivaron no era lo que se esperaba de un texto escrito por un miembro de la Comisión de Paz ni, mucho menos, de una publicación de este tipo. Así, el libro

---

[1] Las citas de *Historia de una traición* corresponden a la edición de IEPALA, Serie Problemas Internacionales, Madrid, 1986. Y las de *Historia de un entusiasmo*, a la edición de Editorial Norma, Bogotá, 1999.

tuvo escasa recepción y la poca que tuvo recibió muchas críticas negativas. Sin embargo, constituye un documento revelador que años más tarde se convirtió en referencia obligada sobre los hechos ocurridos durante este período definitivo de la historia colombiana.

El libro está escrito en forma de reportaje, con un estilo informativo y periodístico que ilustra, desarrolla, compendia y explica. Contiene entrevistas, documentos y testimonios que apoyan y justifican los argumentos. Es un texto escrito en forma impersonal o en un «nosotros» vago que sólo le cede el paso a un narrador en primera persona en la introducción y en el prólogo. Es decir que Laura Restrepo trata de cumplir fielmente con los postulados del periodismo impersonal, objetivo e imparcial. Sin embargo, no por esto se deja de advertir una posición de simpatía y apoyo hacia el grupo revolucionario ni el tono acusatorio con el que se refiere al gobierno por las fallas del proceso de negociación.

Es significativo que en *Historia de una traición* Laura Restrepo se presente en la primera línea de la introducción: «Me llamo Laura Restrepo, soy periodista y miembro de la Comisión de Negociación y Diálogo…» (9). Y es significativo por el hecho mismo de que la autora tuviera que presentarse, pues responde a la necesidad de afianzar su posición ante el lector, ante quien tendrá también que justificar sus puntos de vista y la relación de los hechos que presenta.

En el segundo párrafo explica qué es la Comisión de Negociación y por qué la escogieron para hacer parte de ella:

> El día en que recibí la carta del presidente Betancur con mi nombramiento, yo trabajaba desde hacía dos años como editora y responsable de la sección política nacional de la revista *Semana*, de Bogotá… Integrarme a la Comisión de Negociación me permitió estar en contacto permanente con los protagonistas –de uno y otro bando– del proceso, y en alguna discreta medida también participar en él, en calidad de mensajero o portador de razones entre el gobierno y la guerrilla, y en calidad de *verificador* de los hechos para determinar quién violaba la tregua (*Traición*, 9).

Los términos «editora y responsable de la sección política de *Semana*», una de las revistas de mayor circulación y prestigio en Colombia, así como «mensajero, portador, *verificador*» (en bastardilla) constituyen la carta de presentación con que se justifica en su posición de «relatora» de hechos. De por sí, esta suma de credenciales, como en una solicitud de trabajo, confiere la cuota de credibilidad necesaria que en el momento de su publicación necesitaba la autora.

En el último capítulo del libro, Restrepo relata el último desayuno que tuvo con el presidente Betancur antes de partir hacia México, episodio en el cual lo acusa abiertamente de no haber cumplido con los pactos del proceso de paz. El último párrafo constituye una advertencia sobre el destino del país, que en la actualidad se lee como profecía cumplida:

> Se acabaron los días de la paz y empezaron los días de la guerra. Al principio la gente no notó el cambio, sorprendida más bien al descubrir cuánto se parecían los unos a los otros. Lentamente se fue dando cuenta (*Traición*, 329).

Historia de una traición es en realidad el primer libro que publicó Laura Restrepo y curiosamente el que la obliga a exiliarse en 1986. Se infiere que este cruce del destino la lleva a radicarse en México contra su voluntad y a plantearse una redefinición de metas. Pero al releer el texto veinte años más tarde lo interesante no es repasar los hechos que se relatan sobre la negociación entre el M-19 y el gobierno o comprender las causas del fracaso de las gestiones de paz. Estos hechos ya han sido analizados y documentados ampliamente por historiadores, violentólogos, analistas políticos y demás estudiosos del fenómeno que generó la dramática historia de violencia que se desató en los años ochenta en Colombia. Lo interesante de la narración y su relectura radica precisamente en lo que no se dice y que permite entrever la participación de la autora en ese conflicto político.

Historia de un entusiasmo (1999) es la reedición de *Historia de una traición*. A primera vista salta la diferencia, que se advierte desde la carátula. *Traición* tiene una portada grisácea con la silueta de Belisario Betancur en un fondo superpuesto por dos filas de revolucionarios en pie de guerra vistos a trasluz. El título del libro sobresale bajo un antetítulo que prefigura el carácter del mismo (Problemas internacionales-Colombia). Más abajo se halla el nombre de la autora camuflado entre las cejas de Belisario. En *Entusiasmo*[2], por el contrario, sobresale el color: en la parte superior de la cubierta aparece destacado el nombre de la autora en mayúsculas de color naranja y en la parte inferior, el título. Entre los dos se encuentra una foto de un grupo de guerrilleros sonrientes con sus fusiles, radios, boinas y sombreros. Los que están familiarizados con la historia del M-19 pueden

---

2 Me refiero a la edición de 1999 de Editorial Norma. En la actualidad, desde el año 2005, el libro pertenece al fondo editorial de Aguilar, que le cambió la foto de la portada. En esta edición la foto de portada sólo muestra a Carlos Pizarro.

reconocer a las figuras más sobresalientes del grupo armado: Álvaro Fayad, Carlos Pizarro, Antonio Navarro, Luis Otero e Iván Marino Ospina. Es una imagen de compañerismo, de fiesta y de alegría, bastante disímil con el tema del libro.

El contraste entre ambas portadas es llamativo puesto que revela la diferencia fundamental entre ambas publicaciones: de la traición al entusiasmo. En el primero se advierte un vaticinio de los malos tiempos que se avecinaban, cuando el grupo revolucionario era activo y beligerante. En el segundo, ya decantados los ánimos, se descubre a un grupo que ha entregado las armas y se ha convertido en una organización política. Los hombres que aparecen sonrientes en la carátula ya han muerto casi todos y han pasado a la historia como héroes o como villanos, según el punto de vista de cada persona, pero, para la gran mayoría, han alcanzado el estatus de mitos. ¿Dónde está Belisario? El objeto principal de acusación del primer texto ha pasado a un segundo plano. Valdría la pena examinar por qué.

A los tres epígrafes que aparecen en *Traición*, se les añadió uno más en *Entusiasmo*. Uno de Álvaro Fayad:

> «Siempre habrá un mar para lavar el alma», escribió desde la prisión el turco Álvaro Fayad.
> A su memoria[3].

El prólogo de *Entusiasmo* llama la atención por la diferencia con la introducción de *Historia de una traición*. En este prólogo se ve a una Laura Restrepo decantada, asumiendo su papel protagónico como figura reconocida en Colombia sin pretensiones y claramente reconciliada con el papel que desempeñó en esta historia. No necesita presentación, ni siquiera menciona su nombre, como sucede en la primera publicación. Simplemente expone desde la distancia temporal lo que representó este período histórico. Asume la primera persona con autoridad y con un tono nostálgico que rememora una etapa definitiva de formación: «Teníamos veinte años, éramos bellos y estábamos convencidos de que nunca íbamos a morir» (*Entusiasmo*, 11). De igual modo, la autora se expone desde su interior, ya no como autoridad, ni buscando credibilidad, sino suponiendo que el lector ya conoce la historia, tanto política como personal:

---

3 Álvaro Fayad fue uno de los integrantes del M-19 más reconocidos por su sensibilidad y compañerismo.

Nunca pude mantener una actitud distante frente a lo que acontecía; me fascinaba y me dolía demasiado. Fui escribiendo este libro en caliente, en el escenario de los hechos, sobre tiquetes de avión y servilletas, y lo terminé en el exilio, hirviendo de indignación y de angustia, cuando en Colombia se cerraba el ciclo con un baño de sangre que acababa con la vida de casi todos sus protagonistas. De ahí su título original: *Historia de una traición* (*Entusiasmo*, 12).

¿Es *Historia de un entusiasmo* la historia de *Historia de una traición?*
La reflexión sobre el acto de escritura del primer libro constituye en este caso el dato más revelador. Los términos «exilio», «indignación», «angustia» y «baño de sangre» son determinantes para la comprensión del proceso en sí, más que los hechos que se narran.

Sobre la respuesta que tuvo la primera edición, Restrepo es vaga:

> Recién aparecido se dijo que era un libro subjetivo, parcial, que pasaba por alto incontables errores de los rebeldes y que se negaba a reconocer las razones de la contraparte. Todo eso debe de ser cierto. No está escrito con la neutralidad periodística que tanto se alaba. Pero sí con honestidad, con documentación estricta, testimonios auténticos, vivencia directa de los hechos y profundo respeto por éstos (*Entusiasmo*, 12).

La admisión de su visión subjetiva de los hechos en esta segunda edición contrasta con la insistencia con la cual resalta su objetividad en el prólogo de *Historia de una traición*, y en el formato del mismo, como expliqué antes. Pero es claro que, en el fondo, la autora quería dar una visión subjetiva y parcializada, posición que asume sin reservas en la segunda publicación. En varias entrevistas posteriores, Restrepo ha dicho que escribió *Historia de una traición* para poner de presente la subjetividad de su testimonio:

> Estaba escribiendo ese libro en carne viva, contaba los acontecimientos a medida que pasaban y me sentía comprometida con el proceso. Era una escritura en caliente, que se hacía con el alma en la boca. Ese libro pretendía ser mi testimonio, el reflejo honesto de mi propia subjetividad. Dudo de que se pueda hacer otra cosa, me parece presuntuoso hablar de «objetividad»[4].

---

4 Pedro Saboulard, «Casi todo sobre mi madre», entrevista que se encuentra en esta compilación.

Esa falta de objetividad fue una de las más duras críticas que enfrentó Restrepo por parte de quienes le señalaron la omisión de las fallas del M-19 y su parcialidad sobre los hechos que contaba. Ella reconoce esa carencia y admite como un «error» esta forma de subjetividad[5].

Para finalizar el prólogo de *Historia de un entusiasmo*, Restrepo explica el cambio del término «traición» por el de «entusiasmo»:

> Al releerlo doce años más tarde, lo que más fuerte me vuelve al alma no es el recuerdo del trágico final, sino el sabor de un entusiasmo que hace tiempo no sentimos tan intenso. Por eso he querido cambiarle el nombre por el de *Historia de un entusiasmo*. Preciosa palabra esa, entusiasmo, que encierra el vocablo griego θεος –Dios– y que significa «fogosidad de ánimo debido a la presencia divina» (13).

Historia de un entusiasmo recuenta la misma historia del primer libro, pero matizada por un estilo literario definido por un ingrediente más individual. En esta segunda entrega, Laura Restrepo se incorpora a la narración con un yo seguro y confiado. No se esconde ni se limita y en cambio corta, pule, decanta las secciones doctrinarias, didácticas y demasiado acusatorias. Es decir que en su totalidad, *Historia de un entusiasmo* es una versión catalizada de un momento histórico visto a través de un prisma mucho más personal y sereno. Sin embargo, la historia de su principal protagonista permanece oculta, aunque se asoma por los intersticios del relato evasiva y, por momentos, esquiva. Por momentos se diría que pugna por salir a flote.

De las diferencias fundamentales que hay entre ambas ediciones se destacan los capítulos suprimidos, entre los cuales se encuentra el primer capítulo de *Historia de una traición*, titulado «Entre las cenizas». En él se relata de forma dramática el holocausto del Palacio de Justicia[6], evento que trunca definitivamente los caminos de la paz

---

5 Sobre ese tema, Restrepo señala: «El estar comprometida con una de las partes me llevó a minimizar sus errores. Lo cual es en si mismo un error. Con el tiempo te das cuenta de que la gente y los procesos históricos se ven enriquecidos tanto por sus aciertos como por sus errores y omitir estos últimos quita vuelo y perspectiva. Quita realismo»: Pedro Saboulard, *op. cit.*
6 El holocausto del Palacio de Justicia, ocurrido el 6 y 7 de noviembre de 1985, fue el episodio que marcó el rompimiento del proceso de paz que se había adelantado durante el gobierno de Belisario Betancur. Para más documentación sobre este evento, ver: Elvira Sánchez-Blake, *Patria se escribe con sangre*, Anthropos, Barcelona, 2000. U Olga Behar, *Las guerras de la paz*, Editorial Planeta, Bogotá, 1985.

y da paso al baño de sangre del que habla la autora. Este acontecimiento en el cual se define también el destino del M-19, y el del Presidente Belisario Betancur, no aparece en *Historia de un entusiasmo*. La acusación denodada contra el mandatario en este primer capítulo, que era la base fundamental del tono del resto del libro, provoca una serie de cuestionamientos sobre su omisión en la segunda edición. Mi primera reacción es preguntarme: ¿Será que Laura Restrepo, al igual que muchos colombianos, se ha cuestionado la participación real de Belisario, nunca del todo aclarada? ¿Le ha concedido el privilegio de la duda?

Hay otros apartes que no aparecen en *Historia de un entusiasmo*, como los que se refieren al Congreso de los Robles, en los que aparece el entonces ministro de Gobierno Jaime Castro, a quien se le imputaban malos manejos políticos y se le cuestionaba abiertamente su manipulación de los acuerdos pactados. En *Historia de un entusiasmo*, Restrepo omite esa parte y se limita a relatar lo que aconteció en el Congreso de los Robles, pero desde un punto de vista personal, hablando en primera persona en lugar de usar un «nosotros» vago o un «se» impersonal. También cambió el título del capítulo. De «Un congreso entre los robles» pasó a «No hay tal lugar».

En el mismo capítulo, *Historia de un entusiasmo* tiene un nuevo párrafo largo y descriptivo, cargado de lirismo desmedido, sobre la utopía[7]. En efecto, pareciera que en la relectura de su obra, Restrepo se hubiera dado cuenta de lo que significó el Congreso, ya no como evento, sino simbólicamente, como la metáfora del retorno a los orígenes, el instante en el cual se accedió al idealismo que todo proceso revolucionario ha buscado:

> El congreso entre los robles ha durado un abrir y cerrar de ojos y no existe en Colombia otro espacio abierto bajo las estrellas donde los hombres y las mujeres puedan reunirse a soñar con un futuro sin violencia y sin miseria, donde la convivencia entre los humanos no esté teñida por el desprecio, la desigualdad y la intolerancia. Un lugar donde no duerman unos en la cama y otros en el suelo, sino todos en el suelo; donde no haya unos que comen y

---

[7] Al preguntársele sobre la utopía, Laura Restrepo declaró recientemente: «Cómo voy a creer en utopías, si la palabra misma te indica que no encuentran lugar, que nunca serán. Creo en cambio en una sociedad igualitaria y justa donde hombres y mujeres puedan vivir con dignidad y alegría. Y eso no es utópico sino posible, siempre y cuando nos dediquemos a luchar por ello, pasito a paso, generación tras generación. Que la cosa sea cuesta arriba y esté muy lejos no quiere decir que no se dará»: Pedro Saboulard, «Sueños de escritores», *Desde Abajo*, número 109, 2006.

otros que pasan hambre, sino una ollada de arracacha para repartir entre todos; donde quepan todos los niños y los viejos puedan leer *El Quijote* en corrillo; los árboles crezcan hasta cumplir mil años, los astros alumbren en la placidez de su silencio y los jóvenes puedan tener la confianza en que la vida venidera será menos inhóspita que la que debieron llevar sus padres y sus abuelos (*Entusiasmo*, 333).

Para concluir, la autora ingresa en el escenario sin ambages ni temores con el convencimiento de que lo que vivió en ese único momento no volverá a ocurrir:

> Hombres y mujeres jugando por un rato a que está en sus manos hacer la vida más llevadera: no fue más lo que sucedió en aquel pico de la cordillera y, sin embargo, *quienes allí estuvimos no habíamos visto antes nada tan importante y probablemente no lo volveríamos a ver* (el subrayado es mío, *Entusiasmo*, 334).

Llama la atención la similitud con otros textos postrevolucionarios de escritores que han estado vinculados con los conflictos de los años setenta y ochenta. Gioconda Belli, la poeta revolucionaria nicaragüense, le ha dedicado toda su novela *Waslala* al tema de la búsqueda de la utopía con reflexiones similares a las de Restrepo, basadas en el experimento de Solentiname de Ernesto Cardenal[8].

Esta reflexión de Restrepo añadida al capítulo del Congreso de los Robles es también sintomática de lo que tuvo la oportunidad de decantar durante sus años de exilio, retorno, inicio de su carrera literaria y participación en los procesos políticos de entonces. Nos dice mucho más que una autobiografía o un tratado académico:

> Es posible que los grandes momentos históricos no estén hechos de muchas palabras, ni siquiera de acciones trascendentales, sino de iluminados encuentros. Encuentros de una gente con otra y unas ideas con las opuestas, encuentros de enemigos irreconciliables que se reconcilian, de amigos que se abrazan, de desconocidos que se hacen amigos, de los hombres con un futuro, de un pueblo con su esperanza, de un país que, en ese peculiarísimo cruce de circunstancias y caminos, de repente se reconoce a sí mismo como tal y se anima a pensar que tal vez, después de todo, su vida de nación no tiene por qué ser tan dura (*Entusiasmo*, 335).

---

8 Sobre este tema, ver: Elvira Sánchez-Blake, «Deseo y utopía en *Waslala* de Gioconda Belli», *Anales de la XIII Conferencia de la Asociación de Literatura Femenina Hispánica* ALFH, Santo Domingo, 2002.

Creo que en estas líneas se resume la necesidad de la autora de reeditar su primer libro justo en el cruce de milenios. ¿Existe la utopía, la posibilidad de un mundo mejor, de un país menos hostil para sus conciudadanos? Los Robles se convierte en esa metáfora de utopía (al igual que lo fue Solentiname para los nicaragüenses[9]). «Los Robles, el país donde todo fue posible. *Los Robles, el país de nunca jamás*» (el subrayado es mío, *Entusiasmo*, 335).

Otras de las diferencias notables entre las dos ediciones radican en el estilo. Mientras que en *Historia de una traición*, Restrepo utiliza citas directas, reproduce apartes de testimonios o de conversaciones y párrafos de documentos, en *Historia de un entusiasmo*, las citas son indirectas, se limitan a lo fundamental y los documentos se resumen o se convierten en una reflexión. En *Entusiasmo* abunda la descripción y se añaden detalles no mencionados en *Traición*. La narradora aparece en varias formas y se permite chispas de caricatura y de humor, ingrediente fundamental en sus subsiguientes obras de ficción. Veamos la siguiente muestra comparativa:

En *Traición*:

> La revolución es el *solle* del pueblo. Le preguntamos al guerrillero que está hacia la posta por qué han escogido un eslogan tan marihuano (*Traición*, 279-280).

En *Traición* se reproduce en cita directa de un párrafo la respuesta del guerrillero sobre el significado del eslogan, mientras que en *Entusiasmo* la información se limita a lo sustancial:

> La revolución es el *solle* del pueblo. Tomada de la jerga marihuanera, la palabra «solle» alude al éxtasis producido por la droga. Un guerrillero que está haciendo la posta nos comenta, a propósito de esta consigna: «A los militares les gustaba decir que aquí metemos droga, que repartimos basuco. No entienden que no necesitamos, porque el mejor *solle* es luchar por lo que uno cree» (*Entusiasmo*, 311).

La diferencia en el estilo de estas dos citas es evidente. El segundo enfoque es más fluido, dejando de lado la parrafada completa de la

---

9 Solentiname fue el experimento utópico realizado bajo el liderazgo de Ernesto Cardenal en Nicaragua en los años sesenta. Ver: Antonina Vivas, *Aquellos años de Solentiname*, Anamá, Managua, 2000. Y Ernesto Cardenal, *Las ínsulas extrañas*, Anamá, Managua, 2002.

respuesta del guerrillero, que a la final sólo contiene el sucinto mensaje expresado en una línea. Vale señalar que en la segunda edición, Restrepo considera necesario explicar el término «solle», una expresión muy conocida en los años setenta y ochenta, que actualmente ha perdido su connotación.

El uso de la primera persona en *Entusiasmo* comparado con el impersonal o «nosotros» de *Traición* es significativo:

En *Historia de una traición:*

> Mientras nos peinamos, un guerrillero campesino, cincuentón, se acerca:
> —Bonito el espejito —nos dice.
> Y se lo regalamos (*Traición*, 300).

En *Historia de un entusiasmo:*

> —Bonito el espejito —*me* dice, insinuando que se lo regale, cosa que *hago* (*Entusiasmo*, 330).

Esta misma diferencia se aprecia en los siguientes diálogos. En *Historia de una traición:*

> Falta una periodista joven. El capitán no le entrega la cédula, sino que mira la foto pausadamente, le mira la cara a ella, vuelve a la foto, se demora. Nos inquietamos. ¿La irá a detener?
> —Usted no es fotogénica —le dice—. Se ve mejor en la vida real.
> Le devuelve la cédula y la deja pasar (*Traición*, 307).

En *Historia de un entusiasmo:*

> Sólo falto yo. El capitán no me entrega la cédula sino que mira la foto pausadamente, me mira a mí, vuelve a la foto, se demora. Me inquieto: ¿me irá a detener?
> —Usted no es fotogénica —me dice—. Se ve mejor en la vida real —me entrega la cédula y me deja pasar (*Entusiasmo*, 336-337).

Llama la atención este cambio de pronombres. Demuestra un cambio de actitud de la autora: ahora se asume como personaje, como protagonista del proceso. Todo esto, unido a las reflexiones y a los cambios de enfoque, influye en la manera en que un lector, que da por sentado la participación del narrador como sujeto histórico, se enfrenta al texto.

Lo más relevante de esta muestra comparativa se encuentra en el último capítulo, titulado «El último desayuno». En las dos ediciones del libro, el capítulo se inicia con el recuento del atentado contra Antonio Navarro, líder del M-19, ocurrido en mayo de 1985. La línea en primera persona: «Qué lástima, me mataron» con que empieza el relato, así como el monólogo interior que le sigue, revela no tanto una ficcionalización del evento, sino una familiaridad suficiente con el personaje como para conocer de primera mano sus pensamientos. Es también indicador del efecto personal que tuvo en la narradora este hecho sustantivo de la narración:

> Perdió los kilos que nunca tuvo y en ese abismo de flacura, de silencio y de inmovilidad, sólo en sus ojos, más azules que nunca, seguía brillando la vida (*Entusiasmo* y *Traición*, 358 y 326, respectivamente).

En estas líneas hay más que una descripción física de un hombre que ha sido víctima de un atentado. Hay un sentimiento que se manifiesta y es evidente para el lector. Es de conocimiento público que Laura Restrepo fue la compañera de Antonio Navarro por varios años en la década de los ochenta. Después de entregar las armas, Navarro ha ocupado puestos destacados en la política colombiana. Fue líder de la Alianza Democrática M-19 (partido político del M-19 después de desmovilizarse en 1990), tras la muerte de Carlos Pizarro. También se ha desempeñado como representante a la Cámara, ministro, candidato a la presidencia y actualmente es senador de la República por el partido de izquierda Polo Democrático Alternativo.

A continuación, el capítulo relata todas las gestiones que se realizaron para sacar del país a los heridos del atentado en un avión que el mismo gobierno puso a su disposición por mediación de Gabriel García Márquez. En todo este proceso, Laura Restrepo actuó como intermediaria. Este mismo avión después la llevó a su exilio en México y Cuba. Sin embargo, la narración se limita a lo que sucedió con Navarro y no lo que le estaba ocurriendo a la propia Laura Restrepo como sujeto protagónico de estos acontecimientos. ¿Por qué tuvo que salir también del país? ¿Qué motivó su exilio? ¿En qué momento cambió su papel de mediadora al de participante del proceso político?

La mención a García Márquez no es azar. La referencia a *Cien años de soledad* se convierte en la metáfora obligada de lo que significa este momento, el fin del proceso de paz, en la historia del país:

Ahora con el atentado de Cali quedaba confirmado que los emisarios de la paz de la guerrilla, como los Aurelianos marcados en la frente de *Cien años de soledad,* eran sistemáticamente recibidos con la muerte. Y la muerte parecía ser el límite más allá del cual el M-19 no podría ir (*Entusiasmo*, 359).

Restrepo continúa con una reflexión sobre lo que significó para el M-19 el rompimiento de la tregua, la cual tampoco se encuentra en *Historia de una traición:*

> «Por la paz haremos hasta lo imposible», habían prometido sus dirigentes en Los Robles, tal vez sin medir hasta qué punto era sobrenatural semejante compromiso. Ahora con el atentado de Cali, cuando seis delegados de paz eran volados con una granada mientras desayunaban desprevenidos en un lugar público, era justamente lo imposible lo que se hacía presente para cobrar la promesa hecha en su nombre. Y el M-19 rompió esa promesa decretando el fin de la tregua. En parte lo hizo porque hubiera sido propio de mártires y no de humanos haberla mantenido, pero en parte también alucinado por el espejismo de que el país que los había acompañado en la paz los acompañaría también en la guerra, y que las victorias públicas que les había conferido su fidelidad a la paz se las daría así mismo su habilidad en la guerra (*Entusiasmo*, 360).

Esta reflexión no es propia de la delegada de una comisión de paz. Es la de alguien que habla en nombre de la organización en calidad de vocera, o como una integrante comprometida con su causa, que desde una perspectiva de tiempo y distancia conjuga los efectos de un proceso fallido.

La última parte de este capítulo refiere el encuentro que tuvo la autora con el presidente Betancur. Parte de ese relato se encuentra en *Historia de una traición*, pero los detalles que releva en *Historia de un entusiasmo* son mucho más significativos. Veamos los cambios.

En *Traición*:

> Ése era, pues, Belisario Betancur, el hombre que con tanta energía le había parado los pies a su primer ministro de Defensa... y que ahora parecía no tener límites en su complacencia con el general Vega Uribe; el mandatario que había prometido cambios y paz, y que lo que había hecho era encaramar al país en un absurdo reformismo sin reformas y en una desgarradora pacificación sin paz; el mismo que empezó diciendo que bajo su mandato no correría una sola gota de sangre y que terminaría bajando el pulgar en señal de aprobación para que sus soldados incendiaran

el Palacio de Justicia y masacraran, como en el circo romano, a todos los que estaban dentro (*Traición*, 328).

En *Entusiasmo*:

> Ante mí estaba el humanista que con tanto entusiasmo había abierto las puertas de las cárceles políticas y que con tanta entereza había frenado las ínfulas militaristas del general Landazábal, su primer ministro de Defensa; el mismo presidente que ahora parecía complaciente con el proyecto aniquilador del general Vega Uribe; el mandatario que había iniciado con bríos un camino de cambios y paz para terminar encaramado en un absurdo reformismo sin reformas y en una desgarradora pacificación sin paz. El mismo que empezó diciendo que bajo su mandato no correría una gota de sangre y que terminaría bajando el pulgar, como en el circo romano (*Entusiasmo*, 362).

Llama la atención la omisión al Palacio de Justicia en la segunda cita y la mesura del tono acusatorio contra Belisario. En *Historia de un entusiasmo*, mucha agua ha corrido bajo el puente y la autora parece concederle al mandatario de entonces una indulgencia con respecto a su participación en este episodio. Es decir que su acusación va dirigida más contra los militares, a quienes señala claramente y no cambia nada a su favor, mientras que para el presidente su condena se limita a su actitud hacia los militares, pero no con respecto a su participación en la masacre.

En *Historia de un entusiasmo* Restrepo narra en detalle el diálogo que tuvo en ese último desayuno con Belisario, y que transcribo a continuación:

> En mi última visita le conté al presidente que de su despacho saldría directamente hacia el avión que me llevaría al exilio, porque la ruptura de los pactos de paz había llenado de amenazas y puesto en serio peligro las vidas de los que nos habíamos comprometido con el proceso. Le conté también que llevaba entre la maleta todos los papeles, los documentos y los testimonios que me permitirían reconstruir esta historia.
> —Cuente con una beca de mi gobierno para escribir su libro —me ofreció.
> —Imposible, presidente, es un libro contra usted.
> —Ya lo sé. De todas maneras cuente con una beca, y escriba lo que le parezca.
> —No, gracias, presidente.
> —Como quiera. Pero antes de que se vaya, Laura, quiero que hable con alguien... (*Entusiasmo*, 362).

El resto aparece en *Historia de una traición* y se refiere a la llamada que desde Londres establece el presidente con el otro miembro de la Comisión de Paz, Bernardo Ramírez. Ramírez ocupó varios cargos durante el gobierno de Belisario: ministro de Comunicaciones, asesor de imagen y por ese entonces embajador en Londres. Había trabajado con denuedo en el proceso de paz y había asesorado al presidente en todos los asuntos políticos. Sus palabras, hábilmente escogidas para ese final, cumplen el propósito de resonar en la mente del lector: «¡La paz no se puede acabar, carajo!» (*Traición*, 329; *Entusiasmo*, 363).

La última página de ambas ediciones contiene el repunte fatal del rompimiento de las negociaciones por parte del M-19 y de nuevo la evocación a *Cien años de soledad* con la comparación de los miembros del M-19 que fueron asesinados después como los Aurelianos marcados con la cruz en la frente.

> Quizá los años de soledad que se avecinaban no fueran demasiados; seguramente habría una segunda oportunidad sobre la tierra, debajo del mismo cielo pero con otros hombres y otros signos. Quizá también habría una tercera: el fatalismo histórico era un recurso poético y no político. Pero esa primera oportunidad, única e irrepetible, se había perdido... y los intentos posteriores tendrían un costo social y humano cada vez más alto... Antes de que transcurrieran cuatro años habrían de caer asesinados por las balas del Ejército casi todos los protagonistas principales de esta historia, entre ellos Iván Marino Ospina, el Negro Alfonso Jacquín, Álvaro Fayad, Carlos Pizarro y más de tres mil guerrilleros amnistiados y supuestos simpatizantes de la guerrilla. Como los Aurelianos marcados con la cruz en la frente de *Cien años de soledad*, tal como había sido predicho por Fayad (*Entusiasmo*, 363).

Historia de una traición/ Historia de un entusiasmo no son los textos más reconocidos de Laura Restrepo. De hecho, casi que los omiten en las numerosas biografías, reseñas, entrevistas y documentos existentes sobre la escritora. Sin embargo, es en estos textos donde se trasluce su historia personal. Es cierto que se encuentra velada y entrelazada con la historia colectiva. Una cualidad típica del testimonio: ¿velar el sujeto individual en aras del sujeto colectivo? También es ésta la obra que le ha costado más a nivel personal, por lo que representó: el costo emocional de «escribir en caliente sobre el escenario de los hechos y de haberlo terminado en el exilio hirviendo de indignación y angustia» (*Entusiasmo*, 12).

Si a nivel personal la publicación de *Historia de una traición* marca el inicio de su carrera literaria, constituye también un documento vívido para quienes fuimos parte de ese momento histórico. En tanto que el trayecto que se da entre las dos ediciones constituye el salto de la periodista anónima a la escritora reconocida, lo más relevante es que *Historia de un entusiasmo* constituye un acto de reflexión, en el que el hecho fundamental que es la historia personal de Restrepo se vislumbra entre líneas, ansiosa de ser revelada.

Tal vez esa historia, la que no ha sido contada, se convierta en tema de una subsiguiente edición. Como muchos escritores que van contando a retazos de ficción apartes de su historia personal, puede ser que algún día Restrepo nos sorprenda con lo que ella ha definido como «la historia del M-19 –la historia de un entusiasmo–, una historia de heridas»[10].

Referencias bibliográficas

Behar, Olga, *Las guerras de la paz*, Editorial Planeta, Bogotá, 1985.

Cardenal, Ernesto, *Las ínsulas extrañas*, Anamá, Managua, 2002.

Restrepo, Laura, *Historia de una traición*, Serie Problemas Internacionales. IEPALA, Madrid, 1986.

_____, *Historia de un entusiasmo*, Editorial Norma, Bogotá, 1999.

Saboulard, Pedro, «Casi todo sobre mi madre», *Piedepágina*, número 2, Bogotá, marzo de 2005, http://www.piedepagina.com/numero2/html/contenido.htm, consultada en agosto de 2006.

_____, «Sueños de escritores», *Desde Abajo*, febrero 20 a marzo 15 de 2006, No. 109, http://www.desdeabajo.info/edicion.php?numero=109, consultada en agosto de 2006.

Sánchez-Blake, Elvira, *Patria se escribe con sangre*, Anthropos, Barcelona, 2000.

_____, «Deseo y utopía en *Waslala* de Gioconda Belli», *Anales de la XIII Conferencia de la Asociación de Literatura Femenina Hispánica ALFH*, Santo Domingo, 2002.

Vivas, Antonina, *Aquellos años de Solentiname*, Anamá, Managua, 2000.

Villamizar, Darío, *Aquel 19 será*, Editorial Planeta, Bogotá, 1995.

---

10 Pedro Saboulard, entrevista.

La isla de la pasión

DOUBTFUL EXISTENCE: ENTRE HISTORIA Y UTOPÍA

PAOLO VIGNOLO, UNIVERSIDAD NACIONAL DE COLOMBIA

LAS LLAVES DE LA ISLA

Se sabe también que queda en el Océano Pacífico a 10 grados, 13 minutos latitud norte y 105 grados, 26 minutos longitud oeste, y que el lugar más cercano a ella es el puerto mexicano de Acapulco, a una distancia de 511 millas náuticas, o sea 945 kilómetros. Quien imagine un mapamundi puede ubicarla en el punto de cruce de un eje que bajara de Acapulco hacia el sur y otro que partiera de San José de Costa Rica hacia el oeste, y comprobar que está en la misma posición con respecto a la línea ecuatorial que Cartagena y Maracaibo. Eso es lo que se sabe, y sin embargo algunas cartas de navegación la relegan a la incertidumbre al marcarla con la sigla «D.E.»: Doubtful Existence, existencia dudosa[1] (17).

Desde la primera hojeada al libro, Laura Restrepo se divierte desconcertando al lector. La trama del relato, sus personajes, el mismo título: todo indica que se trata de una novela. Y, sin embargo, la obra se presenta como una historia «verídica», que narra «hechos reales aunque olvidados», como podemos leer desde un principio en la contraportada[2]. La forma del texto también resulta más parecida a una tesis de doctorado que a una obra de ficción, con toda la parafernalia académica de citas, bibliografías y notas a pie de página. La misma autora se encarga de darnos una clave para acceder al juego literario que ella misma nos propone: el libro, como la isla, se abre con las llaves de una cita del *Quijote*.

...Y luego con algunas ridículas ceremonias le entregaron las llaves del pueblo y le admitieron como perpetuo gobernador de la ínsula Barataria (7).

---

1 Todas las citas de *La isla de la pasión* corresponden a la edición de Alfaguara, México, 2005.
2 Como se reitera justo abajo de la dedicatoria: «Los hechos históricos, lugares, nombres, fechas, documentos, testimonios, personajes, personas vivas y muertas que aparecen en este relato son reales. Los detalles también lo son, a veces» (9).

Clipperton desde un comienzo está asociada con Barataria, y su posesión, con un disparate quijotesco. Cervantes, nos recuerda Wardropper, en la onda de la tradición de los libros de caballerías, se refería a su libro como a una «historia», y precisamente a una «historia verdadera». Confusión potencialmente subversiva, ya que, aprovechando el aura de sacralidad y autoridad que aún rodeaba la página escrita, Cervantes logró generar un verdadero cortocircuito entre textos verídicos y textos falsos[3].

Así mismo, en *La isla de la pasión*, los artificios retóricos vueltos a demostrar la autenticidad de la historia imponen una marcha, un dispositivo implacable, que trastoca las fronteras entre lo real y lo ficticio, lo actual y lo potencial, lo vivido y lo imaginado. A mitad de camino entre la investigación académica y la obra literaria, entre el reportaje periodístico y el diario de viaje, la obra puede ser leída como una reflexión sobre la historia a partir de la ficción.

El relato se desarrolla en México a partir de dos hilos conductores: los vaivenes de la colonización de la isla de Clipperton –un islote perdido en el Océano Pacífico– durante la revolución y los avatares de una narradora que hoy día busca documentos, huellas, indicios que le permitan reconstruir esa historia olvidada:

> Finalmente, después de golpear puertas equivocadas, de escarbar en las guías telefónicas de las tres ciudades, de consultar con funcionarios públicos, con almirantes, buzos, beatas de iglesia, lectores de tarot e historiadores, alguien en una esquina; casi por casualidad, me ha dado esta dirección. Si es correcta, habré encontrado por fin a uno de los sobrevivientes de la tragedia de Clipperton (20).

El problema principal que enfrenta la narradora es dar cuerpo y vida a los fragmentos de un pasado que parece haberse desvanecido para siempre. La ficha de «filiación-contracto» de Ramón al entrar al Ejército, la acartonada postal en inglés de Alicia a su prometido, la fotografía sepia que la retrae poco antes del matrimonio, la participación de bodas de los dos, la bitácora del capitán Perril, la foto

---

3 B.W. Wardropper, «*Don Quijote*: Story or History?», *Modern Philology*, volumen LXIII, no. 1, agosto de 1965, pp. 9; Mary Gaylord, «The True History of Early Modern Writing in Spanish: Some American Reflections», *Journal of Literary History*, vol. 57, no. 2, Washington, junio de 1996, pp. 213-225; Paolo Vignolo, «Clavileño y el Hipogrifo: imaginarios geográficos en el *Quijote* y en el *Orlando Furioso*», *Studia colombiana*, vol. 4, diciembre de 2005, pp. 110-134. Wardropper llega a demostrar cómo la novela, más que la poesía o la épica, tiene sus raíces en la historiografía.

del grupo en que aparece Tirsa Rendón, el *dossier* del expediente militar del teniente Secundino Ángel Cardona, la carta de su viuda al gobierno mexicano, una escueta bibliografía sobre la isla: a eso y poco más se reducen los documentos a partir de los cuales habrá de reconstruir las vicisitudes de Clipperton.

Sin embargo, el talento investigativo de la narradora y su análisis minucioso de los documentos le permiten llegar sólo hasta cierto punto: un acta de matrimonio, un *dossier* militar, una publicación póstuma, un certificado de defunción no son sino hojas secas, los testimonios mudos de existencias borradas por el tiempo. Los amores, las pasiones, los sufrimientos de sus protagonistas se encuentran escondidos tras un conjunto de datos impersonales, fechas inciertas, imágenes borrosas.

La vida, con sus vueltas y emociones queda por fuera de esas hojas: ahí no aparecen los sueños románticos de la joven Alicia, ni el orgullo de Ramón, ni las aspiraciones a una existencia mejor de los demás pobladores de la isla. Para reconstruir lo que pasó hay que escuchar los relatos de los protagonistas y de las familias, que acompañan los escasos documentos, y recrearlos. La literatura, parece sugerir Laura Restrepo, nos ofrece las llaves para que la historia pueda ser contada.

La peste del olvido

Sin embargo, el ejercicio de la memoria no es inocente, ni automático. La peste del olvido que, como en Macondo, arrasó con la isla, parece haber contagiado también a los descendientes de los pobladores de Clipperton. Todas y todos los entrevistados se debaten, cada uno a su manera, entre deseo de olvido y urgencias de la memoria. La hija de los fundadores Ramón y Alicia, por ejemplo, aparenta no querer recordar, pero a la primera ocasión se suelta frente a la entrevistadora:

> No venga a alborotarme los recuerdos, dice con dulzura. Pero ella conoce, puede dar testimonio. En algún rincón de su memoria está enroscada esta historia, que yo busco. [...] No me hable del pasado, dice. Déjeme olvidarlo, repite, hace tanto que no hablo de Clipperton. Yo nací en esa isla en 1911, y viví allí hasta los seis o siete años, para qué le voy a contar esas viejeras. Mientras ella dice que no y que no, Clipperton empieza a volver y va invadiendo su cocina, suavemente, poco a poco. A medida que habla, doña Alicia se entusiasma. Se le entona la voz. Se olvida de la leche (21).

De la misma manera contesta el nieto de otro personaje central, el alemán Gustavo Shultz: por un lado, «confiesa que no conoce detalles del drama de Clipperton, porque a la familia no le gusta recordar ese pasado doloroso» (294). Por el otro, lee por teléfono la entrevista de su abuelo, es decir «la historia del primer Gustavo Shultz, parcamente contada por sí mismo» (295). A su vez Guillermina, prima hermana de Altagracia Quiroz, otra de las víctimas de la tragedia:

> Tiene modales lentos y distantes y pide excusas por su falta de memoria. Explica que tras la muerte de su marido sufrió un ataque cerebral que le borró de la mente todo el pasado. Nunca se logró reponer y se olvida también del presente, dice, y sus hijas tienen que ayudarla a encontrar las cosas porque no sabe dónde las deja. Pero Guillermina recuerda más de lo que cree recordar, es más lúcida de lo que dice ser, y en medio de las disculpas por la debilidad de su mente me habla de su prima hermana (326-327).

En cambio, María Teresa Arnaud de Guzmán, nieta de Alicia, encuentra en el ejercicio meticuloso de la memoria familiar una razón de vida: escribe libros sobre Clipperton, dicta conferencias, transforma su casa en «un verdadero santuario de la isla». Ahí colecciona –como en un gabinete de curiosidades– las reliquias de ese lugar remoto donde jamás ha puesto un pie: recortes de revistas y periódicos, plumas de pájaro, muestras de tierra y de agua, ropa, cartas, caracoles...

> Supe que mi misión en la tierra es hacer que esta historia, que es mi propia historia, se conozca. [...] Mi vida no está aquí sino en Clipperton, porque por esa isla vivo y muero (50-51).

La identificación con su abuela –«¡Éramos exactamente la misma talla, el mismo cuerpo y la misma cara, ella y yo!»– la lleva a obsesionarse con Clipperton, de la cual se considera la única biógrafa autorizada:

> Por cosas como ésa mi padre y yo no queremos que nadie distinto a nosotros mismos cuente nuestra historia. Hablan de lo que no saben, difunden versiones que no son (53).

Tal vez peor que la peste del olvido sea el apego patológico al pasado. O los traumas imborrables de los recuerdos, como le pasa a Ramoncito, el mayor de los hijos. O quizá sea preferible el silencio, como se evoca en la escena final del encuentro de Alicia con el padre.

En la novela los recuerdos afloran a la superficie como náufragos en la mar del olvido, cuyo rescate es doloroso e incierto, entregado a los caprichos de las mareas de la memoria colectiva, a las rachas de la historia, a las olas de la psique de cada uno...

Las circunstancias de la muerte de Ramón y Victoriano, por ejemplo, dan pie a una docta disquisición historiográfica que ocupa todo un capítulo. La narradora anónima consulta archivos, entrevista a los sobrevivientes, compara fuentes, elabora hipótesis, pero los mismos testigos oculares tienen cada uno su propia versión (287). ¡Hasta Ramón y Cardona vuelven a veces a discurrir con los vivos sobre las circunstancias oscuras de su propia muerte!

¿Quién tiene el derecho de hablar en nombre de quién? ¿Hasta qué punto es legítima la pretensión de la narradora de recrear el pasado de la vida de los demás? ¿Cómo llenar los vacíos de lo que se ha perdido para siempre? ¿Cómo conciliar las muchas versiones que hay sobre un solo acontecimiento, a menudo tan fragmentarias, contradictorias, irreducibles las una a las otras? El pasado, parece sugerirnos Restrepo, no es un desfile lineal de fechas y acontecimientos, sino materia viva que hay que moldear con cuidado. Su existencia es dudosa, como la ubicación de la isla.

Al margen de la historia

«El error más considerable de don Quijote», escribe Riquer, «no es el de querer resucitar los ideales medievales a principios del siglo XVII, sino el haber equivocado su ruta. Cervantes sabía perfectamente que si don Quijote, en vez de encaminarse a Barcelona se hubiese dirigido a Sevilla y de allí se hubiese embarcado para las Indias, su héroe hubiera encontrado las aventuras que anhelaba, los países exóticos, rara fauna y temibles salvajes que tantas veces asoman a las páginas de los libros de caballerías, y reinos, provincias, ínsulas que ganar. Otros quijotes y otros sanchopanzas partían de España sin más caudal y hacienda que las ilusiones y la ambición, y las saciaban en lo que pronto se llamaría América, a base de más trabajos y de más extraordinarias aventuras que las que se cuentan en los libros de caballerías»[4].

Algo parecido les pasa a los protagonistas de *La isla de la pasión*, cuya hazaña se vuelve quijotesca justo a raíz de un desvío, quizás un

---

4 Miguel de Riquer, Prólogo a *Don Quijote de la Mancha*, de Miguel de Cervantes Saavedra, edición del IV centenario, Real Académica Española de la Lengua - Alfaguara, Madrid, 2004, p. LXVII.

error, en el rumbo de su propia vida. Si a Ramón, por ejemplo, en vez de que lo hubieran enviado a un rincón insignificante del mapa, «un atolón con agua al centro y agua alrededor», hubiera podido participar en los alborotos de la revolución mexicana, sus anhelos de gloria guerrera habrían tenido con qué alimentarse (aunque de pronto jamás se hubiera vuelto el protagonista de una novela de éxito a casi un siglo de distancia).

En una jugada magistral, Laura Restrepo desplaza el punto de vista, trastoca la perspectiva para leer la Historia, con la «h» mayúscula, a partir de las historias mínimas de un punto cero perdido en el océano, «agua rodeada de agua», lugar de paso de pájaros viajeros, borrado de los mapamundis y de los manuales escolares. Desde ahí se divierte al ironizar sobre los acontecimientos de la época de la revolución mexicana:

> Mientras tanto el país se desbocaba, frenaba en seco, se salía de madre, encontraba su destino, lo perdía, volvía a encontrarlo y volvía a perderlo, al ritmo del galope vertiginoso de Pancho Villa y de sus guerreros dorados en el norte, del avance cauteloso de Emiliano Zapata y sus campesinos sin tierra en el sur, de los pasos en silencio del general Victoriano Huerta y su logia de traidores en la capital (150).

Es una historia al margen de la Historia la que se cuenta en la novela, en la que se entretejen acontecimientos marginales y marginados, siempre corriendo el riesgo de ser borrados por el flujo implacable del agua, por la furia de los huracanes, por el escorbuto y el olvido. No se trata simplemente de un refinado ejercicio de estilo, ni de un tapiz intertextual tejido por manos hábiles que conocen el oficio: el juego intelectual no es aquí un fin en sí mismo. Se trata más bien de una postura política clara: la Historia no se puede reducir a la historia oficial de los presidentes y de las batallas, del ascenso y la caída de los imperios, de la retórica nacionalista y de los monumentos públicos, del insistente y patético izar y bajar de banderas patrias que se reiteran a lo largo de todo el libro.

El cortocircuito entre los acontecimientos que sacuden la escena internacional y el trasegar insignificante de la gente de Clipperton le permite a Laura Restrepo enfrentarse, sin temores reverenciales, a los grandes debates que van emergiendo en el mundo académico en los años de la publicación del libro: la emergencia de una historia desde abajo, los conflictos entre la visión hegemónica y la visión subordinada, los problemas relacionados con un quehacer histórico postcolonial y postnacional, las prácticas de la microhistoria y de la historia oral...

Es el caso, por ejemplo, de la vida de personajes oscuros como Cardona, o como Victoriano, «el menos memorable de los mexicanos», descendiente ilegítimo del general Manuel Álvarez, prócer de Colima y el primer gobernador del Estado. Mediante los intentos de la narradora de reconstruir la historia, se pueden adivinar los rastros de las políticas de blanqueamiento, la segregación racial, la sistemática discriminación de los negros en la historia del país:

> La riqueza y la pompa acompañaron a los Álvarez por varias generaciones. Al menos a los Álvarez blancos y legítimos, los de la parte delantera de la casa. A Victoriano, el mulato, nieto de la negra Aleja y del general, le tocó la suerte de los que se criaron en el patio trasero (267).

De igual manera, el *excursus* historiográfico sobre las soldaderas se vuelve un extraordinario ejercicio de historia desde abajo, declinada en femenino:

> Pensando en Tirsa Rendón, leo novelas viejas y documentos de principio de siglo para averiguar sobre las soldaderas. No es mucho lo que hay sobre ellas. Eran las perras de la guerra. Mitad heroínas y mitad putas, marchaban detrás de la tropa siguiendo a sus juanes, ellos a caballo, ellas a pie. [...] Sus oficios eran múltiples e indispensables. Sin ellas los soldados se hubieran muerto de hambre, de mugre, de soledad. Siempre alborotando, siempre gritando, cargaban en la cabeza las ánforas de agua, las maletas y los tasajos de carne. A la orilla del río lavaban sus enaguas y los uniformes de los hombres. En las noches entraban a los cuarteles o a los campamentos y entre hogueras y humaredas hacían fritangas de gallo, de guajolote, cocían caldo de grasa, echaban al fuego gordas de harina (191).

El desplazamiento del punto de vista, propiciado al poner Clipperton como ombligo del propio mundo fantástico, pasa de lo geográfico a lo histórico, y de ahí se cuela hasta invadir todo aspecto de la vida cotidiana. A las grandes estrategias de resistencia frente a la explotación y a la injusticia social, Restrepo parece privilegiar las pequeñas tácticas de la vida diaria, lo que De Certeau llama la «invención de lo cotidiano». Traza la historia de Clipperton a partir de la moda (explícitamente citada en bibliografía), de la comida, de los objetos domésticos, de los pequeños rituales cotidianos como el lavado del pelo o las veladas del viernes.

A su vez, esta historia no se puede hacer si no es rescatando fuentes como el cuento, el rumor, el chisme, es decir, la oralidad. Es desde ahí que se pueden rescatar los ecos de las voces –calladas para siempre– de los marginados, de los invisibles, de los vencidos. Como cuando, aún en Orizaba, Ramón le cuenta a su novia Alicia un secreto que nadie se atreve a mencionar:

> Hace unos años aquí hubo una huelga y fusilaron a los obreros. No sé cuántos, pero debieron ser cientos. Un amigo mío, que trabajaba con la guardia rural, vio los cadáveres. Estaban apilados sobre dos plataformas de ferrocarril y eran tantos que no se podían contar. Entre los muertos había mujeres y niños y también trozos sueltos. Piernas, brazos. Mi amigo me dijo que ese tren partió para Veracruz, que a los muertos los tiraron al mar y que se los comieron los tiburones (43-44).

Como en el famoso episodio de la masacre de la bananera: «en Macondo no ha pasado nada». Y Macondo, como la Isla de la Pasión, nos habla de nuestro presente. No es difícil divisar, tras los avatares de una isla al margen, fuera de toda ruta y de toda historia, apenas rozada por los vientos tempestuosos de la revolución mexicana y de las intrigas de la geopolítica internacional, los acontecimientos que siguen ensangrentando el continente latinoamericano: detrás del *maroon* del corsario Clipperton se entrevén los cimarrones de los palenques de Cartagena de Indias y su lucha actual. La represión, por parte del joven subteniente Ramón, de las cruces hablantes que incitaban a los Mayas a la rebelión no es sino el espectro del reciente intento de genocidio guatemalteco. Y los desplazamientos forzados que sufren todos los personajes de la obra, a causa de la guerra, no son sino las «biografías imaginarias» de una buena parte de los colombianos de hoy.

LA MUÑECA Y EL ESPEJO

Más que alejada de las rutas de la historia oficial, Clipperton se encuentra en el centro de un vasto archipiélago literario. Para relatar su pasado no basta con seguir las odiseas de las personas que trataron de colonizarla: es imprescindible referirse a la extensa genealogía de islas perdidas que pueblan el imaginario de Occidente.

Como nos recuerda Umberto Eco en la introducción al *Isolario* de Benedetto Bordone:

Aparte de algún caso muy aislado (como el reino del preste Juan), desde siempre se han ubicado a los países de la Utopía en una isla. La isla es percibida como un no-lugar, inaccesible, al cual nos aproximamos por azar y en donde, empero, ya no podremos volver una vez que salgamos de ahí. Entonces no es sino en una isla en donde es posible construir una civilización perfecta, de la cual sólo las leyendas nos hablan de su existencia. [...] Es siempre en islas misteriosas que Ulises encuentra a Circe, a Polifemo o Nausicaa. Son islas las que descubrimos en *Las argonáuticas* de Apolonio de Rodas. Es a unas islas, Afortunadas o Bienaventuradas, que llega San Brendán en su *Navigatio*; la *Utopía* de Moro es una isla; es en islas –La *Terre Australe* de Foigny o la isla de Severambes de Vairasse– que florecen esas civilizaciones desconocidas y perfectas con que sueñan los siglos XVII y XVIII. Es en una isla que los amotinados del Bounty buscan (en vano) el paraíso perdido, es en una isla que vive el capitán Nemo de Julio Verne y en donde se guardan los tesoros de Stevenson y del conde de Monte Cristo, sin olvidar que las islas abrigan utopías negativas, desde la isla de los monstruos del doctor Moreau hasta la isla del doctor No donde aterriza James Bond. Desde la época de San Brendán (y hasta Gozzano) toda isla siempre ha sido una *insula perdida*[5].

La isla, por su naturaleza huidiza, es «emblema exacto de la inestabilidad de las cosas, del mundo inestable» escribía un contemporáneo de Magallanes, Gilles Corrozet (citado en Lestringant)[6]. Podemos llegar allí por casualidad, pero no sabemos si podemos volver a encontrarla, una vez nos hayamos ido. Las leyendas del mar repiten en las versiones más variadas la vieja historia de *Las mil y una noches* de la isla que se hunde cuando los marinos la pisan, revelando así su naturaleza de monstruo marino; las novelas de caballerías hablan a menudo de islas flotantes que aparecen y desaparecen sobre un mapamundi. Clipperton no es la excepción:

«Clipperton» es un alias, una maniobra de distracción. Una de las tantas maneras que tiene la isla de desdoblarse y de encubrirse. El verdadero, con el que fue bautizada por primera vez, entre 1519 y 1521, cuando Fernando Magallanes la divisó de lejos, fue el nombre de Isla de la Pasión, evocador pero esquizofrénico porque encierra en sí a los contrarios: pasión significa amor y dolor, entusiasmo febril y tormento, afecto y lujuria (17).

---

5 Umberto Eco, Introduction à Benedetto Bordone, *Isolario*, Nino Argano, Turín, 2000, p. VIII. (La traducción es mía.).
6 Frank Lestringant, *L'atelier du cosmographe ou l'image du monde à la Renaissance*, Albin Michel, París, 1991, p. 160. Lestringant se refiere al texto de G. Corrozet, *Hécatomgraphie*, París, 1540.

La ambivalencia de la isla se propaga a los personajes de la novela, en un homenaje implícito a Stevenson, autor tanto de *La isla del tesoro*, como de *El extraño caso del doctor Jekyll y Mr. Hyde*. Todos los que tratan de tomarse a Clipperton (y sus tesoros) se van desdoblando, se enfrentan con otra cara de sí mismos. A medida que el relato avanza, se va poblando de alias y álter egos.

El proceso se anuncia ya con la travesía en alta mar, un verdadero ritual de paso en que cada protagonista se deshace de la imagen a la que lo tenían destinado las convenciones sociales, las tradiciones de familia y la propia conciencia, por medio de un vómito colectivo, liberatorio, propiciado por el mareo. La rigidez de la vida castrense, la tiranía de la moda francófila de la provinciana Orizaba y las implacables jerarquías de una sociedad clasista y discriminatoria quedan indefinidamente atrás, y los colonizadores escrutan el horizonte en busca de otra posibilidad, en esta tierra o un poquito más allá. Alicia, por ejemplo, en pleno océano, se encuentra a punto de cruzar el espejo, puerta a su anhelado pero inquietante país de las maravillas:

> Alicia miró de reojo su reflejo en la claraboya y no le gustó lo que vio. Dos días antes, en el momento de embarcar, su largo pelo castaño se sostenía en una moña alta con un bucle relleno que le enmarcaba horizontalmente la frente. Era un peinado adulto y anticuado que rechinaba contra su cara de niña, pero ella opinaba otra cosa, se lamentaba porque se había zafado con el viento. Sobre sus hombros caían los mechones sin orden y apelmazados de sal. Unas ojeras azules como las que había tenido cuando le dio rubéola oscurecían su piel luminosa. Sus facciones, mínimas y perfectas, se engrosaban y distorsionaban al repetirse en la concavidad del cristal (67).

La isla propicia la metamorfosis física y psicológica de los personajes: a partir de ahí, Alicia deja de ser la niña que sueña con una romántica luna de miel en una isla desierta. Lo mismo, pero al revés, pasa en el viaje de vuelta, cuando rescata los trajes que han estado guardados por años en un baúl, últimos retazos de civilización en una isla asolada por las calamidades, para volver a asumir su papel en la sociedad. A lo largo de toda la estadía en la isla «la piel de porcelana de su cara de muñeca» se transfigura, junto con sus sueños, en la imagen de una muñeca de porcelana. La misma que aparece en el *incipit*: fulgurante como una premonición e inexorable como un destino ya escrito:

Una muñeca abandonada entre las rocas desde hace decenas de años. Se le borraron las pestañas y el color de las mejillas y los animales mordisquearon su piel de porcelana. Ella observa, lela, con las cuencas vacías de sus ojos y todo lo registra en su cráneo carcomido por la sal. Después de que todo pasó la muñeca sigue ahí, como testigo muerto, en medio de la ebullición de los miles y miles de cangrejos que cubren la arena, que se cubren los unos a los otros en nerviosas capas móviles, siempre en torno a ella, y asediando su cabeza calva y su tronco desmembrado (15).

Ese último vestigio abandonado entre el cangrejerío representa lo que Alicia estaba destinada a ser y no fue. Una «contrafigura» que vive su vida propia en la isla, de tiempo en tiempo recuerdo de infancia, juguete de los niños, premonición de una tragedia anunciada, emblema de una derrota.

Asimismo, las ambiciones de gloria de Ramón quedan plasmadas en un busto de bronce «con el puntiagudo casco prusiano en la cabeza», «acompañado por la plácida cháchara de sus descendientes y el alboroto de los animales domésticos» en la plaza de Orizaba (25). Cada uno encuentra, reflejado en la isla-espejismo, su propio álter ego: los niños se inventan amigos imaginarios, Victoriano se convierte en monstruo desfigurado por el escorbuto, mientras que Altagracia –cumpliendo un destino anunciado por su nombre– se transforma de sapo en princesa, como en los cuentos.

Jugando con una tradición que va desde Homero hasta los éxodos bíblicos, de los viajes de Mandevila a los «islarios» árabes y renacentistas, de *La tempestad* de Shakespeare a la Barataria de Cervantes, Restrepo disfraza a sus personajes con máscaras sacadas del molde de los clásicos. Prósperos y Calibanes se contienden la isla, en la cual conviven también un par de Robinson Crusoes, el reparto completo del naufragio de La Medusa y fantasmas de piratas y exploradores. Las grandes figuras históricas quedan en el trasfondo, como una comparsa grotesca y lejana, para que los personajes literarios puedan tomarse la isla, en un remolino de citaciones, parodias y juegos intertextuales.

La isla vuelve tangibles a los protagonistas de la ficción y fantasmales a los héroes históricos: quizá sea eso su espejismo supremo. Pero la Isla de la Pasión no sólo propicia espejismos, sino que baraja los destinos individuales en un continuo juego de inversiones. Los papeles sociales se confunden: los pobres aspiran a ser gobernadores –es el caso de Victoriano– y los gobernadores se vuelven pobres, como le pasa a Alicia: «La una era la señora y la otra la empleada, pero el destino las trató, o mejor digo las maltrató por igual» (257). Es un mundo al revés que trastoca las jerarquías establecidas y los roles tradicionales, volteando la sociedad cabeza abajo y patas al aire. Los hijos de la civilización se transforman en pequeños salvajes, el cuerdo Gustavo Shultz se vuelve loco, los soldados se reducen a estatuas de sal, los humanos devienen monstruos devorados por el escorbuto y los fantasmas toman cuerpo. En este vertiginoso juego de metamorfosis y desdoblamientos no se salvan ni los objetos, que adquieren existencia propia, como la muñeca, como la sábana con ojal, que –una vez perdido su estatus virginal– se transforma en mantel, en ropa, en trapo, en bandera... Y tampoco se salvan los difuntos, atrapados como están en «ese ensueño colectivo donde los vivos cohabitaban con los muertos»:

> En la oscuridad los recuerdos pesaban tanto que el pasado se hacía presente, y los muertos iban volviendo, primero uno y después otro, hasta que llenaban la casa y los vivos tenían que acurrucarse en los rincones para dejarles espacio. Volvían a sonar los quejidos de los flagelantes y el llanto de los hermanitos Irra, fulminados por el escorbuto. Aparecían Jesús Neri, mordido por los tiburones, y Juana, su mujer, despidiendo malos olores. Había visitas gratas, como la de Ramón y Cardona, que conversaban sobre su propia muerte. Sus voces salían de la negrura, como en las épocas felices en que se acompañaban al anochecer (279).

Los difuntos comparten la isla con los humanos, en una difícil simbiosis hecha de premoniciones, plegarias, rituales, comercio con el más allá, visitas en que se cruza de ida y regreso el umbral de la muerte. Sus aguas están infestadas de barcos fantasmas (el Holandés Errante, el Mary Celeste, el Kinkora...) mientras que en la tierra firme periódicas incursiones de espíritus asaltan a sus habitantes, para armar una zarabanda de procesiones de antorchas y danzas macabras en las que los vivos bailan con los muertos:

> Además de los muertos, estaban los espantos. [...] Pero la desolación de las noches de Clipperton era caldo de cultivo para que todo espectro se corporeizara. Alicia hizo aparecer unos enanos muertos llamados chaneques, una señora de los Dolores, atravesada por siete puñales, y una pobre desgraciada, la Monja Alférez, a quien la muerte ya no se llevaba en un coche tirado por caballos, como en Orizaba, sino en el barco del Holandés Errante. Tirsa cargaba con todos los que le había dejado Cardona, traídos a Clipperton desde la tierra de los chamulas (280).

Los vientos plagados de espíritus que soplan desde el continente llevan los ecos de otros micromundos de la literatura latinoamericana: los suspiros fantasmales de Comala, los redobles por Rancas, los chismes de Macondo...

Marginalia a las antípodas

Si la silueta de Clipperton surge entre las neblinas de evocaciones literarias, sus aguas están sujetas a las poderosas corrientes imaginarias de Occidente. En cuanto mundo al revés al otro lado del mundo, la isla es heredera de los mitos relacionados con el país de las antípodas. Las antípodas, donde vive gente con los pies al revés (literalmente «antipiés») y cabeza abajo, es el lugar donde «es noche cuando acá es día», la tierra de lo onírico, cuyos habitantes parecidos y al mismo tiempo opuestos a nosotros duermen cuando acá estamos despiertos y viceversa, alimentando la sospecha de que ellos no son sino los habitantes de nuestros sueños. O, según un motivo literario que llega de Platón hasta Borges, que nosotros no somos sino los sueños de ellos[7].

Desde las orillas de Clipperton podemos divisar todos los grandes mitos relacionados con el *topos* de las antípodas: la creencia en el Edén perdido de la tradición judeocristiana, las imaginerías medievales de un país de Cucaña, la nostalgia por la Edad del Oro de los antiguos y de los humanistas, el anhelo de un Imperio Universal, que desde Alejandro Magno y los emperadores romanos justifica conquistas y empresas coloniales.

Como en los *marginalia* de los planisferios renacentistas, la Isla de la Pasión, relegada al «rincón más insignificante del mapa», poblada de monstruos y *mirabilia*, mantarrayas y tiburones, amazonas y hombres salvajes, bien podría hospedar los vestigios del paraíso terrenal:

> Hace tres cuartos de siglo un joven oficial del Ejército mexicano, el capitán Ramón Arnaud, y su esposa, Alicia, desembarcaron recién casados, cargados de ilusiones y de enseres domésticos, con la firme decisión de poblarla con sus descendientes y Clipperton, la iracunda, los recibió mansamente y les permitió habitarla sin apuros y vivir en ella tan felices como debieron estar Adán y Eva en el paraíso (18).

---

7 «Allá es de día como acá es de noche, y al contrario, como allá es de noche acá es de día»: Juan de Mandevila, *Libro de las maravillas del mundo*, Visor, Madrid, 1984, p. 119.

La referencias a las sagradas Escrituras acompañan todo el relato, desde el Génesis hasta el Apocalipsis: al Jardín de las Delicias sigue la Caída, en un sucederse de éxodos bíblicos entre desiertos marinos, calamidades dignas de Gog y Magog, castigos que parecen sacados del libro de Job... Sólo los niños, gracias a los poderes salvíficos del juego, parecen escaparse a la maldición divina. Ramón conduce a su pueblo, investido –según las circunstancias– del papel de Adán, de Noé, de Moisés, de Caín, cuya «seña particular» es una «pequeña cicatriz en la mitad de la frente» (26).

Tanto los milagros que anuncian la tierra prometida como los jinetes que anuncian el fin del mundo nos recuerdan la naturaleza de Clipperton: *Finis Terrae*, frontera última al borde del abismo. Pero a los ojos de sus pobladores la isla es, antes que todo, una «tierra de nadie» que puede convertirse en una tierra de oportunidades. La herencia clásica de un *locus amoenus* (Islas Beatas, Campos Elíseos) y los sueños carnavalescos del país de Jauja de la imaginería campesina medieval (de los cuales proviene Barataria) toman acá la forma de la bonanza de la explotación del guano.

La del guano no es la primera bonanza en la isla. Un efímero período de auge se remonta a los tiempos del corsario Clipperton, cuyo emblema es un jabalí alado, o rampante, es decir un marrano con alas. La había convertido en su guarida secreta, para ejecutar a los traidores, escrutar el paso de la Nao de China y gozar de su botín en parrandas desaforadas:

> Una vez con el tesoro en tierra, la orgía de reparto se hacía entre ríos de alcohol. [...] Sobre sus ropas roídas por el mar y sus pellejos tiesos de salmuera, los lobos de Clipperton se ponían las camisas de seda y las casacas labradas que arrancaban a sus víctimas. Se recargaban de pelucas, de joyas, de perfumes y de encajes, y adornados así, como altares en domingo de pascua, daban inicio a la celebración (110).

Las misas sacrílegas de los piratas, sus grotescos disfraces de mujeres, sus borracheras y sus colosales derroches ponen en escena un mundo al revés que nos recuerda los delirios carnavalescos de Esteban y Tríncolo en *La tempestad* de Shakespeare, pero también el despilfarro de traquetos y narcoparamilitares en la Colombia contemporánea. Pero, a pesar de las búsquedas de los colonos sucesivos, el auge de la piratería no les deja nada a los que vendrán:

Nadie enterró «ahí» tesoros, porque ahorrar dinero y acrecentar hacienda no es preocupación de hombres que cada día se sorprenden de amanecer vivos (110).

Sin embargo, la verdadera Edad del Oro se da con la llegada de la Pacific Phosphate Co. Ltd. Con la explotación del guano, la isla se transforma: se construyen muelles y salinas, corrales y letrinas, tiendas y hasta una farmacia. Se instala un ferrocarril como de juguete para el transporte del guano y con la tierra del suelo patrio se hace una huerta, que pronto se convierte en «lugar de congregación, cumpliendo las funciones de la plaza central de un pueblo». Hasta el viejo faro es puesto en funcionamiento otra vez:

> Algo acaba de cambiar. Ya no eran un punto perdido en la nada. Ahora ofrecían un testimonio de sí mismos ante el mundo: su faro, el faro de Clipperton, como una velita titilando en medio de la infinita oscuridad del cielo y del océano (88).

Es un tiempo de paz y de prosperidad, en donde «el calendario era un objeto inútil en el tiempo inmóvil de Clipperton» (102). En este «remedo de civilización» la guarnición militar se transforma en una comuna de artesanos, las parejas se entregan al amor y cada uno tiene tiempo y animo para dedicarse a lo que siempre quiso hacer.

Sin embargo, la bonanza se va como llegó: golpeando la isla con la violencia de un tornado que todo arrebata y que no deja sino escombros y ruinas a su paso. La pauta de saqueos y explotaciones que marca toda la historia latinoamericana se repite una vez más cuando la compañía extranjera comunica de forma lacónica que «ya no tenía demasiado interés en Clipperton, porque había encontrado abundantes depósitos inexplotados de guano en islas más cercanas y de acceso menos arriesgado» (104). El anhelado tesoro del Dorado se acaba y Clipperton vuelve a ser, otra vez, un atolón de mierda.

Lo único que le queda a la colonia capitaneada por Ramón es la patética defensa del suelo patrio, «ese trozo de territorio mexicano», frente a supuestas pretensiones francesas y norteamericanas. En algún momento la isla pareció estar destinada a desempeñar un papel crucial en los destinos de los imperios. Como en el siglo XVIII, cuando los galeones de la Nao de China, cargados de riquezas provenientes de Oriente, «atravesaban el Pacífico por la ruta descubierta por fray Andrés de Urdaneta, y pasaban, sin saberlo, a pocas millas de la Isla de la Pasión» (108). O como cuando, a la vigilia de la revolución, en la Ciudad de México se rumoraba su importancia geopolítica:

Mucho se hablaba por entonces de un tratado secreto entre México y el Japón. Se decía que Japón le declararía la guerra a los norteamericanos para asegurarse la supremacía sobre el Pacífico y que México sería su aliado. Es posible que dentro de ese acuerdo, Clipperton, por su ubicación, fuera un punto estratégico (55).

En ese tiempo, el joven Ramón se arrebata tratando de convencerse a sí mismo de la relevancia de la misión que le han encomendado. En ocasión del encuentro con el Presidente Porfirio Díaz:

> Se había desvelado repasando todo lo referente a Clipperton, sus posibilidades en la explotación de guano, las mil facetas jurídicas del litigio con Francia, su importancia como posición estratégica en caso de guerra, y hubiera podido hablarle horas y horas sobre el tema a don Porfirio, lo hubiera asombrado con su conocimiento de causa, con su entusiasmo por la isla, con la firmeza de su decisión de partir hacia allá. Pero don Porfirio ni siquiera le había dado oportunidad de tocar el tema (39).

El Señor Presidente, que parece sacado de una ópera bufa, está más entretenido con la remodelación de su residencia veraniega que con los destinos del país. Luego de «algunas ridículas ceremonias» (la gira de inspección de las «reformas artísticas» del palacio, en donde don Porfirio se pavonea entre los objetos que hizo traer de Europa), Ramón recibe las llaves del pueblo y es nombrado, moderno Sancho Panza, «perpetuo gobernador» de la isla de Clipperton. El sueño imperial queda reducido a una visita guiada entre muebles estilo Imperio. Ese mismo día Ramón se debate entre la euforia y la decepción:

> —Algún día se escribirá sobre mí una página de historia patria —declaró en voz alta.
> Esa noche en su habitación, mientras se desabrochaba la asfixiante guerrera de gala y aflojaba los músculos de su panza incipiente, añadió:
> —Y si no se escribe nada, por lo menos ya me subieron el sueldo (40).

A pesar de las esperanzas de Ramón y de su gente, ni las intrigas de la diplomacia internacional, ni la revolución, ni la guerra mundial lograrán sacar a Clipperton de su aislamiento: jamás fue un punto estratégico para nadie, «salvo por los pájaros que depositaban ahí su guano».

Utopía, o del destierro

A medida que se avanza en la lectura, entre espejismos literarios y referencias históricas, sobre la isla se va proyectando la sombra de Utopía. Desde un comienzo Clipperton tiene los rasgos propios del imaginario utópico: estableciendo la exacta ubicación de la isla sólo para reiterar lo dudoso de su existencia, Laura Restrepo no hace sino aprovechar un recurso típico de las utopías modernas, desde sus primeras versiones renacentistas.

Sin embargo, el punto de quiebre que permite el paso de la Historia a la Utopía se da con la decisión de la comunidad de no aprovechar la ayuda que le ofrece el capitán del U.S.S. Cleveland. «El barco será el cordón umbilical que los mantendrá en vida», había vaticinado Abelardo Ávalos, el padrino y protector de Arnaud, nueve años atrás, en ocasión del primer viaje a Clipperton (84). Al rechazar la última oportunidad de rescate, Ramón asume, involuntariamente, el papel de Utopos, mítico fundador de la Utopía de More, que hace cortar el istmo que une la isla con la tierra firme. Es el momento culminante de la existencia del capitán y de la historia de la colonia, y el comienzo del fin:

> En la isla, sentado sobre el tronco inclinado de una palmera, Arnaud seguía sin saber si lo correcto hubiera sido irse o quedarse. Pero ya no le importaba. Fuera lo que fuera acababa de vivir el mejor día de su vida, el que lo hacía un hombre digno y memorable, y su reino ya no era de este mundo (236).

Como en toda génesis utópica, la pequeña población de Clipperton decide unánimemente desanudar los lazos con los deberes, las responsabilidades y las culpas que los atan a la civilización y moldear su propia sociedad a partir de sí misma. Aunque esto pueda equivaler, como en las pesadillas de destierro que agitan las noches del joven capitán, a una condena como *maroon*. Su peor miedo era que, como la antigua costumbre de los corsarios ingleses, «lo abandonaran en un islote desierto, sin otra cosa que unas gotas de agua en una botella y una pistola, cargada con una bala, para cuando el suplicio y la agonía se hicieran insoportables (85).

«Me están condenando al destierro», había sido su primera reacción cuando le comunicaron su misión en Clipperton (33). Pero gracias a su obstinación, el *maroon* no es un juicio emitido por una corte marcial ni por una cofradía de corsarios, sino una decisión suya, obstinada y tal vez suicida, pero suya.

Los hombres de Clipperton pronto se ven diezmados por el escorbuto, las deserciones y los amotinamientos, o porque se los tragaron las aguas y los monstruos marinos. Lo que se desarrolla, entonces, entre miles de dificultades, es una utopía de mujeres, a mitad de camino entre una versión moderna del mito de las amazonas y una anticipación de las luchas de emancipación feminista de la segunda mitad del siglo XX. Bajo el liderazgo de Alicia, que asume de una vez por todas el papel de verdadera protagonista del relato, las mujeres se cortan el pelo y se deshacen de las faldas, aprenden a pescar y se encargan de los oficios masculinos. Hasta la misma Alicia «se dio cuenta de que todavía, a pesar de todo, podía estar feliz. Le dio vergüenza con Ramón, se levantó en seguida y se sacudió la arena del pelo. Esa noche prendieron una hoguera a la orilla del mar y tostaron más pescado del que pudieron comer» (277).

La lucha más difícil es, una vez más, con los recuerdos. El duelo de las viudas genera toda clase de miedos y supersticiones y la presencia de los difuntos vuelve imposible la cotidianidad en la isla. Según la mejor tradición utópica, Alicia y Tirsa establecen unas pocas reglas a las cuales toda la comunidad tiene que atenerse, «para dejar atrás esa época lúgubre en que los muertos invadieron Clipperton y convirtieron a los vivos en sus esclavos»:

> Redactaron cinco mandamientos. Juraron hacerlos respetar hasta que volviera la normalidad y la cordura, así tuvieran que aplicar penas y sanciones a las que se resistieran a obedecer. Los grabaron con cuchillo, con grandes letras, sobre la pared de la casa, y cuando las otras regresaron, de madrugada, se sorprendieron al leer este pentálogo (283).

Las nuevas leyes abogan por una sociedad laica, volcada hacia la protección de los más débiles –los niños– de los espantos, de las supersticiones y de las prevaricaciones de los grandes. La prueba suprema se da en la guerra encarnizada contra Victoriano, el último hombre, mitad demonio y mitad bestia, el emblema mismo del patriarca machista:

> …Ahora soy yo el gobernador, yo mando, todas las mujeres son mías y hacen lo que yo quiero. A ustedes dos me las llevo despúes de que hayan parido (311).

Las mujeres logran finalmente matar al tirano. Ya a salvo en el navío que va al rescate de los náufragos, Alicia se percata del desajuste entre el tiempo de la isla y el calendario del resto del mundo: una prueba más de que la isla es un no-lugar, un agujero negro donde el espacio se enrosca sobre sí mismo y el tiempo se para, tragándose un año entero. Y vuelve, angustioso, el miedo a que el verdadero destierro hasta ahora esté empezando, el destierro implacable del olvido:

> Así que si ésta no es el infierno ni el paraíso, si no es una pasión gozosa, ni tampoco una dolorosa, entonces no le queda sino una posibilidad: Clipperton no es nada. Existencia dudosa, punto imperceptible, adonde no se puede llegar y de donde no se puede salir. Barrida por huracanes, erosionada por las mareas, borrada por los mapas, olvidada por los hombres, extraviada en el mar, antes mexicana y ahora expropiada y ajena, trastocado su nombre, muertos hace tiempo los protagonistas de su drama. Quiere decir que no existe. Que no hay tal lugar. Ilusión a veces y otras veces pesadilla, la isla no es más que eso: sueño, Utopía. ¿O hay acaso quien pueda asegurar lo contrario? ¿Sobrevivió alguien que recuerde, que pueda dar testimonio de que todo aquello fue real? (19).

Laura Restrepo descubre, entre los escombros de la revolución mexicana, la posibilidad de Utopía. Pero lo extraordinario de su prosa fluida, de su refinado juego literario en los vaivenes del pasado y del presente, es que logra sembrar la duda en nosotros, sus lectores. Nos embarga la desgarradora inquietud de que quizás la historia hable antes que todo de nosotros mismos, de nuestros sueños, de nuestras vicisitudes que, por insignificantes que puedan parecerles a los demás, merecen dignidad y respeto. Y que la literatura puede contribuir a propiciar el rescate de estas existencias dudosas, que son también las nuestras.

REFERENCIAS BIBLIOGRÁFICAS

De Certeau, Michel, *L'invention du quotidien*, Gallimard, París, 1990.

Eco, Umberto, Introduction à: Benedetto Bordone, *Isolario*, Les Belles Lettres - Nino Argano, Turín, 2000.

Gaylord, Mary. «The True History of Early Modern Writing in Spanish: Some American Reflections», *Journal of Literary History*, vol. 57, no. 2, Washington, junio de 1996, pp. 213-225.

Lestringant, Frank, *L'atelier du cosmographe ou l'image du monde à la Renaissance*, Albin Michel, París, 1991.

Mandevila, Juan de, *Libro de las maravillas del mundo*, Visor, Madrid, 1984.

Restrepo, Laura, *La isla de la pasión*, Alfaguara, México, 2005.

Riquer, Miguel de, Prólogo a: Miguel de Cervantes Saavedra, *Don Quijote de la Mancha*, edición del IV centenario, Real Académica Española de la Lengua - Alfaguara, Madrid, 2004.

Vignolo, Paolo, «Clavileño y el Hipogrifo: imaginarios geográficos en el *Quijote* y en el *Orlando Furioso*», *Studia colombiana*, vol. 4. El Quijote en América: premios de ensayo de la Universidad de Salamanca, diciembre de 2005, pp. 110-134.

Wardropper B.W., «*Don Quijote*: Story or History?», *Modern Philology*, volume LXIII, no. 1, agosto de 1965, pp. 1-11.

Geografías textuales, cultura material y género

Magdalena Maiz-Peña, Davidson College

Los hechos históricos, lugares, nombres, fechas, documentos, testimonios,
personajes, personas vivas y muertas que aparecen en este relato son reales.
Los detalles menores también lo son, a veces.
LAURA RESTREPO

La representación histórico-cultural de la reconocida escritora colombiana Laura Restrepo (Bogotá, 1950) suscita la consideración crítica del discurso mediatizador que desestabiliza género, narratividad y cultura material en un quehacer escritural experimental que articula una propuesta novelística en la que convergen el género referencial, la novela postmoderna y el ensayo cultural. La periodista, escritora, ex directora del Instituto Distrital de Cultura y Turismo de Bogotá fue miembro de la Comisión de Paz de Colombia durante el gobierno de Belisario Betancur, colaboradora de *La Jornada* y de *Proceso* en México y editora política de la revista *Semana*. Como escritora ha sido galardonada en varios países europeos y en México por ser autora de una renombrada producción novelística contemporánea en la cual se destacan *La novia oscura, Leopardo al sol, Dulce compañía, Delirio* y *La multitud errante.*

Restrepo se suma a la producción de la nueva novela histórica latinoamericana de los últimos veinticinco años desde su primera novela, *La isla de la pasión* (1989), en la que despliega la relativización del saber histórico que implica el juego con la pluralidad de planos discursivos, la producción de una modulación subjetivizada de la realidad documentada, el uso de lo referencial como basamento de una densidad narrativa imaginada y la puesta en escena de la dialéctica del saber histórico y del saber literario. Restrepo trenza en la geografía textual híbrida de su novela histórica una práctica escritural ideológico-cultural que conlleva en sí misma el hallar, descubrir, sacar del olvido y el revelar el filo imaginario de historias oficiales archivadas[1]. En esta novela documental-ficticia escrita durante su exilio en Méxi-

---

1 Todas las citas del texto siguen la paginación de la edición de *La isla de la pasión* de la editorial Rayo, Nueva York, 2005.

co (1984-1989), la escritora colombiana investiga en los archivos de la historia mexicana hechos y circunstancias del destino trágico y la condena al exilio de una comunidad de once soldados y sus familias, a quienes se confinó a vivir en una isla del Pacífico de dudosa existencia, la cual se creía que estaba protegida por arrecifes de coral que la hacían inaccesible, que era pestilente debido a una laguna de agua estancada, que era presa de los caprichos de la naturaleza y que dependía de la visita de un navío que aparecía y desaparecía con abastecimientos indispensables. Estos soldados tenían la tarea de defender esta minúscula parte del territorio nacional para evitar que sucumbiera a una probable invasión francesa.

Restrepo sitúa su historia novelada en la ruda geografía de la Isla de la Pasión, así llamada por Magallanes entre 1519 y 1521 y rebautizada por el corsario británico en 1705 como la isla de Clipperton. Ancla a sus personajes en este territorio inhóspito durante nueve años, a partir de 1908, bajo las órdenes del capitán Ramón Arnaud y de su adolescente esposa Alicia. La crónica de este episodio mexicano, escrita en una prosa fina, desbordante y certera captura el desgaste del paso del tiempo en el espíritu indomable de sus pobladores, percibe la desesperanza ante la violencia de la naturaleza que arrasa la isla en forma de un huracán que les arrebata a sus habitantes las mínimas formas de sustento y los abandona a su suerte en la intemperie. Este hecho intensifica las alucinaciones, la desesperanza y la locura en algunos habitantes de la población, ante el sentimiento de desterritorialización que se ve agudizado por el hambre, la enfermedad, la muerte, la lujuria y la violencia. Restrepo misma apunta a la matriz intertextual que se asoma en su proyecto novelístico al referirse a las condiciones de producción del texto durante su exilio en México, desplazamiento que se palpa claramente en los habitantes de la Isla de la Pasión, desde la posición de un hablante-narrador y narrador-personaje que protagoniza una historia enraizada en el sentimiento de la dislocación y del desarraigo. La autora colombiana define el exilio como un estado y una condición de una geografía interior sitiada:

> El exilio es una situación muy particular donde tú estás en un sitio, pero de alguna manera hay como una muralla que te impide entrar al sitio, y esta muralla es básicamente una condición interna tuya, donde tú eres una persona que está castigada, está sacada de donde quería estar, estás obligada a estar en un sitio en el que no quieres. Entonces yo siempre he pensado –lo sentía en ese momento– que no quería escribir sobre el exilio porque era una

realidad en la que estaba demasiado metida en esos momentos, demasiado cercana, digamos. Me atrapaba mucho, era como una supervivencia, era lidiar con esa nostalgia que hay en ese grupo de gente que está siempre con el corazón en otro lugar[2].

Armazón narrativo y fronteras de los géneros

Desde los inicios, la novela se nos entrega en los bordes del texto, quiebra marcos de representación, deshace fronteras entre los géneros, disloca espacio-temporalidades, desestabiliza signos referenciales, ausculta el envés del documento histórico y las historias ausentes, declarando la primacía de su exploración imaginativa sobre la reproducción mimética de la realidad documentada. Sin pretender elaborar un texto objetivo, sin negar el basamento referencial que lo genera, la escritora problematiza el concepto de verosimilitud histórica, diluyendo límites genéricos entre la historia, el periodismo investigativo y la ficción. Entretejiendo la «densidad» del texto histórico a partir de una serie de planos narrativos acronológicos, la autora se sirve de posicionalidades múltiples, de ópticas móviles, de ubicaciones en distintos puntos de un relato movilizado entre presentes y pasados sin sopesar la gravedad de la referencialidad del hecho histórico documentado en los archivos mexicanos, en expedientes militares, en biografías y en un libro publicado por una nieta del capitán Ramón Arnaud, en una geografía narrativa de profunda destilación imaginativa.

Su investigación periodística y su pasión literaria la llevan a recuperar de los márgenes de la historia oficial, la memoria cultural de este episodio histórico mexicano de principios de siglo enterrado en el olvido, trenzando el presente de los pobladores de la isla de 1908 hasta 1917, desde las fronteras diluidas de la historia y de la ficción. La novelista inserta al lector en un presente, a la búsqueda de los secretos ocultos de la historia de los descendientes y/o testigos vivenciales del episodio en la Isla de la Pasión, desde un hablante omnisciente que se desdobla inesperadamente en un narrador-personaje a más de tres cuartos de siglo de la tragedia.

Dentro del armazón narrativo imaginado, el narrador-personaje se sitúa simultáneamente como testigo de la historia de la Isla de la Pasión y/o como narrador protagonista deseando descubrir la historia incompleta de este episodio recogido en la novela. El hablante

---

2 Daniela Melis, «Una entrevista con Laura Restrepo», *Chasqui* 34.1, mayo de 2005, p. 120.

se ubica en ambos planos del relato, autorretratándose como protagonista en distintos momentos narrativos en un presente situado en Orizaba, Colima, Taxco, Acapulco y la Ciudad de México en 1988, en búsqueda de información, testimonios, evocaciones, o cultura material que atestigüe la experiencia vivida por los pobladores de la isla.

Como novela histórica, el discurso cronístico descentra el trazo de sus protagonistas y despliega la ficcionalización de los personajes desde una cotidianidad que detalla minuciosamente la complejidad de sus emociones, sentimientos, miedos, temores y goces, mientras diseña sus geografías interiores materializándolas dentro de su hábitat, en su momento histórico y en su posicionalidad relacional en este microuniverso. Al mismo tiempo, el discurso amplia sus márgenes más allá de los archivos, al recoger en su interior testimonios, conversaciones, descripciones y narraciones de sobrevivientes envejecidos de la isla, o de sus descendientes.

La isla de la pasión se estructura alrededor de tres macrosegmentos narrativos titulados Clipperton, Maroon y El último hombre, intersectando temporalidades y espacialidades múltiples, a partir de capítulos cortos que se sitúan en un des/orden cronológico y en una espacialidad atemporal cuyo hilo narrativo conecta con Clipperton, enmarcados por un epílogo y una sección bibliográfica, además de agradecimientos relacionados con la búsqueda y el rescate de esta historia. La geografía textual imaginada de los sucesos acontecidos en la isla de Clipperton durante nueve años «densifica» el espesor del esqueleto narrativo documental al sedimentarlo en una arqueología de los objetos de la cultura material que singularizan esta práctica escritural. Al intersectarse geografías, género y cultura material, la novela promueve una narración en dispersión que abre los pliegues interpretativos del texto documental, desestabilizando el texto referencial que da pie a la historia contada. La arqueología de los objetos de la cultura material produce redes de significación a un nivel literal y metafórico que desarman la linealidad y el monologismo del texto original, generando zonas en relieve en el relato. Esta arqueología de la cultura material dibuja geografías ambientales de la cultura isleña paradisíaca e infernal, traza territorios interiores emocionales de sus protagonistas, caracteriza pluridimensionalmente a los personajes, despierta evocaciones de la historia, resignifica fotografías en sepia, recupera voces inaccesibles por medio de recortes de periódico, moviliza el diálogo en entrevistas, rescata imágenes de la memoria, el trauma u olvido de la Isla de la Pasión.

Geografías, densidad histórica y cultura material

Los objetos-índice de la cultura material textualizada también refieren al lector a zonas de conocimiento histórico sobre usos y costumbres sociales de principios de siglo, a regulaciones o prescripciones del orden social en relación con la cultura femenina de su momento, a trazar en la economía de los elementos de la cultura material el espesor de la carestía, o a apuntar a la plusvalía de ciertos objetos como se observa en el registro y la inscripción de la vestimenta militar de Arnaud, de la confección del vestido de novia de Alicia, de la elaboración y uso de la sábana nupcial, de la preparación de alimentos, de la etiqueta que se debe seguir en las tertulias isleñas, de los objetos de valor emocional como una carta, una fotografía, o un collar que registran nostalgias, emociones, sentimientos o valores que les otorgan sus propios usuarios. Simultáneamente estos objetos materializan los bordes de una realidad en el exilio como se observa en la forma celosa en que Alicia resguarda sus pocas posesiones en un baúl después de que el huracán azotó la isla y de la muerte de su esposo, hilando con ellos la esperanza del regreso, su determinación de sobrevivir y su obsesión de no sucumbir al destino trágico del momento histórico representado. En otro plano espacio-temporal, la arqueología de los objetos de la cultura material encarna el sentido de pertenencia a un lugar y la nostalgia del desarraigo dentro de una atmósfera doméstica, compartida en el texto en un lenguaje preciso, fino y diestro que nos adentra en los objetos del recinto doméstico. La voz narrativa desde la intimidad del universo doméstico de Alicia, después de esperar inútilmente la llegada del navío con abastecimientos, nos narra en el tercer segmento de la novela:

> En vez de la silla ratona, volada por el huracán, había una caja de madera, donde se sentó. Abrió el baúl de sus cosas queridas. Sacó el uniforme de gala de Ramón: su guerrera de paño con doble abotonadura, charreteras y espigas todavía doradas, su chaco –aplastado de medio lado y con el gallón desprendido–, su espada y sus botas negras. Sacó el vestido de novia con sus dieciocho metros de encaje y una docena de manteles y sábanas, entre ellas, la sábana santa de la noche de bodas. Dos trajecitos de marinero que habían sido de sus hijos mayores… Cuidadosamente envuelta en papel de seda envejecía una pastilla, a medio usar, de jabón Ivory… En un marco de plata con el vidrio roto sonreía una fotografía de su padre, de joven, vestido de blanco…
> Abrió su joyero. Adentro estaban el anillo y los zarcillos de diamantes, un prendedor de zafiros, varias argollas y cadenas de oro

y unas ramitas de coral negro que los niños sacaron del mar para regalarle. En el fondo encontró lo que buscaba: el collar de perlas grises que Ramón le trajo del Japón. Se lo puso y lo acarició largo rato, como si quisiera grabarse en las yemas de los dedos hasta las mínimas irregularidades de cada perla... (287).

Arqueología de los objetos, memoria y territorios interiores

Esta arqueología de los objetos deviene presencia materializada, sitio de inscripción y sitio de negociación espacio-temporal, puesta en escena de momentos del pasado, del presente y del futuro de los habitantes de la Isla de la Pasión, vivos y muertos, recuperación de un pasado idílico y de un presente doloroso, simbolización de un futuro esperanzado en el rescate y de la férrea determinación de sobrevivir. Los objetos materiales incluidos en la geografía textual imaginada de la narración nos hablan detallada y sensorialmente de la geografía física de la isla rodeada de arrecifes de coral, con sólo trece palmeras en el horizonte, inundada de cangrejos por doquier. El texto novelado narra historias personales y sociales de protagonistas atrapados en momentos evocados, soñados y vividos desde territorios interiores y nos deja entrever paisajes interiores de alucinaciones fantasmagóricas que remiten al sentimiento de abandono, desesperanza, irracionalidad, abuso, locura, malicia y bestialidad de algunos de sus habitantes.

La propuesta e inscripción de esta novela histórica postmoderna dispone de un uso y manejo narrativo de la arqueología de los objetos de la cultura material muy eficiente en términos del proyecto escritural de Restrepo, operando como dispositivo argumental de la narración desde el inicio del relato: «Una muñeca abandonada entre las rocas desde hace decenas de años. Se le borraron las pestañas y el color de las mejillas y los animales mordisquearon su piel de porcelana» (13). Esta arqueología de la cultura material narra detalladamente un pasado, se ancla dentro de un sitio geográfico, alude a un espacio visual y a una temporalidad específica del relato ampliando el proceso de significación y de resignificación de la historia, ya sea anticipando el destino trágico de los pobladores en la interpretación de los lectores, ya sea al insertar una retrospección que los remite a «lo visto» y a «lo vivido».

Los objetos de la cultura material que se asoman en el texto son de diversa índole e importancia incluyendo desde la muñeca abandonada, una joya, un cambio de ropa, una fotografía, instrumentos para trabajar, un artículo doméstico, una carta guardada, un uniforme militar, una hamaca, o una arma enterrada, por mencionar sólo algunos. Estos objetos materiales devienen índices discursivos que anudan conexiones entre pasado y presente, acogen posicionalidades históricas y culturalmente situadas, suplementan información que remite al espesor de las experiencias vividas por los protagonistas acotados en los bordes del silencio de la historia documentada. De esta manera, por ejemplo, caracoles y plumas negras evocan desde la mente de uno de los descendientes de los pobladores de Clipperton la geografía física de la isla, los juegos infantiles, el recuerdo o la reliquia del lugar remoto, los compañeros de juegos, sonidos infantiles, la felicidad recordada por uno de sus habitantes.

Geografías imaginarias y márgenes de la historia

Esta arqueología de los objetos materiales sedimenta el espesor de la geografía habitada por sus personajes, estructura y da fuerza a los márgenes de la historia desplazando significados a diferentes niveles del discurso, como se observa en el signo-objeto de la muñeca que adquiere una plurisignificación socio-simbólica y cultural en relación con los eventos contados, consabidos, acumulados a lo largo del relato. La profunda visualización que nos posicionaliza como lectores dentro de la geografía física de la isla nos sitúa también dentro del territorio emocional de sus habitantes, tocando su abandono y delineando su desgaste con el paso del tiempo. La tipografía visual enfatizada en los contornos de la hondura espacial creada desde el marco referencial desde el que se subraya la enunciación narrativa de «UNA muñeca abandonada» sintetiza la hondura del ostracismo, del destierro y de la lejanía que el lector identifica más tarde en el relato con el sentimiento de abandono de Alicia, a raíz de la muerte de su esposo y de Secundino Ángel Cardona, a manos de una mantarraya y a la espera de un navío fantasmal:

> Una muñeca abandonada entre las rocas desde hace docenas de años. Se le borraron las pestañas y el color de las mejillas y los animales mordisquearon su piel de porcelana. Ella observa, lela, con las cuencas vacías de sus ojos y todo lo registra en su cráneo carcomido por la sal.
> Después de que todo pasó, la muñeca sigue ahí, como testigo muerto, en medio de la frenética ebullición de los miles y miles de cangrejos que cubren la arena, que se cubren los unos a los otros

en nerviosas capas móviles, siempre en torno a ella, acechando y asediando su cabeza calva y su tronco desmembrado, asomándose por los orificios que dejaron los brazos y desapareciendo por la entrepierna rota.

El cangrejerío se agita perplejo ante esa presencia remotamente humana. Porque ella, la muñeca junto con otras basuras indefinibles, es el único vestigio del hombre que perdura en la isla de Clipperton.

Sobre esa misma playa donde hoy reina la muñeca rodeada por su histérica corte de cangrejos, hace tiempo los niños corretearon a los pájaros bobos, las mujeres se arremangaron las faldas para mojarse los tobillos en el agua tibia y los marineros desembarcaron cestos de naranjas y de limones.

Pero todo eso fue antes de la tragedia (13).

Esta arqueología de los objetos, sintetizada en la representación material y física de dicha muñeca abandonada, carcomida, deteriorada, golpeada y atrapada entre olas de cangrejos articula una óptica visual desde la que se sedimenta, la perspectiva oculocéntrica de un testigo y desde la que se entreteje en forma casi cinemática el inicio de una historia encerrada en un macrosintagma narrativo sinestésico. Este objeto material encarnado en la figura de la muñeca de cuencas vacías desencadena los capítulos de la novela, reescenifica coordenadas espacio-temporales de diversos planos narrativos, sintetiza momentos históricos significativos a destiempo, redramatiza la gravedad anticipada de los hechos relatados por venir, anticipa la puesta en escena de una historia acallada en la memoria de los sobrevivientes después de tres cuartos de siglo.

Laura Restrepo en esta novela histórica se sirve de la arqueología de los objetos de una cultura material transformacional en un relato que reproduce la cultura de su momento y de su geografía física, al mismo tiempo que crea metanarrativas que confunden el texto histórico referencial y el texto imaginado representado.

Los objetos materiales reproducen asimismo la historia relacional de sus habitantes, como se puede observar en la construcción de la casa que habitan el capitán Arnaud y su reciente esposa Alicia, antes propiedad de un antiguo administrador de la compañía inglesa de guano, idílica construcción de un porvenir imaginado, refugio de una utopía soñada, destruida con el tiempo. El lenguaje material dibuja una geografía espacio-temporal acrónica que interrumpe el discurso del pasado, intersecta un presente en movimiento, traduce la experiencia de ciertos dominios del mundo que se han experimentado, que se han vivido o que han sido contados por sus personajes y/o por los descendientes de los protagonistas a quienes se ha alentado a contar su versión de la historia. En otros casos, el lenguaje material se asoma desde un presente, desde objetos-reliquia conservados, como los caracoles y las plumas negras de la isla, lo que contribuye a que se conforme una narratividad geográfica, territorial y física dibujada desde territorios emocionales evocados a partir de «la huella de lo real».

TOPOGRAFÍA DE LA CULTURA MATERIAL Y NARRACIONES EN DISPERSIÓN

Algunos de los objetos narran por sí mismos fragmentos de historias en dispersión, poniendo en circulación connotaciones dentro y fuera del plano narrativo en juego, como se ve, por ejemplo, en la circulación sígnica del sable del capitán Ramón Artaud en el relato, que remite al lector a su historia militar, a la prisión en Tlatelolco, donde lo confinaron en castigo por su deserción, a su encuentro con el dictador Porfirio Díaz antes de partir hacia el Japón, a su llegada a la Isla de la Pasión, a la celosa posesión de las insignias y los instrumentos militares, al uso del sable como arma de liberación del último hombre que aprisionaba a cinco mujeres y a sus nueve niños, que habían sido abandonados en la isla. Por su parte, el collar de perlas grises que le trajo Ramón a Alicia del Japón opera como un marcador simbólico del sello nupcial, remite al viaje al Japón, deviene reliquia de evocación, se vuelve tesoro preciado en el baúl de Alicia, signo materializado del sueño utópico del rescate y del regreso a México.

El vestido de novia de Alicia, que se menciona en *La tragedia de Clipperton* (México, 1982), de María Teresa Arnaud de Guzmán, se asoma «indexicalmente» en diversas instancias del relato y en un nivel espacio-temporal bifurcado llegando a evocar simultáneamente los pormenores de la época de principios de siglo en Orizaba al ser confeccionado para Alicia por los señores Chabrand en la famosa tienda de Orizaba, «Las Fábricas de Francia», antes de partir hacia la Isla de la Pasión y al ser un objeto de la narración de la tragedia de Clipperton en boca de su nieta Maria Teresa, quien también lo usó el día de su propia boda.

La arqueología de los objetos de la cultura material diseminados a lo largo del relato devienen índices de una historia que se resignifica a partir de una correlación metonímica del relato, intersectando temporalidades y espacialidades múltiples, hablando de las vivencias pasadas y presentes de sus pobladores e, inclusive, de su forma de enfrentarse al espejismo de la salvación o rescate. Esta geografía imaginaria hecha de cultura material ausculta el pasado y el presente del relato, legitimiza la referencialidad del momento en que se sitúa este relato histórico, subjetiviza los entornos donde transpiran sus pobladores y dibuja el carácter de la interioridad de sus habitantes.

Por otra parte, esta arqueología genera la ambientación espacial donde se anclan los sucesos relatados, crea el espesor simbólico-cultural de la cotidianidad que envuelve a sus personajes y rediseña las coordenadas de una narración histórica que recoge otras e intersecta a capricho instancias del relato en el que se asoma uno de los objetos representados. Posibilita también el armazón referencial de la historia al convocar objetos materiales que son depósitos de significado de la historia oficial, como son los documentos de la Armada Nacional, los expedientes militares del momento, la ficha-registro-contrato del capitán Ramón Arnaud, el diario con anotaciones del capitán Perril, autor del rescate de los sobrevivientes de Clipperton, los registros de los navíos con abastecimientos, por nombrar sólo algunos.

Hibridez genérica, metanarrativas y dislocación

La cualidad híbrida del texto adelgaza las fronteras de los géneros histórico-literarios de manera que también inserta a lo largo del relato fragmentos, cartas, entrevistas, líneas de un diario, anotaciones, recortes de periódicos, diálogos imaginados entre los personajes, reproducción de una tarjeta postal, fotografías en color sepia, copias de documentos contenidos en expedientes oficiales, o citas o palabras contenidas en textos reales o imaginarios.

Restrepo nos acerca a la historia de la Isla de la Pasión desde el armazón biográfico del capitán mexicano Ramón Arnaud y de su adolescente esposa Alicia, quienes en una isla inhóspita amurallada entre peligrosos arrecifes de coral, inundada por cangrejos y pájaros bobos, produciendo sólo guano, con únicamente trece palmeras en su horizonte, construyen una comunidad paradisíaca e irónicamente infernal.

Deduciendo detalles sobre la historia examinada, la escritora incorpora su imaginario al relato y agrega al reportaje histórico sus propias reinvenciones no verificables fuera del texto, creando una estructura narrativa heteroglósica, «reivindicando su derecho a no saber y a reconstruir no una versión oficial de la realidad, sino las versiones según las cuentan los protagonistas»[3]. El texto diluye la frontera de los géneros al presentar desde los hechos históricos explorados un acercamiento metafórico al concepto del exilio y de la desterritorialización, cuestionando los bordes de la historia al apuntar a omisiones, a zonas silenciadas, a espacios oscuros del relato, a elipsis discursivas desgastadas por el tiempo, seduciendo a los lectores a conjugar diferentes versiones de la historia.

Las metanarrativas desprendidas a lo largo de este relato contienen las historias de Ramón Arnaud y de su mujer Alicia y sus hijos, de Altagracia Quiroz, Victoriano Álvarez, Gustavo Schultz, Secundino Ángel Cardona y fragmentos de momentos de la vida de Tirsa, del padre de Alicia, del capitán Perril, de algunos náufragos, suscitando múltiples desenlaces de una historia incompleta, interrumpida, intencionalmente olvidada, o evocada en el recuerdo quebrado de alguno de los descendientes del capitán Arnaud y de Alicia. Inclusive la muerte del capitán Arnaud y de Secundino Ángel Cardona se nos entrega a partir de cuatro versiones diferentes que al final de la narración aluden a la fecha exacta en que sucedió, al tipo de pez que volteó su planchón y deja en duda si murieron a causa de una mantarraya o devorados por los tiburones. Una tercera versión sugiere que una embarcación apareció en el horizonte, pero no se sabe si fue una ficción nacida de la angustia de un hombre, o el deseo colectivo de los sobrevivientes de Clipperton, y la cuarta versión descansa en el hecho de que el capitán Arnaud, rayando en la locura, se dejó ir en una lancha para que lo devorara un monstruo marino. Estas cuatro versiones aparecen documentadas en la novela, en una carta de 1940 de la esposa legítima del teniente Cardona, en la bitácora de julio de 1917 del capitán norteamericano H.P. Perrill, quien rescata a los sobrevivientes, en el testimonio del hijo mayor de la pareja Arnaud, llamado Ramón Arnaud Rovira, a raíz de su recuerdo de la isla cuando tenía seis o siete años, incluido en los textos de *La tragedia de Clipperton* (1982), de María Teresa Arnaud de Guzmán y en *El capitán Arnaud* (1954), basado en los archivos del Ejército mexicano, escrito por el general Francisco Urquizo.

El relato desestabiliza los vectores espacio-temporales de carácter histórico a partir de una arquitectura textual que aunque se centra en un hilo argumental alrededor de la historia de vida del capitán Ramón Arnaud y de su mujer Alicia, amplía sus márgenes más allá de la geografía física de Clipperton. Restrepo reexamina y reinventa

---

3 Daniela Melis, *op. cit.*, p. 116.

la realidad histórica documentada al crear segmentos discursivos a partir de su propia interpretación y de su visión de la «huella de lo real». La novela histórica interroga los archivos, ausculta la memoria cultural, reevalúa los hechos de este episodio histórico posicionándose detrás de los personajes y creando a partir de la cultura material representada la densidad del cuerpo del discurso novelado. Como comenta Daniela Melis, el género híbrido o la interrelación de los géneros, entre literatura, periodismo e historia, intensifica la fuerza realista del relato de manera que el lector duda si lo narrado fue real o no[4].

Geografías del exilio, cuerpo textual y cultura material

Laura Restrepo genera un reporte novelado singular y conforma una propuesta histórico-ficticia de profundo carácter experimental al hacer en esta novela de la arqueología de la cultura material lo que le da cuerpo al relato histórico, al establecer la ambigüedad del relato, al diluir la frontera entre los géneros, al multiplicar las microhistorias relatadas y al acercar a los protagonistas íntimamente a la imaginación del lector. La metaficción, la intertextualidad y la reescritura de un texto, el uso de un discurso dialógico que origina metanarrativas que se desprenden del hilo argumental central del relato y la singular propuesta escritural encarnada en la arqueología de los objetos de la cultura material reafirman la visión de Laura Restrepo del relato como una historia que aunque situada en un momento y en un espacio mexicano, remite metafóricamente a la geografía del exilio:

> Yo pienso que la principal razón por la cual escogí el tema es porque la isla, esa gente encerrada en esa isla, que de alguna manera es una isla que representa una faceta especial de la historia, porque no solamente es la isla geográfica, sino que es la isla como lugar al margen de la historia, donde la Historia se ve como si transcurriera en un escenario, donde no se acaba de entender, y sin embargo donde esa gente lucha desesperadamente, y contra evidencia, por ser parte de ella. Para mí ésa es una metáfora del exilio... Yo quería significar la isla de los exiliados, y quería sacarla de allí, de la isla de Clipperton. O sea, que es una historia mexicana pero al mismo tiempo no lo es, y es posible que allí los lectores lo sientan[5].

---

4 Daniela Melis, *op. cit*, p. 115.
5 Daniela Melis, *op. cit*, p. 120.

La isla de la pasión encarna una modalidad de representación, una práctica escritural y de lectura, de una realidad documentada que desestabiliza y abre los pliegues del texto a partir de la creación imaginada más allá del escenario de una historia nacional mexicana. Restrepo cuestiona las fronteras del género histórico-ficticio haciendo de la intertextualidad, de la metaficción, del anacronismo y de la arqueología de la cultura material, paradigmas discursivos desde los que el lector se vuelve testigo de una historia que ve desfilar ante sí mismo. Discurso híbrido que encarna la textualización de una realidad representable y de «una densidad narrativa» artesanalmente construida entre narraciones en dispersión, de una memoria cultural, desterritorialización, montaje sígnico y subjetivización genérica. Su escritura desenmascara en este relato histórico de iniciación a su producción cultural-novelística los demonios del miedo, de las pasiones, de la vulnerabilidad, de la soledad y del aislamiento que impone el exilio.

Laura Restrepo desestabiliza los límites y las fronteras de representación de un episodio nacional e incita al lector a mirar con desconfianza el esquematismo de la documentación histórica al mostrarle en su práctica escritural el valor de la densidad narrativa de un imaginario que hibridiza narrativas en dispersión, más allá de datos, fechas, nombres y sitios. *La isla de la pasión* como práctica escritural histórico-política, genérica y ficticia, tensiona universos simbólico-culturales al encarnar geografías, territorios y documentos reales e imaginarios entre los pliegues del peso del exilio, desde geografías interiores inimaginadas e inimaginables, aunque reales.

Referencias bibliográficas

Balderston, Daniel (ed.), *The Historical Novel in Latin America; A Symposium*, Hispamérica, Gaithersburg, Maryland, 1986.

Camero, Clara, «Humor, mito y parodia en *Dulce compañía* de Laura Restrepo», *Cuadernos de Literatura* 13-14, enero-diciembre de 2001, pp. 90-103.

Cardona López, José, «Literatura y narcotráfico: Laura Restrepo, Fernando Vallejo, Darío Jaramillo Agudelo», en *Literatura y cultura; narrativa colombiana del siglo XX; Diseminación, cambios y desplazamientos*, vol. II, María Mercedes Jaramillo, Betty Osorio y Ángela Robledo (comps.), Ministerio de Cultura, Bogotá, 2000, pp. 378-406.

Cruz Calvo, Mery, «La construcción del personaje femenino en *Dulce compañía*», *Estudios de literatura colombiana* 13, julio-diciembre de 2003, pp. 84-96.

Giraldo, Luz Mary, «Fin del siglo XX: por un nuevo lenguaje (1960-1996)», en *Literatura y cultura; narrativa colombiana del siglo XX; Diseminación, cambios y desplazamientos,* vol. II, María Mercedes Jaramillo, Betty Osorio y Ángela Robledo (comps.), Ministerio de Cultura, Bogotá, 2000, pp. 9-48.

Gottdiener, M., *Postmodern Semiotics; Material Culture and the Forms of Postmodern Life,* Blackwell Publishers, Cambridge, MA, 1995.

Jitrik, Noe, *Historia de la imaginación literaria,* Biblos, Buenos Aires, 1995.

Kaplan, Caren, *Questions of Travel; Postmodern Discourses of Displacement,* Duke University Press, Durham y Londres, 1996.

Kohut, Karl (ed.), *La invención del pasado. La novela histórica en el marco de la postmodernidad,* Frankfurt, Madrid, 1997.

Lindsay, Claire, «Clear and Present Danger: Trauma, Memory and Laura Restrepo's *La novia oscura*», *Hispanic Research Journal* 4.1, febrero de 2003, pp. 41-58.

Low, Setha M. y Denise Lawrence-Zúñiga (eds.), *The Anthropology of Space and Place: Locating Culture,* Blackwell Publishing, Oxford, 2003.

Manrique, Jaime, «Laura Restrepo», en *Bomb,* invierno 2001/2002, pp. 54-59.

Melis, Daniela, «Una entrevista con Laura Restrepo», en *Chasqui* 34.1, mayo de 2005, pp. 114-129.

Menton, Seymour, *La nueva novela histórica de América Latina 1979-1992,* Fondo de Cultura Económica, México, D.F., 1993.

Mirzoeff, Nicholas, *The Visual Culture Reader,* segunda edición, Routledge, Nueva York, 2002.

Ordóñez, Montserrat, «Ángeles y prostitutas: dos novelas de Laura Restrepo», en *Celebración de la creación literaria de escritoras hispanas en las Américas,* Lady Rojas-Trempe y Catherine Vallejo (eds.), Girol Books y Enana Blanca, Ottawa y Montreal, Canadá, 2000, pp. 93-101.

Restrepo, Laura, *La isla de la pasión,* Rayo (HarperCollins Publishers), Nueva York, 2005.

Relaciones ambiguas: periodismo y literatura en *La isla de la pasión*[1]

José Jesús Osorio, Queensborough Community College-CUNY

La relación ambigua entre periodismo y literatura se pone de manifiesto en *La isla de la pasión*, la primera novela de Laura Restrepo. En este ensayo analizo los aspectos periodísticos y literarios presentes en la novela. Además, observo que la novela contemporánea utiliza recursos diversos en su composición y que en este caso la autora recurre al reportaje y la crónica para darle mayor sentido de realidad a la ficcionalización de la novela. También, la influencia del exilio de la escritora en México y cómo esta difícil situación la motivó a escribir un texto en el cual los personajes viven condiciones de aislamiento y desarraigo.

Hay una nota aclaratoria que Laura Restrepo pone en su libro antes de comenzar la narración de los hechos acaecidos en Clipperton. Es la siguiente:

> Los hechos históricos, lugares, nombres, fechas, documentos, testimonios, personajes, personas vivas y muertas que aparecen en este relato son reales. Los detalles menores también lo son, a veces (9)[2].

Estas palabras intentan definir, desde la óptica de la autora, el tipo de obra literaria que ha forjado. Según sus palabras, el texto está basado exclusivamente en hechos históricos. Esta primera afirmación lleva a pensar que estamos ante una novela histórica o ante una novela de no ficción, lo que nos ubicaría en el ámbito del periodismo. Sin embargo, la parte final se abre a otro tipo de interpretaciones, porque indica que «los detalles menores también lo son, a veces». En el «a veces» se cuela el punto álgido para poder definir la novela, porque indica que la autora se ha permitido la libertad de inventar

---

1 El presente ensayo hace parte de una investigación que llevo a cabo actualmente gracias a una beca que me otorgó el PSC-CUNY Research Award Program.
2 Las citas de la novela de Laura Restrepo *La isla de la pasión* corresponden a la edición de 2003 a cargo de Casa Editorial El Tiempo, Bogotá.

situaciones que no corresponden con la realidad, sino que son producto de su imaginación. Por tanto, se puede pensar otro aspecto en la novela y es el sentido de lo real o el de la verdad. En entrevista con Jaime Manrique, Laura Restrepo afirmó lo siguiente:

> Around that time, I delivered the first draft of *La isla de la pasión* to an English editor who told me he was willing to publish it provided I made up my mind, once and for all, if what I wanted to produce was a novel o reportage, because he found that crazy mixture of the two things unacceptable! Just imagine! So I decided that what this editor asked of me was exactly what I was not going to do [...] Looking back, I see that this was my declaration of independence with respect to the borders between genres[3].

La idea de novela de no ficción tiene ya una larga historia. En un principio, tiene como precedentes a la novela realista del siglo XIX y la novela objetiva francesa. Pero quien pone de manifiesto su intención de un texto como novela de no ficción es Truman Capote en *A sangre fría*, subtitulada *Relato verdadero de un asesinato múltiple y de sus consecuencias*. La posibilidad de la novela de no ficción la expresó Truman Capote de la siguiente manera:

> You can take any subject and make it into a nonfiction novel. By that I don't mean a historical or documentary novel –those are popular and interesting but impure genres, with neither the persuasiveness of fact nor the poetic altitude of fiction. [...] What I've done is much harder than a conventional novel. You have to get away from your own particular vision of the world[4].

Para Capote, la novela de no ficción debe seguir en todo a los hechos. Incluso en los momentos en que los personajes expresan ideas o sentimientos, éstos deben corresponder a lo que el escritor supo de las personas por entrevistas u observaciones directas. Novela de no ficción es la definición que el mismo Capote le da a su libro *A sangre fría*. En cierta medida la intención de Capote es tomar distancia de Tom Wolfe y el Nuevo Periodismo. Para Capote, *A sangre fría* es una novela más que una obra exclusivamente periodística. En la página de agradecimiento de *A sangre fría*, Capote señala:

---

3 Jaime Manrique, «Laura Restrepo», en *Bomb* 78, invierno 2001-2002, p. 55.
4 Marc Weingarten, *The Gang That Wouldn't Write Straight: Wolfe, Thompson, Didion, and the New Journalism Revolution*, Crown Publisher, Nueva York, 2006, p. 33.

Todo el material que empleo en este libro, cuando no corresponde a mi observación directa, procede de archivos oficiales o es resultado de mis entrevistas con personas directamente interesadas en esta historia, entrevistas que, en la mayoría de casos, se repitieron durante tiempo indefinido[5].

Estas palabras acercan a Capote más de lo que quisiera con el Nuevo Periodismo. Él es considerado uno más dentro del grupo de estos periodistas norteamericanos.

El Nuevo Periodismo es el término que popularizó Tom Wolfe en la antología *The New Journalism* que editó junto a E. W. Johnson en 1973. Es una forma particular de periodismo que tuvo su auge en los Estados Unidos en los años sesenta y setenta del siglo pasado. A propósito de la relación entre periodismo y literatura, en especial con la novela, Tom Wolfe escribió en *The New Journalism*:

> Not even the journalists who pioneered in this direction doubted for a moment that the novelist was the reigning literary artist, now and forever. [...] They were dreamers, all right, but one thing they never dreamed of. They never dreamed of the approaching irony. They never guessed for a minute that the work they would do over the next ten years, as journalists, would wipe out the novel as literature's main event[6].

Algo importante del Nuevo Periodismo es que reivindica el derecho del periodismo a ser considerado Literatura, en mayúsculas, no un subgénero sino otra forma de la literatura. La discrepancia principal la tenía Wolfe con la novela de la época, pues consideraba que estaba declinando[7]. En «Presentación de *Les temps modernes*» Jean-Paul Sartre escribe: «Creemos, en efecto, que el reportaje forma parte de los géneros literarios y que puede convertirse en uno de los más importantes entre ellos»[8].

---

5 Truman Capote, *A sangre fría*, Editorial La Oveja Negra, Bogotá, 1984, p. 7.

6 Tom Wolfe y E. W. Johnson (eds.), *The New Journalism*, Picador, Londres, 1996, p. 22.

7 Para Marc Weingarten en *The Gang That Wouldn't Write Straight: Wolfe, Thompson, Didion, and the New Journalism Revolution*: «In his introduction to the 1973 anthology, Tom Wolfe makes a strong, self-serving argument for the literary supremacy of creative non-fiction over the novel, which he felt had suffered a precipitous status slippage», p. 9.

8 Jean-Paul Sartre, «Presentación de *Les Temps modernes*», *¿Qué es la literatura?*, Editorial Losada, Buenos Aires, 2003, p. 29.

El Nuevo Periodismo tiene unos principios más o menos precisos, como el respeto absoluto a los hechos y a lo dicho por las personas que participan de los mismos. Pero en el estilo y la estructura puede, y debe, utilizar diversos recursos literarios. Sin embargo, en algunos casos, los periodistas se han salido de estos principios para crear personajes, basándose en un grupo de entrevistados, algo que no es exclusivo del Nuevo Periodismo y que tiene como precedente un reportaje de fines de la Segunda Guerra Mundial[9]. Los riesgos de este tipo de periodismo son evidentes. Una caracterización o generalización no corresponde a una persona en concreto, y sus palabras tampoco. Por este camino se podía llegar a la creación de personajes absolutamente ficticios, y de hecho el caso sucedió. La periodista Janet Cook escribió *The Jimmy's World*, texto sobre la vida de un niño que se inyectaba heroína. La periodista obtuvo el premio Pulitzer con este reportaje, que fue publicado en la primera página del *Washington Post* en 1980[10].

Este tipo de periodismo tuvo detractores desde sus inicios; en especial la prensa tradicional, que consideraba los métodos del Nuevo Periodismo una violación del apego a la verdad y los hechos. Para Norman Sims en *Los periodistas literarios o el arte del reportaje personal*: «Los reporteros normales, y algunos novelistas, no tardaron en criticar el Nuevo Periodismo. Sostenían que no siempre era exacto. Era ostentoso, vanidoso y violaba las reglas periodísticas de la objetividad»[11].

Las discrepancias en los límites del Nuevo Periodismo nacen desde el inicio del intento que hace Tom Wolfe por definirlo[12]. No es en sí mismo un movimiento, porque los periodistas que se conside-

---

9 John Hersey realizó, dos años antes de que terminara la Segunda Guerra Mundial, una serie de entrevistas a soldados incapacitados y sus problemas para ajustarse de nuevo a la vida civil. Hersey decidió inventarse un soldado que era una composición de las características generales de todos los soldados entrevistados: Joe Souczak. Su artículo periodístico se titula: «Joe Is Home Now» y fue publicado el 3 de julio de 1943 en *Life*. Para Marc Weingarten: «For all intents and purpose, "Joe Is Home Now" is a work of fiction derived from fact. In a 1985 interview, Hersey articulated why he felt fiction to be more powerful too than journalism for revealing the truth behind tumultuous historical events...» (p. 20).

10 En el artículo «Las letras del Nuevo Periodismo», Maricarmen Fernández Chapou comenta: «No obstante, cuando la reportera confesó que el niño era inventado, pero que representaba a muchos niños que se encontraban en la misma situación, tuvo que devolver el premio. El caso avivó una vez más las eternas discusiones acerca de las fronteras entre periodismo y literatura» (p. 4).

11 Norman Sims, *Los periodistas literarios o el arte del reportaje personal*, El Áncora Editores, Bogotá, 2002, p. 14.

12 Norman Sims comenta al respecto: «Las fuerzas esenciales del periodismo literario residen en la inmersión, la voz, la exactitud y el simbolismo» (p. 12).

raban parte del Nuevo Periodismo no eran necesariamente amigos
ni se veían con frecuencia. En el grupo se consideran los nombres
de Tom Wolfe, Joan Didion, Jimmy Breslin, Gay Talese, Hunter S.
Thompson, John Sack, Michael Herr, Truman Capote, Norman Mailer, entre otros; con George Orwell, John Hersey y Lillian Ros como
precedentes inmediatos al grupo principal. Las preocupaciones de
este tipo de periodismo tienen que ver con el alcance histórico, clara
atención al lenguaje empleado, profunda participación e inmersión
del periodista en el asunto que se va a tratar, búsqueda de las realidades simbólicas subyacentes a los hechos investigados, exactitud en
la presentación, el tiempo y el lugar, observaciones precisas de los
ambientes y las personas, ubicación dentro de un contexto cultural,
social, político[13]. Además de la utilización de una perspectiva o múltiples puntos de vista con la utilización de una voz que en algunos
casos llegó a ser la del yo; lo cual se consideró una violación fragrante
a los elementos básicos de la pirámide invertida del periodismo tradicional con la estructura de un *lead*, un cuerpo y una conclusión con
un final impactante[14].

Para Laura Restrepo, las dificultades del Nuevo Periodismo quedan
soslayadas cuando decide tratar como tema principal de su novela *La
isla de la pasión* un asunto histórico que ocurre a principios del siglo
XX. La investigación de la autora termina en 1988 con la siguiente indicación al final de las páginas introductorias de la novela:

Ilusión a veces y otras veces pesadilla, la isla no es más que eso:
sueño. Utopía.
¿O hay acaso quien pueda asegurar por experiencia lo contrario? ¿Sobrevivió alguien que recuerde, que pueda dar testimonio
de que todo aquello fue real? (14)[15].

---

13 En el reportaje de Tom Wolfe «The Electric Kool-Aid Acid Test», el periodista
rompe los esquemas del periodismo tradicional. «Wolfe rearranged his words in
nonlinear fashion and used punctuation as a graphic element, like E. E. Cummings
on a mescaline bender. He was fond of ellipses, because his subjects talked in elliptical patterns, even thought in them»: *The Gang*, p. 112.
14 En el libro *Cómo hacer periodismo*, se recomienda lo siguiente: «Toda historia periodística arranca con *lead*, que debe despertar la curiosidad del lector e invitarlo
a seguir leyendo; luego del *lead* viene un párrafo o párrafos que normalmente se
conocen como la nuez o el corazón del artículo porque le dan al lector puntadas
centrales en el tema. Una vez enganchado el lector y expuesta la tesis central de la
nota, es necesario desarrollarla y sustentarla con citas, anécdotas, cifras, detalles de
observación, escenas, etc. Por último, está el cierre: una conclusión que reafirma
la tesis del artículo, una imagen que proyecta un sentimiento o una reflexión del
autor» (p. 77).
15 Italo Calvino escribe a propósito de la memoria y el olvido en *Seis propuestas para*

Para fundamentar el sentido de realidad del acontecimiento funesto, la escritora decide trabajar con formas híbridas en la composición de su novela. Debe convencer a los lectores de que el hecho fue real, y para tal fin recurre al periodismo, pero no a un periodismo tradicional, y es en este recurso que el Nuevo Periodismo cobra importancia al analizar *La isla de la pasión*. En este caso el periodismo sirve para apuntalar la ficción, pero también para dar testimonio de que los hechos fueron reales, aunque una parte de ellos sean novelados. La escritora no oculta los recursos periodísticos a los lectores; esto queda claro en la novela cuando entrevista a familiares de los sobrevivientes o reseña documentos y sus fuentes o libros y sus autores.

En la composición de la novela, con el recurso periodístico de la entrevista, la búsqueda de documentos y novelar los acontecimientos cotidianos en la isla, se pretende sacar del olvido los dolorosos hechos que sucedieron allí. La novela cumple la función que la misma historia no ha logrado: hacer recordar, permitir que la saga de Ramón, Alicia y los otros habitantes de la isla no quede en el olvido absoluto y tenga un sentido dentro de la historia general de México, ayude a comprender su identidad y su relación con las potencias coloniales europeas y la presencia imperialista de los Estados Unidos. Milan Kundera, en la séptima parte «La novela, la memoria, el olvido» de *El telón. Ensayo en siete partes*, escribe:

> En contra de nuestro mundo real, que, por esencia, es fugaz y digno de ser olvidado, las obras de arte se alzan como otro mundo, un mundo ideal, sólido, en el que cada detalle tiene importancia, sentido, en el que todo lo que hay en él, cada palabra, cada frase, merece ser inolvidable y es concebido como tal[16].

Rescatar del olvido la aventura vivida por los Arnaud y sus acompañantes y darle un sentido al triste final de los habitantes de la isla

---

el próximo milenio: «Memoria y olvido son dos entidades complementarias. Si nos remontamos a los orígenes orales del arte de contar, vemos que el narrador de fábulas recurre a la memoria colectiva y a la vez a un pozo de olvido de donde las fábulas surgen como despojadas de toda determinación individual. "Érase una vez...". El narrador cuenta porque recuerda (cree que recuerda) historias ya olvidadas (que cree ya olvidadas). El mundo de la multiplicidad del que la fábula brota es la noche de la memoria, pero también la noche del olvido. Al salir de esa oscuridad, tiempos, lugares, personas, deben permanecer confundidos para que quien escucha la fábula se pueda identificar inmediatamente con ella, completarla con imágenes de su propia experiencia» (p. 131).

16 Milan Kundera, «La novela, la memoria, el olvido», *El telón. Ensayo en siete partes*, Tusquets Editores, Barcelona, 2005, p. 179.

es uno de los logros de la novela. En su búsqueda de la verdad sobre los acontecimientos en la isla, la escritora ejerce su oficio de reportera. Laura Restrepo logra entrevistar a uno de los sobrevivientes de la aventura en la isla: la señora Alicia Arnaud viuda de Loyo, la segunda de los cuatro hijos del capitán Arnaud y Alicia. Pero cuando comienza la entrevista, la sobreviviente no desea recordar.

> No me hable del pasado, dice. Déjeme olvidarlo, repite, hace tanto que no hablo de Clipperton. Yo nací en esa isla en 1911, y viví allí hasta los seis o siete años, para qué le voy a contar esas viejeras.
> Mientras ella dice que no y que no, Clipperton empieza a volver y va invadiendo su cocina, suavemente, poco a poco. A medida que habla, doña Alicia se entusiasma. Se le entona la voz. Se olvida de la leche (15).

Este proceso investigativo se plasma en la novela, indicio de que la autora la estructura de manera intencional entre el periodismo y la ficción, mostrando que la relación periodismo-literatura es posible cuando de sacar del olvido hechos reales se trata para ponerlos en un ámbito más amplio; para encontrarles sentido a acontecimientos que parecen no tenerlo o al menos señalar la sinrazón de los actos humanos[17]. En medio de la derrota de los habitantes de Clipperton, que simboliza también la derrota del México de la época que se deja llevar por la violencia, la obra literaria se alza para tratar de comprender tales acontecimientos. Para Milan Kundera en «Conciencia de la continuidad» de *El telón. Ensayo en siete partes*:

> Los héroes de epopeya vencen o, si son vencidos, conservan hasta el último momento su grandeza. Don Quijote ha sido vencido. Y sin grandeza alguna. Porque, de golpe, todo queda claro: la vida humana como tal es una derrota. Lo único que nos queda ante esta irremediable derrota que llamamos vida es intentar comprenderla. Ésta es la *razón de ser* del arte de la novela[18].

---

17 Para Miguel González Avelar en «Crónica novelada de una saga»: «La novela es también la búsqueda que hace la autora de los hechos que novela. Entrevistas a sobrevivientes, indagaciones en diarios y revistas de la época, testimonios y dichos de quienes estuvieron cerca de los hechos y los quieren contar. Crónica, pues, de la construcción de la novela misma y de lo contado en ella. El resultado es eficaz y en ocasiones se desposa francamente con la literatura. Tal, por ejemplo, la narración del huracán que el 28 de febrero de 1914 barrió la isla y acabó con los barruntos de civilización que el capitán Ramón Arnaud y su esposa Alicia habían logrado introducir en el espacio reducido y agreste de aquel islote» (p. 84).
18 Milan Kundera, *op. cit.*, p. 21.

La aventura de los Arnaud y el sinsentido de su lucha por defender la isla hace pensar en la broma que los duques le hacen a Sancho Panza, en la parte segunda de *Don Quijote*, capítulo XLII: El Duque dice: «Lo que puedo dar os doy, que es una ínsula hecha y derecha, redonda y bien proporcionada, y sobremanera fértil y abundosa, donde si vos os sabéis dar maña, podéis con las riquezas de la tierra granjear las del cielo»[19]. La burla aquí es premeditada, y en el caso de Ramón Arnaud es el destino y la singular manera de ejercer el poder por parte de Porfirio Díaz, aunado a las condiciones políticas de México y los intereses de las potencias, lo que determina el final trágico del capitán. La isla de Clipperton correspondería, en la esquizofrénica realidad latinoamericana, a la ínsula de Barataria que gobierna Sancho Panza. Pero la ínsula de Sancho no tiene ningún parecido con la isla que llega a gobernar Ramón Arnaud:

> Quienes han estado allá dicen que Clipperton es un lugar malsano, arisco. Aseguran que por sus playas ruedan restos de naufragios y que en sus aires flota el tufo de azufre de una laguna volcánica de aguas envenenadas que no toleran vida animal, ni son potables, y que queman a los hombres que se sumergen en ellas. [...] Agua rodeada de agua, Clipperton es poco más que eso (12).

El encuentro del capitán Arnaud con el presidente de México es cómico, de una comicidad ácida en la que se esconde la ironía. Para Milan Kundera en «El día que Panurgo dejará de hacer reír», del libro *Los testamentos traicionados*:

> Idea fundamental: el humor no es una práctica inmemorial del hombre; es una *invención* unida al nacimiento de la novela. El humor, pues, no es la risa, la burla, la sátira, sino un aspecto particular de lo cómico, del que dice Paz (y ésta es la clave para comprender la esencia del humor) que «convierte en ambiguo todo lo que toca»[20].

El lector espera un diálogo formal entre el capitán Arnaud y Porfirio Díaz en el que le comente la importancia de su nombramiento como gobernador de la isla de Clipperton. Pero el presidente sólo se dedica a mostrarle las decoraciones y reformas del Castillo de Cha-

---

19 Miguel de Cervantes, *Don Quijote de la Mancha*, Alianza Editorial, Madrid, 1996, p. 1022.
20 Milan Kundera, *Los testamentos traicionados*, Tusquets Editores, Barcelona, 2003, p. 13.

pultepec. Al final, lo despide con dos palabras, única mención a su nuevo destino de gobernador:

> En realidad, el único indicio de la importante labor que le encomendaban, de la confianza depositada en él, fueron las recias palmadas en el hombro a la despedida y las palabras finales del presidente, «suerte, hombre». Suerte, hombre, le había dicho. Seguro Su Excelencia quería decir suerte en Clipperton –elucubró Arnaud, mientras caminaba alucinado, radiante y sin rumbo por el paseo de la reforma– (31).

Al llegar el capitán Arnaud a la isla, lo recibe como gobernador un grupo de mexicanos que se encuentra en condiciones precarias. Sin embargo, esto no sucede al inicio de la novela. El lector ve aplazada la llegada de los Arnaud a Clipperton hasta la página 62. Este aplazamiento crea un ambiente alrededor del capitán, de su historia familiar y dentro del Ejército mexicano. La información que se le da al lector es abundante en datos precisos, comprobables. La investigación periodística prima sobre la narración hasta la llegada de los Arnaud a la isla. Antes de la página 63 hay un acercamiento concéntrico en el tiempo hacia la llegada de los Arnaud a la isla el 30 de agosto de 1908. Desde el presente de la narración, 1988, más o menos, se salta temporalmente a la ciudad de México en 1902, 1907, Orizaba 1908; luego hay un salto a ciudad de México «hoy», Orizaba «hoy», Orizaba 1908 año del matrimonio de los Arnaud, nuevo salto a Orizaba «hoy» y luego frente a la isla, en el navío norteamericano en 1917[21].

Todos estos saltos narrativos aplazan la narración de lo sucedido en la isla. Así, se aumenta el interés del lector por saber qué pasó, pero también deja a la escritora la opción de desprenderse de la investigación periodística para dedicarse a la ficción en sí misma. La realidad, sustentada por las entrevistas, los documentos y otros textos que testimonian lo que les ocurrió a los habitantes de la isla, deja paso a la ficcionalización de lo acontecido en la isla, de la que no se tienen datos del día a día. Del recibimiento de los Arnaud en la isla, en agosto de 1908, en adelante no se tienen datos verificables,

21 En la novelística posterior de Restrepo, como en *Delirio*, donde la presencia del periodismo no aparece más, el juego con el tiempo y con la estructura gramatical es constante. En mi ensayo «El laberinto de los delirios en búsqueda del amor», publicado en el libro *Ensayos sin frontera*, analizo este aspecto de *Delirio*: «La novela rompe con la estructura de la oración, hay comas donde debería haber un punto. El delirio no es sólo a nivel de la mente de Agustina, la sintaxis de la novela se corresponde con éste, y lleva al lector a mantenerse mentalmente en una situación de delirio gramatical» (p. 78).

al igual que sobre la vida diaria de las personas que de allí en adelante son personajes de ficción. En lo que compete a la vida en la isla, la ficción pura determina el rumbo de la novela. El periodismo ha servido para apuntalar el valor de verdad de la historia, para crear la sensación de que estamos ante una novela de no ficción, pero no puede ir más allá. La razón radica en que el periodismo necesita datos, entrevistas y no puede entrevistar a los que no están, a los que ya han muerto. La misma escritora planteó esta dificultad en la entrevista que le hizo Jaime Manrique:

> *La isla de la pasión* is, if you will, «fake reportage» because, among chapters of pure historical, or journalistic, investigation, I was interspersing literary chapters in which I allowed myself to deduce certain things without having any proof. I could swear they had happened in this or that way in the same fashion that you know from the shape of the neighboring pieces in a jigsaw puzzle what the missing pieces look like. [...] I needed a formula that would allow me to slightly violate the verifiable facts so that my personal interpretation would not be offensive, and this explains the dual character of the chapters, some strictly investigative, others with license to lie a little[22].

Tal situación se la había planteado Truman Capote al escribir *A sangre fría*. Pudo escribir sobre todo lo que vio, investigó, o de quienes logró entrevistar[23]. Pero no podía decir nada sobre lo que sintieron los Clutters sin dejar de escribir una novela de no ficción. Para mantenerse en estos límites, fundamentales para el tipo de literatura que estaba escribiendo, debió soslayar tal tentación de escribir sobre lo que sintieron los asesinados durante la noche trágica. Pero allí tenía Capote unos impedimentos reales. El editor de *New Yorker*, William Shawn «...was skeptical of such fanciful speculative prose; how could Capote possibly know what Dewey had been thinking at that moment? Or anyone else's thoughts, for that matter, especially those of the dead Clutters?»[24].

---

22 Jaime Manrique, *op. cit.*, p. 54.
23 Para Maricarmen Fernández Chapou en «Las letras del Nuevo Periodismo»: «Todo comenzó cuando Truman Capote escribió su reportaje novelado *A sangre fría*. La obra, publicada de forma seriada en *The New Yorker* en 1965, fue iniciadora del género de no-ficción, pues el autor, haciendo uso de su mirada periodística a la vez que de sus dotes literarias, llevaría a cabo la reconstrucción minuciosa de un caso real, aparecido entre las notas diarias de la sección policíaca del periódico, utilizando recursos de la ficción, para darlos a conocer como si se tratase de la trama de una novela»: http:www.mexicanadecomunicacion.com.mx/Tables/RMC/rmc88/letras.html.
24 Marc Weingarten, *op. cit.*, p. 33.

En el caso de Laura Restrepo, los acontecimientos no son contemporáneos al tiempo de la escritura de la novela. Pertenecen a la historia, a la época lamentable de la Primera Guerra Mundial y la revolución mexicana, al período que va de 1908 a 1917[25]. No hay cómo, desde el periodismo, dar cuenta de los hechos diarios de la vida de los habitantes de la isla en este período. La autora se ve precisada a ficcionalizar sobre estas vidas, y sustentarlas, para mantener el sentido de realidad, con datos históricos de documentos militares, civiles y de la Armada norteamericana.

Otro aspecto en la novela es la influencia del exilio, vivido por Laura Restrepo, y la situación de exiliados que tienen los personajes en la novela. Por tanto, son interesantes las entrevistas donde Restrepo comenta las razones de su exilio en México y de qué manera esta situación personal la llevó a escoger el tema de los sucesos en la isla de Clipperton.

En la entrevista de Jaime Manrique, Laura Restrepo deja ver una preocupación a la hora de escribir su novela: que su interpretación personal no fuera ofensiva para los mexicanos. La escritora expresa que como colombiana se adentra en un tema que es caro al espíritu mexicano. Pero esto nos lleva a hacernos la pregunta de por qué a Restrepo le interesó el tema de una pequeña e ignorada isla y el destino triste de los últimos mexicanos que la habitaron. En este caso los acontecimientos que como periodista había vivido en Colombia y su participación en la Comisión de Paz del presidente Belisario Betancur nos orientan en la posible respuesta[26]. Restrepo no ocultaba sus simpatías por la izquierda colombiana. Además, su denuncia de la presencia de grupos mafiosos en La Guajira y las amenazas que recibió también la llevaron a temer por su vida. Por estas razones, se había visto precisada a exiliarse en México.

---

25 Para Daniela Melis en «Una entrevista con Laura Restrepo»: «En efecto, uno de los rasgos más interesantes de la ficción de Restrepo es que sus relatos se fundamentan en el interés por investigar la actualidad y en la preocupación por presentar un referente histórico comprobable. La novelista casi nunca cela los gajes de su profesión de origen, pues su trayectoria literaria revela un sentido específico de deontología profesional: la obligación fundamental de no inventar. Al mismo tiempo, por mucho que confirme la labor investigativa que precede todas sus creaciones literarias, la autora no hace misterio de su obra de tergiversación de los elementos reales. Esta especie de intergenericidad entre literatura, periodismo e historia intensifica la fuerza realista de las obras de Restrepo» (p. 114).

26 En mi ensayo «El laberinto de los delirios en búsqueda del amor» escribí: «Entre los libros publicados por Laura Restrepo se encuentran ensayos, literatura infantil, periodismo literario y novelas; además, ha sido periodista y participó activamente en los diálogos de paz entre el gobierno colombiano y la guerrilla del M-19 en 1983» (p. 74).

El exilio obligó a la escritora a lidiar con sus fantasmas fuera de un entorno donde se sentía segura o, al menos, con referentes que la acompañaban afectivamente[27]. A propósito de la emigración de los escritores, Milan Kundera escribe en «Improvisación en homenaje a Stravinski», del libro *Los testamentos traicionados*:

Esta mirada furtiva revela ante todo el problema artístico de un emigrado: los bloques cuantitativamente iguales de la vida no tienen el mismo peso si pertenecen a la juventud o a la edad adulta. Mientras la edad adulta es más rica y más importante tanto para la vida como para la actividad creadora, el subconsciente, la memoria, la lengua, todo el sustrato de la creación se forma muy pronto; para un médico esto no causa problema alguno, pero para un novelista, para un compositor, alejarse del lugar al que están unidos su imaginación, sus obsesiones y por tanto sus temas fundamentales podría causar una especie de desgarro. Tiene que movilizar todas sus fuerzas, toda su astucia de artista para transformar las desventajas de esta situación en bazas a su favor[28].

El exilio, el desarraigo forzado, como temática, está presente en otros textos de Laura Restrepo como *La multitud errante*, en la cual el desplazamiento forzado es el tema básico del libro. Al respecto Julie Lirot en «La mujer incorpórea en *La novia oscura*, *La multitud errante* y *Delirio* de Laura Restrepo» escribe:

El trasfondo de violencia y desplazamiento en *La multitud errante* es de suma importancia. El hecho de que todos los personajes sean desplazados añade un tono de desesperación y de búsqueda, no sólo de identidad, sino también de estadía y supervivencia. En contraste con la novela anterior en que los deseos y las relaciones se vinculan directamente con razones económicas, en *La multitud errante* existe una necesidad más profunda, la de encontrar un espacio para existir y con qué identificarse[29].

---

27 En entrevista con Daniela Melis, en «Una entrevista con Laura Restrepo», la escritora dice: «Yo estaba exiliada en México. El exilio es una situación muy particular donde tú estás en un sitio, pero de alguna manera hay como una muralla que te impide entrar al sitio, y esta muralla es básicamente una condición interna tuya, donde tú eres una persona que está castigada, está sacada de donde quería estar, estás obligada a estar en un sitio en el que no quieres» (p. 123).
28 Milan Kundera, *op. cit.*, p. 103.
29 Julie Lirot, «La mujer incorpórea en *La novia oscura*, *La multitud errante* y *Delirio* de Laura Restrepo», *Ensayos sin frontera*, Sin Frontera Editores, Nueva York, 2005, p. 64.

La situación personal de Laura Restrepo es la de una desplazada por las amenazas de los violentos, el de una exiliada[30]. Pero la de los personajes de *La isla de la pasión* también; aunque en un principio ellos están allí por su voluntad, al final la isla se les convierte en una prisión, un lugar del que no pueden escapar[31]. Los habitantes de Clipperton sienten el abandono de las autoridades mexicanas. En entrevista con Daniela Melis en «Una entrevista con Laura Restrepo», la escritora dice:

> Yo pienso que la principal razón por la cual escogí el tema es porque la isla, esa gente encerrada en esa isla, que de alguna manera es una isla que representa una faceta especial de la Historia, porque no solamente es la isla geográfica, sino que es la isla como lugar al margen de la Historia, donde la Historia se ve como si transcurriera en un escenario, donde no se acaba de entender, y sin embargo donde esa gente lucha desesperadamente, y contra evidencia, por hacer parte de ella. Para mí ésa es una metáfora del exilio. A pesar de que no sucede en ninguna otra novela de las posteriores, allí hay una documentación, pues los datos, los nombres, las fechas, todo eso es tomado de la realidad. Yo quería significar la isla de los exiliados, y quería sacarla allí, en la isla de Clipperton. O sea, que es una historia mexicana pero al mismo tiempo no lo es, y es posible que allí los lectores lo sientan[32].

La isla se convierte, desde la visión generada por la novela, en un símbolo del sentir de todo exiliado: no hay futuro, el pasado es una tenaza que no deja avanzar, el presente es caótico, no puede haber regreso atrás, y cuando se intenta escapar, la muerte acecha, como de hecho le pasa al capitán Arnaud al intentar ir en busca de ayuda en una balsa miserable.

Pero el abandono al que los somete el Estado mexicano lleva a los habitantes de la isla a perder todo sentido de comportamiento social

---

30 Para Sara Olivo en «Visitadoras en la selva de Colombia»: «El presidente Belisario Betancur –él mismo fino escritor, orador espléndido y gran conocedor de los clásicos castellanos– la nombró miembro de la comisión negociadora entre el gobierno y el grupo guerrillero M-19. De aquella experiencia surgió un reportaje magnífico, *Historia de un entusiasmo*, tras el que, por ser amenazada de muerte, tuvo que dejar el país» (p. 70).
31 Para Irene Garza en «*La isla de la pasión:* Del olvido a la novela»: «La autora, colombiana de origen, con una cierta nostalgia asociada a su propio exilio, investiga al detalle este episodio de la historia y, a partir de allí, la vena creativa se mezcla con la realidad para crear una novela de imaginación precisa y simbolismo desatado que, porque esta vez así debía ser, resulta inolvidable» (p. 61).
32 Daniela Melis, *op. cit.*, p. 122.

civilizado, las pasiones básicas se imponen sobre el bien colectivo y no hay respeto por ningún tipo de autoridad que garantice el funcionamiento normal de la comunidad. El capitán Arnaud pierde todo poder sobre la mayoría del grupo, que se deja llevar por el miedo a la muerte y por los ritos de la superchería[33]. En esta parte de la novela hay descripciones que se parecen a las danzas de la muerte de las épocas medievales. No hay esperanza y la muerte se impone como única autoridad. Pero no se ha llegado a los extremos, porque todavía falta el momento en que ya ni la superchería se impone.

Al morir la mayoría de los habitantes, los únicos sobrevivientes son mujeres, niños y un soldado de raza negra. El destino hace que los personajes más marginales sean quienes resulten mejor dispuestos para sobrevivir a las difíciles pruebas de los huracanes, las enfermedades, el hambre y la violencia. Sin embargo, lo peor estaba por llegar, porque el hombre sobreviviente deja salir su mentalidad machista e impone por la fuerza una autoridad despótica sobre las mujeres y los niños, hasta autoproclamarse el nuevo gobernador de la isla. El terror sólo termina cuando los rescata un barco norteamericano el 18 de julio de 1917.

En conclusión se puede decir que la relación ambigua entre periodismo y literatura es clara en *La isla de la pasión*, la primera novela de Laura Restrepo. La autora utiliza recursos periodísticos, como el reportaje y la crónica para darle mayor sentido de realidad a la novela.

También, *La isla de la pasión* es una novela interesante porque utiliza diversos géneros literarios en su construcción, por las razones del exilio de la autora, que la llevaron a escoger el tema de los sobrevivientes mexicanos de la isla de Clipperton, al considerar que en cierta medida los personajes de la novela viven en condiciones parecidas a las de un exiliado, y porque las condiciones geopolíticas de la época están presentes gracias al exhaustivo recurso periodístico, que es fundamental en la estructura de la novela.

---

33 Para Jorge Munguía Espitia en «La solidaridad en Clipperton»: «Prácticamente no hay conflictos entre los hombres y las mujeres, hasta que la colectividad es golpeada por la carencia absoluta, las enfermedades y las alucinaciones. Es entonces que se exacerban las pasiones y se rompe el equilibrio entre los géneros y las jerarquías» (p. 71).

Referencias bibliográficas

Calvino, Italo, *Seis propuestas para el próximo milenio*, Ediciones Siruela, Madrid, 2000.

Capote, Truman, *A sangre fría*, Editorial La Oveja Negra, Bogotá, 1984.

Cervantes, Miguel de, *Don Quijote de la Mancha*, Alianza Editorial, Madrid, 1996.

Fernández Chapou, Maricarmen, «Las letras del Nuevo Periodismo», *RMC*, 88, agosto-septiembre de 2004, http:www.mexicanadecomunicacion.com.mx/Tables/RMC/rmc88/letras.html, consultada en mayo 10 de 2006.

García Viñó, Manuel. *Teoría de la novela*, Anthropos, Barcelona, 2005.

Garza, Irene. «*La isla de la pasión*: Del olvido a la novela», *Reforma*, México, agosto 21 de 2005, p. 61.

González Avelar, Miguel, «Crónica novelada de una saga», *Letras Libres* 7, septiembre de 2005, pp. 81-84.

Kundera, Milan, «La novela, la memoria, el olvido», *El telón. Ensayo en siete partes*. Tusquets Editores, Barcelona, 2005.

_____, «Improvisación en homenaje a Stravinski», *Los testamentos traicionados*. Tusquets Editores, Barcelona, 2003.

Lirot, Julie, «La mujer incorpórea en *La novia oscura, La multitud errante* y *Delirio* de Laura Restrepo», *Ensayos sin frontera*, Sin Frontera Editores, Nueva York, 2005.

Manrique, Jaime, «Laura Restrepo», *Bomb* 78, invierno 2001-2002, pp. 54-59.

Melis, Daniela, «Una entrevista con Laura Restrepo», *Chasqui* 34, mayo de 2005, pp. 114-133.

Munguía Espitia, Jorge, «La solidaridad en Clipperton», *Proceso*, julio 10 de 2005, p. 71.

Olivo, Sara, «Visitadoras en la selva de Colombia», *Época*, mayo 28 de 2000, p. 70.

Osorio, José Jesús, «El laberinto de los delirios en búsqueda del amor», *Ensayos sin frontera*, Sin Frontera Editores, Nueva York, 2005.

Restrepo, Laura, *La isla de la pasión*, Casa Editorial El Tiempo, Bogotá, 2003.

Ronderos, María Teresa *et al.*, *Cómo hacer periodismo*, Aguilar, Bogotá, 2002.

Sartre, Jean-Paul. «Presentación de *Les temps modernes*», *¿Qué es la literatura?* Editorial Losada, Buenos Aires, 2003.

Sims, Norman. *Los periodistas literarios o el arte del reportaje personal,* El Áncora Editores, Bogotá, 2002.

Weingarten, Marc, *The Gang That Wouldn't Write Straight: Wolfe, Thompson, Didion, and the New Journalism Revolution,* Crown Publisher, Nueva York, 2006.

Wolfe, Tom y Johnson, E. W. (eds.), *The New Journalism,* Picador, Londres, 1996.

LEOPARDO AL SOL

CRUCE DE CAMINOS:
LA HISTORIA PERSONAL Y SOCIAL

LOURDES ROJAS, UNIVERSIDAD DE COLGATE

Leopardo al sol[1] (1993), segunda novela de la escritora colombiana Laura Restrepo (Bogotá, 1950) busca desentrañar los posibles comienzos inmediatos de la violencia que ha caracterizado la vida colombiana de los últimos casi sesenta años, por medio de un enfoque personal de la vida de los miembros de dos poderosas mafias de La Guajira. La novela cuenta la historia de las luchas de dos clanes familiares: los Barragán y los Monsalve, primos entre sí, que se enfrentan por el poder y la supervivencia en esa zona desértica del norte de Colombia. La vida de las familias está marcada por esta lucha «entre hermanos», que involucra, aunque de distinta manera, a todos los miembros de las familias del mismo apellido y cuyas repercusiones salpican el diario vivir de los que habitan en sus entornos.

Estas luchas fraticidas, precursoras de los famosos carteles de los años ochenta, evolucionan desde la pugna por el control del contrabando de cigarrillos Marlboro, que inicialmente compartían los jóvenes primos, hasta la rivalidad en los negocios más complejos y de mayor monta del narcotráfico en el que se embarcan de mayores los hombres de las familias: marihuana y cocaína.

A raíz del asesinato de uno de ellos a manos de un miembro de la otra familia, los Barraganes y los Monsalves se ven envueltos en una lucha atávica, regida por códigos ancestrales y leyes de una tradición que los encarcela inexorablemente en una existencia controlada por la venganza, la violencia y la muerte. Gracias a las «Zetas» –fechas que marcan el aniversario de una muerte– la familia agraviada podía incursionar en el territorio del clan enemigo e intentar vengar la muerte, dentro de un estricto código de conducta. Éste es el trasfondo del mundo y de los personajes que presenta Laura Restrepo en *Leopardo al sol,* con una crítica sutil, pero no por ello menos aguda, de la realidad humana de la Colombia de nuestros días.

---

1 Las citas de *Leopardo al sol* que uso en este ensayo corresponden a la edición de Anagrama, Barcelona, 1993.

Gracias a su labor de periodista e investigadora de la historia del narcotráfico en La Guajira, tarea en la que Restrepo emplea once años, la escritora entró en contacto directo con algunas de las más destacadas familias de esa mafia colombiana. Aunque los personajes de la novela son creación de la ficción de Restrepo, están basados en personas y circunstancias de la vida real. Sobre su necesidad de anclar la novela en hechos reales, Restrepo comenta: «Somos una generación que nos fuimos quedando sin partido y aterrizando de la política en la literatura. De la militancia nos viene la fascinación por la realidad»[2].

Leopardo al sol es una novela en la que se cruzan los caminos de la historia social y política colombiana junto con los de una historia personal. Las historias de vida de los personajes nos llegan a los lectores mediante las voces anónimas que junto con la voz narradora en tercera persona de omnisciencia parcial nos muestran el tejido de la trama novelística. Y es en ese cruce de caminos donde se ubican esos momentos iniciáticos y reveladores de esta época de violencia que explora Restrepo.

Quizá sea el entrenamiento de Restrepo en la investigación, que nutre esta ficción, lo que parece pedir un acercamiento que tome en cuenta ese cruce entre la ficción y la historia, la mezcla de lo verificable y lo ficticio, el periodismo y la novela, para aquilatar esta original contribución a la literatura actual. Puede ser que detrás de la pluma de la novelista también haya una periodista, y que para entender esta historia ubicada en el ámbito de la violencia colombiana, haya que diseñar lentes multifocales que nos permitan conectar los diferentes puntos para lograr la profundidad del cuadro completo. El resultado es que, a modo de los paneles de un edredón, los diferentes planos de la novela de Restrepo se entrelazan para mostrarnos la diversidad, la conectividad y las sutilezas de los distintos momentos que componen la unidad del texto.

La propia Laura Restrepo se refiere al germen de esta novela en una entrevista que le concedió a Jaime Manrique:

> Yo creé una obra de ficción basada en la investigación de hechos reales, enmarcados en dos cuadros temporales. En el pasado, con los protagonistas de la violencia que se mueven a velocidades vertiginosas… y en el presente con gente anónima que conversa y comenta sobre los hechos a modo de un coro –no griego sino

---

2 Renato Ravelo, «La frivolidad es una de las consecuencias de la guerra, sostiene Laura Restrepo», *Jornada*, octubre de 2001, p. 1.

caribeño–, que inventa rumores o los niega, sale con interpretaciones lúcidas o alocadas, u ofrece versiones míticas o realistas de
los sucesos[3].

El subtexto de la obra es la violencia del narcotráfico, pero no
es ésta una novela que se limite a un recuento de los hechos más o
menos verificables de las guerras de narcos por el poder. Consecuen-
temente, Laura Restrepo evitó mencionar la palabra droga en todo
el texto porque, le dice a Manrique en la misma entrevista: «Fue una
reacción en contra de la fetichización del narcotráfico, lo cual reduce toda una compleja interacción humana a una cosa: las drogas».
Y es esa complejidad de la interacción humana, tanto de los protagonistas de la historia como del coro caribeño que la vive e interpreta, la que se revela en los códigos secretos de las relaciones personales en la novela. Los personajes que Restrepo diseña son seres que
se desdoblan: en su exterior son máscaras diseñadas para actores de
la televisión y la farándula; y en su interior revelan sus historias personales, sus identidades soterradas, la soledad y el silencio de seres
en vitrina.
La estructura narrativa, que involucra al lector, es un relato que
evoca las historias de la tradición oral mediatizada por un lenguaje
sacado a veces de las tiras cómicas, de las telenovelas de moda o de
las páginas sociales de las revistas femeninas.
Esta composición de personajes y temas que se nutre de fuentes
del periodismo pasadas por el tamiz de la ficción produce una obra
difícil de catalogar porque ésa es precisamente su intención: romper
categorías, evitar clasificaciones fáciles. Esta clase de novela puede
ser malinterpretada e incluso puede suceder que, a veces, desestimen
sus logros por la incertidumbre inicial que provoca, al ser multifacé-
tica, fluida y sutil y escapar a una categorización. La misma autora al
tratar de explicar por qué su novela tuvo tan poca acogida cuando
apareció en Colombia alude al hecho de que no intenta mostrar en
su obra que el narcotráfico es esa plaga maldita que se da al margen
de la sociedad, sino que es un producto de esa sociedad. Y otro motivo de su entonces escaso éxito editorial pudiera haber sido, añade la
autora, que «en Colombia no sabían en qué canasto meter el bicho,
porque el libro es una mezcolanza de género periodístico, de relato
clásico con las técnicas que emplea la telenovela o el cómic»[4].

---

3 Jaime Manrique, «Laura Restrepo», *Bomb Magazine* 78, diciembre 11 de 2002, p. 4.
4 Pilar Maurell, Reseña de *Leopardo al sol*, *Estrella digital*, septiembre 30 de 2002,
p. 2.

El crítico César Valencia Solanilla sostiene que la novela colombiana posmoderna –él se refiere en particular a las novelas de los años setenta y ochenta– ha superado la idea de la violencia como centro de sus preocupaciones. La nueva narrativa ha buscado nuevas formas de expresión y nuevos temas, dentro de los que se incluye, añade el crítico, «la búsqueda de la identidad individual y colectiva mediante la reconstrucción crítica del pasado»[5]. Valencia Solanilla habla de la tendencia a buscar una «síntesis polisémica de la historia, en la alternancia de reconstrucción documental y ficción narrativa» en la nueva novela colombiana (469). La novela de Laura Restrepo, de una generación más tardía a la que se refiere Valencia Solanilla, sin escapar del todo a esa tendencia de síntesis, se ubica un paso adelante dentro de esta progresión en su «ficción montada sobre once años de investigación» que busca elucidar la dimensión humana de quienes viven el fenómeno del narcotráfico. La misma autora explica de esta manera la intención de su proceso creador:

> Tampoco es mi interés reportar la realidad tal cual se presenta. En mis novelas aspiro que estén protagonizadas por individuos claramente delineados. Yo quiero historias de personas donde la colectividad está como un telón de fondo, pero donde el personaje o los personajes tengan un peso individual único, que sus acciones sean las suyas, que la coherencia que tengan en las diferentes acciones de su vida sea exclusiva de ellos. [...] Lo ambiental me interesa mucho y lo busco como escenario, pero lo esencial son las historias de personas[6].

La novela de Restrepo desarrolla un lenguaje polifónico con el que busca captar la expresión colectiva del grupo y la articulación personal de los sentimientos individuales. El lenguaje es a la vez vehículo de comunicación de los hechos y medio de exploración de la intimidad de los personajes. La voz narradora alterna con esas voces anónimas que pudieran salir del pueblo, de los que están al margen del protagonismo de la violencia, pero que no pueden eludir ser parte de ella. El uso de las técnicas de la telenovela y de las tiras cómicas le permite a Restrepo desarrollar personajes que se mueven y funcionan en el relato como desmanteladores de su propia historia.

---

5 César Valencia Solanilla, «La novela colombiana contemporánea en la modernidad literaria», *Manual de literatura colombiana*, Planeta, Bogotá, 1988, p. 471.
6 Elvira Sánchez-Blake, «Colombia, un país en el camino: conversación con Laura Restrepo», *Revista de Estudios Colombianos*, vol. 22, 2002, p. 59.

Ellos desvirtúan los diferentes papeles que representan. Una de las voces narradoras anónimas nos brinda esta clave de lectura de los personajes desde el comienzo de la obra cuando describe al clan de los Barragán y a su líder, Nando:

> Dondequiera que van los Barraganes los sigue el murmullo. La maldición entre dientes, la admiración secreta, el temor soterrado. Viven en vitrina. No son lo que son sino lo que la gente cuenta, opina, se imagina de ellos. Mito vivo, leyenda presente, se han vuelto sacos de palabras de tanto que los mientan. Su vida no es suya, es de dominio público. Los odian, los adulan, los repudian, los imitan. Eso según. Pero todos, por parejo, les temen (11).

Nando y los Barraganes actúan de acuerdo con lo que la gente cuenta y su vida pública corrobora las habladurías del pueblo. Son seres creados por la ficción y la leyenda y representan su papel como actores de la historia que protagonizan. El lenguaje que los describe ironiza al parodiar su carácter de ficción. La «entrada en escena» o primera aparición de Nando Barragán en el texto se describe con un lenguaje que bien podría servir para identificar al criminal de una telenovela o al malo de una película del Oeste norteamericano en un bar de mala muerte:

> Desentendido del cuchicheo y ajeno al trastorno que produce su presencia, Nando Barragán, el gigante amarillo, fuma un Pielroja sentado en uno de los butacos altos de la barra (12).

La narradora usa un lenguaje detallado, directo y sin ambages para describir el físico del personaje en el tiempo presente de la acción, lo que le da la fuerza de la inmediatez narrativa. Para que los lectores se acerquen más a la imagen, la cámara cinematográfica se instala en la palabra, se aproxima y ofrece un primer plano del rostro, los ojos, las gafas oscuras, el pecho, hasta el sudor que lo cubre y la cruz que lo distingue:

> Tiene el rostro lleno de agujeros como si lo hubieran maltratado los pájaros y los ojos miopes ocultos tras unas gafas negras de Ray-Ban de espejo reflector. Camiseta grasienta detrás de la guayabera caribeña. Sobre el amplio pecho lampiño brillado por el sudor, cuelga de una cadena la gran cruz de Caravaca, ostentosa, de oro macizo. Pesada y poderosa (12).

Es una imagen de malo de película moderna en el ámbito del Caribe. Su descripción con una prosa lenta y minuciosa es igual a la cámara que se solaza en la pose del actor y en los detalles de su figura buscando destacar el protagonismo del personaje.

La imagen de Nando, como jefe de clan, mujeriego sin escrúpulos y romántico perdido por el amor de la que lo rechazó, se completa en esta primera toma con la descripción de la mujer a su lado. Ella es Milena, la ex prostituta vuelta «amada idealizada» que rehúsa volver con él. A Milena se la describe con imágenes que evocan a una actriz de telenovela barata, donde hasta el rubio teñido de su pelo y la malla apretadísima son evidencia de su condición social. Aquí los adjetivos cristalizan el efecto de la cámara que de nuevo se acerca impenitente:

> Frente a Nando, en otro butaco, cruza *desafiante* la pierna una rubia *corpulenta*... Está enfundada a presión en un enterizo negro de encaje *elástico*. Es una malla *discotequera tipo chicle*, que deja ver por entre la trama del tejido una piel madura y un sostén de satén, talla 40, copa C (12; el subrayado es mío).

La pestañina y el delineador le dan un aire de vampiresa venida a menos. La narradora describe la actitud de Nando con un lenguaje sacado de las novelas de Corín Tellado en *Vanidades*:

> Nando Barragán la mira y la venera, y su rudo corazón de guerrero se derrite gota a gota como un cirio piadoso encendido ante el altar (12).

La metáfora anterior es elocuente en la creación de un tono hiperbólico y cursi que caricaturiza tanto la imagen de la mujer venerada como la devoción del galán. El tono humorístico y las palabras parodian el culto que se puede rendir a la imagen de la Virgen María, aludida aquí por la veneración, los cirios y el altar. Para completar el tono irónico de las imágenes, la narradora describe la voz de Milena con adjetivos lúdicos de Eva seductora: «ronca y sensual de pólipos profundos». A su vez, Nando, en plan de guerrero-galán de telenovela, fuma el cigarrillo de rigor que completa su presencia de varón impenetrable y duro, pues «se castiga la garganta con el humo picante del Pielroja» (13).

Aunque los personajes se describan como héroes de película y amadas ideales en el plano exterior, el humor que inyectan las palabras revelan la ficcionalidad de los papeles que representan, ya que ni Milena es la Virgen que inspira devoción, ni Nando es el noble

guerrero que se postra a los pies de la Virgen María. La historia ínti-
ma de Nando se asoma en el recuerdo de infancia que la narradora
con lenguaje realista adosa a la escena anterior. El silencio dramatiza
su falta de contacto consigo mismo. La fuerza del matón que les inspira miedo a todos se diluye como burbujas de gaseosa en el recuerdo de los juegos de su infancia pobre con los amiguitos del barrio:

> El hombre no responde. Se baja un trago de *whisky* y lo pasa
> con otro de Leona pura. Las burbujas de la gaseosa le devuelven
> un recuerdo vago de niños jugando béisbol en la arena, con palos
> de escoba por bate y tapas de botella por bola (13).

Las voces narradoras anónimas, en función de locutora e interlocutora, también contribuyen a la desmitificación de los personajes y
de los acontecimientos. Una escena de amor que describe un narrador, que es testigo ocular de los hechos, es desmentida por el comentario de una voz interlocutora. La voz anónima de la interlocutora
tiñe con un tono burlón la descripción de la escena romántica, un
tono de descreimiento que ironiza lo narrado y pone en tela de juicio la veracidad de lo que se ha contado. Esta conversación también
intensifica, junto con las diferentes versiones de la historia, la desconfianza del lector hacia la voz narradora:

> —Nando y la rubia se decían cosas, se besaban, entreverados
> de piernas, cuando les dieron plomo. Lo digo porque yo estaba
> ahí, en ese bar, y lo vi con estos ojos.
> —No. Esta noche Nando no toca a Milena. La trata con el res-
> peto que le tienen los hombres a las mujeres que los han abando-
> nado… la mira con dolor…
> —¿Qué van a saber cómo la miraba, si las gafas negras le escon-
> dían los ojos? Son habladurías. Todo el mundo opina pero nadie
> sabe nada (14).

La siguiente escena describe lo que podrían ser instrucciones para
el camarógrafo, cuando entra el jefe del clan rival, Mani Monsalve.
Tanto la escenificación y el uso de las luces y las sombras, como las frases que intercambian los dos actores y el comentario de la narradora al
final de la escena desmantelan la pretendida solemnidad de la acción:

> Desde el techo una lámpara de efectos especiales lanza un cen-
> telleo de rayos intermitentes, mortecinos como flashes de cámara,
> que iluminan –ahora sí, ahora no, ahora la veo y ahora no– la figu-
> ra del recién llegado, que brilla fosforescente, espectral (15).

La búsqueda de cualquier naturalidad cinemática, de la que habla Trinh T Minh-Ha, en la escena siguiente se desvanece por el diálogo cliché de los dos hombres:

> El Mani grita: Nando Barragán, vengo a matarte, porque tú mataste a mi hermano, Adriano Monsalve, y la sangre se paga con sangre... Y Nando le advierte: Estoy desarmado, y el Mani le dice: Saca tu arma, para que nos enfrentemos como hombres (16).

La intervención de la voz interlocutora a continuación, nos subraya la artificialidad de la escena y constituye un comentario sobre el mismo proceso de creación:

> Eso parece un cómic, una de vaqueros. ¿Y qué respondió Nando? ¿Cáspita? ¿Recórcholis? ¿Pardiez? Qué va. Esa gente no decía nada, no advertía nada. No se ponían con primores: disparaban y ya (16).

Los vocablos cultos y en desuso (pardiez, cáspita y recórcholis), más propios de una obra dramática del siglo XVI que de alguna interacción verosímil del presente siglo, ponen de manifiesto la ficcionalidad de la escena, también por la cursilería del diálogo entre Nando y Mani.

Alina Jericó de Monsalve, la mujer del Mani, es otro personaje cuya actuación cabría dentro del espacio de una telenovela. Su entrada en escena va precedida por un telón de luna romántica, música de Nelson Ned, mesa para dos con mantel de lino blanco y rosas, pero ya en la misma descripción se ironiza el ambiente romántico:

> Una luna respira ligeramente sobre la noche del puerto. Las olas del mar son *mamíferos pesados y dóciles* que se acercan en manada a lamer los cimientos de la gran casa. La terraza iluminada levita sobre el agua, como un *ovni*... Nelson Ned canta una canción romántica... y se esparce su sedosa *voz nasal de enano enamorado* (36; el subrayado es mío).

La voz anónima interpola un metacomentario que ilumina el proceso narrativo:

> Parecía escenario de telenovela. La otra replica: No parece. Es. La vida de ellos es pura telenovela. Por lo menos adentro de la casa, porque afuera la película es de terror, con reflectores potentes para vigilar los alrededores (36).

El paisaje romántico de telenovela, por la luna y el mar y los boleros, se destruye mediante las imágenes que desmitifican el efecto que se busca. Al convertir las olas del mar en mamíferos pesados y dóciles, la terraza iluminada en un ovni y la voz de una estrella de la canción romántica en un sonido nasal de enano enamorado, el efecto no es de idealización sino de desmitificación.

Los espacios también se describen con imágenes que conjuran el mundo romántico e idealizado de programas televisivos, donde el lenguaje mismo denota el carácter imitativo del lugar con el exceso de artículos inadecuados y de alto costo. El interior de la casa de Alina y Mani Monsalve está minuciosamente descrito como cualquier plató de las telenovelas de moda y de acuerdo con el sentido de la estética de los nuevos ricos, como lo es el Mani Monsalve:

> Entra en la casa donde todo es recién comprado y costoso: lujo en tonos pastel, tipo Miami. Sus tacones se hunden en alfombras blandas, blancas. Va hasta la cocina, integral, recargada de hornos microondas y electrodomésticos multiusos (37).

La descripción de Alina también podría haber salido de una escena de telenovela o de un pasaje de novela a lo Corín Tellado, por lo perfectamente bella y melodramática. De nuevo, el lenguaje parodia la descripción de la estrella/personaje en su inverosímil perfección física, la ambientación melosa, los gestos rebuscados y la pose de heroína romántica:

> Sobre la baranda de la terraza se inclina una mujer alta, joven y plástica, de curvas milimétricamente ajustadas en 90-60-90, con un vaporoso vestido de muselina gris perla… Ahora mira al infinito, deja que el viento tibio le enrede el pelo largo, castaño claro, y acompaña a Nelson Ned tarareando con desgano «quién no tuvo en la vida una amarga traición» (37).

El suspenso con que terminan las telenovelas cada día (casi le falta el «continuará») también tiene cabida en esta obra de Restrepo, a modo de parodia que desmitifica el dramatismo de la acción. Cuando Alina Jericó le entrega a su marido, en silencio, un sobre dentro del cual le anuncia que está encinta, tanto su marido como los lectores ya sabemos que ese momento lo había señalado ella como un ultimátum para que el hombre deje la vida de negocios ilícitos y de asesinatos que lleva o tiene que aceptar perderla. La escena termina un capítulo y se suspende con el sobre que le entrega Alina al Mani, con un gesto «desafiante a lo James Dean» y su salida majestuosa del recinto. La escena se describe en cámara lenta para dramatizar la importancia del momento:

> Mani se siente perdido. No sabe de qué se trata... Abre el sobre, desdobla el certificado que hay dentro y lo lee: «Laboratorio de Análisis Clínicos. Doctor Jesús Onofre. Señora Alina Jericó de Monsalve. Prueba inmunológica del embarazo: positiva» (127).

Alina se retira a su habitación y la escena le recuerda a la narradora la actuación de la protagonista de una película clásica, *Sissi*, también cursi y sentimental, en la que la bella heroína sufre por un amor mal comprendido: «Tendida bocabajo sobre la cama, con la cara hundida en el edredón de plumas, trágica y divina como Romy Schneider en *Sissi*...» (141). La imagen de Alina se confunde con la de la actriz de la película, creando una visión idealizada de una joven y bella mujer enamorada que sufre con gestos melodramáticos una pena amorosa. La fusión de ambos personajes revela en su igualación el carácter de actuantes de ambas mujeres.

Igual que los personajes masculinos, Alina Jericó desmiente su aparente banalidad de muñeca de telenovela con los vestigios de conciencia de su historia personal que surgen en su discurso y en sus pesadillas, por estar atrapada en una historia imposible. La ex reina de belleza revela que debajo de su cara linda y su figura excepcional es una mujer que lucha internamente entre el deseo de amor y el rechazo que siente hacia la violencia de Mani. Sus pesadillas cristalizan sus angustias por la falta de control que tiene sobre su vida:

> [soñaba con] Una yegua en celo, negra, ciega y sin jinete, que la asediaba rabiosa y hambrienta y destrozaba a patadas las paredes que la resguardaban (70).

A la vez, Alina demuestra ser una mujer con sentido práctico y valores personales, capaz de tomar decisiones propias. Acepta la propuesta de Méndez, el abogado de la familia del marido, de huir a México para salvar el hijo que lleva en el vientre, sabiendo perfectamente cuáles serán las consecuencias y con la madurez de quien ha sopesado en frío sus opciones. Así se lo dice al abogado cuando él le confiesa su amor y su plan de escape:

Quiero que quede claro, doctor, que me voy a México con usted porque lo estimo mucho y porque está en juego la vida de mi hijo, pero que sigo enamorada del Mani Monsalve (311).

Por su parte, el hermano de Nando Barragán, Narciso, es otro personaje de telenovela y, como su nombre lo indica, está tan enamorado de sí mismo que se ha dedicado a ser el *playboy* de la familia. Le gusta tanto seducir que «se ha vuelto un esclavo de sus propios encantos» (107). La narradora describe su tipo de galán de película comparándolo con un ídolo de la canción:

Narciso parece Gardel, con el pelo echado hacia atrás y pegado al cráneo con brillantina. Va rigurosamente vestido de blanco con un traje ceñido a la torera y calza mocasines italianos, también blancos, livianos y flexibles como guantes (118).

Narciso trabaja como el contable del clan Barragán, pero su actuación para el público se da en una superficie brillante y seductora. Vive su vida como un espectáculo y de acuerdo con su nombre y su atuendo. Con motivo de la boda de Nando, Narciso, igual que un actor de cine frente a su público, aprovecha la oportunidad de euforia colectiva para montar un espectáculo:

Con garbo de gitano y agilidad de maromero, de un brinco se encarama a caballo sobre los hombros de Nando y su figura blanca se baña de luz, como enfocada por reflectores. Se hace un silencio de iglesia, que desde la altura del pedestal de carne y hueso prolonga durante largos minutos mientras paraliza a la muchedumbre con los rayos febriles de sus ojos preciosos (120).

El montaje espectacular de película se intensifica con la arenga procaz, también de película, de Narciso. La parodia del lenguaje bíblico (cambiando *polvo* por la palabra *mierda*) contribuye al sentido de actuación de la escena que termina con tono de brindis de cantina o tango arrabalero, popularizando su libreto:

Hermano mío: mierda somos y en mierda nos convertiremos. Tú y yo lo sabemos, porque estamos condenados. ¡Bebamos hasta rodar, comamos hasta reventar, gastemos hasta el último centavo, amemos a todas las mujeres, miremos la muerte de frente y escupámosle la cara! (121).

Dentro de su diatriba populista, Narciso también deja entrever su intimidad vulnerable y su historia personal al referirse a la condena familiar y social con la que ha nacido y de la que no puede escapar: «estamos condenados». Él se vuelca hacia el juego, la ropa cara y los placeres de la carne en su lucha por aceptar, sin sucumbir, el lote que le ha tocado vivir. El sentido de alta estima que sugiere su apariencia externa y la seguridad que denota su éxito con las mujeres se derrumba en el discurso anterior, que en tono jocoso y exagerado, revela la identidad enmascarada de quien busca desesperadamente la aceptación de los otros, cuando él no sabe cómo o no puede aceptarse a sí mismo.

La imaginación popular describe a Narciso como un dandi a quien sólo le preocupa su apariencia física y que siempre va tan bañado en perfumes que es fácil encontrarlo por la pista de aromas que deja. De esta manera, la hipérbole garciamarquiana que va unida a la descripción de Narciso cobra un matiz realista en su interpretación del sentido fatalista del personaje y de la falta de control sobre su vida. Por otra parte, esta hipérbole se contextualiza dentro de una narrativa que busca desvelar la «raigambre histórico-realista» de esa realidad mágica: si la creencia popular asevera que «para rastrearle la pista a Narciso sólo había que seguir la estela de su perfume», la voz de la interlocutora la desmiente con una interpretación realista y haciéndose eco de la perspectiva del hombre que lo iba a asesinar: «Lo del perfume son creencias de la gente, y Ferneley es un profesional que no se descresta con habladurías. Él se guía por lo seguro. Es un científico del crimen» (105).

Por otro lado, el apego excesivo de Narciso a sus atuendos de galán de cine y su obsesión por conquistar mujeres lo mantienen ajeno a la lucha de los hermanos. Si su mundo es de perfumes, zapatos caros, mujeres elegantes, de brillo y superficie limpia y pulida, con ello supera la fealdad y la suciedad de las guerras del mundo que le creó su familia. Con ese otro mundo perfumado y bello de fabricación propia, Narciso subvierte su identidad de miembro de un clan de la mafia guajira, que tiene las manos manchadas de sangre, y puede sentirse por encima de los asuntos malolientes de la familia. Narciso, de hecho, se ocupa del blanqueo de dinero como si fuera una tarea financiera más, sin inmiscuirse en la trama familiar ni en las guerras de los clanes. Su imagen como su vida y sus relaciones se quedan en la estela de los perfumes.

Algunos críticos de la novela, como Helena Araújo y José López Cardona, han sugerido que Restrepo intentaba copiar técnicas del realismo mágico para encontrar una aceptación fácil de su novela dentro de los cánones patriarcales[7]. Sin embargo, precisamente lo que hay que destacar en esta novela es que sin negar el influjo del maestro costeño, la escritora supo mantener su distancia del estilo de novelar de Gabriel García Márquez al crear su propio estilo. La misma Restrepo reconoce su deuda con el Nobel colombiano a la vez que defiende la independencia de su arte:

> El realismo mágico fue de verdad una cosa reveladora y maravillosa para todos, ¿no? García Márquez nos enseñó a ver el país con nuevos ojos y nos enseñó un lenguaje para mencionar cosas que no podíamos mencionar; sin embargo, yo creo que él es el primero que ha evolucionado hacia otras formas. La fórmula ha cambiado un poco porque ya no se trata de considerar mágica una realidad sino precisamente de ver el realismo que tienen unas expresiones intangibles, para tratarlas no ya como una expresión de lo incomprensible sino, por el contrario, para encontrarles sus raigambres históricas. Es como ir al fondo del alma y al fondo de los procesos para entender su razón de ser[8].

En *Crítica y ficción: una mirada a la literatura colombiana contemporánea*, Luz Mary Giraldo, en «La narrativa colombiana de fin de siglo: entre la utopía y el vacío», sostiene que los escritores de finales del siglo XX, entre los que se encuentra Laura Restrepo, se mueven en un terreno de arenas movedizas:

> Donde el escritor desprendido ya de de los cánones de una tradición inmediata (la del macondismo y lo real maravilloso) y de una pasada de la literatura de la violencia rural, [...] en su constante trato con la vida actual, con la historia nuestra y con la convicción cada vez más profunda de las complejidades humanas y sociales, construye un mundo tan real como ficticio, siempre cercano a la verdad de los hechos; [,,,] los personajes literarios se adentran en los tiempos infelices donde ni siquiera se observan las huellas de los dioses del pasado y donde los escritores se saben ajenos al autoritarismo y a la profecía[9].

---

7 José Cardona López, «Literatura y narcotráfico: Laura Restrepo, Fernando Vallejo, Darío Jaramillo Agudelo», *Literatura y cultura: narrativa colombiana del siglo xx*, Ministerio de Cultura, Bogotá, 2000, p. 390.
8 Margarita Vidal, *Entre comillas*, Espasa, Bogotá, 1999, p. 294.
9 Luz Mary Giraldo, «La narrativa colombiana de fin de siglo: entre la utopía y el vacío», en *Crítica y ficción: una mirada a la literatura colombiana contemporánea*, Cooperativa Editorial Magisterio, Bogotá, 1998, p. 27.

Laura Restrepo ha leído y aprendido de la historia literaria colombiana y de la literatura universal, pero ha logrado su éxito al desarrollar una visión novelesca y un lenguaje propios. Lenguaje y visión que surgen de la investigación periodística de realidades sociales y su ficcionalización por medio de elementos de la cultura popular, del cómic, de la telenovela, etc. Estos medios le permiten a Restrepo montar una obra de ficción sobre un andamiaje de realidad que se desvirtúa parodiándose, en el proceso mismo de contar la historia. En ella, se da el desmantelamiento de la misma historia que narra, la vida real de la que emerge la historia novelada con hechos verificables pero desvirtuados, con protagonistas ficticios, pero de modelos también reales. Las historias se leen en un primer nivel como una telenovela, tal como la imaginan las voces anónimas del pueblo. En un segundo nivel, la humanidad de sus personajes desvela su propia cara, donde tanto los protagonistas como el coro de voces del pueblo anónimo comparten la deshumanización de las luchas del narcotráfico. El discurso de la violencia se personaliza. El texto de la vida de los personajes subvierte el subtexto de la violencia con la modalidad cinemática, en el cual los personajes actúan en la superficie como entelequias de un mundo creado para las cámaras. Y en el cual los visos de la intimidad de esos mismos personajes afloran sin anunciarse y con fuerza desmitificadora en el texto narrativo, denunciando la complejidad de sus historias individuales.

Lenguaje e imágenes parodian el absurdo y el ridículo del mundo de la violencia en esta obra de Restrepo, creando claves narrativas que nos permiten entender cómo viven o sobreviven bajo una guerra fraticida quienes habitan la costa norte de Colombia, en un texto que se ubica con comodidad y voz propia dentro del paradigma literario colombiano de los últimos diez años.

Referencias bibliográficas

Cardona López, José, «Literatura y narcotráfico: Laura Restrepo, Fernando Vallejo, Darío Jaramillo Agudelo», *Literatura y cultura: narrativa colombiana del siglo XX*, Ministerio de Cultura, Bogotá, 2000, pp. 378-406.

Giraldo, Luz Mary, «La narrativa colombiana de fin de siglo: entre la utopía y el vacío», *Crítica y ficción: una mirada a la literatura colom-*

biana contemporánea, dirección general: Alfredo Ayarza Bastidas, Cooperativa Editorial Magisterio, Bogotá, 1998, pp. 25-35.

Manrique, Jaime, «Laura Restrepo», *Bomb Magazine* 78, diciembre 11 de 2002, pp. 54-59. http://www.bombmagazine.com/restrepo. html, consultada en junio de 2006.

Maurell, Pilar, Reseña de *Leopardo al sol*, *Estrella Digital*, septiembre 30 de 2002, pp.1-2, http://Estrelladigital.es/o11214/articulos/ cultura/restrepo.htm, consultada en junio de 2006.

Ordóñez, Montserrat, «Ángeles y prostitutas: dos novelas de Laura Restrepo», *Celebración de la creación literaria de escritoras hispanas en las Américas*, Lady Rojas-Trempe y Catherine Vallejo (eds.), Girol Books y Enana Blanca, Ottawa y Montreal, Canadá, 2000, pp. 93-101.

Ravelo, Renato, «La frivolidad es una de las consecuencias de la guerra, sostiene Laura Restrepo», *Jornada*, octubre de 2001, http:// www.jornada.unam.mx/2001/oct01/011004/05anlclt.html, consultada en junio de 2006.

Restrepo, Laura, *Leopardo al sol*, Anagrama, Barcelona, 1993.

Robledo, Ángela I., Reseña de *Leopardo al sol*, *Revista de Estudios_Colombianos y Latinoamericanos*. Universidad de Colorado, Boulder, 1994, pp. 49-50.

Sánchez-Blake, Elvira, «Colombia, un país en el camino: conversación con Laura Restrepo», *Revista de Estudios Colombianos*, vol. 22, 2002, pp. 37-43.

Trinh, T. Minh-Ha, *When the Moon Waxes Red: Representation, Gender and Cultural Politics*, Routledge, Nueva York, 1991.

Valencia Solanilla, César, «La novela colombiana contemporánea en la modernidad literaria», *Manual de literatura colombiana*, Planeta, Bogotá, 1988, pp. 463-510.

Vidal, Margarita, *Entre comillas*, Espasa, Bogotá, 1999.

Construcción y deterioro del mito en la violencia plebeya[1]

Samuel Jaramillo González, Universidad de los Andes

A nadie le cabe la menor duda de que, más allá de estereotipos y sensacionalismos, el narcotráfico ha sido un fenómeno de primera magnitud en la historia reciente de Colombia. Su impacto abarca varias esferas de la vida nacional, y sin su consideración es difícil entender la economía, por ejemplo, o la política, desde luego, para no hablar del fenómeno omnipresente de la violencia que nos abruma, o de las deformaciones que ha adquirido el Estado. Por ello es de esperar que en la literatura, como en otros campos de la reflexión y de la creación cultural, comience a aparecer el narcotráfico o sus secuelas como tema.

Dicho esto, problematizo el asunto de la expectativa de que la literatura, y en este caso la narrativa, aborde un hecho social de estas características y de estas dimensiones. Sin duda, para los creadores de valía, una tal empresa es un desafío ambiguo. Por una parte es algo atractivo, por su centralidad y por su actualidad en términos de nuestra historicidad. Pero, por otro lado, es algo que implica muchos riesgos. Un acercamiento apresurado, sin el tiempo necesario para su asimilación intelectual, puede conducir a desenfoques que más que oportunidades para la construcción literaria se convierten en obstáculos de cuidado: superficialidad, efectismo, esquemas preconcebidos son, entre otros, trampas que el escritor debe superar.

Un antecedente notable en nuestro propio medio es el de la Violencia de los años cuarenta y cincuenta. Una primera oleada de narraciones con este tema, sin duda impactadas por el horror y la virulencia de esta barbarie, produjeron muy poco en términos literarios. Sus escenas escabrosas, sus oleadas de sangre, su prurito más bien primario (aunque por supuesto legítimo) de denuncia de estas atrocidades, paradójicamente terminaron por saturar a los lectores y han contribuido muy poco a la asimilación colectiva más profunda

---

1 Este texto apareció en el «Magazín Dominical» del periódico *El Espectador*, en 1997.

de este acontecimiento. Las excepciones son pocas, entre las que habría que destacar la *Mala hora*, de García Márquez, y un puñado de obras más. Ellas parecen requerir, además del talento literario, desde luego, de una cierta distancia temporal para brindar un acercamiento más sólido, más penetrante, que, por lo pronto, seguimos esperando.

Es precisamente por estas consideraciones que es necesario saludar como un hecho literario muy valioso la novela de Laura Restrepo, *El leopardo al sol*, que, esquivando todos estos riesgos, nos brinda una fabulación cautivadora y muy inteligente de un aspecto del narcotráfico menos visitada: su dimensión cultural. Por esas paradojas de los mecanismos de difusión de la literatura, esta novela se publicó en 1993, sin que hubiera tenido en su momento casi ninguna resonancia. Sólo después del gran éxito editorial que tuvo la novela posterior de la autora, *Dulce compañía*, que ha merecido varios premios internacionales y que se ha vendido profusamente en varios países, la Editorial Norma ha realizado una segunda edición. Excelente decisión que nos permite conocer esta excelente novela y que de paso nos revela que Laura Restrepo no es una fabricación mercantil, sino una escritora con trayectoria, con densidad y con oficio.

La novela cuenta una historia que se ubica en la primera fase del narcotráfico en Colombia, cuando el producto principal era la marihuana. Narra la saga de dos familias guajiras que, a partir del asesinato inicial de un miembro de una familia por un miembro de la otra, se trenzan en una implacable y suicida cadena de venganzas y retaliaciones, obedeciendo en ello las leyes de hierro y de sangre de su cultura tradicional. Sin duda el lector colombiano reconoce en esta anécdota un hecho real y renombrado (la trágica historia de la guerra interfamiliar de los Cárdenas y los Valdeblánquez), que Laura Restrepo utiliza con habilidad para adentrarse en los resortes internos de este fenómeno, que como se ha dicho, no es sólo algo económico o delictivo, sino que tiene un fuerte componente cultural.

El nudo de la novela, a mi juicio, es el siguiente. Entre los múltiples impactos que tiene el narcotráfico en la sociedad existe uno que es el del trastrocamiento de la jerarquía social de las subculturas. Normalmente estos negocios ilegales son emprendidos por individuos y grupos que originalmente tienen una posición subalterna y/o marginal en la sociedad, y que cuentan con una estructura cultural (en el sentido antropológico), que es acorde con su situación inicial. Precisamente algunos rasgos de este sistema de valores y de costumbres les permite eventualmente a estos grupos incursionar con éxito en estos procesos de acumulación ilegal: la solidaridad de grupo, el aprecio por el arrojo, una codificación del papel de la violencia diferente al de la cultura hegemónica, una particular relación con el Estado y con la Ley.

Pero el desplazamiento de este sistema de valores y de creencias a un ámbito que no es el que le dio origen no es algo inocuo. En primer lugar, es catapultado al conjunto de la sociedad, y por obra de la violencia y del poder económico de estos empresarios ilegales, aparece como una verdadera imposición para otros grupos. Por una parte, para otros sectores populares que no comparten totalmente esta manera de ver el mundo: estos violentos y soberbios capitalistas plebeyos son envidiados, admirados, pero también temidos, e incluso odiados. Pero la fuerza de la intimidación y del dinero obliga a tolerarlos y, hasta cierto punto, a aceptarlos.

En la novela esto está muy bien captado. Las disputas entre los Barragán y los Monsalve, que en su ámbito campesino inicial no hubieran pasado de ser noticias de una esquina en las páginas rojas de los periódicos, en estas circunstancias se convierten en asunto colectivo, visible para todos y que a todos incumbe. La escritora utiliza un recurso que explicita esto: la acción propiamente dicha está contrapunteada por una especie de coro griego, anónimo, plural, la voz colectiva de la gente común, que va comentando los acontecimientos, que propone versiones encontradas, que presenta valoraciones dispares y diversas interpretaciones. Y que, por supuesto, va variando a medida que la historia avanza y se desencadenan los hechos.

Desde luego, está también el contraste y el conflicto con la «cultura» de los grupos hegemónicos, con la cual se establece un verdadero juego de espejos. A estos advenedizos se les rechaza y se les desprecia en estas esferas, pero, de nuevo, se les teme. Algo más: también se les necesita y se intenta utilizarlos. Todo ello, mientras conserven su poder y su riqueza y su instrumentalización sea productiva. Y desde el punto de vista de estos capitalistas plebeyos, también se tiene una actitud ambigua: se odia y se intenta doblegar el sistema de valores hegemónico, pero también se le envidia y algunos individuos se aventuran en el vano intento de penetrar estos círculos, de asimilarse.

La novela está estructurada, como se ha dicho, en forma de una saga. Y en esto la mirada de la autora nos revela que esta subcultura de los emergentes, por decirles de alguna manera, conserva hasta cierto punto su arquitectura tradicional, premoderna, en donde el mito tiene un lugar. La escritora complejiza: es un mito, pero un mito plebeyo y contaminado con el prosaísmo de la actividad específica que se adelanta, del contexto bien profano en que se inscribe. Así, los personajes van definiéndose en una estructura arquetípica de paralelos y oposiciones: en cada clan un líder con rasgos contrapuestos. Dentro de cada una de las familias, a su vez estas oposiciones se desdoblan, con contrapuntos entre diversos hermanos, que encarnan opciones, variaciones. Y detrás de los hombres, los personajes femeninos que tejen la contratrama de estas relaciones. El tiempo de la narración también adquiere el sincopado del mito: los distintos estadios están marcados cada uno de ellos por un asesinato, y las características de la víctima cierran la etapa anterior y signan la siguiente.

El oficio de la escritora logra, contra este trasfondo de normas muy precisas en el estrato más profundo de la narración, una serie de tensiones que hacen del relato algo sumamente atractivo y vital. Los personajes son complejos, con diversas dimensiones, están cruzados por contradicciones inesperadas. El mismo desenvolvimiento de la trama, que tiene por supuesto el tono ineluctable de la tragedia, en que el lector presiente que la batalla de los personajes por escapar al curso y desembocadura del mito es infructuosa, está sin embargo sembrada de sorpresas, de meandros y variaciones que envuelven al lector y lo capturan hasta el final del relato.

El motor de la trama y del desenlace, o, más rigurosamente, de los desenlaces, está estrechamente conectado con el núcleo mismo de la historia. El trasplante de esta cultura tradicional no sólo afecta el entorno, sino que ella misma cambia de naturaleza. Si los rasgos tradicionales son funcionales para estas empresas organizadas del delito, la misma dinámica del crimen las va corroyendo y termina por descoyuntarlas. Las liturgias y los códigos de honor en esta disputa sangrienta no pueden mantenerse indefinidamente. La Historia, con mayúscula, hegeliana transcurre paralelamente al mito, y le va dando sentidos diversos a los mismos hechos: lo que en un momento empuja su fluir, después es un obstáculo que termina por ser arrollado.

El veredicto final que da la autora es deliberadamente ambivalente: la ruina final de estos antihéroes, presentida, ineludible en la narración, ¿se da como consecuencia de la trasgresión de las pautas rígidas y tradicionales en que se ejerce esta violencia y que la sublima? ¿Es un castigo por el intento de trascender estas raíces, de asimilarse, de cambiar? O por el contrario: ¿es la penalización que da la Historia a quien no se adapta a la mutación de sus leyes? Estos atridas plebeyos se derrumban y su caída desamarra todo el resentimiento, todo el odio que su poder acallaba. Pero siguen otros: más grandes, más implacables, más profanos, más coherentes con la nueva dinámica del dinero y del delito.

Más que oportuno para leer la novela de Laura Restrepo es este momento en que los ciclos mayores de esta historia intuida y codificada por ella siguen desenvolviéndose en una escala mayor.

REFERENCIAS BIBLIOGRÁFICAS

Restrepo, Laura, *El leopardo al sol*, Editorial Norma, Bogotá, 1997.

DULCE COMPAÑÍA

La construcción del personaje femenino en *Dulce compañía*

Mery Cruz Calvo, Universidad del Valle

La novela *Dulce compañía* (1995), de Laura Restrepo, tiene una estructura «aparentemente» desequilibrada. En el ámbito de la historia, encontramos una periodista que cuenta en primera persona[1] sus peripecias en un barrio marginal de Bogotá, Galilea, al cual ha llegado para hacer un reportaje de un supuesto ángel que ha aparecido allí. La comunidad de Galilea está dividida ante este extraordinario y milagroso fenómeno. Por un lado, un grupo liderado por mujeres que consideran que el ángel es una manifestación del amor y la salvación que Dios les ha enviado; por esto su deber es alabarlo, protegerlo y rendirle culto. Por otro lado, se encuentran el padre Benito y sus seguidores, que acusan al ángel de «querer suplantar a Jesús». Estos dos bandos están en pugna y por momentos llegan incluso a la confrontación directa. En medio de estos acontecimientos sobrenaturales y conflictos internos, la protagonista lucha entre la realidad y la fantasía, entre su formación racional y la irrupción del misterio, ante el cual finalmente sucumbe en los brazos del ángel, de quien se enamora perdidamente, pero no puede retenerlo a su lado porque él debe cumplir una misión, entonces lo único que le queda de su pasión desbordada es una hija.

Pero al nivel del relato[2] existen diecisiete discursos de un ángel, que se desdobla en siete nombres. Los textos llegan hasta nosotros con ecos apocalípticos: «Según sople su veleidad de gran creador de

---

1 Desde el punto de vista del análisis narratológico, podemos precisar la participación de la protagonista en la historia. Desde este plano encontramos una narradora que está dentro de la historia y además asume el papel de protagonista principal; técnicamente la denominamos intradiegética-homodiegética. Ver Eduardo Serrano Orejuela, «Narración, discurso y tiempo en *De sobremesa*», en: *De sobremesa: Lecturas críticas*, Universidad del Valle, Cali, 1996, pp. 11-59.
2 En el plano de la historia, el ángel llega hasta nosotros como un ser que es contemplado por otros(as) y a quien podemos calificar de etéreo y resbaladizo; por esto su totalidad de sentido es incompleta. Es por medio de su discursividad verbal –plano del relato– que Ara, su madre, recoge en los cuadernos que podemos completar su sentido.

mundo e inventor de nombres, hoy me llama Orifiel, mañana Merkabah, ayer Metatrón, o cualquier otro de mis setenta y seis apodos»[3] (52).

Esta predicación cargada de símbolos y con un lenguaje que tenemos que descifrar nos ayuda a leer e interpretar los signos de los tiempos; el ángel de Galilea es el encargado de pronunciarlos. Los discursos del ángel nos llegan en forma de monólogos, pero nos son monológicos, porque buscan establecer un puente de comunicación con un destinatario(a). A veces se dirigen directamente a esa mujer que podemos identificar con la periodista Y, otras veces, leemos un discurso que quiere llegar a una comunidad, la cual se supone tiene una referencia sobre Dios. En estos discursos encontramos una clave de interpretación de la novela, que desarrollo y analizo a continuación; para esto elegí el camino de la construcción de la protagonista femenina.

LA CONSTRUCCIÓN DE LA PROTAGONISTA FEMENINA EN *DULCE COMPAÑÍA*

La realidad que se le presenta a la periodista en el barrio Galilea va abriendo caminos para que su forma de pensar y actuar, regidos supuestamente por la razón, sufran quiebres definitivos que la llevarán a decir: «Hacía más de setenta y dos horas que yo habitaba de planta en el reino de la insensatez» (145).

El espacio del barrio sufre una transformación con la presencia del ángel, por eso sus habitantes viven la experiencia de lo que Mircea Eliade ha denominado hierofonía: «Algo sagrado se muestra»[4]. Desde su llegada al barrio, la protagonista se deja habitar por esta presencia sagrada y se introduce en un mundo que tiene otras lógicas y que la llevarán a transformar su vida. Aquí vuelvo a Eliade, que nos ayuda a aclarar lo que puede significar el encuentro con lo sagrado:

> Los hombres, según eso, no tienen libertad para elegir el emplazamiento sagrado. No hacen sino buscarlo y descubrirlo mediante la ayuda de signos misteriosos[5].

---

3 Todas las citas están tomadas de la edición de *Dulce compañía* de Editorial Norma, 1999.
4 Mircea Eliade, *Lo sagrado y lo profano*, Labor, Punto Omega, Barcelona, 1988.
5 Mircea Eliade, *op. cit.*, p. 31.

Y es precisamente la primera visión del ángel la que, de una vez y para siempre, la pone en presencia del misterio que la atrapará y ante el cual ella no opondrá mayor resistencia.

> Sin producir ruido que lo anunciara, había salido de no sé dónde y se acercaba a nosotros un muchacho. Muy alto. Estaba casi desnudo, y era moreno. Y aterradoramente hermoso. Eso era todo. Y era demasiado. El corazón me pegó un golpe en el pecho y después se paralizó, sobrecogido ante la visión. No era sino un muchacho, y sin embargo tuve la certeza de que era además otra cosa, una criatura de otra esfera de la realidad (43).

Pareciera que estuviera predestinada a una misión. Su encuentro con el ser alado es un camino que recorre junto a las mujeres del barrio Galilea: Ara, Marujita, Crucifija y Sweet Baby Killer, quienes son las guardianas del ángel, todas pertenecen a la junta que administra la devoción.

Mujeres que están marginadas. Ara, violada, madre soltera y prometida a un hombre rico que no amaba. Crucifija, ser ambiguo, asexuado, religiosa pero sin comunidad. Sweet Baby Killer no se puede ubicar como hombre o mujer, pero parece que se encuentra más cerca del primer calificativo. Ellas son las líderes de un fenómeno de religiosidad popular. Se encargan de tomar las decisiones, haciendo una lectura «irracional», anárquica, acomodaticia de los acontecimientos. Ellas definen y deciden sobre el destino de una mujer culta, educada, que llega del centro del poder de la ciudad a la marginalidad de Galilea:

> Desde que me vieron llegar al barrio, las de la junta me habían elegido. Encontraron que yo era la apropiada, la muy esperada novia blanca y radiante; la que por alta, o por rubia, o tal vez por venir de fuera, presentaba características ideales para sacarle cría al ángel (95).

Y en medio de esta nueva realidad qué sucede con la protagonista. Desde el inicio de la novela nos anuncia que nos va a contar algo extraordinario que aconteció y que estuvo precedido por señales que en su momento no alcanzó a interpretar. Pero también nos deja ver que ella misma, una mujer perteneciente a la clase media y reportera de una revista de actualidad, vivió los acontecimientos. Lo que apreciamos en la novela es un desplazamiento espacial y axiológico. Tal vez lo más significativo sea que se unen en este personaje principal su oficio de periodista con la historia que nos va a contar; por eso esta narradora despierta en mí como lectora, confianza y credibilidad, porque su discurso está basado en algo *visto y vivido*, características propias del relato testimonial y de la crónica.

Pero este personaje-protagonista tiene un origen que se nos va revelando y en el cual podemos apreciar un puente de unión con este pasado que es la historia sucedida y con este presente que yo, lectora, actualizo. Su pasado está colmado de las lecturas que le hacía su abuelo. También nos muestra sus precarios conocimientos sobre los ángeles, como, por ejemplo, la oración que da título a la novela. Así mismo está en su pasado la herencia, por línea materna, de la locura que la acecha permanentemente:

> Tal vez ese miedo irracional que siempre le he tenido a la locura me viene de la certeza de que tarde o temprano me espera a la vuelta de la esquina (127).

Su llegada al barrio Galilea en busca de un reportaje escrito y gráfico sobre el ángel que ha aparecido augura un acontecimiento extraordinario que contribuye a crear el clima para la entrada a un mundo que se rige por otras lógicas más cercanas a una especie de carnaval, en los términos en que Bajtin lo analiza (más adelante desarrollemos este tema en el análisis de la novela). Una lluvia torrencial la acompaña en su entrada a Galilea y al referirse a ese lugar, desde el principio, sus palabras crean metáforas que la localizan en un espacio distinto al normal:

> Pero cómo devolverme, en qué taxi o bus inimaginables, si había traspasado las fronteras del mundo y me encontraba encaramada en un peladero del más allá (22).

Es un ambiente misterioso que va ganando en intensidad y cuyos puntos más álgidos podemos apreciar en la primera visión del ángel y en el encuentro sexual-erótico de la periodista y el ser alado. Debemos buscar más allá de las impresiones que nos transmite la novela por medio de la protagonista y detenernos en cómo la expresión de éstas van variando y señalando un desplazamiento de un discurso racional, regido por explicaciones plausibles y coherentes, a una expresión que se acerca mucho al agotamiento del lenguaje, en el cual lo único que queda es el silencio. Si observamos detenidamente, la periodista entra en un diálogo con los habitantes del mundo de Galilea, pero quiero hacer una precisión y llamar a los diálogos con un término más preciso: el de discursos. En un primer momento éstos no se tocan, pero poco a poco se van uniendo e interactuando y encuentran su máxima expresión en las palabras de la periodista cuando describe su unión amorosa con el ángel, este discurso se aproxima mucho a la voz del ángel desdoblado:

> No me lo esperaba. Imaginaba que si corría con suerte podría entrevistar a un testigo de sus milagros, o a un fanático de su culto, o en el mejor de los casos hasta a un enfermo curado por él... Pero no. Lo que Orlando me prometía era la visión del ángel, de cuerpo presente (31).

La periodista quiere conocer y este conocimiento parte de una serie de preguntas y explicaciones lógicas; las respuestas y réplicas del niño no se ajustan a lo que se espera. En este caso es una observadora que espera recibir una información, que de alguna manera anticipa.

No faltan en estos acercamientos discursivos la ironización y el humor, que tratan de destruir la posibilidad de un lenguaje diferente, porque explica una realidad que no se encasilla en la que conoce la periodista, pero que sí experimenta esa otra parte de la ciudad que está marginada y por eso su lenguaje es marginal:

> Frenando la fila, sor Crucifija me aplicó otra vez la garra al brazo, me llevó aparte y me soltó la siguiente pregunta:
> —¿Me puede decir si está con la visita?
> —¿Con la visita? ¿Con qué visita?
> —Quiero decir si está con la menstruación...
> Imaginé que se trataría de alguna creencia atávica, como que en presencia de la sangre menstrual se pone amargo el vino y se corroe el hierro, y quién sabe qué le sucede a los ángeles, así que temí que me fuera a impedir la entrada a la gruta.
> —No, señora, estoy limpia —le contesté la verdad, en un lenguaje que me pareció a tono con su pregunta.
> —¿Me puede decir hace cuánto le vino la última menstruación?
> Era el colmo. La tal Crucifija ya no sólo hablaba como misógino bíblico sino además como ginecólogo en chequeo semestral (39-40).

Para la protagonista el otro(a) marginal no debe entrar en su intimidad. Pero al lado de estas réplicas que son una manera de detener el avance de los acontecimientos predestinados, ella empieza a dar cabida a reflexiones que le abrirán el camino para entrar en una verdadera comunicación con la comunidad de Galilea y con su ángel. Estas reflexiones pasan necesariamente por sus sentimientos:

Me sentí bendita como Jacob ascendiendo al cielo por la escala de ángeles. Esas criaturas sonrientes que se afanaban bajo el aguacero para que yo pasara con comodidad despertaron en mí un pálpito que habría de sobrevenirme, muy nítido a veces, durante los días que permanecí en Galilea: la intuición de que había entrada a un reino que no era de este mundo (33).

Por eso en el momento en el cual conoce al ángel queda atrapada en una realidad de la cual ya no podrá prescindir. Se deja interpelar por una belleza nunca antes vista. El misterio, el éxtasis, lo sagrado confluyen en la visión del ser adorado por todos(as); accede al terreno de lo sagrado, comparte con los pobres de Galilea su exaltación. Pero esta respuesta dentro de la construcción del personaje-protagonista no es gratuita, existe en su historia personal, señales que de alguna manera nos indican que en ella hay terreno fértil para que florezcan su aceptación y amor por el ángel.

Los colegas siempre me han achacado falta de profesionalismo por mi incapacidad de mantener la objetividad y la distancia frente a mis temas. Una vez fui por ocho días, como reportera, a cubrir el conflicto entre los sandinistas y los contras, y terminé quedándome en Nicaragua y metiéndome de cabeza en su guerra, del lado de los sandinistas. A la tragedia del volcán de Armero fui con un noticiero de televisión, y cuando me vine a dar cuenta había adoptado a uno de los damnificados, una anciana que lo había perdido todo, incluyendo la memoria, y que desde entonces vive en mi casa, convencida de que es mi tía. Ahora quedaba nuevamente comprobado que los colegas tenían razón, y esta vez de manera patética: me habían mandado a buscar un ángel, yo había cumplido con encontrarlo, y además me había enamorado de él (79).

La reportera toma partido, se pone del lado de los más débiles, rompe la premisa de que la objetividad-neutralidad existe. ¿Romántica? ¿Soñadora? ¿Sentimental? Considero que este rasgo lo comparten otros personajes femeninos de la novela. Ara, que busca incansablemente a su hijo, que regalaron y vendieron contra su voluntad; y que presta oídos a las palabras del ángel y se convierte en su transcriptora. Su amiga Ofelia, a quien recurre para que la ayude profesionalmente con su amado. Para esta psicóloga, profesional y universitaria, no eran suficientes las explicaciones del racionalismo científico y necesita de otros campos del saber humano y milenario en los cuales lo inexplicable y lo sobrenatural juegan un papel decisivo. Cada una de ellas comparte una sensibilidad que el establecimiento tilda de locura, superstición, sentimentalismo; y tiene su máxima expresión en el asilo de locas, mujeres pobres y marginadas de la sociedad que se convierten en un espectáculo para parte de la ciudad. En las Muñís está la representación de la adivinación. Todas estas mujeres pertenecen a un mundo que está más cercano del misterio, de lo otro desconocido; pertenecen a un orden distinto del normal... distinto del patriarcal. Llama la atención que las únicas figuras masculinas cercanas a todo este mundo femenino sean un niño, Orlando, y su hermano el ángel.

El carnaval del barrio Galilea

A continuación presento en este apartado una hipótesis de análisis: en el barrio Galilea la aparición del ángel precipita una serie de acontecimientos que califico como un carnaval religioso y popular. Quién mejor que Mijail Bajtin para iniciar esta reflexión:

> A diferencia de la fiesta oficial, el carnaval era el triunfo de una especie de liberación transitoria, más allá de la órbita de la concepción dominante, la abolición provisional de las relaciones jerárquicas, privilegios, reglas y tabúes. Se oponía a toda perpetuación, a todo perfeccionamiento y reglamentación, apuntaba a un porvenir aún incompleto[6].

Teniendo como telón de fondo la reflexión anterior, me voy a detener en dos momentos representativos del carnaval o, más exactamente, de la «carnavalización literaria», que se presentan en la novela.

El primer momento es el del encuentro de la periodista con el ángel, en un ritual organizado por las mujeres del barrio: está cargado de símbolos que dan continuidad a la historia y a su clave interpretativa; por ejemplo, lo que se dice sobre «la batola azul, de virgen o loca» que engalana a la periodista y que estaría rompiendo aquella tradición patriarcal en la cual los personajes literarios femeninos o eran ángeles o eran monstruos (loca, bruja, hechicera). *Dulce compañía* nos abre el camino para volver ambigua esta imagen, para romper esa supuesta exclusión masculina en la cual la mujer es santa o demonio. Quienes acuden mayoritariamente a este acontecimiento ceremonial son «mujeres y niños de brazos». Sus rituales, oraciones y comportamiento están más cerca de una actitud demente, que rom-

---

6 Mijail Bajtin, *La cultura popular en la Edad Media y el Renacimiento*, Alianza, Madrid, 1989, p. 15.

pe la lógica con la tradición religiosa. No es sólo un acto espiritual que quiebra el orden dogmático, en el cual escuchamos cánticos y se lleva a cabo una procesión que nos recuerda las de Semana Santa, si no que, además, el orden jerárquico eclesial machista desaparece para dar cabida al protagonismo femenino y al símbolo de la maternidad. Son las mujeres las líderes y propiciadoras de este ritual que busca sembrar la semilla del ángel y perpetuarlo por medio de una descendencia, para lo cual escogen a la periodista como la «novia blanca», frase que nos recuerda, por contraste, la posterior novela de Laura Restrepo *La novia oscura*. Pero también hay una ruptura discursiva, en la voz de la protagonista femenina, al ironizar discursos sagrados, introduciendo en una palabra ajena, como son las oraciones de la Iglesia –prístinas, espirituales, alejadas de la carne– una palabra propia en la que la periodista canta y alaba su unión sexual-erótica con el ángel:

> Santa mi alma y santo mi cuerpo, bienamados y gozosamente aceptados los dos. Santa la maternidad y también santa la sexualidad, santo pene y santa vagina, santo placer, bendito orgasmo, porque ellos son limpios, y puros, y santos, y de ellos serán el cielo y la tierra, porque han sufrido persecución y calumnia. Que ellos sean alabados, porque fueron declarados innombrables. Benditos sea por siempre el pecado de la carne, si se comete con tantas ganas y con tanto amor (96).

Pero hago una salvedad, esta declaración espiritual y carnal sigue estando dentro del territorio sagrado cuando nos dice: «Nuestra unión fue sacramento» (96). Este primer momento podría ubicarlo en un rito de iniciación, similar al nacimiento y la muerte. Mircea Eliade nos dice:

> Podría decirse que en cada uno de estos casos se trata siempre de una iniciación, pues interviene un cambio radical de régimen ontológico y de estatus social[7].

El segundo momento tiene que ver con la manifestación de la religiosidad popular por parte de los habitantes del barrio Galilea, la cual se enfrenta al orden jerárquico eclesial establecido, y cuyo representante es el padre Benito.

Esta religiosidad popular surge en la marginalidad de una gran ciudad, convoca a una comunidad creyente alrededor de la apari-

---

7 Mircea Eliade, *op. cit.*, p. 155.

ción del ángel de Galilea, pero al margen del discurso oficial de la Iglesia, que por esto ve una amenaza para el poder que tiene sobre sus feligreses. La protagonista no es ajena a este fervor popular y poco a poco pasa de ser una observadora a ser una participante activa de los sentimientos de la comunidad de Galilea. «Era tal su fervor y tan contagiosa su fe, que por un instante yo, que no creo, a través de ellos creí» (62-63).

En todo caso, la periodista se mantiene en una situación ambigua respecto a los acontecimientos de Galilea, no olvidemos que su formación, al menos académica, es producto de la razón lógica. Cuando afirmo que se deja permear por esta situación ilógica que le toca vivir, me refiero a la entrada del ángel en su vida, ser ambiguo también, que se construye con trozos de recuerdos de algunos de los personajes secundarios que aparecen en la novela, pero que nunca se deja construir totalmente y que termina siendo un personaje prefigurativo de Jesús de Nazaret.

La confrontación directa que tienen los seguidores del ángel con el padre Benito y los integrantes del M.A.F.A (Muerte al Falso Ángel) es una excelente ilustración de ese carnaval que se presenta en la novela. La descripción de la situación en la cual se llevan al ángel hacía la ciudad, para que lo atiendan en un centro de enfermedades mentales, y la oposición del otro bando, encabezado por el padre Benito, es de un alto grado de humor, porque se convierte en un juego de poder en el cual a veces gana Ara, la madre del ángel, o a veces el padre Benito. Estos dos personajes se enfrentan en una discusión cuya razón está en la disputa por el ángel, pero la manera de discutir, nos dice la narradora-protagonista, está más cerca de una discusión de una pareja que de un sacerdote con uno de sus feligreses.

LOS DISCURSOS DEL ÁNGEL

Llegamos al análisis de un aspecto muy interesante de la novela: los discursos del ángel que se intercalan en el texto literario, que son diecisiete, desdoblados en siete voces monológicas diferentes. Estos discursos están cargados de símbolos que no dudo en identificar con un lenguaje apocalíptico. Por ejemplo, los siete ángeles nos recuerdan a aquellos que predican sobre los últimos tiempos en el libro del Apocalipsis, son siete ángeles que tocan siete trompetas; las cuatro primeras anuncian los estragos en la tierra, sangre y fuego. La quinta representa las langostas que dañarán a los hombres que no tienen el sello de Dios sobre la frente. La sexta anuncia la caballería infernal.

Y cuando el séptimo ángel profiera su voz, cuando vaya a tocar su trompeta, se habrá consumado el misterio de Dios, como anuncio de Él a sus siervos, los profetas.

El ángel habla, pero no se comunica con los demás. Le dicta los discursos a Ara, su madre, ella los recoge, *por medio de la escritura,* en cincuenta y tres cuadernos Norma cuadriculados. Nuestro propósito es abrir los cuadernos que la novela recoge e indagar por sus misterios, propósito que parece compartir la protagonista:

> ¿Quién habría escrito de verdad aquello?... Fueran lo que fueran, de procedencia humana o divina, originales o apócrifos, estos cuadernos significaban una revelación y un auténtico misterio (57).

Se observa alrededor de la escritura de los cuadernos la transmisión de un saber o discurso, que se les confía a las mujeres. Veamos. El ángel le dicta a su madre, ella escribe en momentos de posesión y frenesí. Después, le facilita los cuadernos a la periodista, quien nos los da a conocer, es la encargada de hacerlos visibles para nosotros, los lectores. Entonces puedo decir que el ángel dicta los cuadernos, que Ara los transcribe, y después la periodista los lee; ella, que es escritora también, y conservadora, compiladora y editora de los cuadernos del ángel.

¿Qué leemos en estos cuadernos? La novela desconcierta porque pasa de un discurso racional pequeñoburgués que la periodista enuncia a un discurso críptico. Sobre esto puedo establecer una comparación. Los discursos del ángel y sus sucesivas voces son complejos y contradictorios; por ejemplo, Orifiel ironiza a Dios, Elohim agónicamente expresa el amor y su caída por la tentación de la mujer. Izrael y Mermeoth expresan la ira de Dios, por medio del símbolo de la tempestad. Estos discursos del ángel con diversos mensajes, a veces tan misteriosos que cuesta entenderlos y encontrarles su lugar en la novela, tienen su correlato en el frenesí que se vive en Galilea por la aparición del ángel. El libro del Apocalipsis fue considerado tabú en la tradición de la Iglesia, pues se suponía que podía atentar contra un sano equilibrio mental. Un desequilibrio mental es lo que encontramos en esta novela: en la historia de los habitantes del barrio Galilea y en los discursos del ángel.

Mediante la literatura, contenida en los cuadernos, el ángel se comunica con la protagonista, por eso cuando él desaparece, ella busca con afán estos escritos, porque es el único vínculo material que la une con su amor:

Caminé a tientas hasta el baúl de los cuadernos, resuelta a apropiármelos, a llevármelos conmigo, porque eran mi patrimonio, habían sido escritos para mí, constituían mi legado de amor (185).

Pero hemos asistido a otra forma de comunicación entre los dos actores principales de la novela: la del erotismo. Aquí quiero llamar la atención sobre el hecho de que esta unión tiene una singularidad que no puedo dejar pasar: la narradora-protagonista se une en amor a un ser que podemos denominar indefinido, etéreo, que parece pertenecer a un mundo sobrenatural. Parece que la literatura deja rastros de formas eróticas fantásticas, que en su libro de ensayos *La elipse de la codorniz. Ensayos disidentes*, Germán Espinosa se encarga de presentar y desarrollar. Para este autor son cuatro las formas en las cuales se perfila el erotismo que denomina fantástico. La primera está caracterizada por la unión de los enamorados por medio de la muerte. La segunda, considerada por el novelista la más loable, es la unión sexual entre un ser vivo y otro fantasmal o inexistente. La tercera se refiere al amor con seres sobrenaturales que ni son, ni fueron, ni serán humanos. Y, finalmente, la cuarta, que se refiere a los métodos mágicos para obtener el amor de otro, o bien a la intervención de potencias sobrenaturales en el surgimiento de ese amor[8].

A la luz de las reflexiones desarrolladas por Germán Espinosa, considero que en *Dulce compañía* hay una cercanía, aunque no total coincidencia, entre la segunda forma de erotismo fantástico: la unión de un ser vivo, la periodista, con un ser fantasmal, huidizo: como lo hemos visto en este análisis, el ángel de Galilea es lo que la comunidad ha construido mediante un discurso religioso y popular, es el discurso de los cuadernos; es lo que la periodista ve pero que le faltan las palabras para poder pronunciarlo. Dice el ángel sin nombre:

Mujer que te acercas a mí, no quieras saber cómo me llamo. Para ti soy el Ángel sin Nombre: ni puedo decírtelo, ni podrás pronunciarlo (75).

En las novelas de Laura Restrepo, he podido determinar un eje común, o mejor llamarlo un sentimiento que comparten sus protagonistas femeninas: el camino del amor no es posible, no se puede

---

8 Germán Espinosa, *La elipse de la codorniz. Ensayos disidentes*, Panamericana, Bogotá, 2001, pp. 56-58.

encontrar, sus sendas son tortuosas, dolorosas; pensemos, por ejemplo, en las mujeres de *Leopardo al sol* o *La novia oscura*. En *Dulce compañía* vuelve a recrearse esta constante, pero a diferencia de presentar decepciones personales, humanas, el amor se escapa mediante un ángel, dado que en la «esencia» de este personaje está la imposibilidad de un amor real. Los discursos del ángel reemplazan este sentimiento, discursos que Ara recoge en los cuadernos y que el personaje femenino hereda para que en un futuro, cuando Ara muera, se publiquen. Se quiere perpetuar la tradición femenina, por medio de los cuadernos, de la palabra literaria y de la mujer, representada en la hija de la periodista. Es tan radical la novela en abrir un espacio para la mujer que el ángel esperado por todos es, para decepción de la tradición, una niña.

Conclusión

En este recorrido por la novela *Dulce compañía* queda una reflexión final que sirve como cierre a la aproximación que he presentado. El último capítulo se titula «Manuel, hijo de mujer». En esta frase está implícito el símbolo que la misma historia explica por medio de la voz de la periodista:

> ¿Cómo sé yo que se llamó Manuel? Me lo revelaron la Muñís. Me dijeron que el abuelo del ángel, además de ser ruin, profesaba fanáticamente la religión, y que antes de vender el niño a los forasteros, calmó su conciencia mandándolo a bautizar. Le hizo poner el nombre de Manuel. Eso me revelaron las Muñís –mejor dicho Chofa, porque Rufa sigue sin abrir la boca– y yo resolví creerles. Les creí, primero porque Manuel significa El que está con Nosotros. Y segundo, porque al fin y al cabo no tenía presentación decirle a la niña que, por cosas de la vida, su padre no tenía nombre alguno (211).

Así, Manuel es un nombre dado por mujeres, no existe ninguna garantía de que el ángel haya sido bautizado con este nombre propio. Vemos entonces cómo Manuel se convierte en una tradición que se perpetúa por línea femenina: de las Muñís a la periodista y de ésta a su hija. Además, es hijo de mujer, es decir sin padre. En esto se evidencia una ruptura con el sistema patriarcal, en el cual todos somos hijos o hijas del padre, en primer lugar, y luego de la madre. También, el nombre tiene un significado que se recoge de la tradición bíblica: «El que está con nosotros». Lo único que me queda por decir es que el recuerdo del ángel no va a perpetuarse «en el nombre del padre» sino «a la sombra de la madre» (tomo prestadas estas expresiones del libro *Los hijos de Yocasta. La huella de la madre*, de la feminista y psicoanalista Christiane Olivier).

Referencias bibliográficas

Bajtin, Mijail, *La cultura popular en la Edad Media y el Renacimiento*, Alianza, Madrid, 1989.

Eliade, Mircea, *Lo sagrado y lo profano*, Labor. Punto Omega, Barcelona, 1988.

Espinosa, Germán, *La elipse de la codorniz. Ensayos disidentes*, Panamericana, Bogotá, 2001.

Obermayer, Heinz *et al.*, *Diccionario bíblico manual*, Editorial Claret, Barcelona, 1975.

Olivier, Christiane, *Los hijos de Yocasta. La huella de la madre*, Fondo de Cultura Económica, México, 1994.

Restrepo, Laura, *Dulce compañía*, Editorial Norma, Bogotá, 1999.

Serrano Orejuela, Eduardo, «Narración, discurso y tiempo en *De sobremesa*», en AA.VV., *De sobremesa: lecturas críticas*, Programa Editorial Facultad de Humanidades, Universidad del Valle, Cali, 1996.

Segmentación social e imaginación

Samuel Jaramillo González, Universidad de los Andes

Las múltiples caras de lo fantástico

Cuando se habla de una narración cuyo acontecimiento nodal es la aparición de un ángel, es casi ineludible discutir el tema de lo fantástico. Y el tópico central de *Dulce compañía*, la última novela de Laura Restrepo, pertenece a este dominio de lo prodigioso: un ángel aparece en un barrio popular de Bogotá, y una periodista nos cuenta su contacto con este acontecimiento insólito y de explicación ambigua.

Sin embargo, aunque este hecho inesperado y extraño ocupe un lugar central en la narración, no crea el lector que lo fantástico juega uno de los papeles acostumbrados en textos en los que aparecen fenómenos sorprendentes o sobrenaturales. O, tal vez, habría que decir que participando de la rica y multiforme tradición del uso de este elemento en la literatura, Laura Restrepo la articula de una manera precisa para ponerla al servicio del abordaje de uno de los elementos nucleares del texto: la segmentación de nuestra sociedad. Es innecesario recordar que como en todo texto literario de valor, ésta es una de sus muchas lecturas posibles.

Dejemos de lado el esquema, milenario y transcultural, en que un narrador cuenta hechos extraordinarios cuya lógica escapa a las leyes que rigen la vida corriente, con la pretensión, auténtica o convencional, de que el lector los crea literalmente como tales. Corresponde a sociedades con arquitecturas distintas a las nuestras y un escritor en nuestro momento difícilmente puede adoptarla de una manera ingenua. Aludamos a referentes más cercanos y pertinentes en nuestra tradición literaria.

Una de ellas, ineludible, es la denominada literatura fantástica «clásica», que tiene su apogeo a finales del siglo XIX y que ha sido estudiada exhaustiva y en ocasiones brillantemente (por ejemplo, el texto angular de Todorov *Introducción a la literatura fantástica*). Lo fantástico está definido por aquellos hechos cuya explicación escapa a un determinado sistema de conexiones lógicas. En este caso, se trata de la lógica racional, moderna, cartesiana. En el esquema más puro, se presentan hechos insólitos, dependiendo de la eficacia del autor, con la suficiente fuerza para en un primer momento convencer al lector de su naturaleza inexplicable: el ejercicio de sentido consiste en que en el desarrollo de la trama se demuestre que frente a la apariencia inicial existe finalmente una explicación intrincada y oculta, pero racional. Lo fantástico se reabsorbe y el talento del escritor se centra en esta «revelación». Tal vez de allí provienen los parentescos de este esquema básico con la novela de misterio y la policíaca, pues en cierta manera se trata de una búsqueda racional de la «verdad».

Desde luego que este esquema tiene mil variantes, y no siempre es el dispositivo racional el que prevalece. La tentación del pensamiento racionalista, por el contrario, de lo cual ya es sintomático este gesto de asomarse a sus límites, conduce a menudo a los escritores a transgredir estas fronteras y dejar la duda si la explicación «irracional» es la valedera. De nuevo, con frecuencia es un gesto convencional, pero digamos que es este juego de espejos, entre el pensamiento racional y su «residuo», lo que anima este esquema de operación literaria de lo fantástico.

En el caso de Laura Restrepo, una escritora colombiana que escribe en la década de los noventa, cómo no hacer alusión al «realismo fantástico», a lo «real maravilloso» que ha sido la enseña de la narrativa latinoamericana desde la generación del *Boom* y que pesa, a veces de manera abrumadora, en las generaciones subsiguientes. Esquematizando, porque en sus desarrollos culminantes, como en García Márquez o Juan Rulfo, esto es bastante más complicado, y solamente para nuestros propósitos, se podría decir que el realismo mágico se propone reintroducir lo fantástico con el propósito opuesto de la literatura fantástica: al imponer al lector, en el mismo plano de acontecimientos creíbles y plenamente explicables, hechos inverosímiles y prodigiosos, se intenta aludir a que la misma realidad latinoamericana tiene componentes que son irreductibles a la estrecha racionalidad del racionalismo. Tal vez no pretenda que se le crea de manera literal, pero sí de manera metafórica: es la misma realidad latinoamericana la que es «maravillosa», y la literatura no podría hacer otra cosa que registrar este carácter.

Ya algunos comentarios filian a Laura Restrepo, de manera apresurada y simplista, con toda una cohorte de escritores (mayoritariamente escritoras), epigonales, que han derivado el realismo mágico en una fórmula que consiste en superponerle a historias más o menos costumbristas unos cuantos milagros y paradojas, con la esperanza de que esto las haga trascendentes y significativas. No creo que éste sea el caso de esta novela, puesto que lo inusitado está ligado estrechamente con lo que se quiere contar.

Tal vez habría que tener en cuenta otra opción: lo fantástico no da cabida a la pregunta si es creíble o no; se trata de una pura convención literaria en que los hechos anómalos con respecto a una lógica ordinaria tienen una existencia que se limita al texto, y que como artilugio literario pueden jugar diversas funciones, muchas veces de tipo alegórico con respecto a algún referente textual o extratextual.

En ninguna de estas alternativas se acomoda plenamente la novela de Laura Restrepo. O más precisamente se tendría que decir que participa de elementos de cada una de ellas para producir un efecto de sentido que es peculiar.

La imaginación y la segmentación social

La novela de Laura Restrepo habla de dos realidades sociales que coexisten en un mismo espacio, el espacio de Bogotá al final de siglo XX, y que son mundos diferentes: se superponen, se entrelazan, a lo mejor su existencia sólo es posible a partir de poderosos lazos que los articulan. Pero estas conexiones permanecen ocultas a la mirada desprevenida. Se trata de universos que hacen caso omiso uno del otro a pesar de su contigüidad: en la novela la aparición de un ángel posibilita un contacto fugaz que revela su existencia mutua, para volver a cerrarse sobre sí mismos.

Los estudiosos de las ciudades latinoamericanas destacan entre sus características distintivas la agudeza de su segregación socio-espacial. Los ricos y los pobres viven en espacios nítidamente separados. Pero no sólo eso: cada uno de estos segmentos espaciales tiene características físicas muy diferentes que no se limitan a la disparidad bien marcada en los ingresos de sus habitantes respectivos. En realidad son espacios que operan de manera muy distinta. En un polo, la parte de la ciudad ocupada por los privilegiados no se diferencia mucho de las ciudades de los países centrales y cualquier visitante proveniente de ellas no se siente especialmente extraño en esta sección de las urbes latinoamericanas. El otro componente, en cambio, aparece como algo exótico. Surge la tentación de entroncarlo con otro tiempo: el estereotipo habla de que en las ciudades latinoamericanas coexisten al menos dos ciudades que corresponden a dos épocas, una al presente (o incluso al futuro) y otra al pasado. Modernidad y premodernidad, dirían otros, ocupando espacios inmediatamente vecinos.

Dulce compañía aparece contada desde el primero de estos mundos. La protagonista, una periodista de una revista, personaje plenamente identificado con el ámbito «moderno», como implícitamente también se supone al lector, recibe el encargo de cubrir una noticia insólita: ha aparecido un ángel en ese territorio incógnito que es un barrio popular de la ciudad. La protagonista conduce al lector en su incursión a este espacio desconocido: las estribaciones de los cerros en el otro extremo de la ciudad. La miseria va transformando no sólo el aspecto físico, sino las pautas de funcionamiento de ese espacio que además es inaccesible por los medios convencionales: «Después subimos por entre los barrios populares de la montaña hasta que se borraron las calles».

Precisemos que la expectativa de partida de la protagonista, al contrario del esquema básico de la literatura fantástica, es la de una explicación racional: para ella se trata de un caso de credulidad popular, que probablemente, además, no es inocente. La periodista va a investigar las características específicas de este probable montaje.

Su incursión va descubriendo, y revelándole al lector, las reglas y características de este territorio. Frente a la abstracción aparecen habitantes que tienen una personalidad no exenta de complejidades. Y contra toda idealización, se revela que estas normas están infestadas de tensiones y contradicciones. Existe, incluso, lo que parece impensable, una microsegregación en que los pobres marginan a los más pobres y donde existen intrincados e inclementes mecanismos de coacción.

Pero más allá de este conjunto de alteridades, que incluyen lo físico, lo económico, incluso lo étnico, la historia del prodigio revela un contraste más profundo que es decisivo en la narración: estas ciudades paralelas, la que lleva consigo la protagonista y la ciudad de los pobres en la que se aventura, tienen, cada una, una interpretación del mundo radicalmente diversa, en algunos aspectos incompatible. Los mismos hechos se codifican en registros sustancialmente diferentes.

Para el medio popular el que aparezca un ángel, que el cielo se encarne en un barrio miserable y trivial, no es solamente algo plausible, sino que tiene una funcionalidad plena. Acontecimientos de este tipo ocurren como una necesidad. La protagonista constata que nadie pone en duda el carácter sobrenatural de la aparición. Ni los contradictores del eventual ángel, quienes discuten su signo benéfico, ni quienes potencialmente sacan provecho de él, ni, por supuesto, quienes aspiran a recibir sus mercedes de manera más bien pragmática. La superchería y la eventual explotación de estas creencias no riñen con la existencia de las creencias mismas, ni con el hecho de que todos los integrantes de este universo las compartan.

Para la protagonista, hemos dicho, estos fenómenos están codificados de manera distinta. Y comparte con el lector el registro de que el ángel tal vez sea un muchacho que sufre una enfermedad mental y que su naturaleza angelical y sus actos milagrosos probablemente sean desde manipulaciones abiertas hasta captaciones supersticiosas de hechos más bien triviales.

Pero es aquí donde se hace evidente la habilidad de la autora. En un plano explícito se muestran las dos codificaciones de los mismos hechos una junto a la otra. Esto recuerda el mecanismo de ambigüedad que se encuentra en la obra de García Márquez, en la cual la explicación fantástica y la explicación trivial, en determinado momento, se contraponen, tanto para terrenalizar la fantasía, como para trascendentalizar lo banal (Remedios la Bella ascendiendo al cielo y/o escapándose con un chofer de camión).

La mirada literaria

Sin embargo, en la narración de Laura Restrepo encuentro una operación adicional y muy atractiva. No se trata de sugerir simplemente que una de estas interpretaciones sea la aceptable, y se reinterprete la otra de manera subordinada. Convencer al lector de que la creencia popular ha de prevalecer es un ejercicio condenado al fracaso («no se trata de una conversión», aclara la narradora con respecto a su relato). Desmontar la patraña supersticiosa a nombre de un tramado racionalista sería un ejercicio banal. Lo que la narración sugiere, de manera inquietante, es que el acontecimiento «prodigioso» pone a flote una dimensión que ninguna de las dos interpretaciones de «superficie» logra aprehender cabalmente. Incluso para la mentalidad en principio escéptica de la protagonista, el contacto directo, personal, con el muchacho esquizofrénico-ángel hace surgir una esfera que, por supuesto, no es reductible a la religiosidad ingenua de los habitantes del barrio, pero que no cabe completamente en los moldes de la óptica convencional alternativa. ¿Cómo calificar esta experiencia? ¿Metafísica? Aunque la palabra es rimbombante, no deja de tener sentido. ¿Religiosa? Puede serlo, con un entendimiento más lato y a la vez más riguroso del término. ¿Sicológica? También podría ser. El texto, de manera deliberada, no decide una tercera lectura, pero su misma ambigüedad se revela como un instrumento más poderoso para descentrar la captación convencional que su simple contraposición con una imaginería fantástica popular.

Formalmente, existen dos elementos que sirven de soporte a esta operación de sentido. El primero de ellos es la carga expresiva que tiene en nuestra cultura la figura del ángel. De esta imagen intermedia entre lo divino y lo humano se ha abusado bastante, especialmente en épocas recientes en que hay una verdadera invasión de ángeles en literatura y subliteratura de todos los calibres, en el cine, en textos esotéricos y de autoayuda, acompañada incluso de una parafernalia comercial de *souvenirs,* de objetos, de postales, etc. De esta contaminación se libra la novela de Laura Restrepo porque su ángel está construido de manera más ambiciosa. En cierta manera es la encarnación del deseo y de su pariente, la trasgresión. El ángel del barrio, en medio de sus harapos, tiene una belleza abrumadora. La protagonista es arrancada de su práctica cotidiana no sólo por el deseo sexual irresistible que siente hacia este ser inquietante, sino por un sentimiento aun más avasallador: el arrobamiento, el trance que bordea el rapto místico. Esto a pesar de que la autora se previene de cualquier tono deliberadamente trascendente utilizando una lente de irrisión que neutraliza la solemnidad, pero que al mismo tiempo hace más verosímil la experiencia. La tentación de la protagonista es la de abandonar toda su vida anterior por este sentimiento que exalta e, incluso, queda embarazada de este ente semisobrenatural. Salirse de sí, abandonarlo todo, es el deseo que le desencadena el ángel, en una operación que podría encuadrarse en un marco freudiano. Sin pretender restarle méritos a la novela o a sus intenciones, probablemente este aspecto sea en alguna medida responsable de la amplia acogida que ha tenido en un público amplio, en el que existe un acendrado interés por estas parábolas de búsqueda de la sexualidad femenina y de la autoafirmación de las mujeres en este plano.

Existe otro componente que dispara la lectura a un plano que trasciende la dicotomía racionalismo-superstición. Intercalados con los capítulos en que se desarrolla la trama, aparecen unos textos de un calibre completamente diverso del resto de la narración en que, con una retórica escatológica muy bien lograda, habla un ángel, o varios ángeles, o la mutación iterativa de un ángel. Estos fragmentos se desarrollan en contrapunto con la corriente central de la narración, la organizan, la comentan, suministran un pie para elevar su lectura de la simple sucesión de la anécdota.

¿Quién habla mediante estos textos? ¿Quién los escribe? En la narración se avanzan las consabidas explicaciones simultáneas. Es el mismo ángel del barrio bogotano de Galilea que le dicta estas palabras a su madre dado que, entre otras cosas, el muchacho no habla. La protagonista, que se intriga porque la densidad literaria de estos textos excede el alcance cultural de los habitantes del barrio, no descarta otra explicación racional, según la cual la madre del muchacho podría copiarlos de alguna parte. Pero además de que ninguna de las dos versiones parece plenamente plausible en la narración, esto finalmente no importa. «Apócrifos o no, estos cuadernos significaban una revelación y un auténtico misterio», afirma la narradora.

Y, en efecto, con poca o ninguna función en el desenvolvimiento directo de la trama, estos textos le abren otra dimensión a los acontecimientos. Podría pensarse que estas palabras, ellas sí esotéricas y sobrecogedoras, son la cristalización de la literatura en su quintaesencia (los textos son prácticamente poesía), y que ésta sea la única que puede aproximarse a ese borde esquivo de la realidad, vislumbrado apenas, que las otras dos representaciones sólo rozan y que son incapaces de registrar a cabalidad.

La novela tiene una trama que se recoge sobre sí misma. El acontecimiento del ángel pasa y cada uno de los personajes retorna a su lugar. La periodista a su cotidianidad de clase media[1], los pobladores del barrio a sus destinos precarios de habitantes populares. El paso del ángel y su aura extraterrena, no obstante, ha tenido varios efectos. Uno de ellos, que estas dos miradas hayan tenido ese entrecruzamiento, no importa que haya sido fugaz, por medio de la incursión de la protagonista y, con ella, de los lectores, en esta porción invisible de la ciudad[2]. Otro, permitir vislumbrar, así sea en un parpadeo,

---

1 Una reserva que tengo sobre la novela es el tratamiento irrisorio que se le da al ámbito de los sectores medios, a mi juicio excesivamente reiterado y casi caricaturesco. Tiene funciones en el relato, aquí se han señalado algunas de ellas, pero su abuso amenaza con banalizar verdaderamente (y no sólo retóricamente), lo narrado. En ocasiones, además, hace emerger a la autora detrás de la protagonista, con un aire de superioridad y de desprecio (la del intelectual con respecto a su entorno inmediato), más antipático que el paternalismo de la clase media con respecto al medio popular.

2 Así como en la primera mitad del siglo xx en Colombia y en América Latina se consolidó el *leitmotiv* del viaje-descubrimiento hacia partes ocultas del país (el campo, el desierto, la selva, el llano), al final del siglo (y en esto podría hablarse con propiedad de literatura urbana), parece conformarse un esquema de viaje hacia la mitad es-

que la realidad que enfrentamos tiene aristas que no siempre apre-
hendemos con los dispositivos usuales de organización de nuestras
percepciones. Y, finalmente, que esta novela de Laura Restrepo se
haya escrito, sin duda una de las obras más llamativas de la reciente
narrativa colombiana y latinoamericana.

---

condida de nuestras ciudades. Un antecedente destacado en nuestro ámbito es *Qué
viva la música*, de Andrés Caicedo, en el cual el personaje central, como Arturo Cova
en la selva, se busca a sí mismo en el Cali juvenil popular, o como la protagonista de
Dulce compañía en estos barrios «perdidos» de las montañas bogotanas.

LA NOVIA OSCURA

El desarrollo de la mujer protagónica: visiones opacas y cuerpos transparentes

Julie Lirot, Nova Southeastern University

> *Man for the field and woman for the hearth;*
> *Man for the sword and for the needle she;*
> *Man with the head, and woman with the heart;*
> *Man to command, and woman to obey;*
> *All else confusion.*
> Alfred Tennyson

En *La novia oscura* (1999), de Laura Restrepo, situada en una zona alejada física y simbólicamente de la capital colombiana, Sayonara, la protagonista, altera una de las bases tradicionales de la narrativa: que la mujer es pasiva, no activa, objeto y no sujeto. Esta novela es problemática para la crítica feminista porque combina acciones y situaciones feministas y antifeministas. Se presenta a una protagonista que emula tropos y acciones masculinas, pero es difícil averiguar si se establece un deseo o una acción propiamente femenino. Sin embargo, se evita el estereotipo de que si la mujer es poderosa o exitosa, es también malvada (por ejemplo, doña Bárbara y doña Perfecta). La novela, como la vida real, termina siendo una paradoja imposible de resolver.

La base de esta novela es una historia de amor. A pesar de que existe una discriminación contundente contra los textos que se consideran del género de la novela rosa, obra que se ocupa de plasmar los sentimientos, esta novela comparte muchas características con tal género. Es interesante este rechazo feroz porque se trata del género literario más leído de Occidente, sin embargo, estos textos no se encuentran en las bibliotecas. Son excluidos porque hablan de la vida femenina, la cual no es importante porque se lleva a cabo dentro de la esfera privada, y por ser escritos primordialmente por mujeres. La escritora es una mujer que participa en la sociedad y por lo consiguiente se ve afectada por la mitología, las fantasías y los sueños producidos por esta cultura. ¿A qué se debe esta atracción hacia el tema de la fantasía amorosa? ¿Es la realidad femenina tan desgarradora que necesita refugiarse en la creación?

Mientras que, por lo general, este tipo de texto limita a la mujer al papel de esposa y madre en una fantasía que reproduce el sistema patriarcal, al crear algo nuevo, al reescribir los textos sentimentales, al redefinir el futuro, se está rechazando la hegemonía del mito de estos textos. Aunque en *La novia oscura* muchos de los personajes aceptan esta visión tradicional del amor, la posición de Sayonara, como se verá, es mucho más ambigua. Ella se niega a aceptar los papeles que le ha asignado la sociedad, papeles limitados al de esposa o prostituta, papeles que igualmente invalidan la posibilidad del deseo femenino. *La novia oscura* revela que al llegar la mujer a integrarse más en la vida pública, se necesita desarrollar nuevos mitos para la vida femenina. Ésta es específicamente la tarea de la escritora, y que Restrepo asume: representar la posibilidad de que un cambio trascendente ha ocurrido para la vida de la mujer de este mundo. Quizá sea por esta razón que ninguno de estos personajes principales: Sacramento, Sayonara y Payanés, tiene nombre propio. Sacramento es el nombre que les ponen a todos los hijos de prostitutas, Sayonara (al igual que Todos los Santos) es un nombre inventado como nombre profesional y Payanés indica el lugar de origen del hombre. El hecho de que los personajes no tengan nombre los hace universales, pueden ser cualquier persona en cualquier época. De la misma manera, aunque Sayonara, como encarnación de la prostituta ideal, se enamora del Payanés para así cumplir el mito de la prostituta y el trabajador petrolero que se aman sobre todo, se reescribe el mito que al final la convertiría en una mujer «buena» y socialmente aceptable al abandonar la vida de prostitución y aceptar una relación monógama, al cuestionar la existencia del Payanés al final de la novela.

Sin embargo, el análisis de la novela presenta la idea de las trabajadoras sexuales como parte importante de una sociedad en un momento dado. Nos llega como la recopilación del pasado que hace una reportera sin nombre que indaga sobre las protagonistas y cuyas historias se hubieran perdido de no darse la casualidad de que esta reportera las encuentra. Se basa en muy pocos datos oficiales, dado que no existe récord de la existencia de estas mujeres, entonces más bien se dedica a recoger las historias orales de las personas que pueden servir de testigos. Las protagonistas principales son prostitutas que han establecido una comunidad que se llama La Catunga, cuya función es servir a los trabajadores de la compañía que está buscando petróleo crudo en la selva. La historia gira en torno a una niña sin nombre que llega al pueblo decidida a convertirse en prostituta. Al llegar, un niño, Sacramento, hijo de una prostituta, la lleva donde Todos los Santos, una madrina-prostituta jubilada, para que la entrene en el oficio, lo cual hace muy bien, y convierte a la niña en la famosa y solicitadísima prostituta Sayonara, cuya lámpara de color violeta llama la atención por lo insólita y misteriosa. Sacramento, con el paso del tiempo, se enamora de ella, mientras ella se fija en su amigo, el Payanés, trabajador de Popayán, casado, con hijos y a quien le dedica todos los últimos viernes del mes, arreglo común entre las prostitutas y los hombres de los cuales se enamoran. Sayonara, la protagonista, mediatiza cada historia intercalada y provee una meta narrativa coherente dentro de la cual se desarrollan.

Es de suma importancia en esta novela que Sayonara, igual que las otras prostitutas, desvincula el amor y el sexo. El sexo se compra y se paga, el amor se regala. Así se justifica la dedicación de un viernes al mes exclusivamente al amante, y los demás días (o mejor dicho, noches) a sus clientes. Además, durante las relaciones compradas es muy importante para ellas no experimentar placer, limitando el deseo femenino sólo a los instantes justificados por su concepto del amor. Por esta razón, todas sienten desprecio por la Machuca, que admite haberse vuelto prostituta por placer. La Machuca rompe las reglas al presentar una visión sexual desvinculada del amor, se puede decir que una visión masculinizada del sexo. Otro aspecto importante de esta limitación del deseo es que le resta importancia al aspecto físico de las mujeres, a quienes se tiene que proteger, como esposas, o a quienes se disfruta, como objetos sexuales, pero que deben existir sin experimentar sensaciones físicas. Mientras en *La novia oscura* prevalece la descripción del cuerpo de las mujeres protagónicas desde el punto de vista del lector masculino implícito, a modo de *voyeur*, no se presenta la visión femenina de lo que estos cuerpos experimentan.

Si según la teoría freudiana, interpretada por Peter Brooks, es la habilidad de desear lo que impulsa la narrativa, «desire is always there at the start of narrative, often in a state of initial arousal, often having reached a state of intensity such that movement must be created, action undertaken, change begun»[1], las acciones de Sayonara deben verse como intentos de alcanzar metas. Infortunadamente, sus decisiones no parecen tener metas descifrables. Cuando al principio de la novela llega a La Catunga con la intención de convertirse en prostituta, se crea la expectativa de una protagonista autónoma, capaz de tomar control de su vida y lograr la felicidad. Sin embargo, esta posibilidad se problematiza, dado que la novela sólo cuenta algunos pedazos contradictorios de la historia, basados en una fotografía y en recuerdos viejos. Además, la asociación del deseo y de la acción

---

1 Peter Brooks, *Reading for the Plot: Design and Intention in Narrative*, Knopf, Nueva York, 1984, p. 38.

con lo masculino nos lleva a cuestionar los movimientos narrativos porque se oponen a las suposiciones sobre cómo debe actuar una protagonista y cómo se debe estructurar un relato sobre una mujer.

Según algunas teorías feministas, las narrativas convencionales, y hasta la narrativa misma, son incapaces de expresar el deseo femenino y por tanto deben rechazarse, mientras que la lírica es la única opción verdadera para la expresión femenina. El aspecto cronológico de la narrativa, según Julia Kristeva, se opone a la atemporalidad del cuerpo y el deseo femeninos. Sugiere que:

> There are cycles, gestation, the eternal recurrence of a biological rhythm which conforms to that of nature and imposes a temporality whose stereotyping may shock, but whose regularity and unison with what is experienced as extra-subjective time, cosmic time, occasion vertiginous vision and unnameable jouissance[2].

Este deseo se pone dentro de la etapa preedípica, lo cual enfatiza aún más su atemporalidad. Según la interpretación de Susan Stanford Friedman, el discurso lírico plasma el deseo de la conexión entre madre e hijo mientras que el narrativo es más reflejo de la dominación del padre. Para resumir, se concluye que la narrativa, que se asocia con el deseo masculino, se opone a la lírica, que se asocia con el deseo femenino y el *jouissance*. Sin embargo, es importante recordar que la narrativa y la lírica están estrechamente vinculadas, no existen como entidades separadas, sino que son dos caras de la misma moneda. De la misma manera, se puede asociar la lírica con el edén, con ese tiempo prehistórico antes de la caída de Adán y la narrativa, con el comienzo de la historia cristiana, tal como lo presenta Susan Stanford Friedman[3]. La atemporalidad antes del comienzo de la vida, y después de la muerte, se ve interrumpida por la vida, tal como el estado lírico se ve interrumpido por la narrativa. En *La novia oscura*, al principio de la novela aparece Sayonara de la nada y al final vuelve a ella. Su aparición y la creación de su leyenda se deben a su atemporalidad y la imposibilidad de poder establecer hechos seguros y verificables. La narratividad se diluye dentro de lo lírico.

Si el estado lírico es el estado femenino y el alternativo a la narrativa masculina, ¿cómo se puede traducir la acción femenina, sin de-

---

2 Julia Kristeva, «Women's Time», *The Kristeva Reader*, Toril Moi (ed.), Columbia UP, Nueva York, 1986, p. 191.
3 Susan Stanford Friedman, «Lyric Subversion of Narrative in Women's Writing: Virginia Woolf and the Tyranny of Plot», *Reading Narrative: Form, Ethics, Ideology*, James Phelan (ed.), Ohio State UP, Columbus, 1989, p. 165.

jar que sea una imitación masculina, y pensando en el hecho de que la narrativa se construye a base de mitos cuyas estructuras requieren diferencias de género? Y ¿qué pasa cuando no se trata de una trama «femenina» en que le toca a la protagonista esperar la expresión del deseo masculino para poder expresar el propio? Además, se complica con la necesidad de definir el deseo femenino, si es lírico, es preedípico y, por tanto, carece de subjetividad. Si es postedípico (y erótico), ya ha sido cooptada al orden simbólico. El deseo, según Lacan, es el sentimiento de una falta y es una función del lenguaje y, por tanto, cae dentro del orden postedípico, al plantear lo contrario, se establece un patrón de dependencia femenina en que la mujer pierde cualquier oportunidad de actuar y experimentar.

Al teorizar sobre la expresión literaria, es contraproducente intentar asignar formas y estructuras literarias según géneros en una división arbitraria. Es imposible expresar la experiencia femenina como atemporal cuando las mujeres viven dentro de cierta época, cierto momento histórico, en un lugar específico. Es importante recordar que las definiciones de feminidad y creatividad existen dentro de un sistema socio-económico dentro del cual se ha relegado a las mujeres a la esfera privada y los hombres, a la pública. En esta novela, como en todas las de Restrepo, se relata una de las consecuencias del establecimiento de un sistema rígido y discriminatorio contra la mujer. El proceso de «industrialización» que requiere que las mujeres se encarguen de la familia, en este caso, requiere una separación entre los hombres proveedores y sus mujeres hogareñas. Como práctica aceptable, los hombres buscan entonces sustitutos sexuales, a las prostitutas. Esta historia recrea la vida de las mujeres (y de algunos hombres) que existen dentro de este sistema.

> Sex and gender are discursive and cultural productions, as Michel Foucault and others have argued. It is a production that quite literally incorporates races, class, sexuality and a host of other corporealized differences that impact on the way the sexed body is lived or experienced and treated by others[4].

Al considerar el sexo y género como producciones, se puede considerar el concepto de deseo femenino también como un hecho que no expresa algo intrínseco y natural sino una labor de producción que no existe sin relaciones de explotación igual a otros trabajos en

---

4 Carole Anne Tyler, *Female Impersonation*, Routledge, Nueva York, 2003, p. 7.

la era moderna[5]. Estas producciones se entienden dentro de un contexto espacial y temporal de forma recíproca, porque el espacio y el tiempo sólo pueden ser percibidos y representados dentro de la corporalidad[6].

Maureen Montgomery arguye que el matrimonio es, de alguna manera, una forma de prostitución, porque la sociedad no le permite a la mujer otra forma de mantenerse[7] dentro de un sistema «sexo-económico»[8]. El enfoque de la prostitución en esta novela presenta como su causa principal la rigidez social que no les da la posibilidad a las mujeres de sobrevivir sin incurrir en ella. Las mujeres viven en un ambiente social que les ofrece pocas oportunidades para tener ingresos independientes. Prostituirse se ve, por tanto, como una decisión económica, porque se supone que ésta es una actividad económica[9]. Sin embargo, cuando la reportera les pregunta a las prostitutas por qué empezaron en la profesión, le contestan que ha sido por restricciones sociales que han limitado sus posibilidades de ingresos económicos. Entonces, se deduce que el número de prostitutas se debe a la segregación de las mujeres de relaciones e instituciones sociales legítimas o aceptables[10]. A muchas de las mujeres las han echado de su familia por no cumplir con las normas sociales, por ejemplo, por haber quedado embarazada y que el padre del bebé la haya abandonado. Sin poder mantenerse a sí misma y a su bebé de otra forma, la única posibilidad que le queda es la prostitución. Las únicas opciones para la mujer son casarse o ser prostituta.

En la novela se presentan otra vez las clases sociales al describir la división descendente de las prostitutas según su lugar de origen: primero las extranjeras, después las nacionales y finalmente las indígenas. A pesar de no ser extranjera, esta división social favorece a Sayonara, porque está por encima de ella gracias a la bombilla violeta, puesto que la marca como extraordinaria, diferente, enigmática.

Al tomar en cuenta estos puntos se puede llegar a la conclusión postulada de que la prostitución es la condición de toda mujer invo-

5 Simone de Beauvoir, *The Second Sex*, tr. H. M. Parshley, Vintage, Nueva York, 1989, p. 302.
6 Elizabeth Grosz, *Space, Time and Perversion*, Routledge, Nueva York, 1995, p. 84.
7 Maureen Montgomery, «Gilded Prostitution», *Status, Money, and Transatlantic Marriages, 1870-1914*, Routledge, Nueva York, 1989, p. 37.
8 Margit Stange, *Personal Property: Wives, White Slaves, and the Market in Women*, The Johns Hopkins University Press, Baltimore, 2003, p. 11.
9 Joanna Phoenix, *Making Sense of Prostitution*, St. Martin's Press, Nueva York, 1999, p. 53.
10 Joanna Phoenix, *op. cit.*, p. 43.

lucrada de cualquier manera en una relación heterosexual bajo el patriarcado. La prostitución define al matrimonio no por sus diferencias, sino al hacer explícitas las condiciones sexuales, económicas y coercitivas, que son la base de ambas instituciones. Según este análisis:

> ...Prostitutes certainly, but also women in general, are always already collusive with, and/or victims of, a violent and exploitative male desire which is culturally legitimated[11].

Es decir, todas las mujeres que están en relaciones sexuales, ya sean aceptadas socialmente o no, ya son víctimas de un sistema social en el que predomina el deseo masculino con la negación del deseo femenino y la legitimación del dominio del hombre sobre la mujer. El hecho de identificar la prostitución como un trabajo más, simplemente vender un servicio como cualquier otro, bien puede ser un intento de cuestionar la sexualidad como única base de la identidad y la asociación del amor con la sexualidad:

> ...Potentially disrupt —our culture's massive overinvestment in sexuality as identity, as well as its disingenuous conflation of sex with «love»[12].

Existe otra alternativa, la de que la prostitución represente la aceptación de la separación entre el amor y el sexo, separación que aceptaría lo sexual basado en el placer y no en las relaciones románticas, tal como hace la Machuca:

> ...The transactional and consumptional nature of sex and avoiding the emotional entanglements and moral strictures that might otherwise attend it. [...] Is a natural extension of the increasing commodification of normalized relations, and may be a means to perfect the pursuit of pleasure at a technical level with none of the problems of romance[13].

Éste no parece ser el caso, dado el énfasis en las estructuras románticas subyacentes en esta novela, a menos que se considere que

---

11 Vivien Jones, «Eighteenth-Century Prostitution: Feminist Debates and the Writings of History», *Body Matters: Feminism, Textuality, Corporeality*, Avril Horner y Angela Keane (eds.), St. Martin's Press, Nueva York, 2000, p.131.
12 Vivien Jones, *op. cit.*, p. 132.
13 Joanna Brewis y Stephen Linstead, *Sex, Work and Sexwork: Eroticizing Organization*, Routledge, Nueva York, 2000, p. 195.

este énfasis sea una parodia irónica del mito del amor, una crítica al mito amoroso, como se ha demostrado con las prostitutas que separan sus relaciones sexuales con los clientes de sus relaciones de noviazgo.

Como resultado de esta situación, la idea del amor llega a ser la salvación de la mujer, la rescata de una vida rutinaria y degradante. En contraste con las prostitutas que afirman la separación definitiva del sexo y el amor, las esposas se aferran a la necesidad del amor para justificar las relaciones sexuales. Su deseo es legítimo sólo cuando tiene la aprobación de un hombre y dentro de las limitaciones sociales. Las mujeres casadas justifican su falta de autonomía, su dependencia económica y muchas veces el abuso en su matrimonio con el amor, base del hogar y razón de su existencia. Muchas veces se borra por completo el deseo porque el amor se desvincula del cuerpo femenino y se plasma en el cuidado de los hijos. Otra manifestación de las limitaciones impuestas en la conducta sexual de las mujeres casadas se ve en la novela cuando la esposa del médico, Antonio María, le dice que le gustaría ser una prostituta carísima, para que él volviera a prestarle atención y a sentirse apasionado por ella, puesto que ahora estaba sintiéndose atraído por Sayonara[14] (254).

En una reproducción de los grandes mitos y estructuras sociales, Sayonara cree en el amor, aunque le hace daño, igual que les hace daño a las otras prostitutas, sólo se tiene que pensar en la Marguerite o la Viuda del Soldado para ver los mismos efectos tradicionales de la muerte o el convento, conformes con la imagen del amor romántico, porque se es mujer y por tanto se debe ser pasiva. Como señala Nina Bawden, en esta época, como siempre, las mujeres se encontraban más restringidas por las reglas sociales que los hombres[15]. La mujer ideal se casaba, vivía sumisa, dependía económicamente de su padre y después de su esposo, suprimía sus propios deseos y necesidades y se dedicaba a los hijos. Estos códigos sociales controlaban a las mujeres y las dejaban sin opciones. Todos los Santos, la madrina de Sayonara, sostiene que el papel de la mujer es ser objeto de su deseo, lo cual cumple perfectamente Sayonara. «Esa singular mezcla de desamparo y soberbia que enardecía el deseo masculino más que cualquier afrodisíaco» (23). Sin embargo, Sayonara misma no puede escaparse del todo de la paradoja, como se manifiesta en su

---

14 Para este ensayo se consultó la edición de Rayo de 2002 de *La novia oscura*, por tanto, todas las citas del libro corresponden a la paginación de dicha edición.

15 Nina Bawden. Introducción a *The House of Mirth*, de Edith Wharton, Virago, Londres, 1990.

obsesión con la nieve «tan fría que quema» (117), que ella asocia con lo desconocido, pero también vale recordar que la nieve blanca está asociada con la pureza, y el hecho de que queme implica la limpieza de sus pecados.

Como correspondería a una novela rosa, Sacramento es el epítome del héroe romántico que se enferma y se muere de amor. El problema es que no llega a morir, sino que se casa con su heroína y como Pigmaleón la recrea en la imagen que cree que quiere. Sacramento se siente perdido dentro de los roles de género porque no puede ser el esposo dominante, venerado y endiosado por su esposa, a la que controla por completo. Crea a la otra de Sayonara, «Amanda», que según Sacramento «ése también es nombre de puta» (370), lo cual presagia el fracaso del supuesto matrimonio. Amanda jamás podrá olvidarse de Sayonara, porque Sacramento, hijo de puta, no la puede olvidar. Como era de esperarse, Sacramento empieza a intentar controlar a Amanda, como se ve cuando le pide que se corte el pelo, aunque ella sólo accede a recogérselo (388-389). Pero al cambiarla, la destruye a ella y destruye su amor por ella. «Las noches en que fracasaba en el intento de amar a su esposa en el lecho nupcial... [demostraba] su fascinación por aquella mujer que ella había sido antes de que él la obligara a ser otra» (411). Se siente tan frustrado que la amenaza: «Mejor te mato y me mato», (413) y como típico abusador de mujeres, le insiste: «Nadie nunca te amará tanto como yo» (413). Ella entiende que el «amor» que le tiene Sacramento se parece más al odio. «Será un alivio –murmuraba ella y aguantaba, aguantaba, aguantaba–» (413). Finalmente se rebela y en el síndrome de la cama ardiente «le arrojó a Sacramento una olleta de leche hirviente por la cabeza, quemándole el pecho con el líquido y abriéndole una chagual en la frente» (413-414). Al marcharse declara: «Si esto es un matrimonio, entonces el matrimonio no es buen invento» (414).

Al conocer los limitantes de ser esposa, Sayonara rechaza este rol social. Cuando Sayonara abandona a Sacramento, se embarca en lo que Carol Pearson y Katherine Pope llaman el viaje heróico: «[A] psychological journey in which the [female] hero escapes from the captivity of her conditioning and searches for her true self»[16]. El resultado de esta búsqueda queda inconcluso.

Ser mujer en la sociedad patriarcal, trasfondo de la novela, limita a la protagonista, experimenta una figura maternal enigmática y

---

16 Carol Pearson y Katherine Pope, *The Female Hero in American and British Literature*, RR Bowler Co., Nueva York, 1981, p. 63.

alejada y un padre desinteresado. Sus encuentros con los hombres resultan en el desengaño, empezando con su padre, aunque ella no parece pedir mucho de él. Después de haberse ido y haber recogido a sus hermanas, Amanda regresa a pedir la bendición de su padre, pero él se asusta porque cree que le va a pedir dinero y él se ha vuelto a casar y tiene otros hijos. Lo único que le da es un elefante de porcelana (400-401), símbolo de todo lo inútil e inservible que el padre ha sido en su vida. Sin embargo, las relaciones siguen siendo lo más importante en la vida de la heroína, como se ve cuando Sayonara rescata a sus hermanas y no quiere que sean prostitutas, y cuando abandona a Sacramento para ayudarle a su amiga enferma.

En una historia intercalada, se descubren los antecedentes familiares de Sayonara. Es parte de una familia condenada a la tragedia, una familia de verdadera tendencia romántica. El padre raptó a una india y la convirtió en una esposa esclava, que fue la madre de Sayonara, sus hermanas y su único hermano, Emiliano, que se suicida abriéndose las venas con un vidrio mientras está encarcelado. Sufre y muere por amor, como héroe de antaño. Como consecuencia de la muerte de Emiliano, la madre se quema viva (205). Después se aclara que Emiliano estuvo encarcelado por pretender a la hermana del sargento, pero, como era hijo de india, al sargento le pareció una ofensa y lo encarceló. Y se suicida porque el padre convence a la joven de que le escriba y le diga que no lo quiere. Cuando él muere, su enamorada se vuelve prostituta y la llaman la Viuda del Soldado, por su tristeza y por el hecho de que sólo trabaja en eso porque no encuentra otra manera de mantenerse, hasta que decide clausurarse, como una princesa en su torre, pues prefiere la soledad absoluta a la contaminación de los hombres (210-213). Se contrasta el papel de la Viuda con el de Sayonara; la primera necesita que la rescate su caballero andante, es decir Emiliano; Sayonara, por el contrario, no. Cuando Emiliano fracasa en su rescate, la vida de ella termina.

En esta novela se cuestionan también las convenciones tradicionales de la maternidad. Mientras que, según Pearson y Pope, la madre ideal es dedicada a los hijos, lo que excluye sus deseos personales y lo que el patriarcado ve como un sustituto adecuado del propio desarrollo[17], en *La novia oscura*, este papel casi que desaparece. Las prostitutas intentan evitar la maternidad, pero cuando tienen hijos, los tienen muy descuidados y nunca los reconoce el padre. La única madre biológica que se destaca es la madre de Sayonara. Esta mujer

---

17 Carol Pearson y Katherine Pope, *op. cit.*, p. 199.

es la más desgraciada de todas las que aparecen en el texto y, como era de esperarse, su final es igual de trágico a su vida. Es indígena y, como mencioné antes, el padre de Sayonara la rapta de su tribu y la obliga a ser su esclava sexual y a trabajar en la cocina de su negocio.

Tomando en cuenta su posición dentro de una sociedad que la relega a un papel secundario y los antecedentes de su familia, cuyo destino es trágico en el sentido romántico de la palabra, se puede cuestionar si las acciones que lleva a cabo Sayonara la llevan a ser sujeto o si se queda a nivel de objeto de la mira, primero como objeto del deseo de los hombres y después como objeto de estudio de la narradora-investigadora. El éxito de la protagonista depende de la interpretación teórica. Al ser bella Sayonara, existe la posibilidad de que en lugar de autoidentificarse con la protagonista, los lectores, especialmente los hombres, participen de una escopofilia[18]. Otra teoría plantea la posibilidad de que los lectores puedan «experimentar», igual que en los videojuegos, con una diversidad de identidades e, incluso, de otros géneros[19]. Sin embargo, el concepto althusseriano de interpelación requiere que los espectadores, en este caso los lectores, se reconozcan y se identifiquen[20]. Dada la situación única de esta mezcla de características femeninas estereotipadas, como la extrema belleza, con comportamientos masculinos, se crea una paradoja irreconciliable. Según la teoría de Tasker[21], las heroínas pueden llegar a perder su identidad femenina por la acción, lo cual requiere el reestablecimiento de su feminidad de alguna manera, en este caso, por la belleza física. Sin embargo, esa belleza sigue siendo incorpórea por la falta de la legitimidad que se le debería otorgar al deseo femenino. Continúa la sobrevaloración de lo masculino, entonces la mujer tiene que aceptar su papel de relegada o tiene que «masculinizarse», haciéndose autónoma y activa y así resignarse al desprecio tanto de hombres como de mujeres. Parece que la otra opción es huir del sistema, que parece ser lo que hace Sayonara a fin de cuentas.

La pregunta clave es si Sayonara logra la libertad al no conformarse con el rol femenino tradicional y al concentrarse en sus deseos y necesidades personales para poder lograrse como individuo.

---

18 John Berger, *Ways of Seeing*, Penguin, Londres, 1972, p. 1.
19 Anne-Marie Schleiner, «Does Lara Croft Wear Fake Polygons? Gender and Gender-Role Subversion in Computer Adventure Games», *Leonardo* 34, 2001, p. 12.
20 Anne-Marie Schleiner, *op. cit.*, p. 13.
21 Yvonne Tasker, *Working Girls: Gender and Sexuality in Popular Cinema*, Routledge, Nueva York, 1998, p. 14.

El libro lo deja abierto, porque, según las prostitutas, se alejó con el Payanés, mientras que Todos los Santos asegura que se fue sola. «Así vino a suceder que los vimos partir en olor de leyenda y por la orilla del río», dice Olga y contesta Todos los Santos: «Espejismos. Ustedes sólo vieron espejismos, que no son más que reverberaciones del deseo» (460). Sin embargo, lo que sí queda claro es que se alejó creyendo haber visto al Payanés, es decir, decide abandonarlo todo para perseguir su sueño. Lo que es cuestionable es la calidad del sueño, porque el Payanés es el típico donjuán que va de mujer en mujer; está casado, tiene hijos, es amante de Sayonara y de Molly, entre otras, y se sugiere que tiene una relación erótica con la máquina petrolera, la flaca Emilia. (Por su parte, «la muy puta de Molly Flan» (359), la prostituta rival de Sayonara por el amor del Payanés, es una referencia a la novela *Moll Flanders*, de Daniel Defoe (1722), una de las novelas más famosas sobre la delincuencia femenina y la prostitución.) Sin embargo, la probablemente baja calidad del recipiente del deseo no invalida el papel activo de la protagonista, simplemente dificulta la identificación del lector con su búsqueda.

La idealización establecida del amor hiere y mata, sin embargo, es la única meta posible para la mujer, a pesar de las tantas tragedias que han experimentado las mujeres protagonistas. El posible escape de Sayonara reside, no en el rechazo del amor, sino en su iniciación en la acción, su acto de caminar, de moverse hacia un espacio nuevo, hacia ese espacio creado por su deseo de amor. Es el posible comienzo de la acción; al articular y actuar por su propio deseo, reta las normas de la narrativa convencional, en que la única opción para la mujer es el matrimonio. Lo interesante de esta novela es que, en contraste con la tradición literaria del fracaso del deseo femenino, la conclusión aquí es mucho más ambigua y no resulta en el castigo de la protagonista, ni en la locura o la muerte. No se sabe el fin, positivo o negativo; la protagonista se pierde en la distancia del tiempo y del espacio y nunca se sabe más de ella. Todos los demás protagonistas quedan a la espera de su regreso. En este caso se crea cierto tipo de deseo femenino y una nueva fuerza narrativa nace de la unión de un personaje femenino que intenta seguir sus deseos, pero dentro de una trama tradicional. La protagonista reta y apoya, al mismo tiempo, las ideas tradicionales de género. Así se establece el paradigma de la heroína ideal.

REFERENCIAS BIBLIOGRÁFICAS

Bawden, Nina, Introduction a *The House of Mirth*, de Edith Wharton, Virago, Londres, 1990.

Berger, John, *Ways of Seeing*, Penguin, Londres, 1972.

Brewis, Joanna y Stephen Linstead, *Sex, Work and Sexwork: Eroticizing Organization*, Routledge, Nueva York, 2000.

Bronfen, Elisabeth, «The Body and Its Discontents», en Avril Horner y Angela Keane (eds.), *Body Matters: Feminism, Textuality, Corporeality*, St. Martin's Press, Nueva York, 2000, pp. 102-123.

Brooks, Peter, *Reading for the Plot: Design and Intention in Narrative*, Knopf, Nueva York, 1984.

Butler, Judith, *Gender Trouble*, Routledge, New York, 1990.

De Beauvoir, Simone, *The Second Sex* (tr. H. M. Parshley), Vintage, Nueva York, 1989.

Freud, Sigmund, *Beyond the Pleasure Principle*, Bantam, Nueva York, 1959.

Friedman, Susan Stanford, «Lyric Subversion of Narrative in Women's Writing: Virginia Woolf and the Tyranny of Plot», en James Phelan (ed.), *Reading Narrative: Form, Ethics, Ideology*, Ohio State University Press, Columbus, 1989. pp. 162-185.

Grosz, Elizabeth, *Space, Time and Perversion*, Routledge, Nueva York, 1995.

Irigaray, Luce, *Speculum: of the Other Woman* (tr. Gillian C. Gill), Cornell University Press, Ithaca, NY, 1985.

Jones, Vivien, «Eighteenth-Century Prostitution: Feminist Debates and the Writings of History», en Avril Horner y Angela Keane (eds.), *Body Matters: Feminism, Textuality, Corporeality*, St. Martin's Press, Nueva York, 2000, pp. 127-142.

Kristeva, Julia, «Women's Time», en Toril Moi (ed.), *The Kristeva Reader*, Columbia University Press, New York, 1986, pp. 187-213.

Lacan, Jacques, *Ecrits: A Selection* (1966; tr. Alan Sheridan), Norton, Nueva York, Londres, 1977.

Montgomery, Maureen, «Gilded Prostitution», *Status, Money, and Transatlantic Marriages, 1870-1914*, Routledge, Nueva York, 1989.

Ordóñez, Montserrat, «Ángeles y prostitutas: dos novelas de Laura Restrepo», en Lady Rojas-Trempe y Catherine Vallejo (eds.), *Celebración de la creación literaria de escritoras hispanas en las Américas*, Girol Books y Enana Blanca, Ottawa y Montreal, Canadá, 2000, pp. 93-101.

Pearson, Carol y Katherine Pope, *The Female Hero in American and British Literature*, RR Bowler Co., Nueva York, 1981.

Phoenix, Joanna, *Making Sense of Prostitution*, St. Martin's Press, Nueva York, 1999.

Restrepo, Laura, *La novia oscura*, Rayo (HarperCollins Publishers), Nueva York, 2002.

Schleiner, Anne-Marie, «Does Lara Croft Wear Fake Polygons? Gender and Gender-Role Subversion in Computer Adventure Games», *Leonardo* 34:3, 2001, pp. 221-227.

Sharp, Joanne P, «Gendering Nationhood: A Feminist Engagement with National Identity», en Nancy Duncan (ed.), *Body Space*, Routledge, Nueva York, 1996, pp. 97-108.

Stange, Margit, *Personal Property: Wives, White Slaves, and the Market in Women*, The Johns Hopkins University Press, Baltimore, 2003.

Tasker, Yvonne, *Working Girls: Gender and Sexuality in Popular Cinema*, Routledge, Nueva York, 1998.

_____, *Spectacular Bodies: Gender, Genre and the Action Cinema*, Routledge, Nueva York, 1993.

Tyler, Carole Anne, *Female Impersonation*, Routledge, Nueva York, 2003.

Tres historias paralelas en *La novia oscura*

Luz Stella Angarita Palencia, Pontificia Universidad Javeriana

En mi vida, muchas cosas las guía la inquietud, en esta ocasión una frase de Borges oprimió el gatillo de un arma más potente que cualquier otra: la memoria y, sin darme cuenta, había acordado una cita cuando apareció la idea nebulosa de viajar al lugar donde nací. Sin embargo, dos semanas después de haber decidido no viajar por influencia de mis recuerdos, recordé que debía iniciar el camino de *La novia oscura*, lectura pendiente para una de mis clases de maestría.

Una vez comencé a leer, fueron apareciendo tres retóricas que produjeron en mí como lectora cierto gusanillo, constructor de un paralelo determinante. La primera erige la palabra escrita; la segunda produce las voces narrativas a partir de la indagación periodística y la tercera forja el espacio sensorial de mi lectura a modo personal a medida que se desarrolla la escritura de mi memoria. Cada una de ellas constituye un tratamiento narrativo en la lectura de la obra, un nudo que parece inicio, un inicio que aparenta ser desenlace y un desenlace que podría ser un inicio paratextual.

Son tres retóricas que narran un particular proceso estético de lectura que aconteció en mis manos, en mi mente, en mi cuerpo, mientras sostuve por largas horas los cuatro centenares de páginas escritas por la autora. Así, ésta es una aproximación estructural de una sintaxis analítica, un camino de pensamiento, a partir de la imagen del espejo entre autoría y lectura.

El problema

El avance en la lectura de la novela me presentó una fuerte problemática, asuntos de verosimilitud con lo conocido, es más, con lo vivido; tuve, por primera vez como lectora de literatura, que pararme en la línea divisoria entre la realidad y la ficción. El verdadero problema al cual me enfrenté era que todo me sonaba tan familiar, el aire de las palabras traían consigo el olor de pomarrosos en flor y con el tiempo fue tomando el aroma dulce de los mil tipos de árboles de mango que me rodearon, hasta escuchar al unísono entre la hojarasca de aquellos campos las pisadas de los fantasmas de mi niñez. Pero, sobre todo, recordé que yo nací en «el otro mundo»[1] (229) que menciona la autora, aquél que hace sentir a todos los que se encuentran fuera de él –los que sí viven en el mundo real–, excluidos de los privilegios de la tranquilidad excesiva, y paso a paso me fui haciendo cargo de cada espacio descrito hasta volcarme entera sobre mis recuerdos, que aunque trastocados por la novela me hicieron vibrar el hígado al escuchar hablar de nuevo sobre esa tierra de pioneros, porque conozco de viva voz las descripciones que el libro presenta:

> Empezaron a trabajar, y también a padecer. […] Se abrieron paso por las mil mortificaciones de la selva, chapoteando en las aguas estancadas de las márgenes del río, que hervían en espesores de sopa rancia y soltaban un vaho fétido que no dejaba respirar (102).

Así, palabra a palabra se fue apoderando de mí la sensación de estar cohabitando una historia en que cada paraje me pertenecía y comenzó en mi interior una guerra de autora y coautora, peor aun, de correctora de texto sin precauciones, concediéndome derechos que autor alguno estaría dispuesto a permitir. Por fortuna en algún momento me di cuenta de que el centro de la diferencia era un asunto de la historia y no de mi mente, y que si bien mi espacio sensorial me conducía, no podía permitir que esa situación persistiera porque de ser así echaría a perder una posible lectura, cualquiera que ésta fuera. Sin embargo, acordé conmigo misma que mi cuerpo sensorial sería quien dirigiría la lectura afectiva por mi pasado y por el presente de la historia que cuenta la novela, abandonándome al paseo que me ofrecía la sensibilidad de mi cuerpo por entre los recovecos de una lectura unida por puntos relacionados: las fugas narrativas entre texto y recuerdo, el análisis y los enlaces conversacionales, todos en permanente frecuencia:

> Había pasado la vida entera desde el día del entierro del minúsculo tesoro de Sacramento y aunque las casas y las gentes habían cambiado, la calle seguía siendo la misma: un pasadizo estrecho sin alcantarilla ni pavimento. Con una palita jardinera empezamos a escarbar frente al lugar donde él calculaba que habría esta-

---

1 Todas las citas de *La novia oscura* corresponden a la edición de Alfaguara, Bogotá, 1999.

do la puerta. Removimos la tierra sin prisa, a ratos él y a ratos yo, conversando mientras tanto, muy conscientes de que perdíamos el tiempo. Salieron varias tapas de botella, una tuerca oxidada, un casquete que parecía de bala, trozos de vidrio y de caucho, otras porquerías. Y de repente apareció una moneda de diez centavos, de aquellas con indio que hacía mucho no circulaban.

A partir de ese momento Sacramento me miró distinto. Apareció en sus ojos esa pizca de perplejidad y de recelo que hizo posible, creo yo, la existencia de este libro, porque de ahí en adelante no se atrevió a guardarme secretos (35).

LA EXPLICACIÓN

Los aspectos expuestos en el aparte anterior –aproximaciones a una lectura particular– confluyen en una explicación que aquí cobra importancia, se trata de la cercanía a la obra desde el cuerpo sensorial y el cuerpo novelado para conformar el cuerpo completo de bien sea autor-obra-lector o lectura-obra-lector.

A medida que la autora revela la historia, voy forjando una versión autobiográfica del espacio que se narra desde el cuerpo sensorial, mediado por la memoria; ninguno es presente, se convierten de inmediato en pasado, pero el hecho mismo de este juego temporal trae el presente de la representación dentro de la creación misma, puesto que el signo actúa como sustituto visual del referente[2] a partir, en este caso, de la narración novelada. De tal manera que comenzó a operar la écfrasis como índice e icono de las imágenes que se iban conformando.

He de confesar que nunca había tenido problema cuando pensaba bien en la palabra o bien en la imagen, ni siquiera cuando pensaba en ambas como una sola. Eran tan sólo formas de colores con cuerpo, de ser necesario volvía la vista atrás para rememorar y construir la imagen, volcándome hacia una paradoja entre la realidad y el ideal, entre la figura y el alma, oposiciones de ideas configuradas en el momento de la lectura.

Veinte páginas de intuiciones y venias introductorias le dieron paso a la historia de amor y una movilidad diferente al espacio narrativo, al pensamiento, a las acciones, como si el sopor del calor inicial se empezara a desvanecer por el viento nocturno y fresco de un pueblo calentano, asimismo comenzó la memoria a dibujar la novela en mi mente y la historia contada a empalidecer aquella inquietud

---

2 Murray Krieger, «El problema de la écfrasis», *Literatura y pintura*, Arco/Libros, Madrid, 2000, p. 140.

primera, cada imagen retornó sin conflicto alguno a la realidad del recuerdo o a la de la obra. ¿Serán los recuerdos un estado del alma, como advierte Bergson?, pero, si ellos cambian, aumentan, se modifican, ¿cómo se presentan en un futuro, en el instante del recuerdo mismo?

> Con mayor motivo ocurre eso en los estados más profundamente interiores, sensaciones, afectos, deseos, etc., que no corresponden a un objeto exterior invariable, como en el caso de una simple percepción visual. Pero resulta cómodo no prestar atención a este cambio ininterrumpido, y notarlo sólo cuando crece lo suficiente para imprimir al cuerpo una nueva actitud, y a la atención una dirección nueva. En ese preciso instante encontramos que hemos cambiado de estado[3].

Como en cualquier otra obra, el cuerpo novelado lo conforma la estructura, el argumento y los personajes. En cuanto a la estructura de la obra, en realidad es un rompecabezas que el lector arma pieza por pieza, con una dosis de antojo impuesto por la autora, porque el cuerpo del relato va al ritmo de la historia misma, de los vaivenes de la forma narrativa conductora del olfato de quien lee. La novela se mueve desde caminos claros en apariencia, aunque siempre aparezcan verdades veladas y poco a poco su tejido conduzca al olor de la evidencia que se ha encontrado, convirtiendo al lector en un devorador que reanima constantemente su apetito por más historias. Un ejemplo de ello es el momento en que a Sacramento le preguntan el nombre de un amigo en el que pueda cifrar su confianza y él menciona al Payanés, pero a la vez la narradora hace la siguiente acotación: «Sacramento volvió a sentir que lo quemaba el recuerdo del cabello de Sayonara atado al cuello de su mejor amigo» (280).

Aparte de que la novela es el resultado de una investigación que la autora hace visible en varios momentos y pese a que la historia trata un tema desgarrado en apariencia, no se aleja de un cuento de princesas construyendo una serie de personajes propios del cuento maravilloso –una bella chica, el deseo, el héroe y el antihéroe, el secreto–. En realidad es un mecanismo para construir personajes mientras en el trasfondo se edifican distintos temas argumentales que tejen el relato.

> Sayonara, oyó decir Sacramento una noche en que el calor casi lograba enloquecerlo, y ese nombre lo refrescó con sólo repetirlo

---

3 Henri Bergson, *Memoria y vida*, Altaya, Barcelona, 1994, p. 8.

y le sonó a felicidad. [...] Cometió el error de bajar la guardia y dejó que el delirio de ese nombre de mujer se colara en los recorridos de su sangre en forma de celos, que son tan pertinaces como la propia malaria, y a partir de entonces empezó a cargar adentro las dos plagas, que lo abrazaron como un par de ríos de fiebre y fuego, distintos pero confluentes (105).

Y se ve también en la manera como el timbre fuerte del primer capítulo se desvanece con suavidad ante las inusitadas tácticas pedagógicas de Todos los Santos, recia matrona de un prostíbulo bien acreditado.

> [...] Decidió entonces Todos los Santos llevarla a una cascada imponente y ruidosa que forma el río Colorado a la altura de Acandai, donde la hacía recitar a alarido limpio el poema «La luna», de Diego Fallon.
> [...] —No desvaríes. Esto es un poemario, no un santoral. No confundas la tierra con el cielo y sigue recitando.
> [...] En ese momento la niña se dejó llevar por una suspiradera ajena a su temperamento y se largó a llorar, y fue entonces cuando Todos los Santos descubrió en su discípula una inclinación por la poesía y una fascinación de estrellas tristes que la alarmaron y le parecieron síntoma peligroso en una promisoria aprendiz del oficio más inclemente que conoce la humanidad (43).

En cuanto al cuerpo completo, la Restrepo dedica parrafadas a contar cuál era su propósito inicial, una investigación periodística, aunque no lo hace ni como prólogo, ni como epílogo, sino entretejiendo la historia con la forma que las letras definieron narrar la idea inicial, la cual era sobre el robo continuado de gasolina en el oleoducto. Sin embargo, hay varios aspectos y temas que podrían limitar el argumento: Una historia de amor en Tora (nombre original indígena, Barrancabermeja hoy), la incursión de empresas petroleras o la historia de Sayonara, la prostituta más famosa durante un lapso corto del largo evento petrolero. Entre todos dilucidan un fragmento en la economía colombiana a partir de una historia amorosa que a su vez recoge aspectos y temas de una época, mediante una variada cantidad de alteraciones, no sólo temporales sino dramáticas, y de voces narrativas propias de un género a medio camino entre el periodismo y la novela.

Total, no es el relato de amor lo que verdaderamente conduce la narración de la obra, ése es un artificio narrativo, en realidad el argumento se centra en una historia de vida, la de una niña que llega a un puerto del Magdalena, venida de no se sabe dónde, dispuesta a convertirse en puta, y cuando se hace mujer se transforma en Sayonara, la prostituta más deseada de la región, y su nombre con sabor a despedida termina un buen día abandonando el ensueño de muchos hombres del país que no llegaron a conocerla y que dieron cuerpo a su fama desbordada, a sus amigos, y nadie supo si a su destino. Aunque no es el único aspecto que debe resaltarse de la novela, no hay que desconocer que la habilidad periodística y literaria de una autora como Laura Restrepo conduce a los lectores por el sendero de diferentes espacios de una sociedad en la que circunda la pobreza cuando llega la Tropical Oil Company, y lo que eso significa en el proceso de industrialización en un país que apenas está entrando en ella. Alrededor de este relato se muestra un pueblo que empezó a existir a partir de ese momento histórico, espantando la quietud de bichos, sabandijas y fieras que cohabitaban en una región donde el río había sido el rey hasta el momento. Esta realidad se ve matizada por el entorno y el color del oro negro y los destellos negroazulados de la cabellera indómita de una niña que fue testigo de un acto violento, lo que la convierte en una caminante más de los senderos que bifurcan desde hace siglos esta tierra, la hace parte de esa «multitud errante» (2001) desplazada por la violencia hacia otros puntos cardinales en el intento de borrar un pasado que no se quiere recordar.

Según el aire, el tiempo y el temple, la narración se aclimata o se resiente, es atemporal o intemporal, según el caso. Así se aprecia una noche de conversación en la que fuera La Catunga, mientras la autora araña de las entrañas los recuerdos de sus entrevistados:

—¿Es difícil tener tan cerca a un hombre que desconoces? —les pregunto ahora que las encuentro sentadas en mecedoras en medio de otro patio como aquél, decenios después…

—Acuérdense de la Pilar, la isleña —gruñe con voz de hombre la Fideo. […] De un día para otro anuncio que se largaba porque no aguantaba los alientos.

—No es para risas; yo la supe entender —dice Todos los Santos—. Conocer el aliento de un desconocido trae a veces un malestar que a veces no se resiste. No hablo del aliento a ajo, a trago o a cigarrillo; esos huelen a cosas, son siempre iguales. Los alientos insufribles son los que huelen propiamente a la persona, a los asuntos privados de su pordentro (287-291).

Frente a este juego y mezclas de argumentación interna que siempre hace la autora, Gustavo Mejía opina de forma muy acertada lo siguiente:

El discurso literario al unir la experiencia individual y la ideología socialmente producida en una enunciación discursiva, codifica la experiencia individual y la ideología social, de manera que adquieren la apariencia de la vida misma[4].

Pero para lograrlo la autora a lo largo del libro hace toda suerte de relaciones en torno a Sayonara; anteriores, posteriores y durante su estancia en Tora. Esto inevitablemente incluye el paso de personajes que hacen revelaciones sustanciales, lo que enriquece la escritura. Mientras este sustrato del relato se mueve, nos pasea por muchas voces que construyen la no linealidad a fuerza de un sinnúmero de detalles, opiniones, acciones, interpretaciones, es decir de la evidente fuerza narrativa propia de una de las mejores narradoras de la actualidad literaria de Latinoamérica.

Así, por medio de los vericuetos de la memoria descubro un palimpsesto que se conforma, pero no en qué está dada su consistencia, ¿en el texto en mis recuerdos, o en los tiempos en que se cuenta la historia: la antigua, el texto, la mía? Esto permite que haga su intrusión de nuevo una pregunta ¿Cómo funciona la écfrasis por medio de la memoria y la novela, la construyo yo acaso?

Según Krieger hay dos momentos en que la historia crítica es moldeada. Uno, el pictórico en que las palabras capturan lo inmóvil y otro, el verbal, en el cual las palabras señalan el movimiento, es decir, ese cómo y el qué, constructores de toda historia mientras ambos apuntan a la memoria desde movimientos diferentes. El primero, se mueve en un espacio reconstructivo, dependiente; el segundo, en un espacio constructivo, equivalente, el cual conforma «el principio ecfrástico»[5], convirtiendo signos en palabras visuales fuente de las artes y de la imaginería de la obra literaria, organizando su propia semiosis entre el espacio visual y una secuencia temporal. Situación que da pie al nacimiento de la écfrasis, la cual se produce gracias al deseo de «la fijación espacial» —en el lector— y «la añoranza de la libertad del flujo temporal»[6] —en el autor—.

Pero no fue suficiente esta explicación, tuve que retornar sobre las páginas de Bergson para volver sobre mi papel de académica y, al hacerlo, descubrí que:

---

4 Gustavo Mejía, «Historia e historias en *La novia oscura*», *Revista de Estudios Colombianos*, No. 21, 2000, p. 14.
5 Murray Krieger, *op. cit.*, p. 141.
6 Murray Krieger, *op. cit.*, p. 142.

Cuanto más se piense menos se comprenderá que el recuerdo pueda nacer jamás si no se crea al mismo tiempo que la percepción. O el presente no deja huella alguna en la memoria, o es que se desdobla en todo instante, desde su mismo surgimiento, en dos chorros simétricos, uno de los cuales revierte hacia el pasado, mientras el otro se abalanza hacia el futuro[7].

[Pues] imaginar no es acomodarse. Indudablemente un recuerdo, a medida que se actualiza, tiende a vivir en una imagen; pero lo recíproco no es cierto, y la imagen pura y simple no me llevará al pasado más que si he ido efectivamente a buscarlo en el pasado, siguiendo así el progreso continuo que le ha llevado de la oscuridad a la luz[8].

Espacio-tiempo-memoria-imagen, casi una palabra que no debería estar separada por los intersticios de la comprensión individual, ya que la memoria sensorial hace síntesis de lo que recogen los sentidos al producir imágenes traducidas en palabras y manifestadas en memoria simbólica. Como indica Clara Guerrero, lo que realmente interesa es la atmósfera, que comporta la imagen y en una historia narrativa, expresada en el género que fuere, el símbolo es la imagen dominante. Ahora bien, si el rito es la oración con el cuerpo para proyectar el ser, lo que le da valor al rito es la atmósfera que conecta el cuerpo con el cosmos inmediato del otro, generando sentimientos colectivos. Es decir, palabras a partir de las imágenes que produce una atmósfera, pues el Cuerpo, la fuente que fluye hacia el alma de la memoria, es la nave que transporta el hálito individual para conformar la esencia, el espíritu de memoria[9]. Por eso, como lectora de *La novia oscura*, cada detalle natural me apela culturalmente y de esa forma pude ingresar más vivamente en la retórica estética de la historia, apartándome de la realidad anterior a la construcción de la obra misma.

Visto desde este ángulo, resulta curioso cómo la modernidad crea el mundo de la novela, como producto de la fantasía y justificación de la subjetividad, para dejar de lado el mundo tangible, comprobable, pese a todo lo que a ella misma la confronta. Pero si la modernidad es un artificio y la posmodernidad no sabe qué hacer con eso, la solución está dada en la posibilidad que brinda una lógica de

---

7 Henri Bergson, *op. cit.*, p. 51.
8 Henri Bergson, *op. cit.*, p. 49.
9 Clara Inés Guerrero *et al.*, *Cartilla para hacer la historia local de Soacha indagada en su memoria colectiva*, Convenio Pontificia Universidad Javeriana - Alcaldía de Soacha, Bogotá, 2000, pp. 59-61.

relación múltiple, sustentada en el quehacer literario, confrontada día a día en las mil maneras de entender y vivir una misma situación expuesta en una obra, mediante los innumerables metarrelatos que ella propicia a partir de la écfrasis.

En suma, es la memoria corporal una especie de écfrasis que sustenta en este caso la narrativa, no al revés, sin obviarlas como evocaciones de gran poderío para mí; colores, olores y sabores que vienen a mi memoria, casi los siento, casi los veo, casi reconozco en mis labios su sabor y aunque parte de la historia que cuenta la obra no corresponde al mundo que viví de forma directa, sí me transporta. Tal vez es esa situación lo que me lleva a ensoñar a partir de los recuerdos y a permitirme revivirlos cada vez como una nueva potencia del sentimiento en la imagen y en el cuerpo, ya que:

> El recuerdo de una sensación es algo capaz de sugerir esta sensación, quiero decir, de hacerla renacer. Débil al principio y cada vez más fuerte a medida que la atención se fija más sobre ella. Pero es distinto del estado que sugiere, precisamente porque la sentimos detrás de la sensación sugerida, como el magnetizador detrás de la alucinación provocada, localizamos en el pasado la causa de lo que experimentamos[10].

EL PALIMPSESTO TEXTO-CORPORAL

¿Cuál es el palimpsesto: el texto o mis recuerdos o los tiempos en que se cuenta la historia: la antigua, el texto, la mía? ¿Será éste un asunto de lenguaje?

En mi caso y en el de la obra es el cuerpo la herramienta, la fuente y el método de conocimiento; de otra manera, ¿cómo se entiende que mi memoria se pueda desplegar a partir de la historia de los cafés, ocupantes de la misma región de las iguanas con las cuales jugué en mi niñez, si no es por la lógica individual que se refleja en el lenguaje corporal avivado por las narraciones del texto?

Desde el primer instante esa brisa calurosa y ribereña me introduce en los campos en que crecí, despertando de a poco mis emociones, bombardeándome de imágenes y sensaciones con clarísimos aromas, salivaciones, temblores y visiones. Cada palabra que en algún momento se retoma, trae una imagen que el libro no lleva consigo, ni siquiera tiene por qué hacerlo, pero en mí lo produce. Calor, río, iguana; me huele a... vaivén de las aguas y a tierra caliente, la tempe-

---

10 Henri Bergson, *op. cit.*, p. 51.

ratura de sus olas exacerba el olor; a cayenas en flor, a la lentitud de un abanico; veo el color, la fragilidad, el grosor del aire canicular; me sabe a mango con sal, a bocachico en la mañana. Recorro, casi toco el anjeo de las casas, las mallas que evitaban presencias extrañas y vuelvo a sentir el pánico nocturno por los murciélagos que desplegaban sus alas de palmera en palmera sobre la superficie de la piscina.

Nací en un pueblo donde se vivían muchas variables, pero fueron esas distinciones las que permitieron mi acoplamiento a un país lleno de diferencias, esas mismas de las que habla la obra, desde pequeña no sólo las presentí, sino que las viví entre vegetación y animales, entre la exuberancia de las flores y las sabandijas, en medio de una discriminación muy marcada, pero no superior a la inocencia de quien no ha vivido fuera de un buen mundo. Oí muy pronto de la guerra, estaba a pocos pasos, la palabra guerrilla era familiar, era parte del diccionario local. Crecí entre las angustias infantiles de una tierra imbuida de espantos, los nacionales y los esotéricos. En pocas palabras, el tema me recorre el cuerpo en una savia que no es mental, sino que reaviva la savia de mi memoria.

En mi tiempo nunca oí de La Catunga, pero sí de Quinto Patio, El Quemadero, El Platanal, Juana Páez, La Panpelao y el Hotel Coquita. Siempre escuché, hasta hoy las escucho, risitas malintencionadas o gestos desagradables, dependiendo de quién haga la reminiscencia sobre estos sitios que iniciaron a tantos en su sexualidad, mantuvieron y fortalecieron a otros y abatieron a tantas señoras amigas de mis padres, porque los hombres machistas de mi tierra, siempre con dinero en el bolsillo, no podían hacer caso omiso del callejón de La Catunga.

> Aquí nada es lo que parece y todo adquiere el don de transformarse en su contrario. Lo único seguro es la angurria con que te mira la selva; te descuidas un instante y eres hombre masticado (98).

Así debieron de vivir los que antecedieron la vida de fantasía que tuve. Mis abuelos hablaron de La Troco, a mí me tocó Ecopetrol; ellos hablaban de los gringos, yo compartí con colombianos de diferentes regiones. Pero al momento de recordar, la historia se nutre de relatos parecidos, personajes conocidos, ambientes compartidos. Casi oigo voces que contaban historias muy similares a las de la novela, allí están almacenadas en alguna parte de mi cuerpo y ahora las voces de la obra me las completan. Sin embargo, si Todos los Santos leyera estas páginas, haría un comentario igual al que hizo a la autora cuando escuchó avances de la novela:

> Demasiadas palabras –protesta–. La vida de una puta siempre será idéntica a la vida de otra puta, aunque se trate de una mujer de plumaje vistoso como la Sayonara (368).

No obstante su escueta opinión, es probable que su sensación final se parezca a la de Sacramento y a la mía: «La convicción de que la literatura es una modalidad del conjuro y que puede develar claves secretas» (35). Quizás éste sea el palimpsesto que andaba buscando, ya que como sugiere Bergson, la percepción tiene un doble que anda por ahí jugando ciertas pasadas, modificándose a su lado, pero más fuerte que ella, la sobrevive, ya que su naturaleza es totalmente disímil pese a lo que en el instante creamos tener frente a nosotros. Ahora veo que sí fue un palimpsesto corporal al cual le concedí la imagen a partir de la obra. Si bien ella fue la incitadora, la sugestión logró soltar mis amarras de lectora para percibir ese pasado que se renueva día a día en lo que seré.

Referencias bibliográficas

Bergson, Henri, *Memoria y vida*, Altaya, Barcelona, 1994.

Guerrero, Clara Inés *et al.*, *Cartilla para hacer la historia local de Soacha indagada en su memoria colectiva*, Convenio Pontificia Universidad Javeriana - Alcaldía de Soacha, Bogotá, 2000.

Mejía, Gustavo, «Historia e historias en *La novia oscura*», *Revista de Estudios Colombianos*, No. 21, 2000.

Krieger, Murray, «El problema de la écfrasis», *Literatura y pintura*, Arco/Libros, Madrid, 2000.

Restrepo, Laura, *La novia oscura*, Alfaguara, Bogotá, 1999.

ÁNGELES Y PROSTITUTAS: DOS NOVELAS DE LAURA RESTREPO[1]

MONTSERRAT ORDÓÑEZ, UNIVERSIDAD DE LOS ANDES

Laura Restrepo (Bogotá, 1950) es en la actualidad una escritora colombiana de reconocimiento internacional, traducida a varios idiomas. Sus novelas combinan la investigación periodística y la ficción, la crítica social y el humor. Graduada en filosofía y letras de la Universidad de los Andes, con un postgrado en ciencias políticas, comprometida por años con el periodismo, la política y la investigación, ha dicho que su dedicación a la novela es el resultado de su desilusión ante los límites de los proyectos políticos. En 1986 publicó *Historia de una traición* (reeditado como *Historia de un entusiasmo*), al cual siguió *La isla de la pasión* (1989) y *Leopardo al sol* (1993). En noviembre de 1995 apareció *Dulce compañía*, reimpreso en marzo de 1996 y uno de los libros de mayor venta en la Feria del Libro de Bogotá de ese año. Siguieron más reimpresiones, traducciones a varios idiomas, la elección de Tomas Colchie como agente literario y los reconocimientos internacionales: en 1997, el premio Sor Juana Inés de la Cruz en Guadalajara y el premio de la crítica francesa Prix France Culture. Con la expectativa de que cause un impacto similar al de *Dulce compañía*, acaba de aparecer *La novia oscura* (1999)[2].

Dulce compañía y *La novia oscura* exploran espacios geográficos y simbólicos de gran vigencia: en la primera, el mundo urbano de Bogotá mezclados con los sueños y los mitos colectivos que remueve la presencia de un ángel creado e imaginado por una comunidad; en la segunda, el desarrollo de una población petrolera por medio de sus más prohibidas habitantes, entre las que se impone la imprecisa

---

1 Este artículo fue publicado originalmente en: *Celebración de la creación literaria de escritoras hispanas en las Américas*, Lady Rojas-Trempe y Catherine Vallejo (eds.), Girol Books y Enana Blanca, Ottawa y Montreal, Canadá, 2000, pp. 93-102, y en: Montserrat Ordóñez, *De voces y de amores, ensayos de literatura latinoamericana y otras variaciones*, Carolina Alzate, Liliana Ramírez y Beatriz Restrepo (eds.), Editorial Norma, Bogotá, 2005, pp. 123-132.
2 Se infiere que Montserrat Ordóñez escribió este artículo en 1999, antes de la aparición de las sucesivas novelas de Restrepo.

historia de una mujer llamada Sayonara. Este trabajo presentará las novelas e intentará leerlas como interpretaciones de una ciudad y de un país a los que es tan difícil aproximarse racionalmente, porque lo que hace Laura Restrepo es recuperar visiones y alternativas de vida. Su investigación periodística y la imposibilidad de aprehender la historia y las motivaciones de distintos grupos sociales la llevan a una solución ficcional. Así, la novela reemplaza su intento de lograr reportajes periodísticos o documentos y testimonios que den razón de esos elusivos mundos con el resultado, como en todas las elecciones, de que algo se gana y algo se pierde.

«Ángel de mi guarda, /dulce compañía, / no me desampares /ni de noche ni de día». Ésta es una oración que en todos los países de habla hispana que conozco rezan los niños desde pequeños antes de dormirse, y que nadie nunca puede olvidar, crea o no crea después en ángeles. Incluso cuando no creemos en ellos, buscamos niños, otro tipo de jerarquía angélica, para enseñársela y repetirla con ellos, con un reflejo de alas. Es una oración de fe y amor contra el caos y el miedo, título de la novela. Bogotá, la ciudad del miedo y de la incomunicación, está así cobijada bajo esa plegaria protectora, que en la novela se convertirá en alusión irónica y blasfema a la enajenación y a la sexualidad. La protagonista y narradora en primera persona es una periodista llamada la Mona, o la Monita, que trabaja en una revista llamada *Somos*, mezcla de *Semana* y *Cromos*, dos conocidas publicaciones del país. La mayoría de los nombres son significativos: «monita» en Colombia quiere decir rubia, pero también es un indicador de clase y se aplica a gente que no tiene el pelo claro. Y a la Mona la envían a un barrio del sur de Bogotá, Galilea, a cubrir la noticia de la aparición de un ángel. Galilea es un nombre bíblico, ficticio, que no desentona con otros nombres reales de barrios de Bogotá como Egipto, Belén o Getsemaní. La división geográfica y social de la ciudad es bastante rígida: el sur corresponde a los barrios más pobres, adonde no van regularmente los habitantes del norte de Bogotá. Los del sur, por el contrario, van al norte a diario a trabajar, en buses. La Mona cruza los límites imaginarios de esta ciudad fragmentada y encarna (literalmente) las contradicciones de amor y odio, vida y muerte, que ahí se viven.

Cuando logra ver al supuesto ángel, un joven autista de diecinueve años, se enamora de él, y por medio de esa experiencia va descubriendo y viviendo los conflictos de familia, de la gente del barrio, de la ciudad, de la religión y la superstición, del deseo y del amor. La belleza sobrenatural del ángel la cautiva, y se da una relación física, sin palabras, propiciada por algunas de las mujeres de Galilea. La Mona tiene unos treinta años y el primer contacto se da en el juego, con naranjas, fruta mítica que ha significado tradicional y simultáneamente virginidad y fertilidad; frutos y flores de azahar se dan a la vez en el árbol, la naranja evoca las manzanas doradas del jardín de las Hespérides, en el Oriente se considera una fruta celestial y en los ritos de hechicería representa el corazón[3]. Unidos por este objeto sagrado, las palabras son innecesarias. El ángel caído, autista, hijo ilegítimo, le evoca sus recuerdos de la Biblia; a la Monita le vienen de su abuelo belga, que le leía textos sagrados antes de que se durmiera, para reencontrar y vivir los ritmos elementales del sinsentido.

Los capítulos tienen nombres de ángeles: Orifiel, Elohim, Mermeoth, Izrafel, Uriel, Manuel. Entre los mejores logros del libro están las secciones dedicadas a los cuadernos que el ángel supuestamente le ha dictado a su madre. Poéticas, caóticas, contradictorias, crípticas, son la voz de la enajenación y de la iluminación mística, sin género y sin tiempo. Según la autora, su investigación sobre los ángeles la realizó en Roma, a partir de descubrir e interesarse en un ángel proscrito, Uriel, prohibido por la iglesia católica en el siglo IV cuando sus seguidores fueron llevados a la hoguera. Precisamente en el fragmento que él le dedica (199-204)[4], uno de los más hermosos de la novela, combina la creación de la voz del ángel con su investigación histórica en un *crescendo* envolvente. Laura Restrepo no se queda en ángeles ni en soluciones de Nueva Era, sino que logra combinar un tema de actualidad con su experiencia periodística y política. Los ángeles están más allá de una moda, siempre han sido tomados muy en serio y se han tratado en concilios y en estudios teológicos. Aunque para nosotros representan la tradición judeocristiana y pueblan tanto el Antiguo como el Nuevo Testamento, son muy anteriores al cristianismo y existen en muchas religiones. Presentes en el mito y en la literatura, los paraísos perdidos de ángeles buenos y ángeles caídos son parte de los mapas de nuestros mundos interiores.

La voz narrativa ficticia de la Monita, en primera persona, es otro de los logros de la novela. Relata la historia con pasión, humor, distancia, incredulidad y compromiso. Vive en un mundo nuevo y desconocido, sorprendente, sin reglas establecidas y a la vez es parte de él, hasta el punto de llegar a ser «fecundada», literal y metafó-

---

3 Barbara G. Walter, *The Woman's Dictionary of Symbols and Sacred Objects*, Harper & Row, San Francisco,1998, p. 491.
4 Todas las citas de *Dulce compañía* corresponde a la edición de Editorial Norma, Bogotá, 1995.

ricamente. Las cosas le suceden pero siempre las cuestiona. Puede incluso tocar al ángel en el que no cree, y logra con el recelo de su relato una distancia irónica que enriquece la lectura, al mantener un ritmo de aproximación y alejamiento entre la voz que cuenta y el personaje de la periodista que vive lo contado. Es una voz diferente, joven, nueva, crítica, versátil, siempre cerca de los saberes margina-dos, de la aceptación de las ambigüedades propias y ajenas, de las contradicciones, de las situaciones imprevistas.

Dulce compañía ofrece muchas posibilidades de lectura, pero es sin duda una novela de Bogotá. La Mona vive la ciudad plenamente, la explora, la explica, la sufre. Siempre está mojada y sucia, en esta capital fría, de lluvia y de tráfico, peligrosa, «desquiciada», «desbara-tada». Y como resultado, parece que la autora lograra un inesperado paralelo: Bogotá es como el ángel autista, y amar a Bogotá es tan loco como amar a un ángel caído. Es sin embargo una experiencia de descubrimiento, intensa y dolorosa, con presagios de muerte pero también de nueva vida.

En su más reciente novela, *La novia oscura*, Laura Restrepo se acerca a otro tema ancestral, la prostitución. A mitad de la lectura de la novela, mi reacción es de extrañeza y de incredulidad. El libro estaba escrito con la misma prosa fluida y lírica de Laura Restrepo; los capítulos estaban entrelazados con la misma habilidad, que hace que ningún tema se clausure por completo y el lector siga interesado en perseguir voces y versiones. Pero algo no encajaba del todo y el malestar se fue concentrando en una serie de preguntas: ¿es la ideo-logía del amor cortés, con sus pasiones y dicotomías, la que mueve el mundo de la prostitución, hasta el punto de ocultar la explotación y la miseria? ¿Las prostitutas hablan así, como literatas?, ¿a estas alturas de la vida y de los siglos estaba realmente leyendo una idealización y una apología de la prostitución de Jorge Amado?, ¿la elección de la prostitución es un acto de libertad?, ¿seguimos sin salidas para imaginar y vivir relaciones satisfactorias y libres, y caemos en desear e inventar las de las prostitutas?

La novela reconstruye la vida de un grupo de prostitutas hacia la década de 1950 en una población llamada Tora, nombre ficticio que no oculta las características geográficas, históricas y sociales de Barrancabermeja, la ciudad petrolera del Magdalena Medio colom-biano, un hervidero de temperatura y de conflictos. Según las claves que aparecen en los «Agradecimientos» al final del libro, los datos para la construcción del texto se obtuvieron a partir de entrevistas y conversaciones, con un método libre e indefinido de investigación periodística, mezcla de persistencia y azar. Toda la información está recibida y filtrada por una periodista ficticia que, sin involucrarse tanto ni tener la presencia que tiene la Mona en *Dulce compañía*, recoge unas historias y trata de desenredar las madejas que le van pasando. Esta narradora trata de escapar a las categorías genéricas cuando dice: «Por eso sería absurdo llamar investigación, o reportaje, o novela, a lo que fue una fascinación de mi parte por unos seres y unas circunstancias»[5] (157). Como no se les debe creer a los autores y como el libro se vende como «novela», supongamos que ése es un dato ficticio más dentro del texto, para mantener la indefinición y lograr mezclar y variar toda la información recibida, recreando así ese mundo sin ceñirse a los límites del testimonio o de los documentos, y sin decidir cortar del todo con sus fuentes. El lanzamiento del libro, precisamente, se realizó en noviembre de 1999, en Barrancabermeja, donde toda la gente que había hablado con Laura se sentía parte de la obra. Darles voz a las y a los que nunca la habían tenido es una tarea que muchas escritoras han estado realizando, de muy diversas maneras[6].

La protagonista desde el título es «la novia oscura». Oscura por su piel mestiza, oscura como la Sulamita del *Cantar de los cantares* (159-160), pero oscura en especial porque nunca podemos conocerla a plena luz. Es la noche oscura del hambre del alma. Está contada e imaginada por las versiones de muchos, e incluso su final es múltiple y ambiguo. Todos hablan de ella pero la periodista nunca la conocerá. Parte importante de su trabajo es reconstruirla con sus preguntas, descubrir y recrear sus personalidades, su entrenamiento para el oficio, sus relaciones, su familia, sus amores, sus decisiones, sus hábitos y comportamientos. Su nombre de trabajo es Sayonara, saludo y adiós, aunque «niña» y «novia» también la definen, y en algún momento se sabrá que se llama Amanda, un nombre de predestinación que no se cumple.

El primer objetivo de la autora era reconstruir parte de la historia política de la Tropical Oil Company en la región. Ecopetrol incluso, como dice en los «Agradecimientos», financió parte de la investigación. El objetivo de la periodista, en el texto, es hacer un reportaje sobre el robo y la distribución clandestina de gasolina (158). Tanto la autora como la periodista ficticia, sin embargo, terminan atraídas

---

5 Todas las citas de *La novia oscura* corresponden a la edición de Editorial Norma, Bogotá, 1999.
6 Beatriz Sarlo, «Women, History and Ideology. Introduction», en *Women's Writing in Latin America*, Sara Castro-Klarén, Sylvia Mohillo y Beatriz Sarlo (eds.), Westview Press, Boulder, 1991.

por las mismas prostitutas que obsesionaron a los hombres que tra-bajaron en la Troco y fundaron la población. Para la periodista, el objeto-fetiche que provoca su propia pasión es una foto atribuida al Tigre Ortiz (160), nombre que corresponde a un famoso fotógrafo colombiano. Leo Matiz, tal como figura en los «Agradecimientos» y en los créditos de la foto de cubierta.

Meterse en el terreno de la prostitución es por supuesto tocar uno de los más complejos aspectos de la historia de la sexualidad. Atracción, rechazo y tolerancia la han rodeado durante milenios, y no es éste el momento de hacer ni un recorrido por la historia ni una evaluación de sus críticos, como Engels, o de sus defensores, como Camilla Paglia. Digamos únicamente que muchos siglos y muchas historias han transcurrido desde Ishtar, diosa de Babilonia, estrella y prostituta, hasta el negocio, o mejor dicho, los negocios actuales de la prostitución. Inevitablemente, la prostitución ha ejercido siempre una enorme atracción para hombres y mujeres. En nuestro imagi-nario representa lo prohibido, pero también la libertad, el derecho al cuerpo y al placer, aunque según estudios y entrevistas no son las prostitutas las que siempre sienten el placer sexual. El sexo es un trabajo. En Tora la prostituta vende el cuerpo del cuello para abajo pero no acepta besar, y el refrán que se repite dice: «ellos pagan por sentir y nosotras cobramos por no sentir» (303). A la Machuca, sus compañeras la llaman riéndose, «bruja, rebruja, puta, reputa» (303) porque reconoce que lo hace por placer. Habría que recordar aquí que en el habla común se sigue llamando «puta» no sólo a la que co-bra por el sexo sino a cualquier mujer que transgreda las normas y se supone que ha actuado por placer sexual. La mujer «caída», en etapa previa a la prostitución, ha sido tradicionalmente la adolescente vio-lada, la madre soltera, la abandonada, la adúltera, la que establece relaciones afectivas y sexuales no sancionadas por la ley. El siglo XIX, el siglo del desarrollo industrial y del crecimiento de la burguesía, fue un siglo de gran represión de la mujer y el de la más clásica pros-titución, como puede verse en la literatura romántica y el folletín, en los melodramas y las óperas, en la novela realista naturalista y por supuesto en las imágenes de perversión y decadencia de los poetas malditos y en las soluciones erótico-místicas de los modernistas his-panoamericanos[7]. Entre otras muchas deudas, Laura Restrepo reco-

---

[7] Bram Dijkstra, *Idols of Perversity. Fantasies of Femenine Evil in Fin-de-Siècle Culture.* Oxford UP., Nueva York, 1986. Aníbal González, *La novela modernista hispanoamericana*, Gre-dos, Madrid, 1987. Lourdes Ortiz, «Yo a las cabañas bajé», *Violencia y sociedad patriarcal*, Virginia Maquieira y Cristina Sánchez (eds.), Ed. Pablo Iglesias, Madrid, 1990.

noce una con Guy de Maupassant, en especial por su famoso cuento
«La casa Tellier» (1881). A Toulouse-Lautrec, ese otro intérprete y
habitante del mundo de la prostitución, le rinde homenaje con la
presencia del pintor Enrique Ladrón de Guevara y Vernantes, un
enano albino de familia aristocrática (260-261). Ese tono de admira-
ción y crítica, de aceptación y negación, de humor y de tristeza, es un
tono típico de muchos artistas del siglo XIX, tan inmersos en esa realidad que deciden mostrarla sin imponer criterios morales. Y parece
ser ésa la salida que elige Laura Restrepo, en la difícil cuerda floja
entre el respeto ante la dignidad de sus informantes y la idealización
de conductas románticas y sexuales, que le ocultan lo innombrable.

Pero además del imaginario aún vigente del siglo XIX, tenemos las
experiencias del siglo XX, el siglo de la libertad de la mujer, que se
supone logró encontrar el goce sexual como parte de esa libertad.
Lo que era prohibido y en las fantasías formaba parte del mundo de
las prostitutas ahora es un derecho (y hasta un deber) de todas las
mujeres. Se dice que el momento álgido se dio a finales de los sesenta, con la revolución sexual y la píldora. Pero quisiera señalar además
un fenómeno que tuvo lugar entre las clases medias latinoamericanas: el *boom* de la literatura latinoamericana. En especial las mujeres de nuestra generación aprendimos con García Márquez, Vargas
Llosa, Fuentes, Onetti, Donoso y Sarduy lo que era una sexualidad
más libre. Lo que no sabíamos es que se hablaba de sexo pero dentro de las mismas dicotomías cristianas, María-virgen-madre frente
a Eva-Magdalena-prostituta, el amor en el conflicto con el placer. Y
los escritores nos dijeron que las prostitutas eran generosas con la
vida y con el sexo, como Pilar Ternera, Petra Cotes, María Alejandri-
na Cervantes, y vivían en mundos como *Juntacadáveres, La casa verde,
Pantaleón y las visitadoras, El lugar sin límites, Eréndira, Colibrí.* El tema
del burdel con implicaciones más o menos metafísicas se encuentra mucho antes del *boom* en la literatura latinoamericana, como lo
señala Donald Shaw. Pero fue en los sesenta cuando se impuso sin
moralismos la mirada masculina sobre la figura de la prostituta. Ante
esas mujeres maternales y pródigas se oponía el hombre solitario,
incapaz de resolver su conflicto interno. O la mujer que intentaba
reunir amor y deseo, como Amaranta Úrsula, y caía en la trampa de
la maldición ancestral.

Entre esa literatura y lo que se ha escrito en los últimos tiempos,
especialmente por mujeres, hay muchas diferencias. Por eso me seguía sintiendo incómoda con las soluciones literarias escogidas por
Laura Restrepo, que en una primera lectura me parecieron de una

generación anterior. Las claves las encontré en la lección inaugural que presentó la escritora en la Universidad de los Andes, sobre su trabajo y el tema de la prostituta en la literatura. Cuando empezó su investigación y sus entrevistas en Barrancabermeja comenzó a hablar con las mujeres del antiguo barrio La Catunga, que tuvo su auge en las décadas de 1940 y 1950. Estas mujeres, algunas de ochenta años o más, tenían un enorme «deseo de contar y de que las contaran». Ante esa ansiedad individual y colectiva por contar la propia historia, Laura y su periodista ficticia aceptan el reto. Y cuentan. Lo que no me queda claro (como sí es evidente en *Dulce compañía*) es la distancia entre el que cuenta y el que quiere ser contado. Porque lo que cuentan es la vida que ellas recuerdan y reviven, lo que ellas deciden que pueden contar, que muchas veces es una versión más de la creencia popular «todo tiempo pasado fue mejor», incluso la prostitución. No es muy diferente el caso de los hombres, que también han idealizado y justificado sus deseos y fantasías. Reescritas y convertidas en literatura, la periodista les devuelve a sus informantes la vida que siempre habían imaginado, con valores como dignidad, recato, conductas de amor cortés. Aparecen también la actitud fatalista, las creencias religiosas, el suicidio, la salud. Pero nos quedaremos con las ganas de saber lo que no puede contarse porque pertenece a las oscuras sombras de lo negado. Visto así, el texto es el resultado de muchas versiones imaginarias, en especial de cómo se ven y se cuentan estas prostitutas ya viejas, sobrevivientes de esa generación de transición, haciendo las paces con su vida y usando sus relatos para reconstruirse como sujetos.

Una clave más para leer la obra es saber que se refiere a la prostitución de un momento histórico muy específico, la fundación de toda una región, con grupos de trabajadores petroleros aislados durante semanas, agotados o enfermos, delirando por futuros encuentros sexuales envueltos en fantasías amorosas y deseos de establecer uniones permanentes. Al final de la historia se empiezan a fundar familias, se destruye La Catunga y sus mujeres dejan de ser las novias deseadas para regresar al ámbito de lo ilícito y despreciado. Pero entonces Sayonara ya no estará allí.

Si el ángel es la ciudad, Sayonara es la nación: oscura, amada, indefinida, desconocida, hecha de versiones contradictorias, de pasados idealizados y de proyectos frustrados. Incapaz de explicarse a sí misma, pero capaz de una total dignidad.

REFERENCIAS BIBLIOGRÁFICAS

Dijkstra, Bram, *Idols of Perversity. Fantasies of Femenine Evil in Fin-de-Siècle Culture*, Oxford University Press, Nueva York, 1986.

González, Aníbal, *La novela modernista hispanoamericana*, Gredos, Madrid, 1987.

Ortiz, Lourdes, «Yo a las cabañas bajé», *Violencia y sociedad patriarcal*, Virginia Maquieira y Cristina Sánchez (eds.), Ed. Pablo Iglesias, Madrid, 1990, pp. 137-150.

Restrepo, Laura, *Dulce compañía*, Norma, Bogota, 1995.

_____, *La novia oscura*. Norma, Bogota, 1999.

Sarlo, Beatriz. «Women, History and Ideology. Introduction», en *Women's Writing in Latin America* (Anthology), Sara Castro-Klarén, Sylvia Mohillo y Beatriz Sarlo (eds.), Westview Press, Boulder, 1991, pp. 231-248.

Shaw, Donald, «More Notes on the Presentation of Sexuality in the Modern Spanish American Novel», *Carnal Knowledge. Essays on the Flesh, Sex and Sexuality in Hispanic Letters and Film*, Pamela Bacarisse (ed.), Ediciones Tres Ríos, Pittsburgh, 1992, pp. 113-127.

Walter, Barbara G., *The Woman's Dictionary of Symbols and Sacred Objects*, Harper & Row, San Francisco, 1998.

LA MULTITUD ERRANTE

FRAGMENTACIÓN DEL DISCURSO HISTÓRICO: INDIVIDUO Y MULTITUD EN *LA MULTITUD ERRANTE*[1]

GUSTAVO MEJÍA,
UNIVERSIDAD CENTRAL DEL ESTADO DE CONNECTICUT

El acercamiento más adecuado para hablar de esta novela es partir de su título, *La multitud errante*. Este título describe de manera clara el fenómeno social sobre el cual se construye la historia que se narra. Este fenómeno social ha marcado la vida colombiana de la segunda mitad del siglo XX, pero que sólo se ha reconocido en su verdadera dimensión en las últimas dos o tres décadas: la existencia de una corriente de migración forzosa a lo ancho y largo del territorio nacional. Una corriente de desplazados, no sólo de la violencia, sino de las sucesivas crisis económicas que han ido dejando multitudes de colombianos desclasados. *La multitud errante* es, por tanto, un título que sugiere una novela que no solamente se propone como tema un aspecto tan fundamental de la realidad nacional, sino que busca su raigambre en dicha realidad.

El título, como es bien claro, enfatiza una visión colectiva de esa realidad social. La multitud es, por definición, el grupo carente de nombre. Un partido político, por ejemplo, no es una multitud, puesto que allí la agregación de personas que conforman ese colectivo recibe una determinada denominación y es el resultado del ejercicio de la libertad. Por otra parte, el concepto de multitud establece una peculiar relación entre el conjunto y los individuos que la componen. El individuo se subsume en la multitud y desaparece en ella, hasta el punto de perder su identidad, aunque no la pierde por cederla a la multitud, puesto que ésta tampoco la adquiere. La multitud es ámbito de lo imprevisible, dado que implica un sometimiento a fuerzas más allá del control de sus componentes. Es, por tanto, el ámbito del destino, en tanto que la individualidad es el ámbito de la libertad.

Sin embargo, durante cierta parte del proceso creativo, la novela existió con otro título: *De repente y sin nombre*[2]. Este título provisional

---

1 Este artículo fue publicado originalmente en la *Revista de Crítica Literaria Latinoamericana* 59, 2004, pp. 297-304.
2 Entrevista personal a Laura Restrepo, agosto de 2001.

alude a una observación de la mujer que narra la historia, quien nos dice que «todo lo estremecedor que la vida depara suele llegar así, *de repente, y sin nombre*»[3] (16), cuando, precisamente, lo estremecedor que llega a su vida es un hombre sin nombre. Un hombre sin nombre es un individuo que comparte con la multitud su característica falta de nombre, pero que al mismo tiempo, por estar allí presente, es indudablemente un individuo. Es, pues, a esta característica que pone al protagonista de la novela a caballo, por así decirlo, entre la multitud y la individualidad, a lo que alude este título. Al contrario del título definitivo, aquel título provisional resaltaba el carácter individual del hombre que aparece de repente en la vida de la narradora y que, aunque inmerso en la multitud errante, no por ello se subsume en el anónimo que ella impone, sino que, al contrario, se convierte en alguien único, especial y claramente diferenciado.

He querido empezar con esta reflexión sobre el título pues nos permite ver uno de los temas fundamentales de este relato. En efecto, la oposición entre multitud e individuo se puede encontrar con igual claridad en una variedad de elementos de la novela: Me limitaré a citar tres de ellos. El primero, mientras el protagonista es un hombre sin nombre, circunstancia que lo convierte en un ser abstracto, genérico, colectivo como los personajes de los autos sacramentales, el hecho de haber nacido con seis dedos en el pie no sólo da origen al apodo por el que siempre se lo ha conocido –Siete por Tres, en referencia a sus veintiún dedos–, sino que esa deformidad lo individualiza, diferenciándolo como alguien marcado, especial. La constante tensión que la novela crea y acumula entre individuo y multitud se revela, en segundo lugar, en el hecho de que aun cuando el personaje viaja constantemente con su madre adoptiva como parte de un grupo de desplazados, tanto él como ella se diferencian de sus acompañantes por sus costumbres y por su manera de hablar y de relacionarse con los animales y con la naturaleza. En tercer lugar, es posible relacionar la oposición entre el individuo y la multitud en el hecho de que Siete por Tres, que pierde a su madre adoptiva cuando la secuestra un pelotón del Ejército, se recorre la geografía colombiana buscándola, para lo cual se ve obligado a hundirse en la masa de desplazados, pero, pese a ello, los lectores lo percibimos siempre caminando en dirección *contraria* al flujo de la multitud: Siete por

---

3 Todas las citas de *La multitud errante* corresponden a la edición de Seix Barral, Bogotá, 2001.

Tres siempre va para el lugar de donde otros vienen; son otros quienes le dicen que vaya allí donde ellos ya han estado.

Habiendo hablado sobre el título de la novela, me refiero brevemente a la línea argumental. En un primer nivel, el argumento de la novela muestra una historia de amor triangular (¿no son, acaso, triangulares todas las historias de amor que merecen ser contadas?). Tenemos, de un lado, la desbordante pasión de Siete por Tres hacia Matilde Lina, la mujer que lo adopta desde el día en que lo encuentra abandonado en el atrio de la iglesia hasta el día en que desaparece a manos del Ejército. Esta línea argumental cuenta la infatigable búsqueda de Matilde Lina por Siete por Tres en una persecución por los caminos de Colombia, siguiendo las rutas de los desplazados –tanto políticos como económicos– que en los últimos cincuenta años han hecho de Colombia una multitud errante. Matilde Lina es, pues, la madre, pero una madre que se contrapone a la imagen colonial policromada de la Virgen María que Siete por Tres carga a sus espaldas desde el día en que Matilde Lina desaparece. Si la imagen de la virgen representa a la Virgen Madre, Matilde Lina es la madre virgen –no por ello asexual, sin embargo: sus generosos pechos no dejan de atraer las miradas de su hijo adoptivo y de otros hombres que intentan inútilmente tener relaciones sexuales con ella–. Ella se distingue por su ejemplar carga de virtudes campesinas, entre las cuales resalta su conocimiento práctico, pero al mismo tiempo mágico de las cosas de la naturaleza. Pese a las notables diferencias entre estas dos vírgenes, entre estas dos madres, ambas terminan convirtiéndose en madres míticas y en la fuente del valor y la perseverancia de Siete por Tres. Su presencia o su ausencia en la novela nos refiere la imagen de un mundo posible aunque pasado y, desde luego, totalmente irreal o ideal, si se lo mira desde las condiciones de un presente lleno de urgencias.

La segunda trama amorosa de esta historia implica a la propia narradora de la novela, una mujer igualmente sin nombre a quien conocemos únicamente por el apodo que le da Siete por Tres: «Ojos de Agua», en referencia a sus ojos azules que la marcan también como extranjera y como diferente. La historia relata la creciente pasión de esta mujer, llegada a Colombia para trabajar como voluntaria en un albergue para desplazados regentado por una monja francesa. Esta historia se narra desde el punto de vista del presente absoluto, de lo que está ocurriendo aquí y ahora, delante de nuestros ojos, al mismo tiempo, casi, que está ocurriendo. Esta perspectiva que impone una visión limitada e impide conocer nada sobre el futuro, cuando precisamente, toda la historia de su amor se mueve hacia el futuro. Al igual que en la vida real, la visión de futuro en la novela está conformada por un mar de esperanzas inciertas, dudas, temores y, en el mejor de los casos, por certezas que no son más que derivadas de condiciones y perspectivas presentes. El futuro, como dice la narradora, «son lecturas que haces con el deseo cuando la única certeza que te ofrecen está hecha de frases inciertas» (79). La perspectiva de presente absoluto implica también que toda narración de pasado tenga una fuente informativa, independientemente de que sea fidedigna o no.

Y a diferencia de la relación entre Matilde Lina y Siete por Tres, que parece transcurrir más en un pasado del cual el protagonista se niega a desligarse con una insistencia tan obsesiva que llega a convertirlo en un mundo paralelo, esta línea argumental nos muestra no sólo el presente, sino el mundo real de la vida como es: el mundo de las guerras –grandes y chicas– que han abatido a una población desamparada, abandonada a su propia suerte, en todos los andurriales de Colombia. Éste es un mundo dominado no por ideales, sino por acciones: la violencia de militares, guerrilleros, paramilitares y delincuentes; las migraciones defensivas; las revueltas callejeras contra el absurdo de una violencia sin límites ni consideraciones. Pese a esto, y aunque parezca contradictorio, es en este mundo real e inmediato donde la heroicidad, el coraje, la generosidad, la entrega desinteresada, una larga serie de valores humanos y políticos, se viven como cosa cotidiana. Es un mundo donde la idealidad se hace vida, sin que nadie se lo cuestione y sin que a nadie maraville. Es en este aquí y ahora donde viven los verdaderos héroes de nuestro tiempo, que no son ni los presidentes, ni los generales, ni los comandantes, sino todos los hombres y mujeres y niños y niñas y adolescentes, nacionales y extranjeros, de clase alta, media o baja, que están dispuestos a movilizarse para formar con su escueta presencia en todos los pueblos colombianos amenazados, la única línea defensiva de esos valores humanos y sociales en los que se basa, no sólo la convivencia, sino, especialmente, la supervivencia frente a la irracionalidad de quienes los asaltan desde un lado o desde el otro.

La narradora de esta historia es una extranjera y, como la propia escritora, pertenece a otra clase social, proviene de otro mundo social y cultural y por lo tanto mira el tráfago del albergue desde posiciones que son «otras». La narradora, que tiene una educación universitaria, decide trasladarse a Colombia por razones que tienen que ver tanto con su propio desarraigo, como con una vaga sensación de que su presencia allí le permitirá, como ella misma lo dice, ponerse en contacto con:

> Todo aquello es todo lo otro; lo distinto a mí y a mi mundo; lo que se fortalece justo allí donde siento que lo mío es endeble; lo que se transforma en pánico y en voces de alerta allí donde lo mío se consolida en certezas; lo que envía señales de vida donde lo mío se deshace en descreimiento; lo que parece verdadero en contraposición a lo nacido del discurso, o, por el contrario, lo que se vuelve fantasmagórico a punta de carecer de discurso: el envés de tapiz, donde los nudos de la realidad quedan al descubierto. Todo aquello, en fin, de lo que no podría dar fe mi corazón si me hubiera quedado a vivir de mi lado (17-18).

La claridad y la belleza de este texto que cito a pesar de su longitud nos obliga a pensar si no se trata, además de una definición del personaje, de una afirmación de principios, tanto estéticos, como políticos, de la propia autora. En efecto, el texto contiene una propuesta fundamental, que es la base de la exploración que propone la autora. Es el viaje fuera de lo habitual, de lo propio, para empezar a buscar la realidad del otro lado del tapiz, donde sus nudos hacen más visible y, tal vez, comprensible la realidad de lo real. Esta propuesta hay que entenderla no sólo en cuanto que la narradora proviene de un país extranjero, sino en cuanto que Colombia es un país extranjero, inclusive para el escritor que escribe sobre él y también para el lector que lo lee. «Todo aquello que busco» sólo es visible cuando se lo considera como parte de un enfrentamiento entre el discurso y la realidad, enfrentamiento que, visto desde otro ángulo, implica un fraccionamiento del discurso de la historia, como he mostrado en otro trabajo, y que constituye una de las líneas de pensamiento que se podrían perseguir a todo lo largo de la narrativa de Laura Restrepo.

Una vez en Colombia, la narradora entra a ocupar su puesto en ese remoto frente en contra de lo irracional, haciendo un homenaje merecido a los miembros anónimos de tantas organizaciones no gubernamentales que se movilizan a cada lugar del planeta donde la guerra y la bestialidad golpean a pueblos desarmados e indefensos. Al mismo tiempo, como hemos sugerido, presenta una imagen del escritor o intelectual –nacional o extranjero, da igual– que se acerca a Colombia con la necesidad de entender; con la generosidad de intentar que su presencia y su trabajo sean útiles para generar un espacio de paz y de cordura.

Una última observación parece necesaria sobre la narradora. Su condición de extranjera educada no le da ninguna superioridad, puesto que ella se ve a sí misma inmersa en esa misma corriente de desarraigados en busca de su propio lugar en el mundo. «Y es que yo, a mi manera peculiar y aunque ellos no se den cuenta, también hago parte de la multitud errante, que me arrastra por entre encuentros y desencuentros al poderoso ritmo de su vaivén». Y frente a quienes, por ser llevados y traídos por esas fuerzas impredecibles, la empiezan a ver a ella como un punto de referencia, un punto fijo, en la geografía de esa romería, ella siente que «es extraño y seductor, esto de servir de puerto cuando uno se sabe embarcación» (69-70).

Retomo ahora, algunas palabras claves que he utilizado a lo largo de esta presentación del texto de Laura Restrepo: multitud e individuo; violencia y paz; pasado, presente y futuro. Y añado un nuevo par: destino y libertad.

En un maravilloso ensayo titulado «No aguanto agoreros», Rafael Sánchez Ferlosio, una de las mentes más lúcidas de nuestro ámbito cultural, al preguntarse si es posible predecir el bien, se responde:

> Este clásico conflicto entre el rey y el adivino yo siempre lo he considerado bajo la idea de que «adivino de males» es una expresión redundante: sólo el mal puede ser profetizado, porque es secuela de lo dado, o sea, inercia de la necesidad, mientras que el bien, por no estar en lo dado, por ser obra de la deliberación y libertad, escapa a toda posible profecía[4].

A inmediata continuación, Sánchez Ferlosio relaciona esta idea suya con el eje central del planteamiento de Walter Benjamin en su ensayo «Destino y carácter» y que él resume así: «Que sólo la perdición cumple un destino, y que la felicidad no es destino, sino sustraerse a él», pues, según Benjamin, tanto la felicidad como la bienaventuranza y la inocencia conducen fuera de la esfera del destino[5]. Sánchez Ferlosio termina preguntándose si de lo que se trata, acaso, no sea de una «concepción de la libertad en que tan sólo la impredecibilidad acreditase la exigencia conceptual de hurtarse a la necesidad, a la inercia y al determinismo»[6]. Este vínculo entre desgracia y destino, de una parte, y entre felicidad y libertad, de otra, es una

4 Rafael Sánchez Ferlosio, «No aguanto agoreros», *El alma y la vergüenza*, Ediciones Destino, Madrid, 2000, p. 364.
5 Walter Benjamin, «Fate and Character», *Selected Writings. Volume I (1913-1926)*, Harvard University Press, Cambridge, MA, 1996, p. 203, passim.
6 Rafael Sánchez Ferlosio, *op. cit.*, p. 364.

idea que merece explorarse en la novela, porque la relación entre carácter y destino es uno de sus ejes fundamentales.

Así como el ensayo de Benjamin sugiere que es necesario fundamentar un concepto de carácter que lo libere de la relación que tradicionalmente se le ha otorgado con el concepto de destino[7], en la novela de Laura Restrepo nos encontramos con un personaje cuya trayectoria lo lleva a separarse de la multitud, en la que su vida ha estado marcada por los efectos de las fuerzas insuperables del destino, hasta construir su carácter mediante actos de libertad que lo llevan a romper sus vínculos con el pasado –la búsqueda de Matilde Lina; la imagen de la Virgen colonial– y a realizar acciones que, partiendo del ámbito de su propia libertad, se constituyen en afirmaciones de la vida frente a la muerte. Como dice Benjamin: «Sólo las acciones, nunca las cualidades, pueden tener importancia moral»[8]. El carácter de Siete por Tres, ámbito de la moral en ese sentido estricto al que se refiere Benjamin, se construye mediante acciones tales como la defensa de un niño a quien ataca un soldado mientras cruza una plaza llevando un portacomidas, o, al final de la novela, cuando descorre una cortina, acción con la cual el personaje pone fin a su deuda con la violencia. Como muy bien lo expresa Benjamin, y como ocurre en este caso, «la visión de carácter [...] es liberadora en todas sus formas: se une a la libertad [...] mediante su afinidad con la lógica»[9].

Para terminar, pues, conviene decir unas palabras sobre la violencia, no sólo porque es un tema que subyace a todo el relato, sino porque es de una verdadera urgencia en un país que se desangra, como es el caso de Colombia. La narradora dice en un momento:

> A René Girard, quien fuera mi profesor, le escribo diciéndole que esta violencia envolvente y recurrente es insoportable por irracional y él me contesta que la violencia no es nunca irracional, que nadie como ella para llenarse de razones cuando quiere desencadenarse (12).

En efecto, leemos en Girard, la lógica de la violencia es satisfacer su impulso, aunque tenga que encontrar un objeto sucedáneo sobre el cual recaer, cuando no puede hacerlo sobre el objeto que la ha suscitado. En muchas sociedades este impulso se canaliza ofreciéndole a la violencia, precisamente, un sucedáneo que, mediante el ritual,

---

7 Walter Benjamin, *op. cit.*, p. 204.
8 Walter Benjamin, *op. cit.*, p. 205.
9 Walter Benjamin, *op. cit.*, p. 206.

adquiere la forma del sacrificio. Dicho sucedáneo, un animal o un ser humano marginal (extranjeros, prisioneros de guerra, menores de edad, minusválidos, etc.), separados de la comunidad, justamente, por la ausencia de un vínculo que los una al verdadero objeto de la violencia y que, gracias a la ausencia de tal enlace, pueden ser sometidos a la violencia sin temor a la venganza. Puesto que la venganza de un acto de sangre no es otra que un nuevo acto de sangre, la venganza genera una espiral de violencia, que es lo que el sacrificio intenta evitar.

> Sólo la violencia puede poner fin a la violencia, y por ello la violencia se autoperpetúa. Todos quieren dar el último golpe y la venganza puede seguir a la venganza sin llegar a alcanzar una verdadera conclusión (26).

Esta lógica de la violencia sólo se puede evitar, según Girard, o bien mediante el sacrificio, que ofrece a la venganza una víctima sucedánea, o bien mediante la institución de un sistema judicial capaz de evitar la perpetuación de la retaliación dándole al Estado el monopolio de la venganza y sacándola así de la esfera privada.

En la novela de Laura Restrepo se propone una tercera vía para romper el ciclo de la violencia: la solidaridad y la reconciliación. «Los que no perdonan atraviesan un río de aguas malsanas y se quedan a vivir en la orilla de allá» (30), es una de las enseñanzas de Matilde Lina a su hijo adoptivo. Es precisamente esta dinámica basada en la reconciliación y el sacrificio personal lo que aparece en el libro como una de las armas más eficaces contra la violencia. He aquí la descripción de la comitiva que acude en defensa del albergue cuando éste es amenazado por el Ejército:

> Variopintos y dispares, de cualquier edad entre los catorce y los ochenta, provenientes de los cuatro puntos cardinales, nada tienen en común los integrantes de esta desacostumbrada comitiva salvo el propósito de cerrar un cerco humano de protección desarmada en torno al albergue, mientras queda conjurado el peligro. Al menos el inmediato, según la costumbre que empieza a extenderse por el país como única forma posible de resistencia de las gentes de paz contra los violentos de toda laya (51).

Esta comitiva es el resultado de la acción de Siete por Tres, una vez que deja atrás sus lazos con ese pasado de violencia al que ha estado atado de una manera negativa durante buena parte de la novela, pero es la acción colectiva, no multitudinaria, la que realiza ese gesto precario de garantía de la paz, y es, al mismo tiempo, un testimonio y homenaje a todos los que en Colombia concurren a este tipo de llamadas de auxilio, cada vez más frecuentes, de pueblos amenazados.

Es esta solidaridad la que escribe la Historia, que sólo puede entenderse como un discurso compuesto de historias de acciones individuales fragmentadas que se suman para constituir la verdadera historia:

> —¡Se acabó! —ladra impositiva la madre Françoise—. ¡Todos a dormir! ¡Esto es el caos!
> —No, madre, no es el caos —trato de explicarle yo, con varios aguardientes subidos a la cabeza—. No es el caos, es la HISTORIA, así con mayúsculas, ¿no se da cuenta? Sólo que fragmentada en pequeñas y asombrosas historias, la de estas señoras defensoras de los perros de Tenjo, la de estos rockeros apocalípticos, la de estas estudiantes que se llaman Lady Di y adoran las canciones de Shakira y muestran el ombligo y han subido hasta acá arriesgando el pellejo... ¡También es la historia suya, madre Françoise! (127).

La multitud errante es una novela maravillosamente escrita, en la que es evidente un gran dominio, tanto de las técnicas narrativas, como del idioma: Laura Restrepo se muestra en este texto como una verdadera artífice de la lengua, que al final, como sabemos, es la materia de la que está hecha la mejor literatura, por encima de cualquier otra cosa. Explora algunos temas de importancia como lo son las relaciones entre la multitud y el individuo; entre la violencia y la paz; las relaciones del presente con el pasado y el futuro. He dicho, finalmente, que Laura Restrepo explora en profundidad el tema de las relaciones entre el carácter y la libertad, cerrando de esta manera el ciclo significativo de la obra, puesto que libertad e individualidad se unen, como lo expresó Benjamin. Ahora, para terminar, quisiera decir que es en su concepción de la ética de las acciones solidarias donde yace la urgencia de escribir una novela como ésta, en un país donde es vital construir un movimiento de paz. Y es la comprensión de dicha ética de la solidaridad lo que hace que el personaje, en la última línea del texto, descorra una cortina que lo separaba irremediablemente de sí mismo, de su presente y de su futuro.

REFERENCIAS BIBLIOGRÁFICAS

Benjamin, Walter, «Fate and Character», *Selected Writings. Volume I (1913-1926)*, Harvard University Press, Cambridge, MA, 1996.

Girard, René, *Violence and the Sacred*, The Johns Hopkins University Press, Baltimore, 1977.

Mejía, Gustavo, «Historia e historias en *La novia oscura* de Laura Restrepo», *Revista de Estudios Colombianos* 21, 2000, pp. 14-19.

_____, Entrevista personal a Laura Restrepo, Bogotá, agosto 5 de 2001.

Restrepo, Laura, *La multitud errante*, Seix Barral, Bogotá, 2001.

Sánchez Ferlosio, Rafael, «No aguanto agoreros», *El alma y la vergüenza*. Ediciones Destino, Madrid, 2000.

El desplazamiento:
Espacio, hogar e identidad

Helena Isabel Cascante[1], Universidad de Toronto

El hecho de que el desplazamiento se considere la experiencia quintaesencial de la era moderna-posmoderna ha despertado grandes polémicas. Mientras la academia ha concentrado su atención en el tema del desplazamiento en términos globales y transnacionales, el diálogo sobre el desplazamiento interno ha sido casi silenciado[2]. En este artículo, por tanto, se discutirán los efectos psicosociales y culturales del desplazamiento interno en relación con los personajes de *La multitud errante* (2001), de la escritora colombiana Laura Restrepo, que relata las experiencias de víctimas del desplazamiento interno forzado. La escasa crítica sobre esta novela identifica el desplazamiento como un rasgo esencial de la identidad nacional colombiana[3]. El siguiente análisis aportará una nueva aproximación a esta perspectiva. Se emplearán teorías de migración e identidad provenientes de los campos de la geografía, la antropología y los estudios culturales para llegar a un mejor entendimiento de los retos que el protagonista, Siete por Tres, enfrenta en la narrativa.

La mayoría de la literatura sobre cuestiones de lugar, migración e identidad se enfoca en las experiencias de los exiliados, expatriados, inmigrantes y refugiados. Por tanto, la orientación teórica suele basarse en el desplazamiento de un lugar fijo –un país o una cultura definida– a otro. Críticos culturales como Edward Said y Homi Bhabha[3] esbozan estrategias de identificación cultural y plantean preguntas fundamentales referentes a la identidad intercultural. Por ejemplo: ¿Cómo se «localizan» los sujetos que están en un estado de tránsito

---

1 Quisiera agradecerles a la doctora Elizabeth Montes, mi supervisora de maestría, y al Social Sciences and Humanities Research Council of Canada (SSHRC), que me otorgó una beca para adelantar mis estudios de doctorado.
2 Entre los críticos que tratan el tema del desplazamiento interno, con un enfoque en la situación colombiana, se destacan Martha Nubia Bello (ciencias humanas), Donny Meertens (ciencias políticas), Flor Edilma Osorio Pérez (ciencias sociales) y Daniel Pécaut (sociología política).
3 Véase la crítica de María Helena Rueda.

permanente? ¿Cómo se supera el pesar que acompaña el alejamiento a todo lo suyo que resulta cuando se habita un espacio liminal, ese espacio ambiguo y ambivalente entre lo global y lo local, entre lo público y lo privado? La mayor parte del diálogo teórico sobre el desplazamiento se preocupa por temas de diásporas y movimiento entre culturas distintas. Sin embargo, la crisis del desplazamiento interno, aunque no recibe tanta atención internacional, pone a sus víctimas en la situación precaria de no pertenecer a la nación en la cual nacieron y en la cual aún residen. Siete por Tres se encuentra justamente en ese espacio intermedio.

Conocido sólo por ese apodo anticonvencional[4], el protagonista no conoce otra realidad que la del movimiento constante asociado con el desarraigo. Es un personaje en movimiento constante, caracterizado por la soledad, la búsqueda de la figura materna, el aislamiento y la falta de hogar: carece de un sentido fijo de identidad, de modo que no tiene una familia o un lugar propio que pueda llamar suyo. El hecho de que nunca ha tenido un hogar fijo es importante si se considera que en esta era de recolonización y materialismo, se tiende a vincular la identidad con el hogar. Según el geógrafo Edward Relph:

> El hogar en su forma más profunda es el apego a un lugar particular, un ambiente particular, en comparación con el cual todas las otras asociaciones con lugares tienen sólo un significado limitado. Es el punto de partida desde el cual nos orientamos y tomamos posesión del mundo[5].

Sin embargo, la realidad del mundo contemporáneo, marcado por el desplazamiento debido tanto a la migración deseada como a la migración forzada, exige un nuevo diálogo sobre las conexiones

---

4 Abandonado por sus padres, este personaje aparece en la comunidad de Santamaría Bailarina sin ningún marco de identificación. Se le da este nombre debido al sexto dedo que tiene en el pie derecho. En vez de llamarlo Veintiuno, el pueblo opta por el eufemismo Siete por Tres. Según María Helena Rueda, el nombre es una cifra que alude a las estadísticas que se elaboran en torno al problema del desplazamiento en Colombia. A los desplazados se los desviste de su identidad al referirse a ellos como estadísticas en vez de como individuos.

5 «Home in its most profound form is an attachment to a particular setting, a particular environment, in comparison with which all other associations with places have only a limited significance. It is the point of departure from which we orient ourselves and take possession of the world»: Edward Relph, *Place and Placelessness*, Pion Limited, Londres, 1976, p. 40. (La traducción es mía.)

entre migración, hogar e identidad. Ya que la experiencia ejemplar del mundo postmoderno es el desplazamiento, es imprescindible desencajar el vínculo entre identidad y un lugar propio, como lo concibe Relph, por una configuración fundamentada en el flujo del tránsito, como bien lo sostienen Nigel Rapport y Andrew Dawson:

> [...] son los no-lugares los que se han convertido en la medida real de nuestro tiempo. [...] Definitivamente en términos de autoconscientización, así no sea una práctica universal, el movimiento se ha convertido en algo fundamental a la identidad moderna y una experiencia del no-lugar (más allá de «territorio» y «sociedad»), un componente esencial de la existencia diaria[6].

Esta definición hace hincapié en la realidad del espacio intermedio, en esos «lugares indefinidos» (*non-places*) por los cuales pasa la gente en busca de algo mejor. Siete por Tres vive en esos no-lugares fragmentados, motivado solamente por su búsqueda implacable, la cual le da un propósito concreto y delimitado a su existencia. A fin de cuentas, este protagonista existe dentro de un espacio liminal permanente[7], un espacio ambivalente que la narradora califica una «condición intermedia»[8] (14).

El estado psicológico y la identidad fragmentada del protagonista corren paralelos a la liminalidad de la tierra que habita. Siete por Tres es abandonado el mismo día de su nacimiento en la puerta de la

---

6 «[...] it is "non-places" that have become the real measure of our time. [...] Certainly in terms of individual awareness, even if not of universal practice, movement has become fundamental to modern identity and an experience of non-place (beyond "territory" and "society") an essential component of everyday existence»: Nigel Rapport y Andrew Dawson, «Home and Movement: A Polemic», *Migrants of Identity: Perceptions of Home in a World of Movement*, Nigel Rapport y Andrew Dawson (eds.), Berg, Oxford y Nueva York, 1998, p. 6. (La traducción es mía.)

7 El término «liminal», un concepto acuñado por Charles-Arnold Van Gennep en su libro *Les Rites de Passage* (1909), proviene del latín *limen* o «umbral». Van Gennep utiliza el término como metáfora de las fronteras sociales que se atraviesan durante ceremonias rituales. Sean cuales fueren los rituales, después de un proceso de *separación* de su estado previo, el individuo pasa por el estado *liminal*, donde no pertenece ni a su estado anterior ni a su condición nueva, la cual se alcanza en la fase de *incorporación*. Cuando el individuo está en ese paso intermedio se percibe como un ser peligroso, tabú o sagrado. Según Van Gennep, la fase liminal es necesaria, pero temporal. Para Siete por Tres, sin embargo, la liminalidad es un estado permanente. Vive en un espacio ambivalente. Como Matilde Lina, quien está espiritualmente en el limbo ya que nunca tuvo la gracia de pasar por el ritual del entierro, Siete por Tres permanentemente habita ese espacio liminal al margen de la sociedad.

8 Todas las citas de *La multitud errante* corresponden a la edición de Seix Barral, Bogotá, 2001.

iglesia en la población rural de Santamaría Bailarina. El pueblo está ubicado en una zona de frontera entre los departamentos de Huila y Tolima. Se describe al pueblo explícitamente en relación con la geografía que lo rodea y a su posición como zona de frontera, una imagen que, en sí, connota ambivalencia e incertidumbre. Así, se le niega una identidad fija a Siete por Tres, quien nunca descubre de dónde viene o quiénes son sus progenitores. El hecho de que «apareció» es esencial: más allá de no conocer a sus padres naturales, tampoco sabe dónde nació, no tiene raíces ni de sangre ni de lugar. Su búsqueda, por tanto, es indicativa de su falta de raíces ancestrales. Siete por Tres no sabe a dónde ir porque no tiene idea de dónde ha venido, o, aun más grave, a dónde pertenece. En esencia, no tiene un hogar al cual regresar. Además, el único espacio con el cual podría identificarse –Santamaría Bailarina– ha sido destruido. Esta falta de raíces impide la creación de una identidad personal: Siete por Tres no tiene el lujo de mirar hacia el pasado y encontrar sus raíces. De hecho, el término «desarraigo», comúnmente utilizado para referirse a la gente desplazada, no es adecuado para describir a Siete por Tres. No es tanto un hombre al que le han cortado sus raíces, sino, más bien, un hombre que nunca ha tenido raíces. No obstante, procura establecer vínculos con su pasado por medio de su búsqueda de Matilde Lina. Es decir que marcha de departamento en departamento y de pueblo en pueblo siguiendo la búsqueda de su madre adoptiva, quien ha llegado a representar su noción de hogar e identidad.

Homi Bhabha[9] utiliza el término *unhomeliness* para referirse al estado de no pertenecer a un grupo o a un lugar ni siquiera cuando uno vive dentro de ese mismo grupo o lugar. Siete por Tres habita ese espacio de *unhomeliness* a pesar de que ha crecido en Colombia, nunca logra crear lazos de ningún tipo, con la excepción de su relación con Matilde Lina. Inclusive dentro de la comunidad de desplazados, Matilde Lina y Siete por Tres nunca ocupan la posición de miembros aceptados. Viven en la periferia de ese grupo, prefiriendo desasociarse de él. De hecho, el joven Siete por Tres carece de interacción humana, aparte de Matilde Lina, quien lo protege de la realidad de la situación al evitar la comunicación significativa entre ellos. En vez de hablar de la situación, se refugian en el mundo de los animales y la naturaleza:

Para espantar el silencio que cae cuando uno anda huyendo, Matilde Lina le enseñó el arte de hablar, pero sólo de animales. En

---

9 Homi Bhabha, *The Location of Culture*, Routledge, Londres y Nueva York, 1994.

los desvelos del monte se acurrucaban para adivinar el currucutú del búho saraviado, o las rondas de amor de la tigre en celo, o los ojos rojos y el aliento pútrido de los perros del Diablo: el diálogo entre ellos era cháchara irrelevante, permanente y zurumbática sobre las costumbres del animalero (39).

La animalización de Siete por Tres se hace evidente desde las primeras páginas del texto, cuando entra al refugio:

> Hubo algo en él, sin embargo, que me comprometió profundamente; tal vez esa tenacidad de sobreviviente que percibí en su mirada, o su voz serena, o sus ademanes de animal grande: lentos y curiosamente solemnes (17).

Como los animales, este personaje vaga por la naturaleza con el sólo propósito de sobrevivir para poder reunirse con Matilde Lina en algún momento. De esta manera, ser caracterizado como animal refleja la deshumanización e inferioridad del ser periférico, es decir del ser desplazado.

Hasta que Siete por Tres no encuentre un lugar o grupo con quien identificarse como miembro, permanecerá un ser fragmentado. Como no está preparado para la pérdida de la única figura materna/figura femenina que ha conocido, es incapaz de crear una imagen unificada de sí mismo. Se convierte en un ser psicológicamente perdido. Por tanto, en vez de intentar reconstruir su ser y reformar su identidad para que se adhiera a su situación solitaria, elige rendirse más bien a la nostalgia del pasado. Pues, este ser no sabe a dónde pertenece y sólo puede enfocarse en reestablecer su identidad como hijo de Matilde Lina. Sin ella, se queda sin nada; en su ausencia, Siete por Tres «no tiene adónde ir» (53). Es decir, no tiene un hogar. Aunque nunca ha tenido un hogar propio en sí, Matilde Lina lo protegió a su manera y ella –su cuerpo– llega a encarnar para Siete por Tres su noción de identidad y pertenencia.

Frente a la ausencia de un lugar seguro, Siete por Tres aprende a sobrevivir en la realidad cruel de sus andanzas. Su búsqueda de Matilde Lina lo lleva, en última instancia, al albergue 9 de abril, refugio para desplazados internos que dirigen las monjas francesas y en el que trabaja como enfermera la narradora[10]. Allí, se encuentra en un

---

10 Según Osorio Pérez, el albergue de campesinos del barrio 9 de abril (Barrancabermeja, Colombia) es el más conocido del país: Flor Edilma Osorio Pérez, *La violencia del silencio: desplazados del campo a la ciudad*, Edición CODHES, Universidad Javeriana, Bogotá, 1993.

santuario, un lugar sagrado y protegido que lo apoya en el proceso de reconstruir su ser. Según Liisa Malkki, tener un espacio físico al cual regresar y en el cual uno es respetado como ser humano es clave para tal proceso. El refugio le ofrece ese lugar de pertenencia a Siete por Tres; le ofrece una comunidad con la cual integrarse, algo que jamás había logrado en el pasado. Irónicamente, el albergue, la personificación de lo temporal y transitorio, se convierte en algo más o menos permanente para Siete por Tres. En su esfuerzo por ganar estabilidad, se instaura dentro de la comunidad del refugio como un miembro activo y esencial. Más significativa es su habilidad de entrar a la esfera simbólica del lenguaje[11]. Con la asistencia de la narradora, este hombre de pocas palabras aprende a hablar, a usar el lenguaje humano para construirse una identidad y entender el mundo que lo rodea. Descubre que tiene una identidad más allá de víctima desplazada y se convierte en guardián del refugio. Esta revelación, a fin de cuentas, le permite dejar al lado su búsqueda inútil y su sueño de salvar a Matilde Lina en favor de perseguir una meta más factible: salvar el albergue. Así, el pícaro se va convirtiendo paulatinamente en héroe.

Según Jonathan Rutherford: «Sólo cuando logramos conseguir un sentido de integridad personal somos capaces de representarnos y de ser reconocidos; esto es el hogar, esto es el pertenecer»[12]. Al integrarse dentro de la comunidad del refugio, Siete por Tres consigue ese sentido de integridad personal. Reconociendo su posición como miembro del refugio y el estado precario en el cual se encuentra ese lugar, Siete por Tres abandona su búsqueda y se empeña en salvarlo. Organiza un grupo de resistencia para proteger el refugio, también un espacio periférico:

> Y si era casi imposible lograrlo [llamar la atención] desde una de las ciudades grandes, más aun desde estos despeñaderos aris-

---

11 Jaques Lacan utiliza el término del «orden simbólico» para referirse a todos los medios a través de los cuales nos comunicamos y llegamos a un entendimiento del mundo que nos rodea. Al entrar a lo simbólico, no sólo adquirimos un lenguaje sino una identidad atada a ese lenguaje. Desde esta perspectiva, nuestro ser es, en sí, creado por medio del lenguaje. Es el mismo lenguaje lo que nos da la ilusión de ser seres enteros y no fragmentados (Donald Hall, *Subjectivity*, Routledge, Nueva York y Londres, 2004, pp. 80-81).

12 «Only when we achieve a sense of personal integrity can we represent ourselves and be recognized —this is home, this is belonging»: Jonathan Rutherford, «A Place Called Home: Identity and the Cultural Politics of Difference», *Identity: Community, Culture, Difference,* Jonathan Rutherford (ed.), Lawrence & Wishart, Londres, 1990, p. 24. (La traducción es mía.)

cos hasta donde no arrima la ley de Dios ni la de los hombres, ni sube la fuerza pública –como no sea de civil y para aniquilar–, ni asoma el interés de los diarios, ni se estiran los bordes de los mapas (118).

Después de un gran esfuerzo, Siete por Tres logra salvar el albergue, el cual se ha convertido en su hogar. Como comenta la narradora: «Era la hora estremecida del regreso, la entrada triunfal del hijo pródigo que reaparecía para afianzarse en lo suyo y defender su querencia» (121). Siete por Tres por fin encuentra ese espacio elusivo del hogar.

Para Siete por Tres, sin embargo, es la figura femenina la que le provee el sentido de la identidad y el hogar. Las influencias femeninas son variadas: su madre ausente, su madre adoptiva (Matilde Lina, también ausente), la estatua de la santa patrona Santamaría Bailarina, el albergue de desplazados (manejado por monjas francesas) y la narradora. Ahora bien, la relación entre el hogar y lo maternal es una conexión bastante común en la crítica literaria. Tradicionalmente, se ha vinculado el hogar con la matriz; el deseo de una casa ideal se basa en el mito de que la matriz, el primer hogar que conocemos, es un lugar seguro y cálido. Desde esa perspectiva, se entiende por qué el hogar ha sido engendrado como una entidad femenina. La crítica feminista ha rechazado de manera tajante tal analogía por crear una dicotomía polémica entre lo femenino y lo masculino: la mujer es el objeto estático y estable hacia el cual el hombre –el sujeto móvil– desea regresar, como sostiene Sinead McDermott. Gillian Rose ha delineado tres problemas con tal feminización del hogar, resumidas en lo siguiente por McDermott:

> [...] sirve para idealizar y universalizar la comodidad del hogar; utiliza a la figura de la mujer en un sentido simbólico mientras hace caso omiso de la experiencia material/discursiva de la mujer actual; y regresa hacia un deseo nostálgico por la madre perdida, lo que convierte tanto a la madre como al lugar en entidades opacas, en Otras desconocidas[13].

---

13 «[...] it serves to idealize and universalize the comforts of home; it uses the figure of woman in a symbolic fashion while ignoring the material/discursive experiences of actual women; and it maps back on to a nostalgic desire for the lost mother, which renders both mother and place as opaque, unknowable Others [...]»: Sinead McDermott, «Material Belongings and the Question of "Home" in Mary Morrissy's *Mother of Pearl*», *Feminist Theory* 4.3, 2003, p. 265. (La traducción es mía.)

La multitud errante subvierte el concepto del hogar feminizado al cuestionar la idealización del nexo hogar/figura femenina como entidad protectora.

La búsqueda eterna de la madre ausente por parte de Siete por Tres se fundamenta en el deseo de regresar al hogar protector y recuperar ese espacio de seguridad y nutrimento que se le ha negado desde el día de su nacimiento. Debido a la ruptura divisoria de su abandono inicial, Siete por Tres es un proscrito del espacio doméstico y por esa razón no tiene la oportunidad de forjar ese lazo especial que suele existir entre madre e hijo. En efecto, sufre de su orfandad ya que la ruptura con su madre biológica significa una ruptura con sus raíces:

> Siete por Tres nunca ha querido deshacerse de la cobija de dulceabrigo a cuadros, deshilachada y sin color, ya vuelta trapo, y más de una vez lo he visto estrujarla, como queriendo arrancarle una brizna de memoria que le alivie el desconsuelo de no saber quién es. El trapo nada le dice pero suelta un olor familiar donde él cree reencontrar la tibieza de un pecho, el color del primer cielo, el ramalazo del primer dolor (29).

Obviamente, no saber quién es le provoca angustia además de un resentimiento dirigido hacia sus padres.

Ahora bien, aunque Siete por Tres absolutamente sufre el pesar del abandono por su madre biológica, Matilde Lina lo salva de la deserción total. Ésta se dedica a cuidar al niño solitario, adoptándolo precisamente en su momento de abandono:

> Lo amparó de ahí en más por puro instinto, sin decidirlo o proponérselo, y sólo a él en este mundo le permitió entrar al espacio sin ventanas ni palabras donde escondía sus afectos (28-29).

Como se ilustra en esta cita, Siete por Tres logra plasmar una relación cercana con Matilde Lina, la única figura femenina/materna en su vida en ese entonces. Siete por Tres y Matilde Lina se refugian el uno en el otro. Como se aíslan del resto de la sociedad, sólo encuentran seguridad en la presencia del otro. Por esta razón, después de la desaparición de Matilde Lina, Siete por Tres cae en la depresión sombría de su soledad. Si bien el abandono de su primera madre no lo afecta tan profundamente, la separación de su segunda madre casi lo destruye.

El hecho de que pierde a su madre, su supuesto sitio de refugio, por segunda vez claramente refleja el mito del hogar. El hogar no es una entidad dada; es decir, no es un privilegio otorgado a todos. Por lo demás, no es necesariamente un lugar utópico. Para Siete por Tres, el hogar (vinculado a la presencia o imagen de la madre) es un sitio distópico en el sentido de que sus madres fracasan en protegerlo; las dos pérdidas traen calamidad y sufrimiento a la vida del protagonista. En efecto, para mucha gente el hogar es un sitio de desilusión y terror, en contraste con la creencia generalmente aceptada del hogar como sitio de bienestar y familiaridad, como arguye Rosemary Marangoly George en su libro *The Politics of Home* (p. 27)[14].

Aunque está claro que se debe resistir la idealización del hogar, ya que se han demostrado las fallas de ese argumento, se debe tener presente que, al mismo tiempo, el hogar es uno de los pocos símbolos en los cuales todavía podemos encontrar refugio y por esa razón estudiosas como Iris Marion Young no están dispuestas a deshacer del todo la relación entre la mujer y el hogar:

> Por un lado, estoy de acuerdo con las críticas feministas como Luce Irigaray y Simone de Beauvoir en que las comodidades y soportes del hogar existen históricamente a costa de la mujer. [...] A diferencia de estas críticas, sin embargo, yo no estoy dispuesta a

---

14 La idea tradicional de la matriz como lugar ideal está basada en el mito utópico de la matriz como lugar ameno. Sin embargo, la relación entre la madre y el feto no es una alianza idílica o vacía de conflicto, como se suele imaginar:

[...] la resignificación del hogar (y la nación) conlleva otra resignificación, esa de la matriz, que ha sido anclada al deseo del hogar histórica y psicoanalíticamente. La configuración convencional de la matriz como un lugar libre de diferencias, conflictos, y luchas es tan fantasmática como el modo convencional de concebir la pareja madre-hijo como el modelo por excelencia de la felicidad perfecta y la comodidad. Esta resignificación está apoyada por las conclusiones recientes del biólogo evolucionista David Haig, quien argumenta que la relación entre el feto y la madre durante el embarazo no es, después de todo, «un proceso delicado de cooperación entre una mujer y su feto» sino una serie de conflictos genéticos, un grupo de luchas por los recursos necesarios para la supervivencia (Bonnie Honig, «Difference, Dilemmas, and the Politics of Home», *Social Research* 61.3, 1994, p. 13; la traducción es mía).

([...] the resignification of home (and nation) entails another resignification, that of the womb, which has historically and psychoanalytically anchored the dream of home. The conventional figuration of the womb as a site free of difference, conflict, and struggle is as phantasmatic the recent findings of evolutionary biologist David Haig, who argues that the relationship between fetus and mother during pregnancy is not after all «a delicate process of cooperation between a woman and her fetus» but is instead a series of genetic conflicts, a set of struggles over the resources needed for survival.)

Es imprescindible exponer este mito para poder subvertir o reconfigurar el vínculo entre la imagen de la matriz como lugar ideal a la imagen feminizada del hogar.

remover la idea del hogar de la despensa de los valores feministas. A pesar de las opresiones y los privilegios que la idea ha implicado tradicionalmente, la idea del hogar también lleva consigo un potencial críticamente liberador ya que expresa valores humanos únicos. Se pueden descubrir algunos de éstos al explorar la actividad creadora de significado más típica de mujeres en el trabajo doméstico[15].

Esta oscilación entre la crítica de la asociación entre la mujer y el hogar y el deseo de un hogar seguro como símbolo del regreso a la matriz se manifiesta en *La multitud errante*. Aunque Siete por Tres nunca ha logrado encontrar refugio en el ideal maternal, lo sigue buscando por medio de la imagen femenina. Sigue anhelando una unión imposible e inalcanzable.

En *La multitud errante*, se podría caracterizar el albergue como un sitio femenino, un lugar matriarcal donde la mujer no sólo manda sino también cuida y preserva. Siete por Tres entra a este espacio y es justamente allí donde finalmente encuentra un santuario. Algo lo atrae a ese sitio femenino y aunque se marcha con frecuencia, siempre regresa.

Siete por Tres quiere tanto perpetuar el mito del lugar femenino como sitio seguro que se convierte en su protector, lo que precisa que se transforme en un «héroe épico» (121). Tradicionalmente, en su definición más aceptada, la épica se ha caracterizado por el estilo grandioso que se emplea para contar la historia del cuasidivino héroe, una gran figura nacional cuyas acciones determinan el destino de su pueblo[16]. Ahora bien, sí se caracteriza a Siete por Tres con algunos rasgos del héroe épico, como salvador del albergue de desplazados:

> Comandante en jefe de su pequeño ejército de niñas y de músicos, nunca vi tan bello a Siete por Tres como cuando atravesó la puerta del albergue, primitivo, postatómico y espléndido como

---

15 «On the one hand, I agree with feminist critics such as Luce Irigaray and Simone de Beauvoir that the comforts and supports of house and home historically come at women's expense. [...]. Unlike these critics, however, I am not ready to toss the idea of home out of the larder of feminist values. Despite the oppressions and privileges the idea historically carries, the idea of home also carries critical liberating potential because it expresses uniquely human values. Some of these can be uncovered by exploring the meaning-making activity most typical of women in domestic work»: Iris Marion Young, *Intersecting Voices: Dilemmas of Gender, Political Philosophy, and Policy*, Princeton University Press, Princeton y New Jersey, 1997, p. 134. (La traducción es mía.)

16 M. H. Abrams, *A Glossary of Literary Terms*, 7ª ed., Heinle & Heinle, Boston, 1999, pp. 76-77.

un héroe épico. [...] Era la hora estremecida del regreso, la entrada triunfal del hijo pródigo que reaparecería para afianzarse en lo
suyo y defender su querencia (121).

En este caso, sus acciones «heroicas» influyen directamente en el
albergue y sus inquilinos: Siete por Tres actúa para salvarlos, rescatando el espacio femenino y su propio santuario en el proceso. Sin
embargo, está claro que Siete por Tres no es un personaje de proporciones épicas, según la definición ya dada. Más bien, es un personaje
marginado, un niño del desplazamiento y el abandono sumamente
afectado por sus pérdidas. En todo caso, hace el esfuerzo de asegurar
la supervivencia del albergue para poder reconstruir su identidad
alrededor de la confianza en la pertenencia que se ha construido en
ese lugar.

A fin de cuentas, queda claro que el texto cuestiona ambas perspectivas al eje de la concientización feminista del hogar; es decir que
cuestiona los aspectos tanto positivos como negativos de la imagen
del hogar feminizado. Demuestra, por medio de la narración de la
historia traumática de Siete por Tres, que la relación madre-hijo no
es tan utópica como se suele matizar. Sin embargo, a la vez, se ilumina la obstinación de querer recuperar el aspecto positivo asociado
con el hogar maternal como un lugar de pertenencia y seguridad.
Allí surge la ironía: a pesar de toda la tragedia que ha vivido el protagonista, intenta reafirmar su identidad siguiendo las mismas premi-
sas que lo conducen al trauma en primer lugar. Es decir que volvemos de nuevo al mismo paradigma del hombre protector que sale a
defender a la mujer. Según Elisabeth Bronfen, se perpetúa el mismo
modelo, ya que el personaje masculino suele definirse por medio de
los femeninos:

> La mujer funciona como un signo no solamente de la esencia
> de la feminidad sino también del Otro en cuyo espejo o imagen
> se encuentra la definición de la identidad y creatividad masculina.
> La feminidad se instala además en las representaciones como el
> material por medio del cual (y como la barrera contra y sobre la
> cual) se constituyen las representaciones del héroe, la sociedad y
> la cultura[17].

---

17 «Woman functions as a sign not only of the essence of femininity but also of the
Other in whose mirror or image masculine identity and creativity finds its definition.
Femininity is also installed in representations as the material through which (and as
the barrier against and over which), the hero, society, culture and their representations are constituted»: Elisabeth Bronfen, *Over Her Dead Body: Death, Femininity and*

Siete por Tres se empeña en ser el ser protector, en este caso transformándose en el «héroe épico» que salvaguarda el espacio doméstico feminizado del albergue. Indudablemente, construye su identidad por medio de su relación con la figura femenina, la que está curiosamente ausente de su vida. Frente al abandono de su madre biológica, encuentra refugio en Matilde Lina. Más notables, sin embargo, son sus acciones frente a la desaparición de su madre adoptiva: se impone la tarea de encontrarla (ya que sin ella carece de una identidad fija) y al aceptar por fin que nunca la va a hallar, la sustituye con el albergue, su entorno femenino. Es decir que se define como defensor de lo femenino y por eso siempre está en busca de la figura femenina en peligro. Parece que la identidad específica de la figura femenina no es tan importante, es tan firme su nuevo enfoque en el albergue que, desde que logra salvarlo, no vuelve a mencionar a Matilde Lina. De hecho, siguiendo el éxito de la comitiva se observa un cambio en el estado mental del protagonista:

> [...] a todas luces lo primordial en el cambio que durante las semanas anteriores se había operado en Siete por Tres era su estado de exaltación, la confianza con que ahora asumía su protagonismo y su liderazgo, su compenetración con el entusiasmo colectivo. O mejor aun, el despliegue de esa fuerza interior que lo convertía en el eje del entusiasmo colectivo (133).

Siete por Tres recupera su identidad sólo al lograr desempeñar, después de todo, el papel como protector del espacio femenino.

Existir en un espacio liminal eterno desestabiliza la identidad del ser ya que éste no tiene con qué o quién identificarse. Es decir que no pertenecer a un lugar o un grupo fijo crea una inestabilidad inquebrantable dentro del individuo, quien se somete al movimiento constante. Es imprescindible examinar los efectos del nomadismo y el desarraigo, ya que se caracteriza a esta era postmoderna por el desplazamiento (la inmigración, el exilio, la travesía de fronteras, etc.). Así es la realidad para el protagonista de *La multitud errante*. Siete por Tres nunca ha tenido un hogar propiamente suyo y por ende se dedica a buscar ese sitio de pertenencia. Para este protagonista, la misma acción de buscar estabilidad le da propósito a su vida. Pasa sus días en la mitad de la multitud errante buscando el supuesto refugio de la figura materna. Siete por Tres vuelve incongruentemente

---

the Aesthetic, Routlegde, Nueva York, 1992, p. 209. (La traducción es mía.)

a reforzar el mito del hogar feminizado: sigue buscando el espacio utópico femenino aun habiendo sufrido tanto por ello en el pasado. Aunque nunca ha sido una unión para nada idílica, el protagonista se empeña tozudamente en recuperar el aspecto positivo de la unión con lo femenino. Es un personaje masculino que define su existencia por medio de su unión con lo femenino: su identidad está atada a la de la Otra, la mujer objetivada que requiere su protección.

En este artículo se ha intentado trazar conexiones entre el desplazamiento interno forzado y la crisis de la identidad personal mediante un análisis del protagonista de *La multitud errante*, Siete por Tres. La situación ejemplificada por el relato de Siete por Tres y Matilde Lina no es una anomalía. Es decir que aunque es absolutamente una situación ficticia, se basa en la realidad, así como toda la literatura. Este personaje nómada y periférico carece de una identidad fija justamente porque nunca ha tenido un lugar de pertenencia en el cual se siente «en su lugar». Su tierra y su casa (o bien su «hogar») le han sido expropiadas y pierde a su madre (o, mejor dicho, a sus madres, así, en plural) a causa de la violencia que surge del conflicto armado que agobia su país. Frente a tales circunstancias, por tanto, Siete por Tres intenta crearse una existencia «normal» en el sentido que desea reestablecer esa unión si no con su propia madre, por lo menos con la figura materna. Al dedicar su vida a la búsqueda de su madre adoptiva, Matilde Lina, sucumbe al espacio liminal, existe en el entremedio, cruzando fronteras arbitrarias sin pertenecer ni aquí ni allá. Es decir que no le da importancia a su lugar de estadía porque ese lugar nunca adquiere permanencia. Lo único que le da un sentido de continuidad y orden a este protagonista es su búsqueda inquebrantable y su devoción a la figura materna/la figura femenina. De hecho, se resalta en sus acciones una atracción pertinaz hacia la figura materna, que simboliza para Siete por Tres la oportunidad de alcanzar por fin el hogar perdido. A fin de cuentas, Siete por Tres logra conseguir eso que lo ha eludido por tanto tiempo: logra salvar a la mujer en peligro (en este caso el albergue) y convertirse en su héroe, concediéndose así una identidad fija atada a la condición de la mujer. En suma, el valor de la obra reside en las implicaciones de esta situación. La violencia surge por la lucha por el poder e, irónicamente, la solución es apelar a la perpetuación de los valores tradicionales: idealizar el espacio femenino como lugar de refugio y exaltar el papel masculino del héroe que rescata a las víctimas. Aunque los personajes dentro del texto refuercen los valores tradicionales, el texto mismo los critica. Al final de la novela, a pesar del esfuerzo de

Siete por Tres, no se ha logrado eliminar la inseguridad y el compromiso de la violencia y el desplazamiento; no hay garantía alguna de que el albergue vaya a sobrevivir la próxima amenaza. De este modo, aunque el texto no propone un nuevo paradigma como tal, es valioso en el sentido de que expone las deficiencias inherentes en volver a lo tradicional, propagando así la necesidad de evaluar y renegociar las tradiciones aceptadas para lograr, en fin, el progreso elusivo.

Aunque este análisis de *La multitud errante* se enfoque en la situación específica del desplazamiento interno en Colombia, también refleja en buena medida la situación latinoamericana. La crisis de la identidad que sufre Siete por Tres y todos los desplazados internos respecto a esto afecta igualmente a los desplazados externos: los exiliados, los refugiados y los emigrantes. Todos los dislocados que viajan de un lugar a otro pasan por la misma crisis de la liminalidad, del estar en el entremedio sin pertenecer a ningún grupo o lugar. Debido a este conflicto, el desterrado latinoamericano, como bien lo demuestra Siete por Tres, intenta reestablecer las mismas normas tradicionales para poder revertir a un lugar o situación socio-cultural conocida anteriormente. El resultado, no sorprendentemente, es la perpetuación del trauma, una consecuencia de la violencia, que es a su turno la causa primordial del exilio y el desplazamiento. La historia latinoamericana está tan basada en la violencia que, según Rita de Grandis: «La violencia, en particular la violencia política, necesita ser descrita y comprendida si queremos entender a América Latina»[18]. Por supuesto, dentro del corpus de la literatura latinoamericana prevalecen textos influyentes que delinean la violencia como un elemento clave de la autorrepresentación latinoamericana[19].

Una ramificación directa de la historia violenta han sido los desplazamientos y la crisis de la identidad. Desde esta óptica, podremos vincular el presente análisis de *La multitud errante* con otras literaturas latinoamericanas de la violencia y el exilio. No se han encontrado soluciones a la frágil situación política que afecta a los países latinoamericanos porque no se han esbozado nuevos trayectos de acción. Siete por Tres reestablece el mismo paradigma tradicional del hombre protector que salva a la mujer en peligro, en vez de buscar

---

18 «Violence, in particular political violence, needs to be described and understood if we want to understand Latin America»: Rita de Grandis, «Recontextualizing Violence as a Founding Myth», *Contemporary Latin American Cultural Studies*, Stephen Hart y Richard Young (eds.), Arnold, Londres, 2003, p. 90. (La traducción es mía.)
19 Rita de Grandis, *op. cit.*, p. 91.

una solución alternativa. Es el mismo error el que ahoga a América Latina: el deseo de regresar a lo conocido aunque no haya sido fructífero en el pasado.

Referencias bibliográficas

Abrams, M. H., *A Glossary of Literary Terms*, 7ª ed., Heinle & Heinle, Boston, 1999.

Bhabha, Homi K., *Nation and Narration*, Routledge, Londres, 1990.

_____, *The Location of Culture*, Routledge, Londres y Nueva York, 1994.

Bronfen, Elisabeth, *Over Her Dead Body: Death, Femininity and the Aesthetic*, Routlegde, Nueva York, 1992.

De Grandis, Rita, «Recontextualizing Violence as a Founding Myth», *Contemporary Latin American Cultural Studies*, Stephen Hart y Richard Young (eds.), Arnold, Londres, 2003, pp. 90-101.

Hall, Donald E., *Subjectivity*, Routledge, Nueva York y Londres, 2004.

Honig, Bonnie, «Difference, Dilemmas, and the Politics of Home», *Social Research* 61.3, 1994, pp. 563-597.

Malkki, Liisa, «National Geographic: The Rooting of Peoples and the Territorialization of National Identity among Scholars and Refugees», *Cultural Anthropology* 7.1, 1992, pp. 24-44.

Marangoly George, Rosemary, *The Politics of Home*, University of California Press, Berkeley, Los Ángeles y Londres, 1999.

McDermott, Sinead, «Material Belongings and the Question of "Home" in Mary Morrissy's *Mother of Pearl*», *Feminist Theory* 4.3, 2003, pp. 263-282.

Osorio Pérez, Flor Edilma, *La violencia del silencio: desplazados del campo a la ciudad*, Edición CODHES, Universidad Javeriana, Bogotá, 1993.

Rapport, Nigel y Andrew Dawson, «Home and Movement: A Polemic», *Migrants of Identity: Perceptions of Home in a World of Movement*, Nigel Rapport y Andrew Dawson (eds.), Berg, Oxford y Nueva York, 1998, pp. 19-38.

Relph, Edward, *Place and Placelessness*, Pion Limited, Londres, 1976.

Restrepo, Laura, *La multitud errante*, Planeta / Seix Barral, Bogotá, 2001.

Rueda, María Helena, «Escrituras del desplazamiento. Los sentidos del desarraigo en la narrativa colombiana reciente», *Revista Iberoamericana* 70, 2004, pp. 391-408.

Rutherford, Jonathan, «A Place Called Home: Identity and the Cultural Politics of Difference», *Identity: Community, Culture, Difference*, Jonathan Rutherford (ed.), Lawrence & Wishart, Londres, 1990, pp. 9-27.

Said, Edward, *Culture and Imperialism*, Knopf, Nueva York, 1993.

—————, *Reflections on Exile and Other Essays*, Harvard University Press, Cambridge, 2000.

Van Gennep, Charles-Arnold, *The Rites of Passage* (tr. Monika B. Vizedom y Gabrielle L. Cafee), University of Chicago Press, Chicago, 1960.

Young, Iris Marion, *Intersecting Voices: Dilemmas of Gender, Political Philosophy, and Policy*, Princeton University Press, Princeton y New Jersey, 1997.

CONFIGURACIONES ARQUETÍPICAS

Rosana Díaz-Zambrana, Rollins College

> *El mito es el sueño colectivo y el sueño, el mito privado.*
> Joseph Campbell

Si encontrarse a sí mismo es hallar un lugar de pertenencia al cual llamar *casa*, entonces el sujeto aprehende el sentido de la vida y viabiliza el autoconocimiento a partir de la posible edificación o hallazgo de un espacio habitable y reconocible[1]. Basándose en la actual reconfiguración de la geografía humana en una Colombia plagada de miles de desplazamientos forzados a causa de la violencia nacional, *La multitud errante*[2], de Laura Restrepo (Bogotá, 1950), metaforiza, mediante estos problemáticos ámbitos de coexistencia, la ancestral búsqueda de coherencia espacial, la urgencia de una memoria histórica y la nostalgia como mecanismo de regreso al origen y a la promesa de comunidad. En el siguiente ensayo se examina cómo, más allá de la especificidad colombiana, el uso de figuras y motivos arquetípicos en *La multitud errante* posibilita una lectura universal y trascendente de la experiencia humana en tiempos de movilización indeseada y crisis nacionales de frontera.

Gracias al hecho de haberse dedicado por veinte años al periodismo y a la política antes que a la ficción, Restrepo reitera su preocupación por investigar la actualidad y presentar un referente histórico comprobable que se manifiesta en la fusión indiscriminada de géneros[3]. Es por ello que en *La multitud errante* se entretejen con maestría trazos de periodismo, historia, poesía, crónica, epopeya y política. Como consecuencia natural de su activismo social, Restrepo extiende a la novela su compromiso con la justicia y la paz, sin explicitar un discurso político para concentrarse en la convocación esencial del sufrimiento por medio de una identificación en la dignidad y el valor de la vida.

De acuerdo con Massimo Cacciari, la historia del siglo XX es, en cierto sentido, la historia del fin progresivo de todo espacio de co-

---

1 Ralph Harper, *Nostalgia. An Existencial Exploration of Longing and Fulfillment in the Modern Age*, The Press of Western Reserve University, Cleveland, 1966, p. 24.
2 Todas las citas de *La multitud errante* que menciono a lo largo de este estudio corresponden a la edición de Seix Barral, Buenos Aires, 2001.
3 Daniela Melis, «Una entrevista con Laura Restrepo», *Chasqui* 34.1, 2005, p. 114.

habitación debido, entre otras razones, a la desintegración de etnias por conflictos bélicos y, como consecuencia, a la formación de nuevos espacios que luchan entre sí por sus identidades[4]. En *La multitud errante* se alude precisamente a estos seres desahuciados por el tráfago de la guerra y la reducción deshumanizante de la violencia. Sin embargo, a pesar de retratar las agresiones en contra del derecho humanitario que sufren los refugiados, Restrepo consigue poetizar esa condición indigente por medio de una prosa lírica y de un discurso conciliador capaz de restaurar la fe en la posibilidad de cambio y de reconstrucción nacional[5]. Dentro de este universo narrativo se fragmentan y rearticulan las estructuras tradicionales de historia, identidad, memoria y conocimiento. De igual forma, las esferas de lo concebido como sagrado serán, en gran medida, sustituidas por lo mudable y profano. Sin embargo, *La multitud errante* también funciona como una prolongación del mito, que, según Rollo May, es una manera de explicar o darle sentido a un mundo que no lo tiene[6]. La novelista afianza esa dimensión intangible de la historia narrada al apuntar que la precariedad de la situación colombiana provoca una sustitución de la realidad objetiva por una tangencial con la leyenda, el mito y la religiosidad[7]. De alguna manera, habrá un regreso a la fundación primigenia del discurso mítico y al surgimiento de un héroe sui géneris en tiempos ruines ya que, como puntualiza Emile Cioran, un pueblo muere cuando pierde la capacidad de concebir y aspirar al paraíso mediante la creación de dioses y mitos[8].

El viaje, por antonomasia, constituye en sí un motivo clásico que propicia la evolución, la superación de umbrales y la génesis de la conciencia colectiva[9]. Por tanto, en ese camino errático de búsqueda

---

4 Massimo Cacciari, «La paradoja del extranjero», *Archipiélago* 26-27, 1996, p. 17.
5 Como ex directora del Instituto de Cultura de Bogotá, Restrepo admite tener la función de ver en el arte y la cultura un espacio democrático de paz y conciliación civil que sirve para hacer frente a los conflictos armados y a las crisis políticas de todos los pueblos.
6 Rollo May, *La necesidad del mito: la influencia de los modelos culturales en el mundo contemporáneo* (tr. Luis Botella García del Cid), Editorial Paidós, Barcelona, 1992, p. 17.
7 La autora reconoce su fascinación frente a «la capacidad que hay de renovar los mitos aquí en este pueblo [...]. La vida se desploma y la gente vuelve y se la inventa, y eso abarca también el terreno del mito... Aquí sucede que hay un rayo y un árbol, y al otro día allí está la gente, rodeándolo, y el árbol está adornado, y la gente ve cosas en él»: Daniela Melis, *op. cit.*, pp. 125-126.
8 Emile Cioran, *Sommario di Decomposizione* (tr. Mario Rigoni y Tea Turolla), Biblioteca Adelphi, Milán, 1996, p. 145.
9 Con respecto a la significación del viaje, Restrepo apunta: «El tema de los despla-

que ha pautado la historia de Colombia, sólo la solidaridad frente al riesgo y a la fragilidad de la vida crea una intensidad que explicaría el hecho de que, a pesar de sus alarmantes índices de violencia, es el país donde la gente se considera más feliz[10]. Incluso, es el sentido de pertenencia el mayor motivo de orgullo que experimentan los colombianos con respecto a su concepto de patria. Es decir, la noción de bienestar y de apreciación de la vida se gesta en la interconexión con el espacio afectivo, que supera el de las coordenadas geográficas; arbitrarias y manipulables estas últimas.

En *La multitud errante* una extranjera que trabaja como voluntaria en un albergue de refugiados narra cómo se enamora de un enigmático desplazado que llega buscando desesperadamente a una mujer llamada Matilde Lina. Este errabundo al que todos conocen como Siete por Tres por haber nacido con veintiún dedos motiva las divagaciones de la narradora sobre el amor, el sufrimiento, la esperanza y la otredad[11]. La desastrada historia de Siete por Tres está marcada por la violencia y el desplazamiento: en principio, siendo recién nacido lo abandonan en el pueblo Santamaría Bailarina, entonces lo recoge la lavandera Matilde Lina, que lo cría. Más tarde debe huir con el niño para escapar de las amenazas de la guerra. En una de las sangrientas emboscadas, Matilde Lina desaparece mientras que un Siete por Tres, de nuevo abandonado a su suerte, deambula estoicamente en busca de su compañera, atormentado por la culpa y la nostalgia. Es con este deseo incansable que llega al albergue, donde la narradora intenta reconstruir la fracturada biografía de éste. Con la intención de indagar sobre el paradero de Matilde Lina, Siete por Tres sale del campamento, pero más tarde regresa de la capital com-

---

zamientos abarca una gama de la literatura vinculada con el gesto fundacional de los pueblos, que son historias de desplazados, el éxodo; gente que debe huir de un sitio y agarra sus familiares, sus corotos y se va a buscar la tierra prometida»: Renato Ravelo, «Entrevista: La frivolidad es una de las consecuencias de la guerra», *Jornada*, 4 de octubre de 2001, 5 de agosto de 2005.

10 De acuerdo con el *World Database of Happiness*, los colombianos son los primeros en la encuesta de felicidad, seguidos por los suizos. Según la terapeuta Nelly Rojas, esta curiosa percepción se debe a que por cuenta de la adversidad, se han desarrollado procesos de solidaridad colectiva que generan una sensación de felicidad basada en la confianza en los demás: «El país más feliz del mundo», *Revista Cambio.com*, edición 587, 22 de diciembre de 2005.

11 El personaje de Siete por Tres está basado en un niño real a quien la autora conoció mientras trabajaba en uno de los barrios de desplazados en Barrancabermeja. Este chiquillo tenía doce años y recibió el nombre de Veintiuno por un dedo de más que tenía en el pie. El cura de la comunidad prohibió este sobrenombre, entonces, eventualmente, comenzaron a llamarlo Siete por Tres: *Daniela Melis, op. cit., p.* 122.

prometido con los procesos civiles de paz y dispuesto a un acercamiento romántico con la narradora.

En lugar de huir de la asechanza de la violencia y la muerte, Siete por Tres se lanza a la *ventura* en pos del amor y la seguridad perdidos. En otras palabras, *La multitud errante* fundamenta su narración en un regreso nostálgico del sujeto a la cobija materna, al tiempo feliz de la infancia y al espacio de cohesión, ensueño y centralidad que, según Gaston Bachelard, aúna la casa[12]. Ciertamente, la novela de Restrepo recrea la formación identitaria de Siete por Tres y su maduración como líder comunitario gracias a la asistencia tutelar que otorga la figura materna y al paulatino reconocimiento de espacios sacrofamiliares tanto reales como metafóricos. Sin embargo, en su peripatético recorrido, el héroe atraviesa por diversas fases en las que se destacan ciertos arquetipos universales, como el del niño divino, el huérfano, el viajero errante y, eventualmente, con el retorno, se alcanza la consagración cabal de la jornada heroica.

EL NIÑO DIVINO, INOCENTE Y HUÉRFANO

«No exactamente nació, sino que apareció.»

El arquetipo del niño divino, representado en la mitología por infantes o criaturas pequeñas, encarna el futuro, la metamorfosis, el renacimiento o la salvación. Para Carl Jung, la manifestación del motivo del niño representa la preconciencia de la psiquis colectiva que está en vías de definición[13]. Es decir, por su constante estado evolutivo, la figura del niño está sujeta a múltiples transformaciones, como parte del proceso de independencia e individuación del ser. En ocasiones, el niño puede ser un dios o un pequeño héroe de nacimiento milagroso o de infancia adversa y desafortunada. La presencia de esta serie de aspectos insignificantes, como serían el abandono, el peligro y las calamitosas pruebas durante la infancia temprana, afirma la dificultad que subyace a adquirir un sentido de totalidad e identidad[14]. En *La multitud errante* este motivo del niño divino se expresa mediante la inaudita *aparición* del recién nacido Siete por Tres durante las fiestas de despedida del año 1950. Esa *aparición*

---

12 Gaston Bachelard, *La poética del espacio* (tr. Ernestina de Champourcin), Fondo de Cultura Económica, México, 1983, p. 28.
13 Carl Jung, *Psyche and Symbol* (Tr. R.F.C. Hull), Violet S. de Laszlo (ed.), Princeton UP, New Jersey, 1991, p. 135.
14 Carl Jung, *op. cit.*, p. 140.

de corte sobrenatural tiene lugar durante un rito sagrado (misa de gallo), en un espacio sagrado (atrio de iglesia), a una hora liminal (medianoche), marcando así el carácter augural de la criatura. El origen misterioso de Siete por Tres también se magnifica por el signo del sexto dedo del pie derecho, que Matilde Lina interpreta como un prodigio especial de la naturaleza:

> Cuando tuvo ante sus ojos ese dedo sobrante que era objeto de asombro, no pensó ni por un momento que se tratara de un defecto; por el contrario, lo entendió como ganancia para ese ser venido al mundo con un pequeño don adicional (27).

Para Rudolf Otto, dentro de la experiencia sacra hay un elemento de ambigüedad que se rige por sentimientos encontrados de atracción y repulsión, típicos de la vivencia del *tremendo misterio*[15]. Es por este componente de maravilla ambivalente que la primera reacción del pueblo frente al fenómeno del sexto dedo de Siete por Tres es de aprensión y perplejidad. Igualmente, el niño «caído de la nada» se describe en términos de un sereno asombro, o bien como una presencia «alumbrada y solitaria» (26). En efecto, estas dos cualidades de alumbramiento y soledad se convertirán en ejes estructurales del destino de Siete por Tres. Esto se debe a que parte de la función intrínseca de la transformación del niño héroe en *La multitud errante* supone ir metafóricamente de la oscuridad a la luz (ignorancia/conocimiento) al unísono con el desplazamiento de lo fragmentario a lo unitario (indefinición/definición). Esta tendencia hacia la unidad y fuera del autoaislamiento equivale al desarrollo moral del héroe que se completa con el regreso de Siete por Tres al albergue en calidad de mediador de pleitos y obrador de milagros.

La evolución del niño-héroe no se puede ejecutar sin una separación del origen, por tanto, el alejamiento y la incomunicación son condiciones necesarias para facilitar la operación del cambio. A raíz de la desaparición de Matilde Lina durante una emboscada se activa por segunda vez el patrón de soledad y desprotección imperativos para reafirmar la propiedad excepcional del niño divino:

> A Siete por Tres lo dejaron vivo pero condenado a morir, librado a la improbabilidad de su destino de niño solitario por segunda vez, por segunda vez huérfano y tirado al abandono (53).

---

15 Rudolf Otto, *The Idea of the Holy* (tr. John W. Harvey), 2a edición, Oxford UP, Nueva York, 1970, pp. 12-30.

Aun cuando este arquetipo del *puer aeternus* deba sobrepasarse, Siete por Tres permanece, por gran parte de la novela, en esta etapa infantil, condenado a errar por la tierra, añorando a la madre y sólo «cuando ella regrese el niño despertará, ya adulto, y echarán a andar hombro con hombro» (54)[16]. En el mientras tanto, el Siete por Tres adulto, incapaz de conquistar la fase transitoria del *eterno niño* debido a la prematura ausencia de la madre, se embarca en un vagabundaje desorbitado que comparte rasgos con el arquetipo del huérfano y, más adelante, con el del viajero errante.

De hecho, el arquetipo del inocente se vincula directamente con el del huérfano, ya que el primero tiene una visión idílica y unitaria de la existencia, mientras el segundo implica el terrible despertar a la conciencia del dolor y, por ende, a la aceptación de la pérdida del paraíso[17]. Como parte de la progresión hacia una adultez de autonomía y responsabilidad, Siete por Tres debe aprender a lidiar con las tribulaciones y el desengaño a los que se verá sometido durante su trashumancia. Dentro de esta búsqueda de dirección y recuperación de la confianza y el amor, el huérfano (o el inocente caído) siente rabia, como reacción autodestructiva en que se culpa por la pérdida de unidad[18]. En *La multitud errante*, la experiencia de caída ocurre con la abrupta desaparición de Matilde Lina, la cual desata el patológico sentimiento de culpa en Siete por Tres:

> Su peor tormento ha sido siempre la culpa... culpa de no haber impedido que se la llevaran. De no buscarla con suficiente empeño. De seguir vivo, de respirar, de comer, de caminar: cree que todo es traicionarla (55-56).

Para que el huérfano pueda sobrepasar el estado de indefensión vital y desamparo, es preciso el auxilio de mentores que le ofrezcan amor, la oportunidad de contar su historia y la ayuda para superar la culpa y poder asumir la responsabilidad del futuro[19]. Podríamos concluir que la voz narradora en *La multitud errante* se ajusta a esta clasificación de guía docente que, al indagar con preguntas sobre la

---

16 El arquetipo del *puer aeternus* se asocia con la figura del niño divino y hace referencia a una deidad antigua representada por Eros y Dionisio. Se caracteriza, como señala su nombre, por el insuperable estado de puerilidad y dependencia de la madre que, según Jung, sólo se puede vencer mediante el trabajo y el sufrimiento.
17 Carol S. Pearson, *The Hero Within*, Harper San Francisco, Nueva York, 1989, pp. 25-27.
18 Carol S. Pearson, *op. cit.*, p. 29.
19 Carol S. Pearson, *op. cit.*, p. 41.

biografía de Siete por Tres, lo fuerza a confrontar sus propias dicotomías para así desentrañar la razón de ser de su tortuosa búsqueda y comprender la relevancia del despertar de conciencia y espíritu. En muchos aspectos, revivir la historia sirve como procedimiento terapéutico en que Siete por Tres «tendría que escudriñar en su pasado hasta averiguar cómo y por dónde se le había colado ese recuerdo del que su agonía manaba» (23). Por un lado, la narradora es una prolongación del amor arquetípico de Matilde Lina y, por otro, actúa como agente catalizador para la superación del trauma que cementará la transición del niño hacia la ejecución heroica del viajero errante.

El viajero errante

> «Desconcertado, caballero andante recién destituido de la causa de su dama».

El viajero errante, ejemplificado en las figuras de caballeros andantes, vaqueros o exploradores, emprende un viaje solitario que se vuelve un periplo de autodescubrimiento por medio de la aventura. Paradójicamente, la tendencia hacia el aislamiento y la soledad, en última instancia, conduce de nuevo a la colectividad, ya que una vez el viajero errante se conoce a sí mismo, mediante vivenciar la independencia y la propia intimidad, adquiere una visión renovada del mundo y una apreciación de los grupos sociales de los que antes rehuía[20]. Como consecuencia del *puer aeternus* insuperado, Siete por Tres padece de un problema crónico de adaptabilidad social y, por ende, se rebela contra la posibilidad de intimar o establecer vínculos significativos fuera de la figura emblemática de Matilde Lina. El constante errar de Siete por Tres nace de su nostalgia y se comprueba como una constante vuelta sobre sus pasos, un ejercicio estático y circular. Lejos de ella, el mundo es un enigma vacío y fantasmal, lo que hace que el viaje sea un estancamiento existencial y una desorientación física.

Al reflexionar sobre el héroe y el motivo del viaje en la literatura contemporánea, Graciela Scheines plantea que la vida en el pasaje es sintomática del agotamiento postmoderno de aventura[21]. De algu-

---

20 Carol S. Pearson, *op. cit.*, pp. 72-73.
21 Graciela Scheines, *Las metáforas del fracaso*, Editorial Sudamericana, Buenos Aires, 1992, p. 148.

na manera, hay una deformación del periplo clásico de los héroes, quienes ahora:

> Se demoran en un pasaje y allí se quedan inmóviles mientras se les va la vida. No caminan el laberinto. Han perdido la clave para orientarse o nunca la han tenido... Reemplazan la experiencia vital de aventurarse por el laberinto buscando un centro, por la inmovilidad angustiada en el pasaje[22].

Podríamos argumentar que el Siete por Tres del inicio de *La multitud errante* se caracteriza por un movimiento repetitivo; en ocasiones, la desesperación lo paraliza y, como describe la voz narradora, se queda «sumido en un trance, sentado al borde del camino mientras se va haciendo de noche, muy despacio... no tiene adónde ir» (53). Sin embargo, al retomar el camino y escapar de la inmovilidad, Siete por Tres confirma el ansia utópica de búsqueda y la sed de revelación.

La reanudación del viaje implica para el héroe errante un dinamismo tanto externo (renuncia a la parálisis) como interno (apertura emocional). El cambio interno en el que se deja de ser uno para ser *otro* permite que el héroe ensimismado de *La multitud errante* se aleje de «esa manera suya de mirar demasiado hacia adentro y tan poco hacia fuera» (20). La disposición que muestra Siete por Tres de salir de sí al final de la novela anuncia una suerte de resocialización constructiva que se ejemplifica en su regreso al albergue escoltado por una comitiva de reporteros, músicos, curas y fotógrafos para asistir a los desamparados del campamento, ya que ha resurgido como intermediario de fuerzas al defender, «creando un cerco humano», una sociedad civil y desarmada (119). Así, la reincorporación al corpus social es una gestión imperiosa de regreso a la humanidad y a la otredad que galvaniza el apogeo individual del héroe y se impone como momento angular de la travesía.

Es en el cruce del umbral al final del viaje que se suscita lo que Joseph Campbell atribuye como el propósito de los ritos de iniciación e instalación, aquél de mostrar la unidad esencial del individuo y del grupo y, sobre todo, resaltar la función del miembro del clan como órgano social dentro de un macrocosmos universal[23]. En este momento en que se confirma la dimensión portentosa del héroe, la narradora percibe a un Siete por Tres luminoso y exultante:

---

22 Graciela Scheines, *op. cit.*, p. 149.
23 Joseph Campbell, *The Hero with Thousand Faces*, Princeton UP, New Jersey, 1973, p. 384.

Nunca vi tan bello a Siete por Tres como cuando atravesó la puerta del albergue, primitivo, postatómico y espléndido como un héroe épico [...]. Era la hora estremecida del regreso, la entrada triunfal del hijo pródigo que reaparecía para afianzarse en lo suyo y defender su querencia (121).

Volver «a la querencia» significa para Siete por Tres restaurar el ritmo de los afectos y completar, a pesar de todas las vicisitudes, el circuito de desarrollo hacia la entronización del yo adulto. La vuelta al albergue sella su plenitud identitaria y la gestación de una existencia que se sobrepone a la ausencia de Matilde Lina y se vuelca hacia la colectividad para reedificar los parámetros convencionales del amor, la felicidad, la nación y la búsqueda misma.

De acuerdo con Juan Villegas, el héroe debe ser consecuente con la realidad histórica, social y psicológica a la que pertenece, ya que ésta determina una visión del mundo y un sistema de valores particulares[24]. Siete por Tres se ubica dentro de un contexto contemporáneo híbrido de movilidad y contingencia nacional, pero su trayecto adquiere cualidades paradigmáticas de heroicidad y preponderancia que lo distinguen del resto de la masa en tránsito. Aun cuando en principio se inscribe como otro desplazado anónimo, el héroe errante logra vencerse a sí mismo para consolidar y propagar ciertos valores intrínsecos del individuo. Por ello, las «emergencias» maravillosas de Siete por Tres a lo largo de La multitud errante preparan su apoteosis y lo ponen en una posición liminal, de criatura divina, marcado (numéricamente incluso) por el destino para la realización de un proyecto trascendental e inclusivo.

La nostalgia de la madre

«Matilde Lina es sólo el nombre que le has dado a todo lo que buscas».

La obsesión en que se ancla en La multitud errante es la búsqueda de todo lo que encarna el arquetipo de la madre en sus dimensiones de amante, virgen, refugio, síntesis de contrarios o de centro fecundo y numinoso. Para Restrepo, en Colombia se enraíza una enorme necesidad de trascendencia y, sobre todo, de advertir en la realidad un aspecto mágico y ritual. Tal exigencia de lo extraordinario como presencia cotidiana se recrea vívidamente en La multitud errante, ya que los personajes exhiben atributos extremos tanto infrahumanos

---

24 Juan Villegas, *La estructura mítica del héroe*, Planeta, Barcelona, 1978, p. 65.

como sobrehumanos. Por ejemplo, mientras Siete por Tres se desarrolla dentro del ámbito de lo insólito como niño divino, Matilde Lina se sitúa en una posición intermedia de mujer indefinible, de carácter «irreal y anfibio», que se comprueba en la incapacidad de Siete por Tres para describirla: «ni alta ni baja, ni blanca ni negra, ni linda ni fea, ni coja, ni boquinche ni lunareja, nada» (66). La naturaleza especial de Matilde Lina también se desdobla en la Virgen Inmaculada, patrona del pueblo de Santamaría Bailarina, a la que Siete por Tres rescata del fango e insiste en llevar consigo durante su peregrinaje, convirtiendo a ambas en «una misma figura, virgen y madre, a la vez pródiga en amor e inalcanzable» (61). La estatua de la Virgen es una especie de extensión sagrada del deseo de Siete por Tres tras la recuperación del «tibio centro del mundo» (45). De hecho, el vagar de los héroes es para Jung la representación de la nostalgia, del deseo que nunca consigue su objeto y que sin saberlo busca a la madre perdida[25].

Como sucede con el arquetipo del puer aeternus, Siete por Tres proyecta en cada mujer la imagen idealizada de la madre y al no hallarla, su existencia gravita en torno a la añoranza de su regreso ya que, como arguye Harper, la nostalgia trabaja como conciencia o moral involuntaria que le recuerda a la persona la experiencia de algo perdido porque añora un presente significativo[26]. El recuerdo y la nostalgia reaparecen en medio del fracaso para unificar y dar coherencia a la devastación interior del sujeto. Por esta razón, no es hasta que Siete por Tres queda desprendido de la asistencia rescatadora de Matilde Lina que ésta se instala como su ideal y cobra actualidad la función de la nostalgia:

> A lo largo de su vida la ha ido modelando a su imagen y semejanza, hasta hacerla encajar en el tamaño exacto de su recuerdo, de su culpa y su deseo (70).

Para la consecución de la empresa heroica, es necesaria una figura benigna que provea al viajero un amuleto para afrontar las pruebas de la aventura[27]. Para Siete por Tres ese objeto de protección es una cobija de Matilde Lina, en la que «cree encontrar la tibieza de un pecho, el color del primer cielo, el ramalazo del primer dolor» (29). Esta nostalgia, manifestada en el apego a la cobija y a la estatua

---

25 Carl Jung, *op. cit.*, p. 231.
26 Ralph Harper, *op. cit.*, p. 26.
27 Joseph Campbell, *op. cit.*, p. 69.

de la Virgen de Santamaría Bailarina, es la que ayuda a sobrevivir a Siete por Tres, recordándole inconscientemente su origen al margen del sentimiento de orfandad y la negación que lo rodean. Por este motivo, Matilde Lina evoca el eterno femenino como vía que señala el rumbo existencial y moldea el principio del amor universal y la esfera de lo sagrado y ausente en la novela. La imagen de la madre y todo lo que ésta representa es también una promesa de la posible restitución del paraíso, al que tanto aspira el arquetipo del huérfano, y un recordatorio de la fuerza inherente que el héroe tiene y debe invocar en los momentos cruciales de transición y metamorfosis.

LA CASA FUERA DE CASA

«Pero, ¿hacia dónde te vas, si éste es el propio fin de la Tierra?»

Debido a que el espacio nos vincula al mundo, el sujeto se construye gracias a la interacción y adecuación con la realidad circundante. Esta noción de habitar se deforma en *La multitud errante* por la desarticulación sistemática de los referentes físicos, históricos y simbólicos que genera la violencia y el desplazamiento forzado. El albergue de refugiados se posiciona entonces como zona residual inclasificable que pertenece a lo que el antropólogo Marc Augé ha denominado como el no-lugar para referirse a aquellos espacios que no pueden definirse en términos de identidad o historia, ya que ha habido una pérdida de vínculos sociales significativos[28]. Sin embargo, durante el proceso de readaptación del refugiado en *La multitud errante* a este espacio anónimo y provisorio del albergue, tiene lugar una nueva concepción de la casa que se basa en la comunión afectiva que brota de los espacios y situaciones límites. El albergue desarrolla un poder reconfortante y de reaprendizaje en el que los desplazados «se sobreponen a la tragedia y vuelven a ser personas» (100). Podríamos adjudicar el éxito de este regreso a la dignidad humana, por encima de la extracción de la familiaridad de lo conocido y reconocible, a la identificación que propicia el principio de hospitalidad, cohabitación y abolición de los lindes de pertenencia. En la interpretación de Cacciari, este principio se funda en que cuando se hospeda al peregrino es porque se reconoce

---

28 Marc Augé, *Los no lugares. Una antropología de la sobremodernidad* (tr. Margarita Mizraji), 4a ed., Gedisa, Barcelona, 1998, p. 83.

la propia condición de extranjero, de manera que no se puede hospedar sin ser enteramente extranjero en el mundo[29]. Como extranjera en tierra ajena, la narradora de *La multitud errante* comprende la urgencia de abrirse a la soledad compartida para ultrapasarla al decir:

> Estar fuera de sí es lo que permite estar en el otro, entrar en los demás, ser los demás (133).

El héroe errante que se erige en *La multitud errante* sirve de portavoz para un cuerpo social marginado y trashumante que logra superar el mundo desmembrado del albergue al recodificar los espacios físicos y simbólicos. La «vuelta sin volver» de Siete por Tres y la condición exiliada de la multitud errante proponen un viaje infinito hacia la afirmación humana en el dolor, el riesgo y la solidaridad. Al final de cuentas, es la esperanza del amor y el compromiso con el bienestar de otros lo que salvaguarda al individuo en crisis y lo transforma en ejemplo de lucha contra la amnesia histórica y la deshumanización de la guerra. En conclusión, los motivos arquetípicos que hilvana la ficción de Restrepo sintetizan las preocupaciones primigenias que yacen en el inconsciente colectivo y que oficializan el vagar como condición humana existencial, al igual que la voluntad y mentalidad míticas que aspiran al diálogo con lo divino y al encuentro de un territorio afectivo al cual llamar *casa*.

Referencias bibliográficas

Augé, Marc, *Los no lugares. Una antropología de la sobremodernidad* (tr. Margarita Mizraji), 4a ed., Gedisa, Barcelona, 1998.

Bachelard, Gaston, *La poética del espacio* (tr. Ernestina de Champourcin), Fondo de Cultura Económica, México, 1983.

Cacciari, Massimo, «La paradoja del extranjero», *Archipiélago* 26-27, 1996, pp. 111-118.

Campbell, Joseph, *The Hero with Thousand Faces*, Princeton University Press, New Jersey, 1973.

Cioran, Emile, *Sommario di Decomposizione* (tr. Mario Rigoni y Tea Turolla), Biblioteca Adelphi, Milán, 1996.

---

29 Massimo Cacciari, *op. cit.*, pp. 17-20.

Harper, Ralph, *Nostalgia. An Existencial Exploration of Longing and Ful-fillment in the Modern Age*, The Press of Western Reserve University, Cleveland, 1966.

Jung, Carl, *Psyche and Symbol* (tr. R.F.C. Hull), Violet S. de Laszlo (ed.), Princeton University Press, New Jersey, 1991.

La Crónica de Hoy, «Llama Laura Restrepo a rescatar la palabra al recibir Premio Alfaguara 2004», 20 de abril de 2004, http://www.cronica.com.mx/nota.php?idc=120718, consultada el 20 de mayo de 2005.

May, Rollo, *La necesidad del mito: la influencia de los modelos culturales en el mundo contemporáneo* (tr. Luis Botella García del Cid), Editorial Paidós, Barcelona, 1992.

Melis, Daniela, «Una entrevista con Laura Restrepo», *Chasqui* 34.1, 2005, pp. 114-129.

Otto, Rudolf, *The Idea of the Holy* (tr. John. W. Harvey), 2a edición, Oxford University Press, Nueva York, 1970.

Pearson, Carol S., *The Hero Within*, Harper San Francisco, Nueva York, 1989.

Ravelo, Renato, «Entrevista: La frivolidad es una de las consecuencias de la guerra», *Jornada*, 4 de octubre de 2001, http://www.jornada.unam.mx/2001/oct01/011004/05an1clt.html, consultada el 5 de agosto de 2005,

Restrepo, Laura, *La multitud errante*, Seix Barral, Buenos Aires, 2001.

Scheines, Graciela, *Las metáforas del fracaso*. Editorial Sudamericana, Buenos Aires, 1992.

Revista Cambio.com, «El país más feliz del mundo», edición 587, 22 de diciembre de 2005.

Villegas, Juan, *La estructura mítica del héroe*, Planeta, Barcelona, 1978.

NOMADISMO E IDENTIDAD

María E. Olaya, Universidad del Estado de Oregon

El desplazamiento forzado se ha convertido en la forma de violencia más devastadora en Colombia durante las últimas décadas. Este fenómeno comenzó, en forma masiva, en el departamento del Chocó durante el año de 1994 y luego se extendió a otras regiones del país flageladas por el conflicto armado. Según la Consultoría para los Derechos Humanos y el Desplazamiento (CODHES), hasta el año 2003 había, aproximadamente 2.7000.000 personas desplazadas por la violencia[1]. Si en un principio hubo un silencio generalizado –quizás por la magnitud de la tragedia y su impacto inmediato en la sociedad colombiana–, durante los últimos diez años se ha visto un incremento notable en la publicación de estudios críticos sobre el desplazamiento forzado desde diversas aproximaciones y disciplinas. Dichos estudios han aportado en gran medida a la concienciación de las problemáticas que día a día experimentan aquellos que se ven forzados a salir de su lugar de origen[2]. Algunos de estos estudios se preocupan igualmente por establecer que el desplazamiento forzado ha sido la mayor fuerza de trasformación cultural en Colombia durante los últimos años.

No es que el fenómeno del desplazamiento por violencia en Colombia sea algo nuevo, por el contrario, como lo asegura Alfredo Molano, «nuestra historia es la historia de un desplazamiento incesante, sólo a ratos interrumpido». Sin embargo, su manifestación más reciente ha adquirido proporciones endémicas, sin precedentes en la historia nacional. De ahí que el exilio interno, la desterritoria-

---

1 Carlos Miguel Ortiz, «Presentación», en *Palimpsesto: Exclusión, nomadismo y destierro* 2, 2002, p. 6.

2 Véase por ejemplo: Carlos Alberto. Giraldo *et al., Relatos e Imágenes: El desplazamiento en Colombia* (1997); Alfredo Molano, *Desterrados. Crónicas del desarraigo* (2001); Universidad Nacional de Colombia, Facultad de ciencias humanas, *Palimpsesto: Exclusión, nomadismo y destierro* 2 (2002); Museo Nacional de Colombia, *Memorias 2000. V Cátedra Anual de Historia Ernesto Restrepo Tirado: Éxodo, patrimonio e identidad* (2000); Alejandro Cuéllar Castillejo, *Poética de lo otro. Para una antropología de la guerra, la soledad, el exilio interno en Colombia* (2000).

lización y el desarraigo sean hoy día temas de importancia particular dentro de las ciencias sociales y los estudios literarios en Colombia.

La novela *La multitud errante*[3] de la escritora y periodista Laura Restrepo es una de las pocas obras de la literatura no testimonial que se aproximan al desplazamiento forzado propiamente dicho. En el mismo año de su publicación, se editó *Lugares ajenos*, una colección de cuentos cortos, dedicados a representar el desarraigo y el exilio interno en la cultura colombiana contemporánea[4]. Así mismo se han publicado estudios literarios que revisan la literatura Colombiana desde una óptica del desplazamiento: Luz Mary Giraldo, por ejemplo, propone una ambiciosa arqueología de la migración, la desterritorialización y el desplazamiento forzado, desde *Cien años de soledad* y *La hojarasca* hasta *La multitud errante*, incluyendo trabajos de Jorge Franco, Víctor Gaviria, Arturo Alape, Oscar Collazos y Fernando Vallejo.

Este artículo tiene como objetivo principal señalar algunas de las contribuciones de la novela *La multitud errante* a las revisiones más recientes de lo nacional. Esto desde una óptica construida a partir del exilio interno y el desarraigo propios del desplazamiento forzado de los últimos años. Para ello me propongo desarrollar una lectura del albergue –espacio donde acontece la novela–, entendido como espacio de reflexión histórica en donde se hacen visibles los intersticios de la violencia a través de una óptica del desarraigo; el albergue es también un espacio de autorreflexión en cuanto involucra a sus diversos transeúntes en una misma realidad, es un espacio de encuentros y coincidencias entre lo colectivo y lo subjetivo. Finalmente, me propongo hacer un análisis del albergue como escenario de una gran precariedad en el que se elabora el despojo, la pérdida y la defamiliarización propias de «un país en el camino». Esto último se analiza a la luz de una video-instalación titulada *Camino*, del actor, artista y director de teatro Rolf Abderhalden.

En *La multitud errante* se hace evidente la necesidad de buscar formas de autoconocimiento e identificación, no solamente para acentuar la dimensión humana del desplazamiento, sino también para

---

3 Todas las citas de *La multitud errante* de este ensayo corresponden a la edición de Seix Barral, Bogotá, 2001.
4 Esta antología incluye cuentos de Juan Diego Vélez, Andrés Burgos, Álvaro Pineda Botero, Fernando Cruz Kronfly, Jaime Alejandro Rodríguez, Ignacio Piedrahíta, Mario Escobar Velásquez, Juan Carlos Orrego, Esther Fleisacher, Oscar Castro, Juan Manuel Silva, Marco Antonio Mejía, Roberto Burgos Cantor, Arturo Alape y Rocío Vélez de Piedrahíta.

que esta experiencia se entienda como una vivencia compartida e inseparable de lo colombiano. Así mismo, el espacio delimitado por el albergue es un espacio itinerante, una parada en la larga peregrinación de miles de colombianos en donde las certezas psicológicas y materiales de la vida cotidiana se transforman en incertidumbres.

El presente análisis del espacio en la novela se basa en las inquietudes de Laura Restrepo con respecto a la identidad y a la subjetividad en el contexto de la violencia. Éstas la llevan a explorar espacios que por lo general resultan elusivos o se resisten a ser representados. Se pregunta la autora:

> ¿Qué pasa en nuestras cabezas y nuestros corazones? ¿Cómo nos ha cambiado esa guerra a la que venimos sometidos hace tantos años? y que seguramente en lo que nos queda de vida no vamos a vivir nada distinto.

Y añade:

> Los colombianos hemos sido muy ágiles para descifrar la guerra a través de la narración, pero hemos fallado en ver cómo ese fenómeno exterior nos afecta interiormente[5].

La multitud errante es ante todo una exploración de esa intimidad o «interioridad» a la que se refiere Laura Restrepo, en la que existe una red de vivencias y acontecimientos que eventualmente entrelazan las historias de dos personajes –cuyas realidades aparecen yuxtapuestas–, en una historia compartida.

Violencia y desarraigo

La novela es la historia del vínculo entre un desplazado llamado Siete por Tres y una mujer «extranjera», voz narradora, que poco a poco se enamora de él. La mujer narra la historia del peregrinaje de Siete por Tres desde su niñez, durante la «guerra Chica» (o guerra partidista) hasta su llegada al albergue durante el conflicto actual. Así mismo, la mujer se examina a lo largo de su relación con él y narra sus propios dilemas y transformaciones.

---

5 Enrique Posada Cano, «"Algo grave pasa en el colombiano" asegura Laura Restrepo, ganadora del premio Alfaguara de novela», en «Lecturas Dominicales» de *El Tiempo*, marzo 5 de 2004, p. 2.

Por medio de Siete por Tres, se establece que el desarraigo en Colombia, casi desapercibido y poco investigado hasta los desplazamientos masivos de las últimas décadas, ha sido más bien característico de toda la violencia. El peregrinaje de Siete por Tres es la itinerancia emblemática de miles de seres anónimos que, como él, recorren los caminos del interior del país buscando alguna forma de sosiego. La narradora expresa ansiedad ante lo que parece ser una constante repetición de eventos ya familiares a lo largo de todos los conflictos. Esto lo hace gracias a la historia de Siete por Tres, que, desde su nacimiento, «primero de enero de 1950» (25), se encuentra huyendo de un conflicto sólo para caer en otro. Así la narración apela a un paisaje devastador y a la vez familiar, común a todas las guerras en Colombia:

> Como invitada por el chisporroteo, la violencia penetró ese año arrasadora y grosera, y Santamaría, que era liberal, fue convertida en pandemónium por la gran rabia conservadora. Fue así como a los pocos meses de vida, Siete por Tres debió ver por vez primera –¿por segunda?, ¿por tercera?– el espectáculo nocturno de las casas en llamas, los animales sin dueño bramando en la distancia; la oscuridad que palpita como una asechanza; los cadáveres blandos e inflados que trae la corriente y que se aferran a los matorrales de la orilla, negándose a partir; el río temeroso de sus propias aguas que se aleja de prisa, queriendo desprenderse del cauce (31).

La permanencia invocada por los «cadáveres que se niegan a partir» es una ansiedad que Laura Restrepo comparte con muchos de los escritores e intelectuales a quienes les preocupa la violencia y el desplazamiento. Escribe William Ospina:

> Lo más importante para nosotros debería ser que esto no está ocurriendo por primera vez. Una historia que se repite y se repite necesita una explicación, y casi se diría que necesita un conjuro[6].

La eternidad agobiante de la violencia adquiere una dimensión mítica a través de Siete por Tres. Su llegada al albergue está precedida por otra guerra: «Se había acabado la guerra Chica y había empezado otra que ni nombre tenía» (62). Ya para entonces, el personaje había perdido a su madre y a su pueblo. Sin embargo, la necesidad

---

6 William Ospina, «Trajimos sin pensarlo en el habla los valles», en *Palimpsesto: Exclusión, nomadismo y destierro*.2, 2002, p. 12.

de conjurar la repetición a la que se refiere William Ospina también está presente en el personaje, él lleva consigo a Matilde Lina: una especie de talismán que le permite explorar otros caminos.

Matilde Lina

El motor que impulsa a Siete por Tres a seguir andando es la búsqueda de su madre adoptiva Matilde Lina: la única forma de amor y protección que ha conocido en su existencia de desplazado. Ella es una realidad exclusivamente interior, un espejismo que no encuentra correspondencia en el mundo de la pérdida, del anonimato y del caos. A pesar de la fragilidad fantasmagórica del recuerdo, allí se halla la única certidumbre del personaje.

El nombre de Matilde Lina tiene asociaciones míticas en el imaginario colombiano. Su imagen ha sido evocada a lo largo de varias generaciones en la música tradicional vallenata como emblema del amor, el deseo y la nostalgia[7]. La novela acude a esta dimensión emblemática de lo nacional por medio de la intimidad de Siete por Tres. Matilde Lina es una imagen que le sirve al personaje de casa portátil y que delimita el espacio habitable de su realidad. Es decir, si la guerra y el desarraigo aparecen en su repetición angustiosa en lo nacional, igual ocurre con la benevolencia de Matilde Lina. Aun cuando ella sea una carencia, opacada por el desamparo y en constante peligro de desaparecer, es real en cuanto define los rasgos fundamentales de la identidad de Siete por Tres. Laura Restrepo ha dicho de Siete por Tres que:

> No viene con el río de la gente desplazada, sino en contra de ella en busca de la mujer. Es una especie de contravía narrativa con el propósito de individualizar al personaje: su historia es única, él también hace parte de la multitud, él también está en el camino, pero él va en contravía[8].

A pesar de que Matilde Lina es sombra intangible, ella impide que Siete por Tres interiorice los estragos de la guerra o participe voluntariamente en ella. Como se ha demostrado en varios estudios sobre el desplazamiento que se basan en el testimonio de sus vícti-

---

7 La canción fue compuesta originalmente por el compositor guajiro Leandro Díaz.
8 Elvira Sánchez-Blake, «Entrevista a Laura Restrepo: Colombia, "Un país en el camino"», *Revista de Estudios Colombianos*, vol. 22, 2001, p. 61.

mas, los efectos del conflicto en la identidad, tanto colectiva como individual, son devastadores. En los testimonios de la gente desplazada por violencia en el departamento del Chocó, analizados en *Relatos e imágenes: El desplazamiento en Colombia*, una de las problemáticas a las que la población civil se ve enfrentada es la de la presión de los actores armados para que no haya posibilidades de neutralidad. En este estudio se demuestra que el conflicto armado se alimenta de la población civil, no solamente subyugándola sino también polarizándola: o se es guerrillero, o se es paramilitar. Resistirse a esta polarización o reducción de la identidad les ha resultado muy costoso a miles de campesinos e indígenas colombianos; ante una guerra que no acaba, esta forma de resistencia amenaza con desestabilizar el régimen de terror que los actores armados intentan imponer, de ahí que las comunidades de paz y otros grupos de resistencia comunal pacífica sean tan perseguidos en zonas de conflicto.

El espacio que propone la novela, valiéndose de Matilde Lina, coincide con esta forma de resistencia; es una luz de esperanza en cuanto propone que Siete por Tres no va a perpetuar la violencia de la cual ha sido víctima. El personaje se resiste a identificarse o a ser identificado con un lado u otro del conflicto:

> —La madre Françoise sospecha que eres guerrero, o terrorista…—puyaba yo a Siete por Tres para ver qué le sonsacaba […]
> —¡Ay, Ojos de Agua! Mi guerra es más cruel, porque la llevo por dentro —me contestaba él, eludiendo la respuesta (77-78).

La «contravía» a la que se refiere Laura Restrepo podría ser interpretada como una forma de lucidez en la novela; en Matilde Lina están el amor, el perdón y la humanidad potenciados por la memoria de Siete por Tres. Además de enseñarle el perdón, esa sombra benévola le permite verse a sí mismo e identificar los estragos de la guerra en su propia subjetividad:

> —Éramos víctimas, pero también éramos verdugos —reconoce Siete por Tres—. Huíamos de la violencia, sí, pero a nuestro paso la esparcíamos también (35).

Matilde Lina es la presencia de la solidaridad, un intento de salir de las garras del rencor, la sed de venganza y la desolación. En ella se encuentra la posibilidad de que Siete por Tres no se convierta en la violencia que lo acecha desde su nacimiento. Es así como la novela representa el camino en contravía recorrido por este personaje.

El otro camino, presente también en el albergue, es el camino que asegura la repetición inacabable de la violencia en Colombia; como advierte la madre Françoise sobre los transeúntes del refugio, ellos caen en las trampas invisibles de la violencia:

> —Detrás de ese aire de derrota está vivísimo el rencor —me advirtió—. Huyen de la guerra pero la llevan dentro, porque no han podido perdonar (101).

LA NARRADORA

La novela también se sumerge en las tribulaciones de la narradora y coprotagonista, quien cuenta la historia de Siete por Tres de una manera comprometida y personal. Debido al amor que ella siente por el personaje, su narración va perdiendo la distancia propia de quien narra el recuerdo de otro. Los dos personajes se encuentran y trascienden distancias que los preceden por medio del amor y ayudados por lo tenue y lo fronterizo del albergue:

> Cuando Siete por Tres me dice Ojos de Agua, yo entiendo también que entre mis ojos y los suyos se atraviesa un océano. Pero él sabe anteponerle un *mi* [...] y ese mi es una barquita: insuficiente, raquítica, azarosa, pero embarcación al fin, para intentar la travesía (79).

Desde el principio de la novela, la narradora busca esa «barquita» que la acerque a Siete por Tres de una manera diferente al acercamiento esperado entre una voluntaria, quizás trabajando para una organización no gubernamental, y un desplazado. Así, el desplazamiento y su historia se vuelven también personales en cuanto ya forman parte de un espacio íntimo en la memoria de la narradora. Ella busca a Siete por Tres con la misma obsesión con la que Siete por Tres busca a Matilde Lina. Los tres forman un triángulo que eventualmente se disuelve para abrir la posibilidad de una relación de amor entre la narradora y Siete por Tres. Por medio del vínculo con la narradora, la sombra de Matilde Lina se podría proyectar fuera de la dimensión subjetiva de Siete por Tres:

> [p]ercibo los pasos de Siete por Tres que entra a su medio lado del cuarto. [...] Adivino su silueta a través del telón del centro y sé que Siete por Tres se sienta en su catre y que se demora, botón por botón, al quitarse la camisa. Intuyo su mata de pelo y la siento respirar en la sombra, como un animal en reposo. Hasta mí llega

muy vivo el olor de su cuerpo, y lo veo descolgar la tela de trama difusa y figuras borrosas que nos separaba (137-138).

Por ser el albergue un espacio provisional e inseguro, es también un lugar en donde se potencian transformaciones imposibles de imaginar en un espacio no marginal, de ahí el final de la novela que parece ser más el comienzo de otra historia: la del encuentro entre dos realidades que no tenían manera de cruzarse. Para la narradora, el amor con Siete por Tres es una forma de autoconocimiento por medio de la cual se reconoce en el otro y en su realidad. Así mismo, narrar el desplazamiento es asomarse a una dimensión incierta de su propia realidad. Ella se embarca en un proceso que la obliga a cuestionarse y a buscarse en lo que Siete por Tres le enseña sobre sí misma:

> Éste es un lugar ajeno y lejano de todo lo mío, regido por códigos privativos que a cada instante me exigen un enorme esfuerzo de interpretación. Sin embargo, por razones que no acabo de esclarecer, es aquí donde está en juego lo más interno y pertinente de mi ser. Es aquí donde resuena, confusa pero apremiante, la voz que me convoca. Y es que yo, a mi manera peculiar y aunque ellos no se den cuenta, también hago parte de la multitud errante, que me arrastra por entre encuentros y desencuentros al poderoso ritmo de su vaivén (69).

La narración va tejiendo una óptica subjetivo-objetiva por medio de la relación entre los personajes. Bajo esta óptica, los diferentes niveles de realidad propios de la nación fragmentada del albergue se tornan en posibilidad de convivencia, no solamente para entender al otro sino para conocerlo y transformarse en el proceso. No es que en el albergue se den soluciones inmediatas, más bien se facilitan acercamientos que eventualmente producirán transformaciones, tanto al nivel de la subjetividad como al de la colectividad. El albergue iguala a sus transeúntes por medio del fuera de lugar en el que todos se encuentran.

EL CAMINO DE SIETE POR TRES

El albergue de la novela también es despojo y vulnerabilidad. Tanto el camino de las multitudes como la contravía de Siete por Tres están marcados por el desarraigo y por la búsqueda de los aspectos más elementales de la vida cotidiana. Los objetos con los que camina

Siete por Tres son indicios de esta precariedad: una cobija deshecha que, según la narradora, guarda la memoria cada vez más lejana del olor de Matilde Lina (29); un cuadro de la Virgen bailarina, quizás lo único que queda del pueblo dónde vivían antes de la guerra Chica (29)[9]. Esta estatua, vestigio de lo que fue una identidad colectiva borrada por la violencia, es una imagen recurrente del desplazamiento forzado en Colombia. En *Relatos e imágenes: El desplazamiento en Colombia*, aparece una fotografía, tomada por Jesús Abad Colorado, de una mujer chocoana que en la huída lleva a cuestas el cuadro de una Virgen, símbolo de su comunidad[10]. La coincidencia no es gratuita: Laura Restrepo ha expresado, en relación con esta novela, su necesidad de buscar la estética del desplazamiento y de profundizar en sus historias[11].

En cuanto a la estética del despojo, la video-instalación *Camino* de Rolf Abderhalden bien podría ser el camino de Siete por Tres en la novela de Laura Restrepo. La precariedad del albergue representada en *La multitud errante* se logra en *Camino* a partir del extrañamiento de objetos asociados con el hogar colombiano, estos objetos son comúnmente representativos de una intimidad protectora y acogedora. *Camino* resemantiza dichas representaciones y defamiliariza los objetos en el contexto de la incertidumbre propia del desplazamiento.

En el año 1999, el Museo de Arte Moderno de Bogotá se embarcó en un ambicioso proyecto: *Arte y violencia en Colombia desde 1948*. En esta exposición, curada por Álvaro Medina, se incluyeron pinturas, esculturas, fotografía e instalaciones variadas representativas de cuarenta años de producción artística alrededor del tema; entre ellas, la video-instalación *Camino* de Rolf Abderhalden. Su inclusión en este proyecto ubica al artista en el naciente panorama intelectual que se preocupa por el exilio interno y el desplazamiento. El trabajo de Rolf Abderhalden es ampliamente conocido en el ámbito del teatro colombiano. Los montajes de su compañía, Mapa Teatro, son reconocidos nacional e internacionalmente. Su incursión «oficial» en el panorama de las artes plásticas es relativamente reciente, aun así, la

---

9 Esta parte de la historia está basada en hechos reales y recurrentes de la historia del desplazamiento. Dice Laura Restrepo: «Una de las investigaciones previas a la novela tiene que ver con los desplazados, en este caso los habitantes del pueblo Santa María Bailarina, borrado por la violencia. Sucede que, a su vez, antes de haber poblado este pueblo ya habían sido desplazados en un momento anterior»: Elvira Sánchez-Blake, *op. cit.*, p. 61.

10 Carlos Alberto Giraldo *et al.*, *Relatos e imágenes: El desplazamiento en Colombia*, Cinep, Bogotá, 1997, p. 10.

11 Elvira Sánchez-Blake, *op. cit.*, p. 61.

crítica lo considera como uno de los artistas más innovadores y experimentales en el campo del arte contemporáneo en Colombia[12].

La presentación de *Camino* (1998) en el Museo de Arte Moderno de Bogotá ocupó un espacio de dos pisos. En el primero, se proyectaba un video en dos lados opuestos de la pared. En el video aparece un hombre, vestido de negro y cegado por una venda. El hombre recorre desde un lado de la pared, un camino indescifrable por su blancura sin dejar huella en el ir y venir de sus pies descalzos. Este personaje anónimo carga una serie de enseres domésticos, uno a uno los va entregando desde un lado de la pared al otro. El hombre comienza su ritual de peregrinaje caminando hacia la audiencia; en la pared opuesta se encuentra el mismo hombre recibiendo el objeto que le ha sido entregado desde el otro lado, alejándose lentamente por el mismo camino. Entre los objetos, el hombre carga un colchón, una silla de cuero y madera, una maleta vieja, una ruana y un machete. Todos estos objetos tienen un toque artesanal o rústico que apunta hacia un imaginario nacional. A pesar de ser objetos mundanos o casuales, no son genéricos sino que, por el contrario, se asocian con un contexto de casa colombiana. Sin embargo, el ir y venir del hombre con estos objetos a la intemperie junto con la movilización de objetos que generalmente se visualizarían estáticos, evocan la ausencia de un hogar. Este acto de llevar, entregar y alejarse con un objeto doméstico se repite sin una sola variación rítmica; el hombre camina con el mismo paso de un lado al otro, lo único que no se repite es el objeto. El video termina su ciclo cuando se acaban todos los enseres domésticos. Al final, el hombre, ya sin objeto, se quita la venda blanca que le cubre los ojos y sigue caminando.

A diferencia del escenario de cualquier teatro, en la video-instalación no hay lugar para la audiencia; la gente que va entrando al recinto tiene que ubicarse en medio de las dos paredes con la doble sensación de ser un estorbo y, a la vez, de ser parte del camino recorrido por el personaje; el recinto se convierte en una tarima compartida por todos. No hay sillas, de tal manera que el desasosiego del que camina no pueda ser observado desde la comodidad y la

---

12 Según José Ignacio Roca: «Rolf Abderhalden realiza una entrada más que convincente en el medio artístico nacional [...]. En la situación actual del país, sus imágenes sobre violencia, desaparición, marginalidad y olvido –sin caer, al igual que Doris Salcedo, en la denuncia obvia o en el oportunismo– son de una urgente pertinencia, y de una elocuencia dolorosa»: José Ignacio Roca, «Rolf Abderhalden», *Columna de Arena*. 10, 1998, p. 4.

distancia; el visitante se hace parte del espacio de pérdida y ausencia proyectado por medio del que camina.

La segunda parte de *Camino* consiste en el montaje de todos los enseres domésticos que el hombre lleva en el video. En el Museo de Arte Moderno, la instalación fue ubicada en la parte de arriba del recinto de proyección. La audiencia tenía que subir para observar los objetos desplegados en un espacio similar al marco de una ventana o una vitrina. Entre estos objetos había una cama, un colchón, una ruana, un carriel paisa, una maleta, un cuchillo de cocina y una silla de cuero.

Uno de los aspectos más perturbadores de la instalación es la invisibilidad de las cuerdas que sostienen el peso de las cosas. Hay una clara intención de esconderlas de tal manera que los objetos se encuentran suspendidos en un ambiente sobrecogedor de incertidumbre, quietud y silencio. Lo anterior se contrapone al elemento humano, si no caluroso de la cotidianeidad de estos objetos; en su desgaste se intuye la presencia humana, desgarradoramente ausente en este despliegue de domesticidad.

El conjunto de objetos evoca un ámbito de intimidad hogareña y, por metonimia, de casa colombiana. Dice Gastón Bachelard que «la casa es un cuerpo de imágenes que dan al hombre razones o ilusiones de estabilidad»[13]. Los objetos colgantes de la vida cotidiana son la evidencia de una casa asediada y vulnerable donde se pone en entredicho la posibilidad de habitar. El interior de la casa queda expuesto hacia afuera, y así, lo externo y lo interno; lo personal y lo social se confunden en la incertidumbre[14]. En la instalación de Abderhalden se proyectan imágenes extrañadas de la casa colombiana en las que la simpleza de lo doméstico flota desplazada en un fuera de lugar. En *Camino*, la aparente solidez del refugio más elemental del ser humano se vuelve incertidumbre.

El *Camino* de *La multitud errante*

Camino convoca a su audiencia en el espacio de una casa colombiana de cimientos cuestionables donde se cruzan varios niveles de realidad. La proyección de este espacio está estrechamente relacio-

13 Gastón Bachelard, *La poética del espacio*, Fondo de Cultura Económica, México, 2001, p. 48.
14 Helena Carvalhão Buescu analiza este tema en el contexto de la casa portuguesa en la novela del escritor Júlio Dinis en «A casa e a encenação do mundo: *Os fidalgos da casa mourisca*, de Júlio Dinis», en *Escrever a casa portuguesa*, 1999, pp. 27-37.

nada con la construcción del espacio en el albergue provisional de *La multitud errante*. Más que concienciación de la realidad del otro, la propuesta subjetivo-objetiva, tanto poética como estética de los dos trabajos en relación con el desplazamiento forzado, busca involucrar a lectores y a espectadores en la dimensión itinerante de la realidad colombiana.

La multitud errante es un acercamiento al aspecto humano del desplazamiento forzado en Colombia. Es también una necesidad de aproximación a una dimensión de esa realidad que se encuentra todavía al margen de nuestro entendimiento. A propósito de la publicación de la novela *Delirio*, pregunta Laura Restrepo: «¿En qué nos hemos convertido?», y anota: «Eso no se ve porque somos como un manual de supervivencia. Algo muy grave está pasando dentro. Esa alma nuestra tiene que haber sido moldeada en greda muy particular»[15]. Como ocurre en *Delirio*, *La multitud errante* se aproxima a espacios menos reconocidos de la violencia y en esa forma se acerca a una comprensión más real de las fuerzas que transforman la cultura colombiana contemporánea.

Por medio de la presente investigación del espacio en *La multitud errante*, de Laura Restrepo, he intentado señalar las estrategias con las que la novela nos introduce en zonas poco exploradas de la experiencia de exilio interno y de desplazamiento forzado en Colombia. De ahí que el enfoque principal de este estudio sea el albergue, entendido como un espacio en constante movimiento y al igual que los personajes que lo habitan, inestable y asediado. El albergue es también un punto de encuentro en el que fluyen múltiples caminos: algunos ya recorridos en el andar incesante de Siete por Tres por la historia de la violencia colombiana y otros por recorrer, representados en la figura de Matilde Lina y sugeridos en los riesgos que los personajes asumen al establecer un vínculo de amor y así proponer un desafío a la predestinación.

Por otro lado, La vulnerabilidad de Siete por Tres, huérfano, sin casa y expuesto a la intemperie en su travesía, nos involucra en la pérdida y el despojo propios del desplazamiento forzado. En este sentido, la novela de Laura Restrepo y la video-instalación *Camino* de Rolf Abderhalden, analizadas comparativamente en este artículo, no solamente coinciden sino que se complementan en la construcción de una óptica del exilio en el contexto colombiano. Al comparar los dos trabajos, los referentes culturales de «casa colom-

---

15 Enrique Posada Cano, *op. cit.*, p. 2.

biana» aparecen extrañados y fuera de lugar, mostrándonos que las certezas de la domesticidad o la vida cotidiana pierden su aparente solidez en un país que, como bien lo ha dicho Laura Restrepo, «está en el camino».

De igual manera, la novela cuestiona estas certezas a nivel de la subjetividad por medio de la relación entre la narradora y Siete por Tres. La necesidad casi obsesiva por parte de la narradora de conocer al otro, de entenderlo y descifrarlo la lleva a mirarse a sí misma y a descubrirse en la fragilidad y la movilidad de su propia identidad; conocer a Siete por Tres implica para ella una forma de autoconocimiento que la une profundamente a la experiencia del desplazamiento. De este modo, tanto la novela como la video-instalación pretenden abrir espacios para que los colombianos encontremos nuestro propio reflejo en una realidad que nos afecta y nos pertenece a todos.

Referencias bibliográficas

Abderhalden, Rolf, *Camino* (video-instalación), Museo de Arte Moderno de Bogotá, 1998.

Bachelard, Gastón, *La poética del espacio*, Fondo de Cultura Económica, México, 2001.

Carvalhão Buescu, Helena, «A casa e a encenação do mundo: *Os fidalgos da casa mourisca*, de Júlio Dinis», en *Escrever a casa portuguesa*, Jorge Fernandes da Silveira (ed.), Editora UFMG, Belo Horizonte, 1999, pp. 27-37.

Cuéllar Castillejo, Alejandro, *Poética de lo otro. Para una antropología de la guerra, la soledad y el exilio interno en Colombia*, Instituto Colombiano de Antropología e Historia (ICANH) - Colciencias, Bogotá, 2000.

Giraldo, Carlos Alberto, Abad Colorado, Jesús y Pérez, Diego, *Relatos e imágenes: El desplazamiento en Colombia*, Cinep, Bogotá, 1997.

Giraldo, Luz Mary, «Testimonios de una literatura no testimonial. Inmigración y desplazamiento en la narrativa colombiana contemporánea», en *Palimpsesto: Exclusión, nomadismo y destierro*.2, 2002, pp. 188-197.

Molano, Alfredo, *Desterrados. Crónicas del desarraigo*, El Áncora Editores, Bogotá, 2001.

Museo Nacional de Colombia, *Memorias 2000. V Cátedra Anual de Historia Ernesto Restrepo Tirado: Éxodo, patrimonio e identidad*, Martha

Segura Naranjo (ed.), Museo Nacional de Colombia - Ministerio de Cultura, Bogotá, 2000.

Ospina, William, «Trajimos sin pensarlo en el habla los valles», en *Palimpsesto: Exclusión, nomadismo y destierro*.2, 2002, pp. 12-15.

Ortiz, Carlos Miguel, «Presentación», En *Palimpsesto: Exclusión, nomadismo y destierro* 2, 2002, p. 6.

Posada Cano, Enrique, «"Algo grave pasa en el colombiano" asegura Laura Restrepo, ganadora del premio Alfaguara de novela», «Lecturas Dominicales» de *El Tiempo*, marzo 5 de 2004, p. 2.

Restrepo, Laura, *La multitud errante*, Seix Barral, Bogotá, 2001.

_____, *Delirio*, Alfaguara, Bogotá, 2004.

Roca, José Ignacio, «Rolf Abderhalden», *Columna de Arena*.10, 1998, http://www.universes-inuniverse.de/columna/col10/col10htm, consultada en noviembre 20 de 2004.

Sánchez-Blake, Elvira, «Entrevista a Laura Restrepo: Colombia, "Un país en el camino"», *Revista de Estudios Colombianos*, vol. 22, 2001, pp. 58-61.

Universidad EAFIT, *Lugares Ajenos. Relatos del desplazamiento*, Fondo Editorial Universidad EAFIT, Medellín, 2001.

DELIRIO

DESEO SOCIAL E INDIVIDUAL

ELIZABETH MONTES GARCÉS, UNIVERSIDAD DE CALGARY

Delirio es la última novela de Laura Restrepo y fue ganadora del premio Alfaguara de novela en el año 2004. La novela cuenta la historia de Aguilar, un ex profesor de literatura, y Agustina, una joven de la élite bogotana que sufre de desequilibrio mental debido a la carga de represión y rechazo que experimentaba en su familia. Mientras Aguilar y Agustina operan en la periferia del sistema social capitalista y desean transgredir las fronteras sociales y sobrevivir al entorno social represivo que los rodea; otros personajes como el Midas McAlister y la Araña Salazar anhelan perpetuar el estatus de privilegio que les da el dinero mediante su alianza con el rey del narcotráfico, Pablo Escobar. En *El Antiedipo: capitalismo y esquizofrenia,* Gilles Deleuze y Félix Guattari proponen que el deseo es una fuerza intensa que une dos elementos en un juego de represión y consentimiento. Este deseo produce a su vez un movimiento de flujos que es el delirio y que opera entre dos polos: el que tiende a homogeneizar los anhelos de las comunidades y que parte de los centros del poder capitalista (lo molar) y el que se trata de escapar de tal dinámica (lo molecular) y crear sus propias líneas de fuga. En este ensayo se analizará la dinámica entre lo molar y lo molecular que se manifiesta en los personajes citados en cuanto se pliegan hacia uno u otro lado del movimiento del delirio. Por una parte, el delirio impulsa a Agustina y a Aguilar a romper los paradigmas establecidos de clase y de género (lo esquizo-revolucionario). Por otra parte, dicho delirio también incita a Midas y a la Araña Salazar a reafirmar los privilegios tradicionales de clase y género (lo paranoico) sin importar las consecuencias, que incluyen la violencia y la aniquilación de los más indefensos.

Existe un enlace directo entre la producción del deseo y la producción social. Para establecer ampliamente esta conexión, Deleuze y Guattari proponen el término máquinas deseantes para referirse a «maquinarias binarias, de regla binaria o de régimen asociativo; una máquina siempre va acoplada a otra»[1]. Las máquinas deseantes se refieren, pero no se circunscriben, a los órganos humanos acoplados a otros órganos humanos que producen un flujo. Por ejemplo: «El seno es una máquina que produce leche y la boca, una máquina acoplada a aquélla»[2]. El deseo se produce entonces por una serie de flujos e interrupciones de dichos flujos en un proceso de síntesis conectiva motivada por la dinámica de represión y consentimiento.

Mientras la noción platónica ve el deseo como carencia, para Deleuze y Guattari, el deseo es siempre productivo. La necesidad surge del deseo y no a la inversa. Sin embargo, la producción deseante reside en el inconsciente. El deseo se designa como molecular al nivel de lo microfísico inconsciente mientras que aquél que se produce en el ámbito social se caracteriza como molar. Si el deseo se codifica, es decir, si el deseo se representa, podemos decir que es molar. Si no se codifica, si se mantiene al nivel del inconsciente, es molecular. Por lo tanto, el capitalismo, valiéndose de un acceso cada vez más agresivo del inconsciente, ha codificado el deseo y lo ha etiquetado como mercancía. En términos de Deleuze, el capitalismo continuamente desterritorializa y reterritorializa el deseo. La estrategia consiste en interpretar los deseos en una comunidad determinada y representarlos como una mercancía que va a satisfacerlos. Por ejemplo, el agua potable es el mejor líquido que hay para calmar la sed sin producir adicción. Sin embargo, la publicidad y las corporaciones nos venden infinidad de productos para calmar la sed, incluyendo la Coca-Cola. La Coca-Cola produce mucha más sed debido al alto contenido de azúcar que contiene, pero a la vez incentiva el consumismo al provocar que la persona continúe comprando una y otra lata indefinidamente.

En la novela de Laura Restrepo, Midas McAlister está caracterizado como el prototipo del consumidor nato dominado por las estrategias mercantilistas del capitalismo y del medio social en el que crece. Midas es un muchacho de clase media que anhela por todos los medios pertenecer a la clase alta capitalina y tener acceso a todos sus privilegios. En la confesión que Midas le hace a Agustina acerca de su conducta y sus motivaciones, le describe cómo ansiaba intensamente encajar en el Liceo Masculino donde estudiaba y esconder su origen humilde de provinciano huérfano. Según Midas, tener ac-

---

1 Gilles Deleuze y Félix Guattari, *El Antiedipo: capitalismo y esquizofrenia*, Paidós, Buenos Aires, 2005, p. 15.
2 Gilles Deleuze y Félix Guattari, *op. cit.*, p. 1.

ceso al mundo de Agustina Londoño significaba obtener el dinero que le permitiera «llevar ropa de marca» con el «lagarto Lacoste en el pecho»[3] (203), comer en «esa vajilla de una porcelana delicada como cáscara de huevo» y «esos cubiertos pesados... de plata» (205), y utilizar el *waterpic* para cepillarse los dientes. En el caso del deseo de Midas, las máquinas deseantes operan para ofrecerle la ilusión de conexión y de prestigio social que significa comer en una vajilla cara con cubiertos de plata. Este ejemplo hace evidente que, por un lado, la definición de Midas como individuo depende del medio social en el cual crece y de los flujos del deseo que allí se fomentan. Por otro lado, se pone en evidencia que tanto los Londoño como Midas se hallan presos de las estrategias consumistas del mercado.

En este sentido los Londoño establecen el código de clase superior que excluye a todos los que intenten entrar en su círculo exclusivo porque a pesar de todos los esfuerzos que hace Midas, nunca es considerado uno de ellos. La conducta de los Londoño encaja en lo que en *El Antiedipo* se denomina paranoia, que no se entiende como una enfermedad mental sino como una de las tendencias hacia las que fluctúa el delirio. Para Deleuze y Guattari:

> ...Hay dos grandes [...] dos polos del delirio: un tipo o polo paranoico [...], que [dice]... «sí, soy de los vuestros, de la clase y raza superior». Y un... polo esquizo-revolucionario que sigue las líneas de fuga del deseo [...] procediendo a la inversa del precedente: «no soy de los vuestros, desde la eternidad soy de la raza inferior, soy una bestia, un negro»[4].

Es decir, tanto la familia Londoño como los amigos de Midas (el paraco Ayerbe, la Araña Salazar) se construyen a sí mismos como el centro de poder, molarizan los deseos al encauzarlos socialmente hacia la obtención de privilegios específicos y hacen cualquier cosa para mantenerlos. Tanto Midas como sus amigos se pliegan hacia el lado paranoico del delirio auspiciando a cada paso sus prácticas de exclusión, pero aliándose al mismo tiempo con las redes del narcotráfico para perpetuar su posición social. Cuando los miembros de esta élite caen en la cuenta de que están perdiendo el prestigio social porque sus arcas están bastante disminuidas en comparación con las de narcotraficantes como Pablo Escobar, deciden aliarse secretamen-

---

3 Las citas y referencias de *Delirio* que menciono en este ensayo corresponden a la edición de Alfaguara, México D.F., 2005.
4 Gilles Deleuze y Félix Guattari, *op. cit.*, p. 287.

te con él para no perder sus privilegios. Midas se convierte no sólo en el defensor de las prácticas exclusivistas de dicha élite, sino también en el intermediario entre éstos y Escobar para garantizarles las ganancias del lavado de dólares.

Es tan persistente el anhelo de Midas por complacer a sus amigos y de encajar en esta élite que es capaz de contribuir a la destrucción de quien se le cruce en su camino. Éste es el caso de Sara Luz Cárdenas, una enfermera que realiza un acto sadomasoquista en un bar para incrementar el ingreso familiar. Midas la contrata para satisfacer el anhelo de la Araña de conseguir una erección a pesar de ser impotente debido a su propia imprudencia al cabalgar estando ebrio. Sara Luz y su proxeneta Otoniel Cocué realizan su acto sadomasoquista para incitar a la Araña. Sin embargo, sus esfuerzos son fallidos, así que la Araña decide despedir a Otoniel, poner a Sara Luz o Dolores en «la Nautilus 4200 Single-Stack Gym» (194) y hacer que sus guardaespaldas, el Paco Malo y el Chupo, la torturen. El resultado es trágico porque, como señala el mismo Midas en su relato a Agustina, la habían «desnucado al amarrarla y hacerle demasiado fuerte hacia atrás con la correa... como si se les hubiera ido la mano y la hubieran reventado» (194). En esta instancia, el delirio es paranoico porque el flujo del deseo se concentra en un único objetivo: lograr la erección del falo respondiendo al código social que impone su supremacía como garantía de la masculinidad. Desgraciadamente, las consecuencias son funestas y afectan a seres indefensos como Sara Luz, la enfermera trabajadora y madre soltera que desea simplemente obtener un dinero extra para garantizar una mejor vida para su hijo.

Incluso Midas mismo resulta víctima de su propio invento al favorecer en todo momento las exclusiones siguiendo al pie de la letra el código social y rechazando en su gimnasio a las primas de Pablo Escobar por ser «cocos de oro», «nenorras de muy mal ver... [que tenían] el culo plano y las piernas cortas [que denotaban] un deplorable origen social» (98). La manera de describir a las parientes de Escobar nos hace ver cómo la apariencia física, el color del pelo y la pigmentación de la piel se asocian con el origen social y son valores fundamentales en el mundo en que se desenvuelve Midas. Él no quiere en ningún momento transgredir esos códigos no escritos porque sabe que si lo hace, el gimnasio se vendrá a pique. Irónicamente el Aerobic's Center era «una fachada para el dinero en grande que [provenía] del lavado...» (98), y Escobar no perdona el desdén hacia su familia y le cobra la mala jugada haciéndole invertir tanto a él como a la Araña y al agente de la DEA Rony Silver una fuerte suma de dinero que después no les devuelve redoblada en dólares, como solía hacerlo. Midas termina escondido en la casa de su madre y perseguido por los agentes de la DEA de Rony Silver, los sicarios de Escobar y los esbirros de la Araña.

Como supremo manipulador de los deseos, Escobar es el padre paranoico y déspota del modelo deluziano que controla los deseos y al que todos le deben. Midas lo expresa con estas palabras:

> Para la Araña Salazar, para tu señor padre, para el vivo de tu hermano, Pablo Escobar no es más que un plebeyo que ante ellos se quita el sombrero; cometen el mismo error que cometí yo, mi princesa Agustina, es un error suicida: la verdad es que el gordazo ya nos comió a todos crudos (83).

La imagen que utiliza Midas en su relato es curiosa porque en ella se presenta a Escobar como una máquina deseante y a los oligarcas como el flujo con el que se conecta devorándolos. Escobar es la figura autoritaria que interpreta los deseos y consigue que todos sean sus deudores para ejercer el poder sobre ellos. Sin embargo, se pliega a lo paranoico al enfatizar sus mismos códigos y querer entrar al círculo de la élite. Cuando Midas se lo impide, reacciona violentamente, lo que causa la destrucción de todos.

Mientras Midas, la Araña Salazar y Escobar mismo se inclinan hacia lo paranoico tratando de molarizar el deseo y codificarlo en una sola dirección; Aguilar y Agustina tienden a lo esquizofrénico al romper los esquemas y dar flujo libre al deseo para que se conduzca en direcciones inesperadas. En el relato de Aguilar, éste describe la apariencia física de Agustina con estas palabras:

> Agustina, toda de negro, andaba vestida medio de maja, medio de bruja, con mantillas de encaje, minifaldas asombrosamente cortas y guantes recortados que dejaban al aire sus largos dedos de blancura gótica (142).

La indumentaria estrafalaria de Agustina Londoño no va acorde con la manera de vestir de la gente de la clase pudiente bogotana. Tampoco las actividades a las que se dedica encajan en el estilo de vida de su familia. Ella vive en un apartamento «que no tenía muebles sino velas, cojines y mandalas trazados en el piso» (143), apuesta a la lotería, lee las cartas y el *I Ching*, practica el feng shui y adivina la suerte de personas perdidas.

Aunque Agustina es una persona muy activa, Aguilar especifica que lo que hace no tiene como meta conseguir dinero porque Agustina: «teje, borda, hornea, sienta ladrillo, echa pala, martilla, siempre y cuando el producto no tenga una finalidad práctica ni lucrativa» (62), desafiando de este modo los parámetros del capitalismo y las leyes del mercado. Ella realiza esas actividades porque las disfruta pero no para obtener estatus social ni provecho económico. Por otro lado, Agustina no tiene ningún inconveniente en interrumpir una actividad cuando ya no es placentera, como ocurre con la hechura de prendas de batik que abandona en el momento en que ésta no le complace sin jamás haber recuperado ni el costo de la inversión.

Si Agustina no sigue los patrones tradicionales con respecto a su oficio en la vida, tampoco encaja en su círculo familiar porque no comparte sus ideas con respecto a los parámetros de género y de clase que ellos fomentan. Los deseos y preferencias de Agustina no corresponden con los que auspician el poder hegemónico al que pertenece su familia. Contrariamente a lo que los Londoño esperaban, Agustina no se casa con alguien que pertenezca a su mismo grupo social. En realidad, ella ni siquiera se casa, sino que decide involucrarse con Aguilar, un «manteco» irredimible, según su familia, y a quien Eugenia de Londoño ni siquiera le dirige la palabra. Por otro lado, ella acepta la homosexualidad, acoge a los más débiles y rechaza la violencia a la que conduce el autoritarismo. Debido a todas estas actitudes Agustina no es aceptada dentro de su familia. De acuerdo con Aguilar:

> Lo verdaderamente intrigante es que la clase a la que pertenece Agustina no sólo excluye a las otras clases sino que además se purga a sí misma, se va deshaciendo de una parte de sus propios integrantes, aquellos que por razones sutiles no acaban de cumplir con los requisitos, como Agustina (33).

El autoritarismo de Carlos Vicente Londoño y la manera en que rechaza a su hijo el Bichi por ser homosexual es otra de las razones por las cuales Agustina se distancia de su familia. Agustina acepta que el deseo puede darse entre parejas del mismo sexo. Sin embargo, esa idea es totalmente inaceptable para su padre, quien, durante dieciséis años, abusa físicamente de su hermano Bichi. Mientras que su hermano Joaquín y su madre Eugenia permanecen incólumes ante el abuso del padre contra el Bichi y se ponen del lado del padre, Agustina idea formas infinitas de proteger a su hermano de la actitud violenta del padre y sufre cuando no logra conseguirlo. La actitud de apoyo incondicional a la figura del padre de parte de la madre aun cuando el Bichi revela ante todos la infidelidad del padre con la tía Sofi hace evidente hasta qué punto la molarización del deseo rige la vida de los Londoño y es una herramienta para perpetuar el orden tradicional. Agustina sabía que su hermano Bichi «quería derrotar la autoridad del Padre», pero no lo consigue porque advierte que «la debilidad de la Madre es más peligrosa que la ira del Padre» (256), y Eugenia decide negar lo que ha ocurrido y rechazar también a su hijo. Según Deleuze y Guattari, el deseo nómade y la homosexualidad son quizás las peores amenazas contra el esquema capitalista que se perpetúa por medio de la familia tradicional porque desestabiliza la triada padre (el capital), madre (la tierra) e hijo (el trabajador). Si el deseo se orienta en otras direcciones no garantizaría herederos para perpetuar el sistema.

Si Agustina transgrede los esquemas de clase y género que auspicia su familia, Aguilar también exhibe conductas esquizo-revolucionarias al salirse del patrón del hombre tradicional latinoamericano. Aguilar se autocaracteriza como «un profesor de clase media, dieciséis años mayor que [Agustina]… marxista de vieja data y militante de hueso colorado» (143). Aguilar se ha separado de su esposa Martha Elena aunque todavía sigue desempeñando sus funciones de padre, como lo demuestra su dedicación a sus hijos Carlos y Toño. Aunque es profesor de literatura, decide durante una huelga salirse de la universidad y ponerse a vender comida para perros. A pesar de que vender Purina significa bajar de nivel social, él opta por hacer de Agustina su prioridad y conseguir ese trabajo que le da el tiempo para cuidarla apropiadamente.

La devoción de Aguilar por Agustina es altamente encomiable a pesar de que al regresar de un viaje a Ibagué recibe la llamada de un hombre que le pide que vaya a recoger a Agustina al hotel Wellington. Aunque inicialmente Aguilar es presa de los celos, se da a la tarea de buscar las pistas que le permitan explicar lógicamente la razón por la cual Agustina no estaba en su casa a su regreso de Ibagué. Cuando después de días y días de investigación Aguilar consigue que Anita, la recepcionista del hotel Wellington, le descubra finalmente que Midas estuvo con Agustina y le encargó que Rorro la llevara al hotel, «Aguilar ya no quería saberlo» (334). Prefería recordar cómo «Agustina y yo habíamos comido obleas donde la viejita decapitada y todo lo demás era irrelevante… Ya no me importaba cómo se llamaba el tipo del hotel» (334). Aguilar acepta que el deseo es nómade y se alimenta de todo tipo de fragmentos aquí y allá. Prefiere dejar fluir su deseo en varias direcciones y disfrutar de todas las actividades que hace en la finca de Sasaima en compañía de Agustina: comer las obleas donde la viejita decapitada, ver el jardín de orquídeas, o sentir las piedras negras del río Dulce. De este modo, Aguilar socava la definición tradicional de la masculinidad latinoamericana desafiando los patrones de género y de clase y desestabilizando las relaciones de poder dentro del capitalismo.

En suma, el modelo del esquizoanálisis de Deleuze y Guattari permite demostrar cómo en la novela de Laura Restrepo los personajes fluctúan entre los dos extremos del delirio. Por un lado, Midas y la Araña Salazar, aliados con los centros del poder emblematizados por Pablo Escobar, perpetúan las fórmulas capitalistas al encauzar los deseos de la sociedad colombiana hacia la acumulación de bienes superfluos al tiempo que se crean para sí mismos un círculo cerrado que los miembros de otras clases no pueden franquear. Irónicamente, el énfasis en las políticas de exclusión que estas élites practican se convierte en su propia ruina al promover la venganza cruenta del narcotraficante, déspota autoritario y supremo manipulador de los deseos. Lamentablemente, el mantener el statu quo produce consecuencias funestas como la violencia y la muerte de personas inocentes como la enfermera Sara Luz Cárdenas. Por otro lado, personajes como Agustina y Aguilar se sitúan del lado esquizofrénico del delirio para desestabilizar las estructuras paternalistas y fosilizadas del poder y promover un orden más justo que no excluya a los individuos por su clase o por su género y garantice una vida más gratificante y más humana.

Referencias bibliográficas

Deleuze, Gilles y Félix Guattari, *El Antiedipo: capitalismo y esquizofrenia*, Paidós, Buenos Aires, 2005.
Holland, Eugene W., *Deleuze and Guattari's Anti-Oedipus: Introduction to Schizoanalysis*, Routledge, Londres, 1999.
Restrepo, Laura, *Delirio*, Alfaguara, México, D.F., 2005.

LA MIMESIS TRÁGICA:
ACERCAMIENTO A LA FRAGMENTACIÓN SOCIAL

GRICEL ÁVILA ORTEGA, UNIVERSIDAD DEL ESTADO DE NUEVO MÉXICO

> *Creo que lo propio del arte es «hacernos ver», «hacer percibir»,*
> *«hacer sentir» algo que alude a la realidad.*
> LOUIS ALTHUSSER

> *The writer is not only influenced by society: he influences. Art not merely*
> *reproduces Life but also shapes it. People may model their live upon the pat-*
> *terns of fictional heroes and heroines. They have made love, it committed*
> *crimes and suicide according to the book.*
> RENÉ WELLEK Y AUSTIN WARREN

MIMESIS IIISTÓRICA

Cuando pensamos en la pintura de Edgar Degas *Mercado de algodón* (1873), recordamos una obra en la que un grupo de catorce hombres trabaja el algodón, en la tarea de su selección y costura. O algún hombre sentado en una silla leyendo el periódico, mientras otros permanecen de pie para observar la labor de los demás. Sin duda, lo interesante en esta pintura es que el artista logra perpetuar una cotidianidad de la época. Los hombres de la pintura reflejan el diálogo de la sociedad y el espectador que participa en ella. Esta obra de arte es la representación simbólica del momento histórico en que el artista estaba envuelto. Y también una ventana que permite visualizar un momento extinguido. Al texto literario, como en esta pintura, le es posible connotar simbolizaciones del período histórico. Pero en vez de representar a un grupo de hombres en sus tareas cotidianas, mostrar a personajes como perpetuaciones figurativas. Entonces la obra literaria se constituye en la construcción de nuevos objetos[1] o enfoques de realidad, como la habitual.

Hernán Vidal afirma que es necesario que el texto literario sea comprendido como función metafórica, de analogías y metonimias

---

1 Edmond Cros, *Literatura, ideología y sociedad*, Gredos, Madrid, 1986, p. 33.

características de procesos y producciones culturales[2]. Obras como *El paso de los gansos* (1980) de Fernando Alegría desarrolla la visión de fragmentación de la situación histórica. A partir del concepto de que la literatura es un discurso unificador social, que abarca la cotidianidad como visión global de la historia[3]. La novela *Delirio* asume simbolizaciones sociales, culturales e históricas del lugar, para construir un significado que englobe a dicho lugar, pues en el texto, se lleva a cabo la construcción de una historia que logra orientar, desde una contemporaneidad, los diferentes conflictos ideológicos y la fragmentación social. Ésta es causante de las desavenencias internas que desembocan en el desarrollo de la ficción, en enfrentamientos entre oligarquías y grupos excluidos de ésta.

En un breve contexto histórico, observamos que el siglo XX fue un período de descentralización para Colombia, debido al maridaje del privilegio de la sangre o la riqueza con el poder del Estado[4], lo que le ocasionó dos décadas de crisis, 1970 y 1980. La primera fue de crisis política y la segunda, económica. Colombia sufrió el fracaso de los modelos económicos, pero paralelamente la oligarquía política se enriqueció, y la clase más beneficiada fue la burguesía. Para 1980 fue explicativa la fragmentación de la clase burguesa, lo que le dio el poder a las etnias y al localismo, que reunidos, pero diversificados en diferentes grupos, dieron paso a movimientos sociales que remplazaron a sindicatos y partidos políticos. Existió caos a nivel económico y político en los setenta y ochenta. Este caos se originó en el fracaso de los movimientos de liberación de los cincuenta y sesenta, como la Revolución Cubana, las guerrillas urbanas y la reinstauración de políticas militares. Ante ese panorama de descontento, se inicia la fragmentación de la visión humana, de los ideales políticos y económicos. Comienza la etapa de la anarquía, de grupos y organizaciones que por su propia cuenta buscan un nuevo orden de nación. Pero las diferentes visiones de «nuevos órdenes» provocan el inicio de los crímenes en Colombia –desde la década de 1960–; es el período de las asociaciones militares y paramilitares en el poder. De modo que la descentralización colombiana se hizo patente con la formación de grupos localistas

---

2 Hernán Vidal, *Literatura hispanoamericana e ideología liberal: surgimiento y crisis, una problemática sobre la dependencia en torno a la narrativa del* Boom, Hispamérica, Buenos Aires, 1976, p. 122.
3 Hernán Vidal, *op. cit.*, p. 126.
4 Marco Palacios y Frank Safford, *Colombia, país fragmentado, sociedad dividida: su historia,* Norma, Bogotá, 2002, p. 611.

que mantenían conflictos culturales con otros grupos de la región, lo que dio pie a los movimientos sociales armados como la FARC (Fuerzas Armadas Revolucionarias de Colombia) y el ELN (Ejército de Liberación Nacional). En efecto, la división clasista, el fracaso del poder político, del control de la burguesía, la división local, el resquebrajamiento de los ideales de visión utópica como el socialismo, fraccionaron a la sociedad colombiana.

En *Delirio* se plantea la realidad colombiana a través de la mirada de múltiples personajes. Cada uno de ellos cumple el modelo de comportamiento de la sociedad de Colombia, para materializar los diferentes valores que implica cada uno. En el texto, se constituyen los papeles sociales que se encuentran en función de cada individuo que lo identifica como sujeto activo de esta sociedad[5]. Así, no es raro el enfoque respecto a la fragmentación de la oligarquía en relación con la familia Londoño, pues describe cómo esta clase social ha otorgado el poder a la etnias, al localismo, lo cual hace posible que figuras como la de Pablo Escobar –un narcotraficante, un personaje nacido en el pueblo– pueda adquirir poder gracias al conjunto de redes grupales y dominar económicamente a la clase oligárquica, al punto de que ésta dependa definitivamente de él:

> En Colombia el Estado y la política quedaron en vilo ante poderosas fuerzas centrífugas como la globalización, los entramados de narcotraficantes y políticos clientelistas, los poderes locales de los guerrilleros y de los paramilitares[6].

Delirio ofrece ese panorama de fuerzas centrífugas, donde la figura de Pablo Escobar es el que maneja todos los entramados y juegos clientelistas. La novela ofrece el orbe de fragmentación como la división de clases, el fracaso del control económico de la burguesía, la división local, los grupos armados generadores de la violencia. Todo ello como producto del mismo descontento de esta fuerte división social causante del resquebrajamiento político y social. Ante este contexto de violencia y fraccionamiento social, los personajes siempre desean encauzarse en la verdad que los rodea[7], aunque muchas veces esta realidad pueda sobrepasar su condición humana.

---

5 Edmond Cros, *op. cit.*, p. 74.
6 Marco Palacios y Frank Safford, *op. cit.*, p. 611.
7 Paul Goodman, *La estructura de la obra literaria*, Siglo XXI, Madrid, 1971, p. 62.

Los personajes

> *¡Que estallen, si tienen que estallar: yo quiero*
> *conocer mi origen, por oscuro que sea!*
> Edipo, *Edipo Rey*

Agustina y la ceguera. Es muy conocida la tragedia de *Edipo Rey*, de Sófocles, principalmente el episodio en que el personaje se ciega a sí mismo al descubrir la verdad de su origen, que su esposa es su madre y que el hombre que mató en una disputa era su padre. Paul Goodman dice que esta acción es una violencia súbita, expresada en un colapso interno. La violencia es el descubrimiento de la realidad y el colapso es el cegarse los ojos. Esta acción en el personaje puede leerse como el deseo de no ver su realidad, de huir de ella, como un intento de desconocer conscientemente la situación descubierta[8]. En *Delirio*, el personaje de Agustina puede interpretarse como este personaje trágico. Agustina descifra una realidad vinculada al pasado y al presente como parte de su identidad. El personaje no puede soportar esa verdad –como Edipo– y decide negarla por medio de una «ceguera»: la locura.

Y, ¿cuál es la verdad descubierta por Agustina, como para optar por una ceguera voluntaria? Para responder a esta pregunta, permitámonos enumerar el conjunto de realidades en que este personaje se intrinca. En el primer plano está el familiar, en el que están los aspectos que siembran una suerte de violencia «pacífica». En el segundo plano reside lo político-social como violencia inesperada que, al unirse con el aspecto familiar, desemboca en el colapso interno de la locura. La novela narra episodios en los cuales Agustina junto con su hermano Bichi realizan un ritual, que consiste en mirar fotografías de un álbum prohibido. Ese álbum contiene imágenes de la tía Sofía desnuda:

> ¿Juras que a nadie, bajo ninguna circunstancia o por ningún motivo, le vas a mostrar estas fotos que hemos encontrado y que son sólo nuestras? [...] ¿Sabes que son peligrosas, que son un arma mortal? [...] y empezamos a mirar las fotos una por una [...] la tía Sofi con la camisa abierta, la tía Sofi desnuda sobre la silla reclinomática del estudio de mi papi [...].
> [...] la tía Sofi [...] deja una teta tapada y a la vista otra, [...] la tía Sofi se deja por fuera a propósito y con toda intención de

---

8 Paul Goodman, *op. cit.*, p. 44.

que nuestro padre se enamore de ella y abandone a mi madre, o sea a su propia hermana, que no tiene las tetas poderosas como ella[9] (101-102).

El ritual pone en evidencia la infidelidad del padre con la hermana de la madre. Esta verdad produce la violencia pacífica. La cual se manifiesta en el deseo de mantener la infidelidad en secreto, para conservar un balance familiar fragmentado. Agustina trata de custodiar este balance por medio de un ritual, pues sabe que si esta verdad se descubre, el equilibrio del hogar se va a romper. El ritual es herramienta para encubrir la infidelidad, y la manera precisa de ocultarlo es a partir del conocimiento. Pues del conocimiento se parte a la decisión de hacer caso omiso de su existencia. La ignorancia representa la seguridad del orden familiar. Como Edipo, que cree que su orden familiar permanecerá intacto mientras éste persista en la ignorancia de su origen. Pero cuando se revela la verdad, la culpabilidad del parricidio y del incesto se erige como verdad[10]. De igual manera, el personaje Agustina no desea que la infidelidad se revele para que no se erija como verdad, para que la confrontación con esa realidad no se dé. El deseo de este personaje es producto de debatirse entre dos determinaciones: conocer la realidad prohibida y ocultarla. El ocultamiento puede leerse como una «pequeña» ceguera. Por esa ceguera el personaje puede meditar y llegar a la conclusión de que por medio de ese secreto el orden familiar seguirá conservándose. Sin embargo, la locura de Agustina se configura completamente cuando Midas McAlister le revela que la riqueza de su familia proviene del narcotráfico, pues la fortuna terrateniente que tenía se agotó. Y ahora su familia depende económicamente del emporio de narcotráfico de Pablo Escobar:

> —Las haciendas productivas de tu abuelo Londoño hoy no son más que paisaje, así que aterriza en este siglo xx y arrodíllate ante Su Majestad el rey don Pablo, soberano de las tres Américas y enriquecido hasta el absurdo gracias a la gloriosa War on Drugs de los gringos, dueño y señor de este pecho y también de tu hermano como antes lo fue de tu padre (80).

Wilson Martins dice que la sociedad está reflejada muy particularmente en una y el texto literario expresa diversas formas en que

---

9 Las citas de *Delirio* que menciono en este estudio corresponden a la edición de Alfaguara, Buenos Aires, 2004.
10 Gunter Gebauer y Christoph Wulf, *Mimesis*, University of California Press, Berkeley, 1995, p. 262.

una comunidad no puede reconocerse a sí misma[11]. Y para expresar esta negación de reconocimiento, los personajes son el recurso para implicarse esencialmente en esta negación[12]. Agustina es el personaje trágico que está involucrado en una sociedad colombiana que no desea reconocer como suya. No sólo desea hacer caso omiso de la problemática familiar, sino también de la complejidad social en que está involucrada. Agustina representa una forma específica en que la sociedad colombiana se refleja. Esta sociedad puede caracterizarse de la siguiente manera: la sociedad conoce y reconoce el estado de violencia que está imperando. Se da cuenta de que intrínsecamente está ligada económicamente al narcotráfico, aunque no lo desee, y cuando reconoce esta realidad como suya, prefiere taparse los ojos, cegarse de una realidad enajenante y «violenta». La sociedad se torna en un Edipo que se ciega a sí misma ante un escenario que sobrepasa sus condiciones humanas.

Midas McAlister: el mensajero. Midas McAlister cumple la función de compaginar la estructura oligárquica y periférica, es una suerte de mensajero que da cuenta de la «verdad» de los problemas sociales y políticos de la novela. Si lo ubicamos dentro de la tragedia *Edipo*, podemos identificarlo con el anciano que le revela a Edipo la verdad de su nacimiento. Con sus confesiones a Agustina (que son el motivo de su locura), Midas provoca la ruptura del individuo con su universo, es el que une los puntos cardinales de la realidad a la que se enfrenta y que permanecían encerrados en un «cofre»:

> —Has venido a que te cuente qué fue lo que te pasó aquel sábado fatídico, y como tienes todo el derecho a saberlo pues ya está, te he mostrado sin tapujos mi tajada del pastel (330).

Midas es el que abre ese cofre y envía el mensaje que contiene. Y en ese «cofre» de realidades que se descubren se encuentra el maridaje de lo político con la riqueza, del privilegio de la sangre y del poder. Pero Midas McAlister no sólo devela ese universo, también lo representa, pues el personaje, ante un panorama de división social, trata de penetrar en ese mundo que desde siempre le ha sido negado por su ascendencia humilde. Ese mundo es la oligarquía, la preservadora de las formas sociales. Y ese mundo se encuentra dibujado por la familia Londoño:

---

11 Wilson Martins, «Literature and Society in Brazil», *Literature and Society*, Berenice Slote (ed.), Nebraska UP, Lincoln, 1964, p. 6.
12 Paul Goodman, *op. cit.*, p. 50.

[...] Hay algo que ellos tienen y yo no podré tener nunca aunque me saque una hernia de tanto hacer fuerza [...] es un abuelo que heredó una hacienda [...] un ropón de bautismo guardado por cuatro generaciones [...]. Ponle atención al síndrome. Así te hayas ganado el Nobel de literatura como García Márquez, o seas el hombre más rico del planeta como Pablo Escobar o seas un tenor de todo el carajo en la ópera de Milán, en este país no eres nadie comparado con uno de los de ropón almidonado (322).

Midas McAlister busca por todos los medios ser aceptado dentro de esta clase, por ello trata de ocultar su pasado, nulificar a su familia (de orígenes «pobres»). Para lograr participar en el mundo en el cual el pasado familiar y la riqueza no conceden ningún espacio a los grupos excluidos de la sociedad oligárquica. La visión de ascenso social del personaje Midas McAlister es una focalización que la obra construye y reconstruye[13] para asociarla con la visión social reinante en Colombia. Midas es la imagen de la sociedad periférica que representa la fragmentación ante un «universo» ajeno, al que no logra entrar, ni siquiera con su riqueza, que igualmente proviene del narcotráfico. Pero, a la vez que se asocian como grupos opuestos, los grupos adyacentes y la oligarquía se relacionan en el mismo grado de resquebrajamiento social (económica e ideológicamente):

—No sólo Silver me ponía en cuatro patas, campeonazos de la doble moral, también tu padre y tu hermano Joaco porque fue Midas McAlister quien les multiplicó las ganancias (44).

Por Midas McAlister puede verse que las estructuras, las oligárquicas y las periféricas, son correspondientes en el mismo orbe de «relleno». La primera estructura enmascara la realidad al instaurar un poderío económico (vía el narcotráfico) con tal de conservar sus «valores», sus formas sociales. Y en la segunda estructura, representada por McAlister, el narcotráfico es la posibilidad de acceder a un marco social que lo establezca como un individuo que participa activamente dentro de ese universo inaccesible. Sin embargo, Midas McAlister también participa en un tipo de ceguera como Agustina. En circunstancias inesperadas, McAlister es descubierto por la policía como narcotraficante. El personaje da cuenta de que ya no puede continuar con la vida de «apariencias» que llevaba. Ahora se le presenta el momento de abandonar ese escenario y retomar sus raíces de pobreza que siempre trató de encubrir:

13 Edmond Cros, *op. cit.*, p. 35.

Soy el criminal más buscado en este preciso momento [...].
Pero desde luego, nada va a pasarle al Midas mientras permanezca encerrado en casa de su madre (329).

Abandonar su vida de apariencias es una manera de cegarse a la realidad como delincuente. El espacio materno le concede nuevamente la identidad que siempre trató de ocultar y que ahora se le abre como única posibilidad de salvación:

> Porque el Midas sabe a ciencia cierta que no hay en el universo soplón ni espía ni marine, ni sicario de Pablo ni guardaespaldas de la Araña Salazar que pueda dar con su escondite [...] mientras permanezca guarecido en el regazo materno (330).

Huir al espacio materno es la forma de Midas de negar la realidad que lo ha sobrepasado. Volver al espacio materno es la ceguera voluntaria que elige para crearse una realidad alterna, una realidad en la cual esté a salvo de los problemas políticos y sociales, y también donde el personaje pueda encontrarse a él mismo.

Pablo Escobar o «la esfinge». En la tragedia de *Edipo*, el personaje logra ser rey de Tebas al descifrar un acertijo de la esfinge (el animal con cuerpo de león y alas). Por supuesto el trono incluye el matrimonio con la reina viuda, Yocasta. Aparentemente, haber logrado destruir a la bestia que era el terror de Tebas traerá las buenaventuras para el reino. Pero el desciframiento del acertijo y posteriormente la muerte de la esfinge sólo simbolizan el cúmulo de desgracias que se desatarán en el reino. Una cadena de pestes invade Tebas, las cuales son consecuencia del incesto (la unión entre la madre –Yocasta– y el hijo –Edipo–) y el asesinato del rey Layo. La historia de la obra simboliza cómo un hecho en apariencia afortunado es el mismo que acarrea las desgracias de los personajes. La muerte de la esfinge, del animal mítico y majestuoso, será el grado de la caída del héroe: Edipo encumbrado como el rey de Tebas cae estrepitosamente como héroe incestuoso y asesino. Por tanto, la esfinge es una figura engañadora, pues parecía que con su muerte se resolverían todos los problemas. Pero, en realidad, personifica la cadena de desdichas que se desatarán en Tebas. El personaje de Pablo Escobar puede asociarse con la figura de la esfinge. El personaje representa la posibilidad de movilización económica de la oligarquía empobrecida. Ilusoriamente, Escobar soluciona los problemas monetarios. Pero esta solución es engañadora. Su figura desencadena las desgracias de los personajes y, por extensión, de Colombia. Pablo Escobar es dueño de todo el sistema de narcotráfico, y ese medio le permite controlar a toda la oligarquía, que depende de este sistema. Al resolver las dificultades económicas de esta clase, este personaje causa el grave problema del énfasis en la diferencia de clases. La diferencia que siembra la violencia y la fragmentación social:

> ¿Y crees que Pablo recurre a todos nosotros, porque de veras tiene necesidad del dinero nuestro?, por supuesto que no; si lo sigue haciendo es para controlarnos, esa movida se la inventó para arrodillar a la oligarquía de este país, así me lo dejó entender él mismo (81).

Gunter Gebauer y Christoph Wulf comentan que en la tragedia de Edipo, la culpabilidad y el origen de la tragedia deben encontrarse en la misma crisis de este personaje, en los crímenes de que es acusado –parricidio e incesto–[14]. Pero esta postura no inquiere en las simbolizaciones que hemos señalado. Este planteamiento solo manifiesta el origen y la desembocadura de las desgracias en el personaje principal. Por eso es necesario ver que Pablo Escobar simboliza la figura de la esfinge de esta tragedia. Y la culpabilidad, el origen de las desgracias en *Edipo* y en *Delirio*, no se limita a un enfoque de acción de un solo personaje. El origen de las tragedias se encauza en figuras que funcionan en un grado paralelo a los personajes. En figuras que no necesariamente tienen una participación activa dentro del texto, pero que están presentes intrínsecamente en la realidad de la obra. Así, Pablo Escobar maneja los destinos de los personajes. Sin una gran presencia dialógica en la novela, su figura se vuelve el eje, la esfinge que controla las actividades sociales y políticas, no sólo de los personajes, también del país al que pertenecen. Como una esfinge, al adivinarle el acertijo (el narcotráfico como motor económico-social), lo que menos sucede son la buenaventuras, sino una cadena irreversible de desgracias que desquician a una sociedad por la violencia que desatan y la ceguera para enfrentarlas.

Aguilar o el espejo. Aguilar es el personaje que puede considerarse el coro de la novela. Es el que va narrando las cuestiones posibles de la locura de Agustina. Realiza la tarea de investigar cuál es el motivo del cambio de actitud de su mujer. Y cuando logra resolver determinadas cuestiones, recapitula y juzga los asuntos que descubre. Este

---

14 Gunter Gebauer y Christoph Wulf, *op. cit.*, p. 262.

punto es esencial, porque Aguilar surge como un mediador entre las acciones que narran las otras voces (la de Agustina y la de Midas McAlister). En la tragedia griega, el coro estaba entre el público y la acción. Era un mediador. Y también expresaba sus advertencias, afirmándolas o negándolas, y preparaba al espectador para el siguiente episodio. Aguilar tiene esta función dentro del texto. Cuando la novela inicia, la voz de este personaje prepara al lector para las siguientes narraciones. De igual manera, enjuicia las acciones de los personajes en relación con su situación personal:

> La mujer que amo se ha perdido dentro de su propia cabeza, hace ya catorce días que la ando buscando y se me va la vida en encontrarla pero la cosa es difícil, es angustioso a morir y jodidamente difícil (12).

Tiene la función de presentar el problema principal de la historia, como lo hacía un coro, que se ponía en el punto intermedio, sin intervenir o sin que las problemáticas de la historia lo arrastraran. Este personaje también es un punto medio, pues no pertenece a la clase alta ni a la clase baja. Es un hombre de clase media, que puede ver ambas perspectivas, los problemas sociales que se contraponen entre la riqueza y la pobreza.

Por tanto, al fungir como mediador, se ubica como un agente que resuelve los discursos de los personajes. Y al resolverlos, se instala como un espejo que refleja las contradicciones[15] de los personajes y, por extensión, las contradicciones sociales y políticas de la novela:

> Es cosa más que sabida que entre esa gente y la mía se levanta una muralla de desprecio, pero lo extraño es que la clase a la que pertenece Agustina no sólo excluye a las otras clases sino que además se purga a sí misma, se va deshaciendo de sus propios integrantes, aquellos que por razones sutiles no acaban de cumplir con los requisitos (32-33).

Entonces su función mediadora, devela a una sociedad colombiana que se discrimina a sí misma, en la cual las posiciones sociales se ponen en puntos sumamente equidistantes entro lo alto y lo bajo. Se hace caso omiso del punto intermedio, como la clase media, se lo toma con indiferencia, mientras que la clase baja representa un estorbo, un defecto social que debe eliminarse u ocultarse. Aguilar es

---

15 Pierre Macherey, «Lenin, crítico de Tolstoy», *Literatura y sociedad*, Ed. Tiempo Contemporáneo, Buenos Aires, 1974, p. 73.

el coro que le está narrando al lector las desgracias de una sociedad en decadencia cuyo principal enemigo, que genera sus problemas políticos y económicos, es la misma sociedad per se, porque es un universo que no deja de «purgarse» a sí mismo.

MIMESIS TRÁGICA

Claude Abraham alude a la literatura como una expresión social. Para él, la creación literaria debe reflejar los problemas de una sociedad política y urbana[16]. Igualmente, pone énfasis en que la literatura puede dar voz a los contenidos o expresiones que demuestren las inconformidades de una sociedad. Para que, por medio de las turbulencias e inconformidades, se afirme cuál es la realidad social que impera[17]. Al relacionar *Delirio* con la tragedia griega *Edipo Rey*, hemos intentado demostrar que la realidad de la novela se afirma en dichas «inconformidades» sociales. Los personajes son un reflejo de la sociedad, son puntos esquemáticos que configuran un comportamiento específico. *Delirio* ofrece un replanteamiento de los principales problemas colombianos por el proceder de dichos personajes. Ellos conforman las diferentes fragmentaciones sociales y políticas que son el reflejo de la actualidad.

En la tragedia griega se establece la necesidad de varios sacrificios para balancear un orden en el reino de Tebas, como el suicidio de Yocasta y la ceguera de Edipo. En la novela, los personajes desarrollan este sacrificio. Sus contradicciones emocionales simbolizan el cuestionamiento del mundo que los rodea, pues develan el origen de sus «desgracias» y, al develarlo, los personajes se purgan a sí mismos, ofreciéndose como expiaciones. La expiación tiene como objetivo encontrar la raíz de los problemas que afectan a Colombia. Al develarse los personajes, se descubre el país en el cual están intrincados. Un país que se discrimina a sí mismo para huir de las situaciones de violencia que genera el narcotráfico. Pero el narcotráfico a su vez es un medio para resolver problemas económicos de una sociedad oligárquica. Es un medio para mantener las fachadas sociales, para conservar un determinado estilo de vida de una clase social alta. El narcotráfico se torna en el recurso para que una sociedad elevada pueda seguir manteniendo su identidad. Y también para seguir man-

---

16 Abraham, Claude *The Strangers. The Tragic World of Tristan L'Hermite*, University of Florida Press, Gainesville, 1966, p. 5.
17 Claude Abraham, op. cit., p. 3.

teniendo la división de clases. Esta división puede entenderse como la tragedia de Colombia. Debido a que esta división encierra a la sociedad en el círculo vicioso de violencia. Así, como una tragedia, *Delirio* engrana las visiones de una situación social particular. Para que de ahí pueda observarse un cuadro que contenga múltiples miradas de una misma realidad reinante.

REFERENCIAS BIBLIOGRÁFICAS

Abraham, Claude, *The Strangers. The Tragic World of Tristan L'Hermite*, University of Florida Press, Gainesville, 1966.

Cros, Edmond, *Literatura, ideología y sociedad*, Gredos, Madrid, 1986.

Gebauer, Gunter y Christoph Wulf, *Mimesis*, California University Press, Berkeley, 1995.

Goodman, Paul, *La estructura de la obra literaria*, Siglo XXI, Madrid, 1971.

Macherey, Pierre, «Lenin, crítico de Tolstoy», *Literatura y sociedad*, Ed. Tiempo Contemporáneo, Buenos Aires, 1974, pp. 37-83.

Martins, Wilson, «Literature and Society in Brazil», *Literature and Society*, Berenice Slote (ed.), Nebraska University Press, Lincoln, 1964, pp. 3-9.

Palacios, Marco y Frank Safford, *Colombia, país fragmentado, sociedad dividida: su historia*, Norma, Bogotá, 2002.

Restrepo, Laura, *Delirio*, Alfaguara, Buenos Aires, 2004.

Wellek, René y Austin Warren, *Theory of Literature*, Harvest Book, Nueva York, 1956.

Hernán Vidal. *Literatura hispanoamericana e ideología liberal: surgimiento y crisis, una problemática sobre la dependencia en torno a la narrativa del* Boom, Hispamérica, Buenos Aires, 1976.

La reestructuración y el desplazamiento social en el espacio urbano de Bogotá

Vania Barraza Toledo, Universidad Central de Michigan

Delirio[1], de Laura Restrepo, por medio del personaje de Midas McAlister permite explorar una reestructuración de la sociedad colombiana ocurrida durante los años ochenta, debido al advenimiento de una nueva burguesía enriquecida gracias al mercado del narcotráfico. Esta transformación social, que se da cita en el espacio social urbano, se organiza en una serie de nuevas relaciones de poder, para todos los que viven en un país enfrentado a una violencia que se ha desplazado desde el campo a la ciudad. En esta lucha por la supervivencia, según plantea la novela, que se sitúa en un mundo donde «todo vale», es el sujeto que conoce y sabe manejar mejor el espacio urbano el que tiene mayores posibilidades de subsistir en él.

La historia se desarrolla hacia 1984 y se estructura de modo coral usando cuatro voces narrativas que se alternan a medida que avanza el relato[2]. Estas voces distan en el tiempo y en el espacio diegético de la historia. Aguilar, el primer hablante, introduce el problema: al regresar de un fin de semana en Ibagué, con los hijos de su primer matrimonio, se encuentra con un mensaje telefónico en el cual le

---

[1] Las citas de la novela que menciono en este artículo corresponden a la edición de Alfaguara, Bogotá, 2004.

[2] La historia puede desarrollarse alrededor de 1984 porque en el fin de semana en que se desencadenan los acontecimientos, los protagonistas estaban por ir al cine a ver *E.T.* (una cinta original de 1982) o *Flash Dance* (de 1983) (279). Además, al final de la historia se menciona que el Congreso ha aprobado la puesta en práctica del Tratado de Extradición (329), debido al narcotráfico, los gobiernos de Colombia y Estados Unidos habían suscrito un tratado de extradición en septiembre de 1979. En 1983, Estados Unidos reclamó a veintidós nacionales implicados en la operación «Pez Espada». Aunque la Corte Suprema de Justicia aceptó el proceso, el gobierno argumentó que por haberse iniciado en Colombia, el delito debía ser resuelto primero por los tribunales de la nación. El asesinato del ministro de Justicia, Rodrigo Lara, en abril de 1984, provocó que la administración de Belisario Betancur aceptara la solicitud. La reacción narcoterrorista, por medio de la organización clandestina de «Los Extraditables», convirtió la no extradición en una causa política. («Narcoescándalos de la extradición», sin paginación): http://www.elespectador.com/historico/2005-03-21/contenido_MI-995.htm

dicen que vaya a buscar a su actual esposa, Agustina Londoño, a un hotel. Allí, Aguilar encuentra a la mujer completamente enajenada de la realidad y, desde entonces, hará todo lo que esté a su alcance para comprender qué le ha ocurrido.

La voz que se entrelaza con la de Aguilar es la de Midas McAlister, personaje que estuvo con la protagonista cuando comenzó su crisis mental. En efecto, al final del relato se descubre que Agustina, ya recuperada, ha acudido a su amigo para que le revele el misterio de su ataque de locura y, por tanto, ella cumple la función de narrataria del discurso de éste[3].

La voz narrativa que se entreteje por fragmentos con las dos anteriores es el habla de la propia Agustina cuando niña y, por medio de estas imágenes infantiles, es posible comprender los motivos, modos y signos que definen el universo psíquico de la mujer. El cuarto hablante –podría decirse hablante/lector/traductor– es Aguilar leyendo las memorias Nicolás Portulinus, el abuelo de Agustina. Según Aguilar, profesor de literatura, en dicho diario podría encontrarse una clave de lo que le ha sucedido a su esposa.

La novela, entonces, en primera instancia apunta a la reconstrucción de la memoria de Agustina, de su historia, y dicho interés por reconstruir un pasado reciente extraliterario no es exclusivo de esta obra de Restrepo, sino que también se puede apreciar de diverso modo en su trabajo narrativo (*Historia de un entusiasmo*, de 1992; *La isla de la pasión*, de 1989; *En qué momento se jodió Medellín*, de 1991; *Leopardo al sol*, de 1993, por citar sólo algunas). En efecto, la escritora ejerció como periodista escribiendo para las revistas *Cromos* y *Semana*. Por tanto, como sintetiza Melis en «Una entrevista con Laura Restrepo», la autora investiga la actualidad presentando un referente histórico comprobable que, en la práctica, desarrolla una forma de «intergenericidad entre literatura, periodismo e historia»[4]. Por esto, una de las constantes del programa narrativo de esta escritora se orienta hacia una búsqueda por recuperar la memoria y el pasado[5].

---

3 Al principio, Midas le dice a Agustina que le contará algo (12), pero sólo al final del relato los lectores descubren que se trata de lo que motivó el delirio. Asimismo, se descifra un dato importantísimo de la historia que es dónde se encuentra el sujeto: «entre toda la gente del orbe sólo tú sabías que si yo había desaparecido sin dejar huella, era aquí donde me podrías encontrar, y has venido a que te cuente qué fue lo que te pasó aquel sábado fatídico» (330).

4 Daniela Melis, «Una entrevista con Laura Restrepo», *Chasqui: Revista de Literatura Latinoamericana* 34.1, 2005, p. 115.

5 En 1983, el presidente Belisario Betancur solicitó su participación en la Comisión de Paz que negoció con grupos guerrilleros como el M-19 y el gobierno colombiano.

A nivel del discurso, al intentar reconstruir un pasado por medio de versiones entretejidas de la realidad, *Delirio* adopta la estructura de la novela detectivesca. En primer lugar, el misterio es resolver qué desencadenó la crisis de Agustina, averiguar quién estuvo con ella durante ese fin de semana y saber quién es responsable de lo que le sucedió. Siguiendo estos móviles, Aguilar se convierte en una suerte de detective que busca resolver tales enigmas que envuelven a su esposa. El problema es que Aguilar –en apariencia, el principal narrador, por iniciarse el discurso con su elocución– busca responder un qué y un quién al problema de su esposa y no se pregunta el «dónde» estuvo ésta antes de llegar a la habitación del hotel donde la encontró.

Aguilar adopta el rol del sujeto que sin quererlo se transforma en el detective que investiga un misterio, pero se trata de un investigador que, por sus limitaciones para comprender el mundo que lo rodea, no logra dar con toda la verdad[6]. En efecto, el sujeto cree que el ataque de su esposa se originó en el lujoso hotel Wellington (un nombre extranjero que lo asocia con capitales foráneos) y, al sentirse discriminado de este espacio, teme acercarse al lugar de los hechos:

> Día tras día a partir del episodio oscuro, Aguilar se parquea un rato frente al hotel Wellington, a suficiente distancia de la puerta principal para que los porteros no recelen la presencia de su camioneta destartalada (69).

Por ende, Aguilar supone que esta crisis –más prolongada que otras anteriores– se desencadenó en un espacio privado al que apenas tiene acceso y, por tanto, es un problema de tipo particular, sin pensar en ir más allá en su investigación. Entonces descubre a Anita, una empleada que le ayuda a clarificar por qué y con quién estaba su esposa cuando la encontró. Así, la recepcionista resulta ser la única persona del Wellington que le da pistas o referencias de Agustina durante ese fin de

---

Historia de una traición (1986), más tarde publicado como *Historia de un entusiasmo*, recoge las impresiones de esta experiencia fallida. Tras recibir amenazas de muerte por esta gestión, Restrepo se exilió en México y Madrid, pero mantuvo contacto con el ala política del grupo guerrillero M-19, buscando crear un nuevo foro de negociaciones. En 1989, el M-19 se convirtió en partido político, lo que contribuyó a su regreso a Colombia.

6 Este tipo de personaje que, sin buscarlo, se transforma en un investigador, pero que al mismo tiempo se caracteriza por ser un extraño en el mundo que es incapaz de conectarse con la realidad se analiza con mayor amplitud en: Vania Barraza, «"La gentileza de los desconocidos": Postmodernidad, caos y diálogo de sistemas discursivos», *Revista Signos* 37.55, 2004.

semana, y finalmente le entrega un maletín que ésta llevó al hotel. Es decir, Anita traspasa los límites simbólicos y reales de su espacio laboral para, efectivamente, ayudar a este hombre desesperado.

El narrador que enmarca la historia describe la reacción de Aguilar cuando Anita le consiguió:

> Ese maletín que ahora cargaba y que era la constatación de que todo había sido premeditado, su mujer no había llegado a ese cuarto de hotel por casualidad o por accidente sino que había empacado sus cosas y abandonado el apartamento voluntariamente y con un propósito definido, y ese propósito era la cita con el hombre aquel (176).

Así, al concentrarse en la locura de su mujer como resultado del encuentro con un amante o como originada en la historia personal del abuelo Portulinus, Aguilar nunca logra dar con la causa del problema. Entonces, mientras sigue pistas falsas, Midas McAlister es el único que sabe la verdadera causa del delirio de Agustina (su antiguo amor).

Una vez recuperada de su crisis, Agustina, que era la única persona que conocía el escondite de Midas, decide ir a verlo para saber qué le había ocurrido ese fin de semana. Ambos habían estado de visita en la casa de tierra fría (262), para pasar el fin de semana con la familia Londoño. Allí, Agustina se había puesto nerviosa al saber que, tras muchos años de ausencia, su hermano menor, Bichi, llegaría de visita. Joaco, el hermano mayor, le había advertido a su madre que:

> Si el Bichi llega a Bogotá con ese novio que tiene en México, ni el Bichi ni su puto novio van a pisar esta casa; ni ésta ni la de La Cabrera ni la de tierra caliente. Porque si se acercan los saco a patadas (266).

Por consiguiente, ésta es la primera clave (que, como en toda novela de misterio, se descubre un poco tarde) para comprender el enigma que se busca resolver a lo largo de toda la historia.

A nivel de la enunciación, la voz de niña de Agustina revela un espíritu esotérico (incluso mágico, asociado con prácticas paranormales) y dependiente de un estrecho vínculo afectivo con Bichi. Ya de adolescente, es posible advertir su conmoción cuando el muchacho, agotado por los maltratos de su padre, abandona la casa familiar. Por tanto, la primera lectura del trastorno de la protagonista puede rastrearse a partir del relato infantil-juvenil y de cómo la afecta la hipocresía de su madre y de su hermano mayor, al vivir dependiendo de los dictámenes de las apariencias.

Midas, que en efecto tiene todas las claves para comprender el misterio de la historia, sintetiza esta suma de contradicciones en los siguientes términos:

> El Bichi se fue para México porque quería estudiar allá, y no porque sus modales de niña le ocasionaran repetidas tundas de su padre; la tía Sofi no existe, o al menos basta con no mencionarla para que no exista; el señor Carlos Vicente Londoño quiso por igual a sus tres hijos y fue un marido fiel hasta el día de su muerte; Agustina se largó de la casa paterna a los diecisiete años por rebelde, por hippy y marihuanera, y no porque prefirió escaparse antes que confesarle a su padre que estaba embarazada; el Midas McAlister nunca embarazó a Agustina, no la abandonó después, ni ella tuvo que ir sola a que le hicieran un aborto [...] (264).

Esta contradicción entre enunciado y enunciación de un discurso que se desdice a sí mismo ciertamente confunde y asfixia. Es decir, la yuxtaposición entre verdad y apariencia es lo que en gran parte enferma a Agustina. Pero este mal no sólo refleja los conflictos internos de una sola persona, sino más bien son el reflejo de la decadencia de toda una sociedad oligárquica enferma.

En entrevista con Kovacic, Restrepo manifiesta que el personaje de Agustina surge porque en Colombia se tiene la sensación de que la guerra sucede en la calle:

> Si logras sobrevivir a ese paso por la calle y te encierras en tu casa, entonces la guerra se queda afuera. Y de pronto se me ocurrió que eso no puede ser así. Esa guerra tiene que estar permeando las paredes de la casa y la familia tiene que estar impregnada con toda esta violencia[7].

Luego, por extensión, cabe explorar algunos síntomas del delirio que sufre Colombia hacia los años ochenta, tras una reestructuración urbana y social.

Una vez que Midas y Agustina salieron de Sasaima, la invitó a su gimnasio para que ella hiciera una sesión de parapsicología. Por esos días, había desaparecido el cuerpo de una mujer y las sospechas de su localización apuntaban al Aerobic's Center de Midas. Lo que en

---

7 Fabián Kovacic, «Laura Restrepo, pronto en Costa Rica», 2004, sin paginación. Acceso: 8 /10/2006. http://www.clubdelibros.com/archilauradelirio.htm

efecto ocurrió fue que en el gimnasio privado, y a sabiendas del propietario, los matones de la Araña Salazar se habían excedido con una cabaretera sadomasoquista al punto de asesinarla brutalmente. A Midas no deja de sorprenderle que:

> Cualquiera pudo leer *El Espacio* [un título por cierto bastante sugestivo] y traer el chisme hasta acá, aunque es raro, Agustina mi linda, es bien raro que alguien de este lado de la ciudad repare en ese pasquín escandaloso y populachero, simplemente porque no es el perfil (230).

Agustina, conocida por su capacidad de ubicar personas perdidas, debía jugar el rol de certificar para su amigo que en el gimnasio no había ocurrido nada. Sin embargo, a ella le vino un ataque de clarividencia en el centro de ejercicios. Por esto, el enigma de la novela se «localiza» en ese preciso lugar, porque allí se desencadenó el misterioso ataque de locura de la protagonista. En consecuencia, si este espacio donde se produjo un cruel acto de violencia desató la enajenación mental de la mujer (porque al fin y al cabo Agustina no puede mentir y se desespera ante actos de cinismo), esto sugiere que se debe reflexionar sobre el valor simbólico de la violencia y el concreto de la espacialidad en la novela.

En la sociedad contemporánea, el gimnasio, el supermercado o el centro comercial han adoptado el rol de «seudoespacios públicos» en detrimento de espacios públicos reales. Esto ha involucrado una reorganización real y simbólica de los espacios de la ciudad, como resultado de una manera diferente de vivirla, de relacionarse y de pensarla[8]. Al mismo tiempo, esto ha implicado un grado de marginalización y exclusión de ciertos grupos sociales que no pueden tener acceso a dichos espacios.

Hacia 1984, Colombia se encuentra experimentando una reestructuración social a nivel de clases sociales y de su estructura urbana. La violencia que afectaba tradicionalmente las áreas rurales se desplazó hacia los centros urbanos adoptando diversas expresiones: asesinato, secuestro, así como un auge del sicariato. Lindsay[9] sintetiza este nuevo orden como si:

---

8 Gustavo Remedi, «La ciudad Latinoamericana S.A. (o el asalto al espacio público)», sin paginación. Acceso: 14/07/2007, http://www.henciclopedia.org.uy/autores/Remedi/CiudadLatinoamSA.htm
9 Claire Lindsay, «"Clear and Present Danger": Trauma, Memory and Laura Restrepo's *La novia oscura*», *Hispanic Research Journal: Iberian and Latin American Studies* 4. 1, 2003, p. 43.

These many forms of violence have had a profound effect on the fabric of Colombian society as well as on the national psyche, displacing thousands of Colombians from their homes and leaving thousands more living in fear. In terms of internal displacement, the figures have seen an alarming increase in the last couple of decades[10].

Por tanto, el nudo argumental de *Delirio* puede desplazarse del arrebato psíquico individual de la mujer al espacio económico-cultural-urbano donde este arranque tiene lugar.

En consecuencia, si bien la locura de Agustina es un móvil principal en la novela, al mismo tiempo este delirio se presenta como un pretexto para rastrear los conflictos sociales y la reorganización de la sociedad colombiana durante los años ochenta. Esta nueva conformación se caracteriza por el advenimiento de un nuevo poder, el de los nuevos ricos, como un grupo beneficiado con el narcotráfico y ahora en control de todo lo que, alguna vez, perteneció a la antigua oligarquía colombiana.

Cardona López compara los efectos de la violencia en la vida cotidiana de esta época con el período llamado La Violencia, que vivió Colombia entre los años cincuenta y sesenta, pero ahora era Bogotá el actor principal de los eventos. En aquella época, explica, el capital necesitaba, por una parte, llenar las ciudades con mano de obra suficiente para mover las calderas fabriles y, al mismo tiempo, generar cordones de miseria para abaratar los costos de la producción. El país vivía una especie de revolución industrial con todas las cargas de rigor para las clases populares:

> Las ciudades crecieron y Colombia llegó a la década de los setenta convertida en un país predominantemente urbano. En los días actuales, con una violencia cuyo foco principal es la ciudad y aun calles y asfaltos del extranjero, la danza del capital se ha mudado a las faenas del narcotráfico. Desde luego, otros agentes sociales han intervenido. Nuevos dueños de nuevas riquezas protagonizan nuevos papeles, pero en el fondo de las circunstancias y los asuntos es el capital el que clama por nuevos ajustes sociales y políticos[11].

---

10 Restrepo desarrolla este proceso de desplazamiento forzado al que se han visto obligados miles de colombianos en los últimos años, en *La multitud errante* (2001).
11 José Cardona López, «Literatura y narcotráfico: Laura Restrepo, Fernando Vallejo, Darío Jaramillo Agudelo», *Literatura y cultura: Narrativa colombiana del siglo XX, II: Diseminación, cambios, desplazamientos*, María Mercedes Jaramillo, Betty Osorio y Ángela Robledo (comps.), Ministerio de Cultura, Bogotá, 2000, p. 382.

De hecho, el enriquecimiento fácil por las utilidades del capital del narcotráfico ha renovado la cara de la violencia y de la sociedad colombiana. Por esto, Midas McAlister, conocido por estar al servicio de Pablo Escobar en el lavado de dinero, es un personaje esencial para comprender la historia de la mujer y, por extensión, de la sociedad colombiana reciente. Así como el mítico rey, este personaje puede transformar todo en capital acumulado. Como intermediario de Escobar, se encarga de recaudar el dinero de las familias acaudaladas de la sociedad colombiana para blanquear los activos provenientes del narcotráfico y enriquecerlas (71-74).

En L'Esplanade, mientras sus amigos huelen a Hermes y se visten de Armani (todos con corbatas Ferragamo), Midas sale «del baño turco derecho para el restaurante despidiendo vapor y derrochando bronceado, saludable hasta la punta de sus Nikes sin medias debajo, y sin camisa bajo su suéter de hilo crudo Ralph Lauren» (27). Para marcar mayor diferencia respecto a los *old-money* de la sociedad bogotana, el hombre dice que vuela libre, liviano «en su moto Be Eme Dobleú, sin guardaespaldas ni aspavientos» (42). Por tanto, en su vestir y modo de desplazarse, Midas es el mediador de una nueva burguesía que se distancia de la antigua oligarquía terrateniente.

Este personaje reconoce que su origen social es distinto. En ocasiones le afecta haber carecido de ropón de bautismo bordado en batista, almidonado y guardado entre papel de seda (155) que lo hubiera legitimado en la alta burguesía bogotana. Por lo mismo, la historia de Midas más parece un relato picaresco que la truculenta historia de un mafioso (que en el fondo es).

Él se define a sí mismo como un «auténtico fenómeno de autosuperación, un tigre de la autoayuda» (199). Hijo de una viuda recién llegada a la capital, con el tiempo logró un ascenso económico-social hasta llegar a relacionarse con las familias más ricas de Bogotá. La amistad con el hermano de Agustina se forjó en la escuela. Por eso recuerda:

> El Midas McAlister se dedicó a imitar en todo a su amigo Joaco, a espiar cada uno de sus movimientos, porque en el Liceo Masculino, mi bella reina pálida, yo no aprendí álgebra ni barrunté la trigonometría ni me enteré de en qué iba la literatura ni tuve con la química ningún tipo de encuentro, en el Liceo Masculino yo aprendí a caminar como tu hermano, a comer como él, a mirar como él, a decir lo que él decía, a despreciar a los profesores por ser de menor rango social, y en una escala más amplia, a derrochar desprecio como arma suprema de control (200).

Aunque el relato no aclara cómo ambos chicos, provenientes de espacios sociales tan distintos, coincidieron en el liceo, lo cierto es que Midas asciende socialmente. Este personaje hace un viaje urbano en sentido diametralmente inverso al de Agustina. Mientras ella se ha internado en el mundo de Aguilar caminando «desde el centro por la carrera Séptima a la medianoche, es decir plena happy tour de raponazos y puñaladas» (54) para llegar hasta las Torres de Salmona, Midas se ha esforzado por conquistar el sector norte de la ciudad[12]. Así, mientras la familia Londoño dividía su tiempo entre una hacienda sabanera, la finca de Sasaima y la casa en el barrio residencial de La Cabrera, Midas escuchaba a su madre:

> Darle gracias al Sagrado Corazón por haberle concedido un crédito del Banco Central Hipotecario para pagar ese apartamento de veinticuatro metros cuadrados del San Luis Bertrand, donde el Midas McAlister durmió casi todas las noches desde los doce hasta los diecinueve años, ese apartamento que para él era una vergüenza inconfesable y donde jamás quiso llevar a ninguno de sus amigos, y menos que nadie a Joaco; a todos los tramó con el cuento de que vivía en el penthouse de un edificio en Chicó pero que allá no podía llevarlos porque su madre era enferma terminal y hasta el más mínimo ruido o molestia podía resultarle mortal (259).

En síntesis, por habitar al sur de la ciudad, su experiencia urbana está determinada por un sentido de periferia que durante toda su existencia ocultó a sus amigos ricos, con excepción de su gran amor: Agustina. Así, Midas es un sujeto hiperconsciente del espacio urbano y, al mismo tiempo, su astucia y percepción de la ciudad le permitieron adaptarse y sobrevivir en los espacios de las clases más acomodadas de Bogotá. Por lo mismo, su conciencia urbana[13] abarca espacios y configuraciones que los habitantes de la zona norte difícilmente podrían imaginar. Entonces desarrolló una estrategia

---

12 Por esto, el viaje de Agustina se asimila al de la Mona, protagonista de *Dulce compañía* (Restrepo, 1995). Este desplazamiento, de acuerdo con Montserrat Ordóñez, permite «cruzar los límites imaginarios de esta ciudad fragmentada, y encarna (literalmente) las contradicciones de amor y odio, vida y muerte, que ahí se viven»: Montserrat Ordóñez, «Ángeles y prostitutas: dos novelas de Laura Restrepo», en Lady Rojas-Trempe y Catherine Vallejo (eds.), *Celebración de la creación literaria de escritoras hispanas en las Américas*, Girol Books y Enana Blanca, Ottawa y Montreal, Canadá, 2000, p. 94.
13 David Harvey, *Consciousness and the Urban Experience: Studies in the History and Theory of Capitalist Urbanization*, Johns Hopkins University Press, Baltimore, 1985.

espacial para ser aceptado por la comunidad a la que deseaba pertenecer:

> Para encontrarse con Joaco y los otros compañeros en la portería de su supuesto edificio del Chicó, el Midas debía tomar antes una buseta desde el San Luis hasta la Paralela con calle 92 y luego caminar rapidito ocho cuadras largas para alcanzar a llegar unos minutos antes de la cita, a deslizarle una propina al portero, no fuera cosa que lo delatara haciéndolo quedar fatal; le dice a Agustina que gracias a esas prácticas precoces, llegó a volverse un mago en el arte de la simulación. Hasta el día de la fecha, nena consentida, nadie de tu lado del mundo ha conocido a mi madre ni sabe de la existencia de este apartamento en el San Luis Bertrand (260).

Por tanto, *Delirio* propone que el conocimiento concreto del espacio urbano (salir de un barrio marginal al sur de Bogotá, tomar autobuses, caminar hasta un sector acomodado y simular pertenecer a él) supera cualquier percepción de la ciudad que se pueda tener en un Renault 9 (el automóvil que el padre de los Londoño le regaló a su hijo mayor)[14].

Incluso, la percepción de Midas les da a los lectores una visión dual entre la utopía espacial y las limitaciones (distopia) de esta imagen ideal del espacio[15]. Al referirse a la concepción, dominio y capacidad de traslación de los Londoño, Midas reconoce que la vida familiar estaba «bellamente contenida en un triángulo equilátero con una casa espléndida en cada ángulo y en cada clima pero a una distancia de hora y media de cualquiera de las otras dos; nada que hacerle, mi reina Agustina, para mí eso era el súmmum de la elegancia, era la santísima trinidad, era el non plus ultra de la perfección geométrica» (261).

Esta observación refleja que Midas considera un equilibrio geométrico –por extensión, una explicación ultrarracional de la realidad– como la máxima expresión de un ideal de belleza. Al mismo tiempo, los lectores pueden percibir que se trata de un *tour de force* de la racionalidad, ya que esta distribución espacial tan «equitativa» no ocurre ni ha de ocurrir en la realidad. Es decir, la novela ironiza

---

14 En *Delirio*, entonces, el sujeto experimenta un proceso de movilización espacial, en dirección opuesta al de *Dulce compañía* pero que de igual modo corresponde a lo que Ordóñez analiza como vivir la ciudad, explorarla, explicarla y sufrirla: Montserrat Ordóñez, *op. cit.*, p. 96

15 David Harvey, *Spaces of Hope*, University of California Press, Berkeley, CA, 2000.

acerca de los modelos racionales como referentes para el progreso[16].
Así, por una parte se propone que la racionalidad geométrica es la
máxima expresión de lo bello, lo que en la práctica se erige como un
concepto abstracto, el cual, al fin y al cabo, poco tiene que ver con
una espacialidad concreta que en la sociedad contemporánea se caracteriza por una marcada y violenta desigualdad en la distribución
de la riqueza, del ingreso y del acceso al capital.

De igual modo, este doble discurso se puede alinear con una crítica a los modelos racionales de urbanidad, sintetizados en el concepto de «la ciudad funcional» y liderados por Charles-Edouard Jean-
neret-Gris, más conocido como Le Corbusier. Éste, efectivamente,
fue responsable, en 1950, del planeamiento urbano de Bogotá, junto con los arquitectos José Luis Sert y Paul Lester Wiener[17]. Así, no
es aleatorio que Midas hable con sarcasmo respecto a una supuesta
equidad en los modos de vida de los Londoño –por medio de la imagen del triángulo equilátero– en oposición a una realidad abismal
del ciudadano común de Bogotá.

Asimismo, esta imagen como juego de reflexión geométrica en
el espacio, en la narración también se presenta al mencionar que
el Liceo Masculino, colegio en el que estudian los Londoño y McA-
lister, se encuentra en la Calle 82 con la Carrera 13 (260) y en otro
momento, Anita le propone a Aguilar encontrarse en un comedero
de la Carrera 13 con la Calle 82 que se llama Don Conejo (173). Es
decir, se trata de la misma intersección en la que se sitúan dos espacios opuestos en tanto producción y consumo[18].

---

16 David Harvey, *op. cit.*, 2000.
17 Del mismo modo Anita revela un problema concreto de planeación urbana en
Bogotá. Ella vivía en el barrio Meissen, que «queda en el mismísimo carajo, Sí, señor,
me lo vas a decir a mí, que del Meissen al hotel me echo todos los días hora y media
de bus y otro tanto a la vuelta» (178). Por tanto, este personaje expone la realidad de
muchos trabajadores de las grandes urbes latinoamericanas: el tiempo que les toma
para poder desplazarse desde su casa al trabajo, por medio de sistemas de transporte
poco eficientes. Es cierto que en la actualidad el sistema de transporte Transmile-
nio (servicio que no existía en la época en que transcurre la novela) ha brindado
mayor comodidad a sus usuarios, pero ciertamente el crecimiento abrumador de la
ciudad contemporánea ha hecho que los individuos deban cruzar enormes espacio
urbanos para poder llegar a sus lugares de trabajo. Esta situación de atravesar cada
vez mayores cantidades de espacio urbano en menos tiempo refleja una «flexibili-
dad del tiempo y el espacio» en la llamada postmodernidad que afecta a los sujetos
que habitan la urbe contemporánea: David Harvey, *La condición de la posmodernidad*,
Amorrortu, Buenos Aires, 1998.
18 Hacia los años ochenta esta zona se consideraba poco segura y en la actualidad,
esta conjunción de calles corresponde a la Zona T, llamada así por el empalme de
la Carrera 12 con la Calle 83 constituyendo dos breves y superpobladas peatonales,

Sin embargo, el mérito de Midas está basado no sólo en poder aparentar un nivel social sino en lograr permanecer en dicho espacio. En principio, el mecanismo que le permite mantenerse en tal medio es su destreza para traspasar y multiplicar el dinero, y lo que en efecto plantea la obra de Restrepo es que la antigua oligarquía colombiana es incapaz de esto:

> Digamos que en tu casa y en el Liceo Masculino se me reveló la divina paradoja, yo, el provinciano perrata, el de la mamá en pantuflas, el apartamentico en el San Luis Bertrand y la carpeta de crochet sobre el televisor, yo sabía hacer dinero, princesita mía, eso se me daba como respirar, mientras que tu hermano, hijo de ricos y nieto de ricos y criado en la abundancia, tenía ese sentido atrofiado, y mi lucidez fue comprender a tiempo que los Joacos de este mundo no iban a poseer sino lo que heredarían (203).

Simultáneamente, Midas sabe que todo lo heredado por las familias más pudientes de Colombia ya no es productivo porque todo pertenece a los intereses del narcotráfico. Al respecto, el personaje manifiesta una percepción de la propiedad de la tierra que le hace un guiño a la tradición literaria de celebrar el paisaje latinoamericano. Ahora, la tierra en América Latina es sólo imagen y en la actualidad no puede producir nada en manos de la antigua hegemonía terrateniente:

> ¿Crees, le pregunta el Midas McAlister a Agustina, que tu noble familia todavía vive de las bondades de la herencia agraria? Pues bájate de esa novela romántica, muñeca decimonónica, porque las haciendas productivas de tu abuelo Londoño hoy no son más que paisaje, así que aterriza en este siglo XX y arrodíllate ante Su Majestad el rey don Pablo, soberano de las tres Américas y enriquecido hasta el absurdo gracias a la gloriosa War on Drugs de los gringos, dueño y señor de este pecho y también de tu hermano como antes lo fue de tu padre [...] ¿Y crees que Pablo recurre a tu hermano, a la Araña, a todos nosotros, porque de veras tiene necesidad del dinero nuestro? Al principio tal vez pero después ya no, corazón mío, por supuesto que no; si lo sigue haciendo es para controlarnos, esa movida se la inventó para arrodillar a la oligarquía de este país (80).

---

llenas de tiendas y bares, a pasos de grándes centros comerciales y a una cuadra de la Zona Rosa (Mauricio Alarcón, «La receta de Bogotá», *Revista Domingo en Viaje.* 2.055, p. 21). De esta manera, la novela comenta al lector contemporáneo acerca de la reificación de espacios marginales por medio de la gentrificación de los mismos.

Así, Midas es el que conoce y comprende la realidad colombiana mejor que nadie porque además de conocer el espacio que rige las nuevas relaciones sociales, él ha sido el canal de conexión entre el narcotráfico y las antiguas clases acomodadas de Bogotá[19]. De hecho, surge como un intérprete del nuevo estado social-político y económico de Colombia y, además, puede moverse entre estos ámbitos sociales porque conoce perfectamente cómo se rigen. Por el contrario, Escobar reúne las características del modelo del terrateniente del siglo XIX y el empresario de una trasnacional de fines del XX, y si se compara a Midas con el capo del narcotráfico, el primero tiene mayor capacidad de adaptación por su experiencia en la ciudad.

No obstante, si se trata de un asunto de desplazamiento espacial, a otra escala Pablo Escobar tiene la capacidad viajar de manera figurada o concreta por todo el mundo hasta llegar, incluso, a desplazarse desde Colombia hasta Washington D.C.[20]. Midas cuenta que en una oportunidad Escobar le mostró una fotografía en la que aparecía de camisa blanca y cara al descubierto frente a la Casa Blanca, a lo que le comentó:

> Increíble, don Pablo, el presidente Reagan buscándolo por todo el planeta y usted en la propia reja de su residencia, y él me contestó, El problema que tiene Reagan conmigo, amigo Midas, es que el que está enrejado es él (237-238).

Así, el enunciado de Escobar permite trasladar la perspectiva de lo que se puede definir como «dentro / fuera» o «aquí / allá». Su competencia, su poder para deslizarse por donde desee permite revalorar la escala espacial de «quién tiene en la mira de quién». Por lo demás, esta reformulación del espacio está dada no sólo por tener el capital con el que cuenta, sino por saber manejar el espacio mejor que nadie.

En suma, se trata del mismo tipo de *savoir faire* que le permitía a Midas sobornar al portero del edificio de Chicó y estar allí (aunque

---

19 En efecto, expresa que no deja de molestarle el hecho de que él fuera responsable de este nuevo orden en la sociedad bogotana: «Esta oligarquía nuestra todavía anda convencida de que maneja a Escobar cuando sucede exactamente al revés; para la Araña Salazar, para tu señor padre, para el vivo de tu hermano, Pablo Escobar no es más que un plebeyo que ante ellos se quita el sombrero […] la verdad es que el gordazo ya nos comió a todos crudos […]. ¿Y yo? Yo fui como quien dice el mesero de Escobar: le serví a mis amigos en bandeja, de postre me encimé yo mismo y luego le facilité el Alka-Seltzer para que hiciera la digestión» (83). Por tanto, se siente culpable de algo que, tal vez, ocurriría antes o después.
20 Midas comenta que Escobar le ponía nombres caprichosos a sus haciendas como, por ejemplo, «Nápoles».

no fuera de allí) por una forma de saber manejar el espacio. Así, la propuesta de Restrepo puede interpretarse como: no basta sólo con tener un espacio para dominarlo, sino que es necesario conocerlo, como en el caso de Midas, y saber dominarlo, como Escobar[21].

Asimismo, Restrepo plantea una aguda interpretación espacial al observar que en Colombia, por ser un país montañoso, la parte baja de todas las ciudades está ocupada por los ricos y en la medida en que se sube por la montaña, los barrios van siendo más y más pobres. A esto agrega:

> Tú te trepas en Bogotá, en Barranca, en Medellín, en Cali, y vas a las barriadas más pobres allá arriba, donde casi no les llega ni el agua, ni los servicios públicos, y eso es como ver desde el avión, se ve abajo toda la ciudad de los barrios ricos, la del comercio, la de los avisos, la miras desde allá arriba y se ve tan irreal, se ve tan extraña, y tienes esa noción de que los de abajo no ven estos barrios de arriba, mientras que están siempre siendo observados por la gente que está allá encaramada en las montañas[22].

Esta misma imagen de quién controla a quién con la mirada es lo que Escobar plantea al tomarse la fotografía frente a la Casa Blanca. Por lo mismo, en *Delirio* se rota el eje de la percepción al jugar con el concepto de dominar el espacio versus dominarse dentro del espacio[23].

De manera paradójica lo que detona el declive de Midas es, justamente, un conflicto de acceso al espacio al que él no puso mayor atención, pero que le traería graves consecuencia. Un día, llegaron al Aerobic's Center unas mujeres que lo abrazaron y le dijeron que eran primas políticas de Pablo y que la esposa de éste les había recomendado su gimnasio. En ese instante, Midas reaccionó de tal manera que fue el causante del principio de su final:

---

21 Curiosamente, y como capricho del destino, Midas no sabía dónde vivía Agustina, ella nunca se lo había dicho (297) y por eso mismo, no fue a dejarla a su casa la tarde de su arrebato mental.

22 Daniela Melis, *op. cit.*, p. 126.

23 Esta relación de miradas también se desarrolla en las referencias a los cerros Monserrate y Guadalupe (55) aludiendo a la iglesia como un ovni que mantiene guarecido un Cristo quebrantado y maltratado, mientras en la punta de Guadalupe se erige una Virgen tamaño King Kong, lo que le hace pensar a Aguilar: «A quién tutelarás tú, viejo cerro tutelar, si acá abajo, que se sepa, cada quien anda librado a su suerte y cuidando su propio pellejo» (56).

Un momento, egregias damas, les digo con maña para que no me noten el disgusto soberano, adónde creen que van, yo tengo que cuidar el estatus de este establecimiento y a ustedes la demasiada plata se les nota al rompe, les digo por disimular, por no soltarles en la cara que sólo a unas narcozorras como ellas se les ocurre plantarse pestañas postizas para hacer *spinning*[24], que a las llantas congénitas no hay *jogging* que las derrote y que los conejos monumentales, el culo plano y las piernas cortas denotan un deplorable origen social (97).

Fuera o no una trampa tendida a Midas o el comienzo de la venganza de Escobar para «hacer llorar» al país por aprobar un tratado de extradición con Estados Unidos (238), el «mágico don» de Midas tendría que volverse contra él.

No deja de sorprender que esta resolución se diera por la antimonia de impedir el acceso a un espacio «semiprivado» por quien sorteara variados escollos para acceder a tales lugares. A pesar de esta contradicción, también es cierto que Midas –a diferencia de las primas de Pablo– manifestaba una especial destreza para saber acomodarse al medio[25].

Negarles la entrada a las mujeres provocó la revancha del líder del cartel de Medellín, que en una falsa transacción, hizo quedar a Midas como ladrón de la Araña Salazar y del agente de la DEA (la Agencia Antidrogas de Estados Unidos) Ronald Silverstein (Rony Silver). Así, perseguido por todos, Midas se refugia en casa de su madre y le cuenta a Agustina cómo transcurrieron sus últimos minutos en el mundo de allá:

> agarró el maletín con efectos personales que había preparado esa mañana para llevar a la finca de los Londoño, que por jugarretas del destino seguía listo y a mano aunque para un viaje distinto al previsto, se cargó al hombro una talega de golf en la que por

---

24 Aunque no es la intención aquí de evaluar la rigurosidad histórica de Restrepo, resulta que el programa de *spinning* fue creado por Johnny G. Spinner en 1987, es decir, un par de años más tarde de cuando se supone que ocurre la historia. Ver nota 1.

25 Un ejemplo de esta astucia es evidente en la historia de cuando era niño: «Descubrí, entre la ropa guardada de mi padre, una camisa marca Lacoste, molida y descolorida a punta de uso y demasiado grande para mí, pero eso era lo de menos, nada podía empañar la gloria de mi descubrimiento y con las tijeras de las uñas me di a la tarea de desprender el lagartico aquel del logo, y de ahí en adelante me tomé el trabajo de coserlo diariamente a la camisa que me iba a poner» (202). Entonces, fue este tipo de maña lo que, en su momento, le permitió el desplazamiento social del que estaba tan orgulloso.

precaución mantenía embutida y bien apretada una buena cantidad de dólares [...] y tomó el primer taxi que pasó, se cercioró de
que nadie lo siguiera y se dirigió, por primera vez en los últimos
catorce años, hacia al apartamento de su madre, en el barrio San
Luis Bertrand (328).

Durante todos esos años, Midas no mantuvo escondida a su madre por precaución, sino porque lo avergonzaba. Entonces, la ironía
del relato resulta ser que su origen como sujeto marginal le permitió
escapar, no se sabe por cuánto tiempo, de la hecatombe que se le
vino encima.

Por esto, *Delirio* adopta un giro como novela detectivesca, ya que
Midas se vuelve un «criminal solicitado en extradición por el gobierno de los Estados Unidos y buscado en este preciso momento por
tierra, mar y aire por cuanto organismo de seguridad, buró de inteligencia y policía internacional» (329). Es decir, el hombre que contaba con la información necesaria para resolver el delirio de Agustina
y, de paso, ilustrar al lector acerca de la reestructuración del poder
de la sociedad colombiana, pasa a estar «desaparecido del mapa»
para sus perseguidores.

Al «esfumarse» del espacio, la historia de Midas dialoga con el
relato detectivesco «La carta robada», de Edgar Allan Poe. En este
cuento, un ladrón ha dejado el objeto hurtado enfrente de todo el
mundo con el fin de impedir mejor que una parte de ese mundo pudiera verlo[26]. A mayor escala –y siempre desde una perspectiva espacial– Midas está escondido en pleno corazón de Bogotá. Vale decir,
mientras la policía e inteligencia internacional lo rastrea por espacios que pudiera cruzar por su dinero, él se encuentra donde menos
podría pensarse que está: en medio de la ciudad. Su supervivencia
está garantizada no sólo porque nadie sabe dónde vive su madre,
sino porque a nadie se le ocurriría buscarlo en ese lugar. Lo paradó-
jico es que está dentro de una ciudad que les pertenece a sus mismos
perseguidores y esto hace la gran diferencia entre tener o controlar
un cierto espacio y el saber desplazarse en él. Por lo mismo, Midas
está seguro de que nada va a pasarle mientras se mantenga encerrado en casa de su madre:

---

26 En efecto, el sobre estaba sobre un insignificante tarjetero de cartón que colgaba
de una pequeña perilla de bronce en mitad de la repisa de la chimenea. La carta
había sido dada vuelta como un guante, con el fin de ponerle un nuevo sobrescrito
y un nuevo sello: Edgar Allan Poe, «The Purloined Letter», *Selected Tales*, Oxford
University Press (UK), Oxford y Nueva York, 1998, p. 262.

Mi mamá y yo nos vemos todas las telenovelas y comemos arroz con lentejas y rezamos el rosario al atardecer, te imaginarás, Agustina corazón, que dado nuestro humilde tren de gastos, con los dólares que me traje entre la talega de golf podemos mantenernos por toda la eternidad y más. Porque el Midas sabe a ciencia cierta que no hay en el universo soplón ni espía ni marine, ni sicario de Pablo, ni guardaespaldas de la Araña Salazar que pueda dar con su escondite mientras permanezca aquí, guarecido en el regazo materno (329-330).

Debido a esto, la lectura que ofrece la historia de Midas es que en la actual Colombia, el individuo que conoce mejor el espacio urbano tiene mayores posibilidades de sobrevivir. Es cierto que Midas se encuentra escondido y sin posibilidades de desplazarse como quisiera, pero según lo sugiere, su existencia está garantiza en ese útero materno que el es departamentito de San Luis.

En resumen, la novela de Restrepo se estructura como un relato detectivesco que traslada el eje narrativo a modo de «desplazamiento migratorio»[27] del ¿qué le ocurrió a la protagonista? al ¿dónde se encuentra la persona que lo sabe? El esposo de Agustina, Aguilar, sólo intuye los motivos de la locura de su mujer, pero no puede resolver dónde estuvo ésta. Aguilar conoce los diferentes espacios urbanos y sociales de la Bogotá popular, pero no entra al medio de las clases acomodadas porque no le interesa. Como intelectual, Aguilar recurre a la lectura de un diario de vida para buscar los motivos genéticos del problema mental y desecha la posibilidad de preguntarse si el espacio físico fue un detonador para el colapso psíquico de su esposa.

Luego, esta propuesta plantea que no es Agustina Londoño la persona enferma, sino que es la sociedad colombiana la que está enferma, y son síntomas la violencia, los conflictos de clase, los urbanos o los de supervivencia. Por esto mismo, Midas McAlister surge como el sujeto que no ha perdido la cordura ante tanto caos y, lo más importante, es hiperconsciente del espacio que lo rodea.

Midas se salva de la hecatombe porque conoce mejor el espacio público y privado de la ciudad. En consecuencia, su perspectiva de la urbe demuestra que para subsistir no es un requisito sólo controlar o dominar un cierto espacio, como lo hace la antigua oligarquía o la nueva burguesía del narcotráfico, sino saber desplazarse en él. Midas conoce mejor que nadie la urbe en su totalidad (centro y periferia)

27 M. Alonso, «El desplazamiento en "La Muerte y la brújula"», *Acta Literaria* 5, 1980.

y a diferencia de sus perseguidores, sabe moverse allí y conoce sus vericuetos y secretos.

Por último, la novela comenta de soslayo los modelos racionales de urbanidad implementados en Colombia hacia los años cincuenta. En este caso, el cruce entre modelos ideales de ciudad y la actual realidad caótica de la urbe latinoamericana dominada por una nueva burguesía del capital no deja de producir un delirio colectivo. Sin embargo, como un guiño al relato picaresco, el relato defiende el personaje de Midas como el individuo capaz de escaparse del «mundanal ruido» dentro de la ciudad. Eso hace la diferencia entre conocer y tener un espacio (de) concreto.

REFERENCIAS BIBLIOGRÁFICAS

Alonso, M., «El desplazamiento en "La Muerte y la brújula"», *Acta Literaria* 5, 1980, pp. 25-33.

Barraza, Vania, «"La gentileza de los desconocidos": Postmodernidad, caos y diálogo de sistemas discursivos», *Revista Signos* 37.55, 2004, pp. 77-87.

Cardona López, José, Literatura y narcotráfico: Laura Restrepo, Fernando Vallejo, Darío Jaramillo Agudelo, en *Literatura y cultura: Narrativa colombiana del siglo XX, II: Diseminación, cambios, desplazamientos*, María Mercedes Jaramillo, Betty Osorio y Ángela Robledo (comps.), Ministerio de Cultura, Bogotá, 2000, pp. 378-406.

Harvey, David, *Consciousness and the Urban Experience: Studies in the History and Theory of Capitalist Urbanization*, Johns Hopkins University Press, Baltimore, MD, 1985.

_____, *La condición de la posmodernidad*, Amorrortu, Buenos Aires, 1998.

_____, *Spaces of Hope*, University of California Press, Berkeley, CA, 2000.

Kovacic, Fabián, «Laura Restrepo, pronto en Costa Rica», 2004, sin paginación. Acceso: 8 /10/2006, http://www.clubdelibros.com/archilauraDelirio.htm

Lindsay, Claire, «"Clear and Present Danger": Trauma, Memory and Laura Restrepo's *La novia oscura*», *Hispanic Research Journal: Iberian and Latin American Studies* 4. 1, 2003, pp. 41-58.

Melis, Daniela, «Una entrevista con Laura Restrepo», *Chasqui: Revista de Literatura Latinoamericana* 34.1, 2005, pp. 114-129

Ordóñez, Montserrat, «Ángeles y prostitutas: Dos novelas de Laura Restrepo», Lady Rojas-Trempe y Catherine Vallejo (eds.), *Celebración de la creación literaria de escritoras hispanas en las Américas,* Girol Books y Enana Blanca, Ottawa y Montreal, Canadá, 2000, pp. 93-102.

Poe, Edgar Allan, «The Purloined Letter», *Selected Tales,* Oxford University Press (UK), Oxford y Nueva York, 1998, pp. 249-265.

Redacción Judicial de *El Espectador,* «"Narcoescándalos" de la extradición». Acceso: 8/10/2006, http://www.elespectador.com/historico/2005-03-21/contenido_MI995.htmRemedi, Gustavo, «La ciudad Latinoamericana S.A. (o el asalto al espacio público)», *Escenario* 24.7, 2003, sin paginación. Acceso: 8/10/2006, http://wwwhenciclopedia.org.uy/autores/Remedi/CiudadLatinoamSA.htm

Restrepo, Laura, *Delirio,* Alfaguara, Bogotá, 2004.

_____, *Dulce compañía,* Editorial Norma, Bogotá, 1995.

La orfandad —herencia— social

Juan Alberto Blanco Puentes,
Pontificia Universidad Javeriana

En la fisura temporal entre la modernidad y la postmodernidad, que bien puede ser rotulada como la contemporaneidad, subyace una serie de discursos que mezclan en más de una ocasión las ausencias de fronteras de una sociedad que ha perdido el padrinazgo de quien pudo, en momento dado, garantizar el mantenimiento de las circunstancias sociales de un país como Colombia:

> [Un] país particular y complejo en el mundo contemporáneo. No hay otro que se le asemeje y, a la vez, reúne todo lo positivo y contradictorio de este semidevastado planeta. Es una muestra clara de la gran crisis de la modernidad, de la racionalidad capitalista y del verdadero desorden mundial que ha reinado en las últimas décadas[1].

Pareciera un momento-escenario nada prometedor, pero la reescritura de una nación se fundamenta en la reorganización de sus propios imaginarios (estereotipos) sociales.

Un continuo antecedente

La literatura permite convertir la palabra en eco de la memoria individual o colectiva, en atención a ello, la producción literaria colombiana ha dejado atrás el realismo mágico, ese «hallazgo crítico-interpretativo, que cubría de un golpe, la complejidad temática (que era realista de un modo distinto) de la nueva novela y la necesidad de explicar el pasaje de la estética realista-naturalista a la nueva visión («mágica») de la realidad»[2], y ha dado paso a una «inversión» de acciones-temas que han convertido las circunstancias sociales de un país real en el caldo de cultivo de una nueva literatura. Escritores

---

1 Enrique A. Rico C., «Colombia ante el nuevo orden mundial y la crisis de la modernidad», *La modernidad en sombras*, Tercer Planeta, Bogotá, 2002, p. 119.
2 Irlemar Chiampi, *El realismo maravilloso*, Monte Ávila, Caracas, 1983, p. 21.

que con sus voces trazan el color del silencio. Personajes traídos de la realidad conviven entre sucesos que inspiran la escritura, que tiene como objeto la trascendencia de la historia, desde la palabra escrita.

Palabra convertida en acción escritural que permite el acceso al fenómeno de la Violencia en Colombia[3], que recuerda la voz de Arturo Coba, al decir: «Antes que me hubiera apasionado por mujer alguna, jugué mi corazón al azar y me lo ganó la Violencia»[4]. Pero, del romanticismo aparente de *La vorágine*, hemos pasado al romanticismo trastornado de la novela de Laura Restrepo, *Delirio*[5], en la cual Aguilar, apasionado por Agustina, su mujer, utiliza su corazón para engañar al azar, de tal manera que el destino, individual y colectivo, se convierte en la razón que explica el comienzo de una historia.

Laura Restrepo forma parte de un grupo de escritores que se han encargado «tácitamente» de impedirnos que la memoria naufrague en el olvido. El narcotráfico –génesis, proceso y secuelas– como causa del fenómeno de la violencia en Colombia se ha convertido en tema de novelas como *La virgen de los sicarios* (1994), de Fernando Vallejo, en la que de un modo particular, el narrador-autor se sumerge en el mundo del sicariato, una de las secuelas del narcotráfico, y en el que hace alusión directa a la relación (entre muchas otras) que se estableció entre Iglesia y narcotráfico, reflejada en las figuras del Padre García Herreros y Pablo Escobar, personajes extraídos de la vida real, pues el Padre García Herreros fue el

---

3 Para revisar la historia del fenómeno de la violencia en Colombia, así como el ejercicio de escritura «al servicio» del tema, puede verse la Introducción y los capítulos uno y dos del texto *Violencia en Macondo* (2002), de Carmenza Kline, en los cuales se presenta una síntesis pormenorizada de la historia de Colombia desde el punto de vista de la Violencia, como etapa continua de la historia del país, así como temática de muchos escritores colombianos. Es más, «La sociedad colombiana es una sociedad vieja de siglos, por más que sus mañas y estratificaciones sean a menudo presentadas por los sectores dominantes como defectos transitorios de un proceso de maduración inacabado», como sostiene Mario Arrubla, en «Síntesis de historia política contemporánea.», 1980, p. 217. Razón por la cual se podría considerar la violencia como la causa de la inmadurez de la sociedad colombiana, pues a pesar de ser una etapa obligada en la constitución histórica de las naciones, pareciera ser inacabable en Colombia; sin embargo, la luz al final del túnel aún no se apaga, y esperaremos el momento en el cual tome real vigencia el apelativo de Atenas suramericana, pero como anticipo para futuros tiempos, en los cuales el mundo ya no verá hacía París o Nueva York, sino hacia Bogotá, así como hacia todas y cada una de las ciudades latinoamericanas.
4 José Eustasio Rivera, *La vorágine*, Fondo de Autores Huilenses, Neiva, 1988, p. 302.
5 Las citas de *Delirio* que uso en este artículo corresponden a la edición de Alfaguara, Bogotá, 2004.

mediador con el gobierno colombiano para la entrega del capo de la mafia a las autoridades[6].

Gabriel García Márquez, con su novela *Noticia de un secuestro* (1996), desde el título anuncia dos situaciones que han marcado al país desde la segunda mitad del siglo XX: la noticia, como ejercicio de estar en boca de todo el mundo, y el secuestro, como mecanismo de presión para lograr acciones determinadas por parte de un Estado ficcional y a la deriva en la historia. La novela establece el puente entre la realidad y la narración de lo que le sucedió al país después de la entrega temporal de Pablo Escobar, y cómo el secuestro se convirtió en fenómeno consecuente del narcotráfico y en un elemento adicional de la lucha entre carteles de la droga por el control del negocio.

Rosario Tijeras (1999), de Jorge Franco, recoge para la literatura colombiana la figura femenina y su relación con el fenómeno del sicariato en Colombia, específicamente en Medellín. Rosario, figura central de la trama de la novela, es el eje narratológico en el que el tiempo (treinta minutos) permiten liberar la fisura entre el ayer, el hoy y el mañana, convertidos en instantes, ínfimos e íntimos en los que la historia se sucede como la ciudad desperdigada en las comunas de la capital antioqueña. Una sociedad marcada por los sabores ponzoñosos de la ciudad se convertirá en el recuerdo efímero de una memoria colectivizada, pero individualizada, que trata impunemente de darle solución al mundo que le ha tocado vivir o revivir. De hecho, las dimensiones de la vida de Rosario Tijeras confluyen y refluyen como la sangre que emana de su cuerpo.

Por su parte, *Sangre ajena* (2000), de Arturo Alape, recorre en medio de los intersticios del tiempo-memoria la vida de Ramón Chatarra y de su hermano Nelson, quienes, después de ser reclutados por don Luis, se convierten en sicarios[7]. Pasan de la sangre fría a la

---

6 Fernando Vallejo, *La virgen de los sicarios*, Alfaguara, Bogotá, 2001, pp. 68-69.

7 Con respecto a los jóvenes sicarios, Restrepo dice que el uso de ropa y accesorios de marca les permitía mostrar una imagen de riqueza o de identidad que se podía comprar con el pago de los trabajos que hacían como delincuentes. Según ella: «Son adolescentes bien parecidos y vestidos a todo trapo. Les gusta el asfalto, la discoteca y el neón, y la vida ajena es para ellos una mercancía que se puede cambiar por los objetos deseados: camisas Ocean Pacific, jeans Paco Ravanne, tenis Nikes, "bambas" de oro, equipos láser de sonido, discos compactos de rock "no comercial", perica para compartir con los amigos, electrodomésticos para la cocina de mamá, cuartos de hotel para hacer el amor con la novia, motos Honda 1000 y Mazdas 626 GLX»: Laura Restrepo, «Los muchachos desechables», *En qué momento se jodió Medellín*, Oveja Negra/Milla Batres, Bogotá, 1991, p. 56.

sangre ajena[8] y terminan como neonómadas de Bogotá, entre la oscuridad del anonimato y el olvido, lejos de los sueños que alguna vez los despertaron a la realidad, a la muerte:

> Él había llegado de Medallo con el brillo de la vida creciendo en su mirada juguetona, acompañada de tantas ilusiones como peldaños de una gigantesca escalera para subir al cielo. Cielo imaginado con lluvias y tormentas y noches de sosiego. Los dos queríamos la vida que soñábamos[9].

La horrible noche. Relatos de violencia y guerra en Colombia (2001), de Peter Schultze-Kraft, es una antología que reúne treinta y tres cuentos, cuyos temas van desde la guerra de los mil días (17 de octubre de 1899 - 1 de junio de 1903), pasando por la Masacre de las Bananeras (6 de diciembre de 1928), el asesinato de Jorge Eliécer Gaitán (9 de abril de 1948), la Violencia y el surgimiento de la guerrilla (1948 - 1963), para terminar, con los carteles de la droga (finales de la década del setenta). De este último momento son los cuentos «Himno nacional», de Octavio Escobar Giraldo; «Instrucciones para morir con papá», de Oscar Collazos; «La bolsa de celofán», de Darío Ruiz Gómez; y «Telefonema familiar», de Germán Espinosa.

Mario Mendoza, en su libro *Una escalera al cielo* (2004), tiene dos cuentos, «El asesino» y «Cuento de navidad», en los que encapsula en el tiempo de la narración dos personajes sacados del mundo real del narcotráfico, si acaso existe un mundo ficticio. El primero de los cuentos narra el final de la historia de don Gerardo Montenegro, capo del narcotráfico que para recibir el perdón decide contarle su historia a un escritor, quien, además de su paga respectiva por escribir, termina asimilando la energía «vital» del personaje, a quien luego de terminada la historia sólo le queda el suicidio, como consecuencia de su propio castigo: la culpa. En el segundo, la víctima de secuestro no es asesinada en ese momento porque es noche de navidad. La temporalidad se pospone, como quien atrasa el tiempo, para demorar el desenlace fatal.

Otra novela, *El eskimal y la mariposa* (2004), de Nahum Montt, si bien comienza como una novela policíaca, deviene en el quehacer de los sicarios después de «terminado» el caso Escobar. Jerry y su banda se trasladan, como muchos lo hicieron en la vida real, de Medellín a Bogotá, para dedicarse al oficio de manera «independiente».

---

8 Arturo Alape, *Sangre ajena*, Seix Barral, Bogotá, 2000, p. 110.
9 Arturo Alape, *op. cit.*, p. 172.

Es vital la relación que se establece entre los sicarios y los elementos de seguridad de las figuras públicas y políticas del país. Los intratextos finales de la novela son el eco del «silbido» de la bala asesina del sicario[10]. La novela devela el accionar combinado entre los organismos del Estado y los asesinos «huérfanos» de los carteles, que se contratan al mejor postor para ejercer su «profesión».

Para terminar este aparte, repasemos *Testamento de un hombre de negocios* (2004), de Luis Fayad, que narra la historia familiar de Jacinto, desde su infancia, con sus primeros pasos en el negocio del narcotráfico, su juventud al servicio de su padre, su conversión en hombre de familia, así como su asenso a la dirección del Negocio. La novela recoge las características posibles del fenómeno: la relación entre narcotráfico y política, los negocios de fachada para el lavado de dinero, los conflictos generados por el control del negocio, el papel de los terratenientes y su control sobre el territorio, las poblaciones indígenas y campesinas, así como la presencia de las organizaciones no gubernamentales, las mulas del narcotráfico que están bien contactadas en el extranjero, la influencia-presencia de agentes extranjeros que sólo pretenden adueñarse del negocio, así como la intención de las clases sociales altas de ingresar al negocio para mantener su nivel económico y social.

Vemos cómo la literatura, a merced de la realidad, nos muestra que:

> El narcotráfico ha sido el factor que mayor complejidad le ha dado al estado de guerra del país en la actualidad: no sólo es capaz de corromper las fuerzas estatales, sino a otros actores como la guerrilla misma y los paramilitares. Es por eso que hoy, en Colombia, los muertos en la guerra no se sabe de dónde vienen: las relaciones corruptas entre narcotráfico, guerrilla, Estado y paramilitarismo han impedido cualquier acción conjunta de reacción[11].

Acaso, la segunda oportunidad sobre la tierra se sigue negando como herencia para las nuevas generaciones.

EL *DELIRIO* COMO SÍNTOMA DE UNA ENFERMEDAD SOCIAL

La sociedad colombiana ha padecido una de las enfermedades heredadas de la raza de Caín y, como agente precursor de dicha

---

10 Nahum Montt, *El eskimal y la mariposa*, IDCT, Bogotá, 2004, pp. 252-255 passim.
11 Jaime Alejandro Rodríguez, *Posmodernidad, literatura y otras yerbas*, Universidad Javeriana, Bogotá, 2000, pp. 149-150..

enfermedad, ha visto cómo la Violencia generalizada ha mutado, a causa del narcotráfico, en un violencia circunstancial histórica. La sociedad se ha dejado contagiar de una violencia que ha trascendido la realidad para convertirse en tema de historias contadas sin afán y, gracias a la escritura, quizás, nos quede como posibilidad de redención. La falta de razón, que aqueja a Agustina como un aparente olvido, es el símbolo de una sociedad que pretende, a toda costa, mantener su statu quo.

Laura Restrepo con *Delirio* caracteriza, a partir de Agustina Londoño, una sociedad que mantiene sus estereotipos evitando, a toda costa, elementos que de una u otra forma alteren el devenir de su tranquilidad aparente. Agustina está enferma y:

> La metáfora del cuerpo enfermo alude a lo demoníaco que en el ámbito social se refiere a los transgresores del orden, seres degradados, enfermos mentales. El cuerpo toma un sentido de represión clasista que busca remplazar la expresión de intereses populares por la de un joven que agrupa a todo un estrato social[12].

Es bueno recoger el concepto de «enfermos mentales», pues Agustina, en un momento determinado, es considerada una enferma mental; así mismo, ella representa un estrato social que ha vivido de fachada, para ocultar su propia decadencia. O que simplemente intenta depurarse con el destierro:

> La clase a la que pertenece Agustina no sólo excluye a las otras clases sino que además se purga a sí misma, se va deshaciendo de una parte de sus propios integrantes, aquellos que por razones sutiles no acaban de cumplir con los requisitos, como Agustina, como la tía Sofi; me pregunto si la condena de ellas se decidió desde el momento en que nacieron o si fue consecuencia de sus actos, si fue el pecado original u otro cometido por el camino el que les valió la expulsión del paraíso y la privación de los privilegios (33).

Todos los que, de alguna manera, transgreden el espacio de la familia, son desterrados poéticamente del paraíso, pero en realidad es el autoexilio el que los conduce fuera de los límites de la aparente familia: Agustina se destierra por ser la esposa de Aguilar, un profesor universitario de literatura venido a menos, es decir, desem-

---

12 Claudia Camero, «Humor, mito y parodia en *Dulce compañía* de Laura Restrepo», *Cuadernos de Literatura.* 7:13/14, enero-diciembre, 2001, p. 98.

pleado, que se dedica a vender alimento para perros y que, además de ser separado y con dos hijos, es de clase media; la tía Sofi se aleja voluntariamente de la familia, al ser descubierta como la amante de su cuñado, relación negada-aceptada en un momento dado por la familia; y Carlos Londoño, hijo, llamado el Bichi, quien por su forma de ser es «alejado» del núcleo familiar. La negación del otro por parte del «yo» implícito de los miembros de la familia provee el destino trágico que puede en un momento dado determinar el comienzo de la historia.

El manejo de la doble moral (44), también es una característica de la sociedad recreada en la novela, al presentarnos al agente «secreto» de la DEA Ronald Silverstein o Rony Silver, a Carlos Vicente Londoño y Joaquín Londoño, Joaco, padre y hermano de Agustina, respectivamente, entre otros, quienes están en el negocio del lavado de dinero, gracias al Midas McAlister, que es el intermediario entre Pablo Escobar y la gente pudiente del país. El lavado de dinero fue una de las maneras en que la clase alta bogotana empezó a participar en el negocio del narcotráfico. Los Londoño eran terratenientes, pero ahora están venidos a menos, entonces ven en el lavado de dinero la posibilidad de que los pesos que tienen se conviertan en dólares, sin ningún esfuerzo y sin riesgo aparente:

> ¿Entonces de verdad crees, le pregunta el Midas McAlister a Agustina, que tu noble familia todavía vive de las bondades de la herencia agraria? Pues bájate de esa novela romántica, muñeca decimonónica, porque las haciendas productivas de tu abuelo Londoño hoy no son más que paisaje, así que aterriza en este siglo xx y arrodíllate ante Su Majestad el rey don Pablo, soberano de las tres Américas... (80).

Es tal la apariencia manejada por la familia Londoño, que existe un Catálogo Londoño de la Falsedad, establecido por el Midas McAlister:

> El Bichi se fue para México porque quería estudiar allá, y no porque sus modales de niña le ocasionaran repetidas tundas por parte de su padre; la tía Sofi no existe, o al menos basta con no mencionarla para que no exista; el señor Carlos Vicente Londoño quiso por igual a sus tres hijos y fue un marido fiel hasta el día de su muerte; Agustina se largó de la casa paterna a los diecisiete años por rebelde, por hippy y por marihuanera, y no porque prefirió escaparse antes que confesarle a su padre que estaba embarazada; el Midas McAlister nunca embarazó a Agustina ni

la abandonó después, ni ella tuvo que ir sola a que le hicieran el aborto; el señor Carlos Vicente Londoño no murió de deficiencia coronaria sino de dolor moral el día que pasó en su automóvil por la calle de los hippies y alcanzó a ver a su única hija Agustina sentada en la acera vendiendo collares de chochos y chaquiras; Joaco no despojó a sus hermanos de la herencia paterna sino que les está haciendo el favor de administrarla por ellos; no existe un tipo que se llame Aguilar, y si acaso existe no tiene nada que ver con la familia Londoño; la niña Agustina no está loca de remate sino que es así –Eugenia y Joaco dicen así y no especifican cómo–, o está nerviosa y debe tomar Ecuanil, o no durmió bien anoche, o necesita psicoanálisis, o hace sufrir a la mamá sólo por llevarle la contraria, o siempre a sido un poco rara (264-265).

Y la tía Sofi hablando con Aguilar, discute el Código de Apariencias, que los adultos tienen y que los jóvenes aprenden rápido a manejar, como es el caso de Joaco: «¿Te imaginas, Aguilar?, que Eugenia después de toda una vida práctica conociera el código de las apariencias es cosa comprensible, pero que Joaco a los veinte años de edad ya lo dominara a la perfección, que lo agarrara al vuelo, eso si es asombroso» (322): la disposición natural para aprenderse el estereotipo familiar silenciosamente.

El grupo de amigos que comulgan con los negocios del Midas McAlister (que ha mantenido su origen oculto bajo las apariencias), son elementos de un conjunto que combina diversos sectores sociales, tal es el caso de la Araña Salazar (socio del Polo Club de Las Lomas), llamado el Tullido por Pablo Escobar; José Luis Ayerbe, el Paraco, y como ya lo dijimos líneas antes, Rony Silver, el 007, o el Informante, como lo denomina Pablo Escobar. La amalgama de posibilidades que no deja nada a la deriva, pues al implicarlos a todos en el negocio del lavado de dinero, Pablo Escobar estaba controlando sus acciones. Los ricos del país, bajo la tutela económica del narcotráfico; el agente de la DEA mezclado en asuntos ilegales, pero libre; el joven que busca el ascenso social que va más allá de usar marcas y que tiene un negocio de fachada (Aerobic's Center); y el paramilitar que financia masacres indígenas, pero mantiene su propia vida urbana.

El estatus social, que el Midas McAlister quiere alcanzar, está rotulado por una serie de etiquetas publicitarias que, durante toda la narración van surgiendo como metáforas de la apariencia. Iconos de una sociedad mercantilista: bebidas, Gatorade (58), Ron viejo de Caldas (65, 123), Milo (137), Heineken (263); medicamentos, Listerine (14), Alka-Seltzer (83), Pedyalite (108), Ecuanil (265); ropa, accesorios y lociones, Lacoste (202), Hermes (27, 148), Armani, Ferragamo, Nike, Ralph Lauren (27), Roger & Gallet (52, 89, 258), Brunello di Montalcino (56), Rolex (91), Johnson (100), Chanel No. 5 (114), Opium (143), Mont Blanc (148); cosméticos Clinique (76,179,180), Angel Face (44), Ponds (76), Silky Peach de L'Oreal (181); juguetes y juegos de mesa, Barbie y Ken (87), PacMan (192), Scrabble (263); utensilios de la casa: lámparas Baccarat y cubiertos Christofle (27). Sin embargo, McAlister terminará en su espacio real, pues la persecución contra él la ha iniciado el informante de la DEA, después de la jugada de Pablo Escobar, que los dejó sin dinero.

Por otra parte, cuando se enferma, el grupo social de los Londoño no desea ser atendido en el país; la novela plantea varias situaciones que establecen contraste entre los niveles de atención acorde con el nivel económico. Tal es el caso, por ejemplo, de Agustina cuando se enferma y Aguilar la lleva a La Hortúa, mientras que Eugenia, la madre, pretende llevársela a un *spa* en Virginia, Estados Unidos, así como a la Araña Salazar y al señor Londoño los llevaron, en su momento, a Houston, Texas, pues «en este remedo de país a todos los platudos que se enferman se les da por peregrinar a Houston, Texas convencidos de que en inglés sí los van a resucitar, de que el milagrito funciona si se paga en dólares» (25).

La nación que los personajes de la novela habitan está llena de personas que hacen lo que se les da la gana (71), la ciudad capital, Bogotá, esta leída como un mapa, pues los sitios se suceden en una especificidad que facilita el reconocimiento de los lugares a medida que la narración ocurre, así mismo, los vectores que conducen de un lugar a otro son bien referenciados. La escritura al servicio de la cartografía, ciudad mapa, convertida a través de los sentidos en aprendizaje del fenómeno de violencia que vive el país. Una ciudad en guerra de todos contra todos (24), cuyos puntos cardinales están kilométricamente separados: «Tú sabes que del norte al sur de Bogotá hay más distancia que de aquí a Miami» (126). Se pasa del sitio específico a la ciudad como tal, a la composición departamental del país, hasta terminar con el mundo: Alemania y Francia.

La política como componente de la nación es otro elemento que subyace a la narración. La presencia de agentes de la DEA en Colombia a causa del problema del narcotráfico, como funcionarios directos de la embajada norteamericana, es muestra clara de la intervención extranjera en los asuntos internos del país; así como de la extradición (329), estrategia del Estado para contrarrestar el avance del mal, con el apoyo de su propio Bloque de Búsqueda, en combinación con el cartel de Cali, cada uno por su propio camino, persiguiendo al «Capo di tutti Capi» (81), y él, reaccionando con acciones terroristas, comenzando por la que causó después su expulsión del Partido Liberal y de las listas electorales para el Senado (117).

Todo el delirio que la sociedad sufre es causa de la presencia de Pablo Escobar, es quien altera el devenir normal de una comunidad que si bien no evolucionaba rápidamente, sí trataba de alcanzar el futuro a su propio ritmo. La figura de Pablo Escobar aparece en la novela como San Escobar (73), Su Majestad el rey don Pablo (80), Pablo es Green Peace (81), Rey de la Coca, Padre de la Patria (117), el Patrón (118, 153). E incluso tiene su propia forma de ver a la élite social: «Qué pobres son los ricos de este país, amigo Midas, qué pobres son los ricos de este país» (82) y un objetivo claro: «Voy a invertir mi fortuna en hacer llorar a este país» (239).

Al final, todo resulta ser el escenario desmontable de una obra de teatro, sólo queda en el aire el eco de los sonidos que a la distancia se hacen cada vez menos nítidos. El Midas McAlister sólo atina a decir:

> Para mí son todos fantasmas, actores y escenarios de una obra que ya terminó, y vinieron los utileros y alzaron con todo y ya cayó el telón, hasta el mismísimo Pablo es un fantasma, y fantasmal por completo este país; si no fuera por las bombas y las ráfagas de metralla que resuenan a la distancia y que me mandan sus vibraciones hasta acá, juraría que ese lugar llamado Colombia hace mucho dejó de existir (327).

La religiosidad es el referente que permite reconocer a la sociedad como comunidad que se revierte en sí misma, como parte de un país que desde su Constitución Política está redimido en Dios; sin embargo, los iconos han cambiado para bien de la narración. Encontramos la trinidad deprimente, refiriéndose a las primas de Pablo Escobar (97), el Pilatos McAlister, que no es culpable de la falta de creatividad de los sadomasoquistas que le montan show a la Araña Salazar en la segunda fase de la Operación Lázaro (191), la epifanía de la demencia, momento en el cual Agustina comienza su rito-fiesta para limitar el territorio que comparte con Aguilar (198), el Cordero, el Bichi, que se sacrifica en honor del padre (250), así como varias referencias directas a santos y sitios sagrados, o simplemente lugares con nombre religioso: la catedral (287) donde reposa la tumba de Gonzalo Jiménez de Quesada, referente fundacional de la ciudad de Bogotá y nombre de la prisión de donde en la vida real se fugó Pablo Escobar y sus lugartenientes. Igualmente, la referencia a la Biblia (136) y a la enfermedad bíblica por antonomasia, la lepra, tomada como uno de los miedos-curiosidades de la infancia de Agustina (131-140).

La presencia religiosa se convierte en eco de la voz lapidaria que describe el «sin destino» de una sociedad huérfana, en la que sólo la escritura, la voz del autor, que en la novela de Laura Restrepo permanece «tácitamente» ausente, es capaz de darnos la verosimilitud narrativa, que no requiere de un referente real para existir, palabra mágica, que evoca, que crea y recrea, al unísono, las voces de la novela: «Como el mundo, sencillamente la escritura es. Imposible averiguar cómo han llegado a ser sin recurrir, allá a Dios, aquí al autor»[13].

LA TEMPORALIDAD DEL MUNDO HEREDADO, DESDE EL PERSONAJE

La historia contada en los «sesenta y seis capítulos» de *Delirio* es un ejercicio temporal para la memoria, pues la continuidad racional del tiempo se ve reactivada en dos tiempos fundamentales: el antes y el ahora, sujetos al presente continuo del estado médico de Agustina Londoño. La diacronía de la novela permite reconocer las historias que subyacen a la enfermedad de la protagonista. Historias que, intercaladas, permiten la movilidad de la lectura, en tal sentido el presente se convierte en consecuencia del pasado y es la causa del futuro. En relación con el primer proceso, pasado-presente, es vital para la novela la historia de los abuelos de Agustina: Blanca y Portulinus, y a partir de ellos se puede construir el árbol genealógico de los personajes y su relación con el delirio de la protagonista. En el proceso de configuración de la familia es pertinente recordar a la hermana del abuelo, Ilse (267), quien tiene su propia historia médica.

La segunda generación de la familia le corresponde a Sofí (hija mayor) y Eugenia (hija menor), pues los otros cinco hijos fallecieron (223). Las hermanas completan el deseo triangular con Carlos Vicente Londoño. Eugenia como la esposa socialmente aceptada y la tía Sofi como la amante íntimamente aceptada. El triángulo permite la existencia de la tercera línea filial, compuesta por Joaquín, Agustina y el Bichi (apodo dado al hijo menor del matrimonio Londoño, que se llama igual que su padre).

De Joaquín se establece el vínculo de amistad con McAlister (el Midas), Salazar (la Araña), José Luis Ayerbe (el Paraco) y Rony Silver

---

13 Oscar Tacca, *Las voces de la novela*, Gredos, Madrid, 1973, pp. 128-129.

(el 007, o el Informante). Del Bichi, salvo la referencia momentánea a Montes y Mendes, compañeros de colegio, con quienes jugaba trompo a la hora del descanso, no se tienen más nexos sociales. De Agustina, se incorpora su esposo, Aguilar, de quien a su vez se recoge la presencia de Martha Elena, configurando el segundo triángulo amoroso, que difiere del primero en cuanto que el vínculo entre Aguilar y su primera esposa ya no existe, salvo por los hijos, Toño y Carlos.

Del párrafo anterior, si bien nos permitimos mencionarlos en su mayoría, la figura del Midas McAlister es la causa de todo el proceso vivido por los personajes que desean mantener a cualquier precio su estatus social; así mismo, es el autor del inicio sexual de Agustina y, en consecuencia, del delirio de la misma, pues es quien de cierta forma genera el Apocalipsis de la familia, cuando escapa con ella de la finca de descanso de los Londoño, y utilizando su dinero y poder, la envía con uno de sus empleados a un hotel. Sitio en el que después la encuentra Aguilar, y la novela se sucede en un continuo ir y venir temporal entre el presente (delirio) y el pasado inmediato (antecedentes directos) y el pasado lejano (antecedentes indirectos, pero filiales).

La historia de los abuelos, Blanca y Nicolás Portulinus, es recogida y caracterizada en doce momentos de la narración. Su historia comienza con la presentación de los personajes y la caracterización demencial del abuelo (20-21), demencia que se convierte en locura (67-68), locura que se presenta en diferentes estados (287-292). Igualmente, se relaciona al abuelo con lo cabalístico (49-51) y con los crucigramas (92-94). En relación con su persona nos habla de su infancia[14] en compañía de su hermana Ilse (267-272), de su matrimonio (36-37) y, finalmente, de la figura de Farax, en tres momentos específicos y determinantes para la herencia filial de Agustina y el Bichi: la infancia del abuelo (102-106), que le suscita preguntas, que generan a Farax como personaje:

> ¿Qué estoy haciendo yo en medio de estas ruinas ominosas, desde cuándo se desdibujan los colores, por qué me pierdo en borrones de sangre, de quién es toda esta sangre que resbala por la

---

14 La locura se relaciona con las tres edades del hombre: la niñez, la adolescencia y la vejez. En tal sentido Erasmo de Rotterdam manifiesta que existe en los niños un algo que es capaz de desarmar al peor enemigo: la locura. Y dicha locura se va perdiendo en la adolescencia y desaparece en la vejez, quedando a espera de que los dioses tutelares lo transformen en niños y se recupere la inconsciencia y la ligereza mental: Erasmo de Rotterdam, *Elogio de la locura*, RBA Editores, Barcelona, 1995, pp. 19-22.

fría lisura del mármol y por qué está herido aquel muchacho, qué hace entre las ruinas y por qué sangra, si es intocable y etéreo, si se llama Farax y sólo en mis noches existe, si este Farax, dulce y herido, habita desde siempre en el registro de mi memoria? (105).

Éste es un personaje que habita entre la realidad y el sueño del abuelo (184-190), pues Nicolás Portulinus no evita el encanto que le genera el joven aprendiz que ha llegado a habitar su casa (217-224). Su espacio topográfico, además de Sasaima, está determinado por los ríos del mundo, de su propio mundo «demencial y delirante» (127-131), y termina con la muerte líquida del abuelo, mientras su hija dormía (304-312).

Del abuelo, su hija Eugenia heredó la culpa por su muerte, pero aun así, se procura una existencia acorde con el mantenimiento de la máscara social, que le impide mostrarse como es; del abuelo, el Bichi, heredó su negación homoerótica, pero ya no sublimada en el sueño, sino realizada en su personalidad, a pesar del decir de su familia (su madre y su hermano) y de su sociedad (termina viviendo en México); del abuelo, Agustina heredó su demencia-locura convertida en delirio. De hecho, el proceso hereditario desde lo filial se convierte en la herencia social de un grupo de personajes que tratan de asirse del tiempo para determinar el sinfín de su existencia.

La voz de los abuelos es el eco lejano de las voces presentes, la de Agustina, la de Aguilar y la del Midas McAlister. Cada una de ellas delinea el tiempo narrativo, de tal manera que el lector puede entrecruzar las historias para resolver la novela. Cada una de las voces se convierte en réplica y contrarréplica de las otras. No es un discurso antagonista, por el contrario es el verbo al servicio de la escritura. Todo para que el lector descifre desde su frontera la acción constructiva de la razón que se ve menguada por la locura. De ahí que la palabra se regocije gracias a la escritura, pues Laura Restrepo habla desde el personaje, escucha y enlaza los diversos eslabones que conforma la cadena narrativa de una nación construida y nutrida desde la realidad

La nación heredada, desde *Delirio*

Es imposible olvidar el escenario dantesco en el que se convirtió toda una nación a expensas de la guerra contra el narcotráfico. Si bien, desde 1492, el mundo reconoció el nacimiento de un nuevo continente, también es visible, desde entonces, la idea de mortandad que la historia de un país, aún en formación, mantiene como política para alcanzar la tranquilidad. El narcotráfico permitió solamente darnos cuenta de lo vulnerables que somos para quienes escriben la historia negativa de la humanidad. El terrorismo se enraizó como si fuera el diario eterno de recoger el Apocalipsis que se estaba generando (117).

Si bien el país se construye desde el campo (un pasado agrario), también se equivocó en la forma de acceder al presente. La sociedad transformó su violenta enfermedad en locura. La demencia por el dinero fácil, la falta de valor de la vida empezó a corromper a la juventud. Los patrones de los carteles de la droga, por todos conocidos, se fueron afianzando en todos los estamentos del Estado, la nación perdió su horizonte democrático, la economía se nutrió del valor negado del mundo. Y el país se volvió palabra escrita.

En *Delirio*, aparecen con el mismo rótulo los espejismos de un país, una nación, un Estado y todo lo que implicó el caldo de cultivo de un fenómeno que generó nuevas formas de hacer política. Los elementos señalados por la novela permiten determinar el tipo de nación que se trataba de construir, en un «remedo de país» (25, 71), en el que confluyen diversos estamentos que tratan de solucionar el problema, o al menos de anestesiar la enfermedad: las Oenegés (43), la DEA, que obtiene su tajada de dinero (43), el Pentágono (117), que está pendiente de los políticos y del presidente de la República (56, 69, 117). Actores todos de la elaboración de un nuevo país a partir de una nueva forma de control social, de intimidación social.

De igual manera, se establece una relación entre sexo y nación (país) y sexo y ciudad en el amplio diálogo que sostienen la tía Sofi y Aguilar acerca de Eugenia, lo que permite esclarecer y caracterizar la herencia erótica de una ciudad-nación[15]:

> [A Eugenia] le salió de dentro esa especie de horror por la sexualidad de los demás que siempre ha marcado su vida, que a lo mejor también es horror por la sexualidad propia [...], esa compulsión de censurar y reglamentar la vida sexual de los otros fue una actitud que compartió con Carlos Vicente [...] y ése era el

---

15 La herencia erótica a la que hacemos referencia en este aparte del texto tiene que ver con la idea de puritanismo que deviene de la religión, es tal el conflicto de Eugenia, que incluso llega a la negación del cuerpo. «Y muchas personas, aunque tal vez conscientemente rechacen el puritanismo, inconscientemente aceptan este mensaje negativo, que nos llega a través de los siglos, del platonismo, del gnosticismo, el cristianismo y por último de la filosofía dualística de Descartes, sobre la que se edifica toda nuestra ciencia»: Georg Feuerstein, *El valor sagrado del erotismo*, Planeta, Buenos Aires, 1993, p. 35.

pilar de la autoridad tanto del uno como del otro, algo así como la columna vertebral de la familia, como si por aprendizaje here-ditario supieran que adquiere el mando quien logra controlar la sexualidad del resto de la tribu, no sé si entiendas a qué me re-fiero, Aguilar, Claro que entiendo, dijo Aguilar, si no entendiera eso no podría entender este país [...]. Es una especie de fuerza más poderosa que todo y que viene en la sangre, una censura in-clemente y rencorosa hacia la sexualidad en cualquiera de sus ex-presiones [...] yo diría que se lo aprendió a él [Carlos Vicente] y que a partir de ahí elaboró su propia versión extrema, interpretar la vida sexual de la gente como una afrenta personal debe ser una característica ancestral de las familias de Bogotá (245-246).

La geografía del tríptico ciudad-país-mundo se manifiesta en la novela desde la proliferación de nombres de los ríos mencionados por el abuelo, en una mezcla geográfica de nación-continente: el Rin, el río Dulce (128), el río Recknitz, el Regen, el Rhein, [...] el Putumayo, el Amazonas, el Apaporis [...], el Danubio, el Donau y el Eder [...] el Aisch, el Aller y el Altmuh (129), el Warnow, el Warta y el Weser [...] el Saale, el Sree, el Suder y el Tauber (130). Letanía de nombres que representan la esencia del movimiento, agua que fluye, refluye y confluye en la memoria de quien habrá de generar el río de su locura (18).

Una nación que comprime el mundo, pues en su sociedad se re-conocen elementos foráneos que trascienden los límites de la identi-dad. Además de los ya enumerados con anterioridad para mantener el estatus social, se tienen elementos orientales que tipifican lo hí-brido que es el país culturalmente, tales como: la filosofía Zen (34), el Feng Shui (38, 66, 312, 332), el *I Ching* (142) y el uso de esencias orientales (258). Un país que desde el proceso de adiestramiento de la sociedad se conforma con asimilar o asumir como propios elemen-tos que corroboran su identificación con la cultura de otros países. La anterior constante es una caracterización de las sociedades en formación, para quienes la moda es la que impone el camino que se debe seguir en cuanto a normas de comportamiento.

El aspecto religioso de la nación se muestra desde diversos puntos de vista, así como en diversos momentos de la novela. El más relevan-te quizá sea hablar de una Epifanía de la Demencia:

Por órdenes de su sobrina, la tía Sofi permanece en un rincón de la sala sin atreverse a mover porque cada vez que lo intenta, Agustina monta en cólera y se lo impide, también a Aguilar lo conmina a quedarse quieto donde está y establece las reglas de

una nueva ceremonia que los otros no comprenden, una original epifanía de la demencia que consiste en ejercer un control
implacable del territorio, ellos habitan del lado de allá, Agustina
de este lado y está pendiente como un cancerbero, o un agente
de aduanas, de que nadie transgreda esa frontera imaginaria, ese
Muro de Berlín o Línea Maginot que aún no se sabe para qué
habrá trazado (198).

No menos importantes que la anterior son las referencias directas
al Niño Dios (15, 44), Fátima, Lourdes y Tierra Santa (25), las vírgenes: María (30), Guadalupe (55) y la Merced (309); Jesucristo (191)
y dos variaciones: Cristo Barroco (55) y Cristo Redentor (137). Sin
olvidar la proliferación de lugares santos que se van mencionando
durante el recorrido de la ciudad. Lo anterior establece las coordenadas bíblicas de la ciudad que observa inamovible el delirio de la
protagonista con su propio sol (216). Bogotá como ciudad-escenario
en el que se desarrolla la acción es particularmente delirante. Su
caos propio convierte a sus habitantes –de múltiples procedencias–
en seres algo locos, pues es una ciudad que intenta agredir al peatón,
pero que no lo logra, pues su belleza y bondad anticipan la existencia
de una segunda oportunidad.

El Bichi se transforma, pasa de Ángel a Cordero, el proceso de
transformación lo convierte en el sacrificado al (del) dios-padre, y
en otro ejercicio magistral de escritura Laura Restrepo nos recrea
un microcosmos bíblico: «Dime cómo se llama el Cordero y cómo se
llaman las estatuas de sal, le pide Aguilar, El Cordero se llama Bichi,
se llama Carlos Vicente como mi padre pero le decimos Bichi, y las
estatuas de sal se llaman Eugenia, Joaco, Agustina, el Bichi, Aminta y
Sofía» (250). Momento culminante de la novela. La causa de la con-
solidación fraccionaria de la familia. La causa primera de la sociedad
actual colombiana.

La novela permite acceder a la realidad por medio de los sentidos;
imágenes sensoriales que remiten al significado del mundo[16]. La vista:
«Los poderes de Agustina eran, son, capacidad de los ojos de ver más

---

16 Agustina se permite contemplar el mundo y acceder a él a partir de los sentidos.
La experiencia sensorial se convierte en actividad cerebral, pues el pensamiento
parte del conocimiento y de la capacidad del hombre para crear el mundo: «Los
grandes hombres se distinguen de los pequeños por el hecho de que ven y oyen in-
finitamente más, al mismo tiempo que piensan cuando ven y oyen. [...] El hombre
superior se hace al mismo tiempo cada vez más feliz y más desgraciado. Pero además
un delirio le acompaña continuamente»: Friedrich Nietzsche, *Gaya ciencia*, Espasa
Calpe, Madrid, 2000, pp. 250-251.

allá hacia lo que ha de pasar y todavía no ha pasado» (16); el tacto como negación de la mirada: «Agustina, que no necesita mirarlas (llaves), porque con el solo tacto las sabe reconocer» (90); la audición, que permite el reconocimiento de la voz interior: «el miedo me quita los poderes y me asaltan tantas voces que no comprendo ninguna, la peor de las voces, la que más me paraliza, es la que me dice que he lastimado al Bichi» (163); el olfato que trasciende el sabor: «y el olor a naranjas era muy, muy triste, y era muy, muy persistente. Eugenia lo observa mascar la comida con mandíbula pesada y nostálgico rumiar de vaca vieja» (350). Para terminar en un rito que le permita recuperar la razón perdida: «Y por qué seis velones, le preguntó Aguilar, Uno por cada uno de mis cinco sentidos, para que de ahora en adelante no me engañen, ¿Y el sexto? El sexto por mi razón, a ver si este don Gonzalo me hace el milagro de devolvérmela» (287).

Sentidos que permiten reconocer la negación social del mundo, pues quien logra hacer caso omiso de lo que siente logra aislarse del mundo. El delirio se convierte en el síntoma sensitivo que explica el desorden sensorial de la realidad. La sangre de la nación se percibe desde lejos. La negación de su olor es la negación del dolor social. Su color trasciende el límite de un país ajeno a sí mismo, pero reconocido en su escritura. La fábula de la historia al servicio de la memoria; en la que los recuerdos se hacen instancias del discurso novelado. Palabra-sentido convertida en posibilidad creativa; el mundo emana a través de la novela. El realismo mágico jamás olvidado se ha vuelto magia real: el mundo ya no es posible, pues la escritura lo ha convertido en imposible. Nuevas voces de la narrativa que convierten el mundo en escenario creado entre líneas sensitivas y sensoriales, en las que la cartografía escritural transcribe el deliro; como herencia social.

Referencias bibliográficas

Alape, Arturo, *Sangre ajena*, Seix Barral, Bogotá, 2000.

Arrubla, Mario, «Síntesis de historia política contemporánea», *Colombia hoy*, Siglo XXI, Bogotá, 1980, pp. 186-220.

Camero, Claudia, «Humor, mito y parodia en *Dulce compañía* de Laura Restrepo», *Cuadernos de Literatura* 7:13/14, enero-diciembre de 2001, pp. 90-103.

Chiampi, Irlemar, *El realismo maravilloso*, Monte Ávila, Caracas, 1983.

Fayad, Luis, *Testamento de un hombre de negocios*, Arango Editores, Bogotá, 2004.

Feuerstein, Georg, *El valor sagrado del erotismo*, Planeta, Buenos Aires, 1993.

Franco, Jorge, *Rosario Tijeras*, Plaza y Janés, Bogotá, 1999.

García Márquez, Gabriel, *Noticia de un secuestro*, Norma, Bogotá, 1996.

Kline, Carmenza, *Violencia en Macondo*, Universidad de Salamanca, Bogotá, 2002.

Mendoza, Mario, *Una escalera al cielo*, Seix Barral, Bogotá, 2004.

Montt, Nahum, *El eskimal y la mariposa*, Instituto Distrital de Cultura y Turismo, Bogotá, 2004.

Nietzsche, Friedrich, *Gaya ciencia*, Espasa Calpe, Madrid, 2000.

Restrepo, Laura, *Delirio*, Alfaguara, Bogotá, 2004.

_____, «Los muchachos desechables», *En qué momento se jodió Medellín*, Oveja Negra/Milla Batres, Bogotá, 1991, pp. 49-73.

Rico C. Enrique A., «Colombia ante el nuevo orden mundial y la crisis de la modernidad», *La modernidad en sombras*, Tercer Planeta, Bogotá, 2002, pp. 119-175.

Rivera, José Eustasio, *La vorágine*, edición crítica a cargo de Luis Carlos Herrera S. J., Fondo de Autores Huilenses, Neiva, 1988.

Rodríguez, Jaime Alejandro, *Posmodernidad, literatura y otras yerbas*, Pontifica Universidad Javeriana, Bogotá, 2000.

Rotterdam, Erasmo de, *Elogio de la locura*, RBA Editores, Barcelona, 1995.

Schultze-Kraft, Peter, *La horrible noche. Relatos de violencia y guerra en Colombia*, Seix Barral, Bogotá, 2001.

Tacca, Oscar, *Las voces de la novela*, Gredos, Madrid, 1973.

Vallejo, Fernando, *La virgen de los sicarios*, Alfaguara, Bogotá, 2001.

Los escenarios de la violencia: el hogar y la nación[1]

María Victoria García Serrano, Universidad de Pensilvania

La novela ganadora del premio Alfaguara en el 2004, *Delirio* de Laura Restrepo, nos brinda una de las primeras representaciones literarias de la locura del siglo XXI[2]. El epígrafe de la novela –una cita de Gore Vidal– recoge la recomendación de Henry James de no «poner a un loco como personaje central de una narración» debido a que «al no ser el loco moralmente responsable, no habría verdadera historia que contar» (9)[3]. La advertencia del escritor norteamericano parece haber servido de desafío a la autora colombiana, pues el personaje principal de *Delirio* está trastornado, tiene cierto sentido de la responsabilidad moral y además no sólo hay una sino dos historias que contar: la de la protagonista y la de Colombia. Que Restrepo haya elegido a un personaje femenino en lugar de uno masculino cabe interpretarlo como otro desafío más que se impuso, o bien como un guiño irónico dirigido a los/as lectores/as.

Para referir la historia de Agustina Londoño, Restrepo ha entretejido tres «voces»: la de la propia Agustina, la de su compañero sentimental (Aguilar) y la de un amigo (Midas McAlister). Común a los tres discursos, además de su aparente carácter oral (en el sentido de que todos los personajes parecen estarle hablando a alguien), es el

---

1 Una primera versión de este ensayo apareció en la revista *La Nueva Literatura Hispánica* 8-9, 2004-2005, pp. 297-311.

2 Me pregunto si a la hora de concederle el premio a esta novela en el 2004 el jurado, presidido por José Saramago, tuvo en cuenta el acontecimiento que se iba a conmemorar en el 2005: el cuarto centenario de la publicación de *Don Quijote*. ¿Es sólo una mera coincidencia que en las dos obras sus respectivos protagonistas estén «locos»? ¿Se propuso Restrepo en algún momento escribir una novela que pudiera equipararse a *Don Quijote*, pero con un personaje femenino?

3 El epígrafe completo reza así: «Sabiamente, Henry James siempre les advertía a los escritores que no debían poner a un loco como personaje central de una narración, sobre la base de que al no ser el loco moralmente responsable, no habría verdadera historia que contar». (Las paginación de las citas de *Delirio* en este estudio corresponden a la edición de Alfaguara, Madrid, 2004.)

cambio de la primera persona gramatical a la tercera dentro de un mismo fragmento, y en ocasiones a la segunda.

En cuanto al contenido de los distintos enunciados, los pertenecientes a Agustina se centran en momentos claves de su infancia y adolescencia. Su mayor preocupación en ese tiempo era su hermano menor (Carlos Vicente, al que todos llaman el Bichi), a quien su padre maltrataba con frecuencia por no comportarse masculinamente. Para resguardarlo de los golpes, Agustina inventa extraños rituales en los que su hermano también participa y en los que utilizan unas fotos de su tía Sofía desnuda que le había tomado su padre, pero que nadie sabe que existen.

En las secciones narradas por Aguilar seguimos los pasos de este personaje para descubrir el hecho que ha trastornado a su compañera recientemente. Aguilar cree que así podrá curarla. Las conversaciones de Aguilar con Sofía, quien tras intuir el trastorno de su sobrina viaja en avión desde la Ciudad de México a Bogotá para cuidarla, le harán comprender lo traumática que le resultó a Agustina la última ocasión en que su padre golpeó brutalmente a su hermano menor[4]. Tras la paliza recibida, el Bichi abandonó la casa familiar y el país, no sin antes mostrar a toda la familia las fotos que él y su hermana mantenían en secreto. Ese mismo día, Sofía también abandonó el hogar de los Londoño, donde había estado viviendo hasta entonces.

Irónicamente, las desventuras familiares que Aguilar escucha de los labios de Sofía ya se las había narrado Agustina anteriormente o, por lo menos, lo había intentado, pero él no quiso prestarle atención (32). Mediante su «locura», la protagonista le hará pagar a Aguilar por haberse «hecho el sordo», obligándolo a escuchar finalmente su historia personal/familiar y a escribirla con su ayuda.

El largo monólogo-confesión puesto en boca de Midas McAlister tiene como único interlocutor a Agustina («ahora que aparentemente ella ha recuperado el juicio», 292) y ocurre mientras Aguilar «anda perdido como corcho en remolino tratando de averiguar qué diantres sucedió» (12)[5]. McAlister tiene la clave de la alteración mental de la protagonista: el fin de semana que Aguilar estuvo fuera de la ciudad, él (McAlister) acompañó a Agustina a pasar unos días en la finca de la familia Londoño. Además de amigo y antiguo amante

---

4 Estos hechos ocurrieron cuando «Agustina era una muchacha de diecisiete [años] y el Bichi había cumplido los quince» (239).

5 Cabe suponer que Agustina le relataría a Aguilar su encuentro con McAlister después de la visita del hermano menor, ya que el día que estaba esperando su llegada, Aguilar todavía desconocía lo que le había ocurrido a su compañera.

de Agustina, él es socio del hermano mayor de ésta, Joaco. Allí (en la finca) la protagonista escucha que su hermano menor va a volver a Bogotá y que Joaco piensa comportarse con él como hacía su padre cuando vivía: «Si el Bichi llega a Bogotá con ese novio que tiene en México, ni el Bichi ni su puto novio van a pisar esta casa; ni ésta ni la de La Cabrera ni la de tierra caliente Porque si se acercan los saco a patadas» (266)[6]. Así pues, es el temor a que dañen a su hermano menor lo que precipita el comportamiento inaudito e irracional de Agustina.

Del relato de McAlister hay que destacar la denuncia que realiza de la clase alta colombiana, a la cual acusa de haber prosperado debido al narcotráfico. Agustina, aparentemente, no lo sabía, pero él sí porque era quien recogía el dinero de Joaco y otros ricos corruptos para entregárselo al más famoso de los capos de la droga, Pablo Escobar Gaviria (1949-1993): «Su Majestad el rey don Pablo, soberano de las tres Américas y enriquecido hasta el absurdo gracias a la gloriosa War on Drugs de los gringos» (80). En segundo lugar, para este personaje (como para muchos historiadores), la oligarquía colombiana, al recurrir al narcotráfico como una inversión muy rentable, ha sido responsable del incremento de la violencia en el país y de otros males[7].

Como el «cuerdo» McAlister resulta más crítico de la situación en Colombia que la «loca» Agustina, su actuación en la novela de Restrepo cuestiona la tesis propuesta por Liliana Befumo Boschi:

> La incorporación de seres locos en la narrativa latinoamericana crea la posibilidad de realizar la condena al mundo de la realidad, y por tanto a su organización. Crítica que, de ninguna manera, sería aceptable si proviniera de un ser normal. Por provenir tal denuncia de alguien «loco», de alguien separado de la realidad, le permite al autor decir todo, sin las limitaciones que tendría, en cambio, alguien «normal»[8].

---

6 Como se puede observar en esta y otras citas de *Delirio* que incluyo en el trabajo, la puntuación empleada por Restrepo no sigue las reglas académicas: utiliza comas en lugar de puntos, letras mayúsculas sin un punto previo, etc. Esta puntuación «alterada» no puede interpretarse como reflejo de la «locura» de Agustina, ya que no sólo los textos atribuibles a ella –los que relatan su infancia– aparecen así puntuados sino también todos los demás que comprenden la novela.

7 Véase el completísimo estudio que realiza Elsa María Fernández Andrade en su libro *El narcotráfico y la descomposición política y social. El caso de Colombia*, Plaza y Valdés, México, D. F., 2002.

8 Liliana Befumo Boschi, «La locura de Susana San Juan», *Cuadernos Hispanoamericanos*, 1985, pp. 446-447.

Entrelazada con las «voces» anteriores encontramos narrada la historia de los abuelos maternos de Agustina: Nicolás Portulinus, un músico alemán que se mudó a vivir a Sasaima (Colombia), y Blanca Mendoza. Ya casado Nicolás empieza a enloquecer y termina suicidándose. Su hermana Ilse había tenido el mismo sino en Alemania[9]. Cabe suponer que esta parte de la novela, que no pretende ser un texto «hablado» como los otros sino «escrito», fue producida en un momento posterior a la recuperación mental de Agustina, ya que ésta le había pedido a Aguilar, cuando lo conoció, que la ayudara a escribir su vida y la de su familia. Únicamente cuando Agustina sufre esta última «crisis mental», Aguilar se anima a hacerlo. Al final de la novela, ellos dos y Sofía van a Sasaima a recoger los diarios de Portulinus y Blanca (317)[10]. En definitiva, dentro del mundo ficticio de la novela, la escritura de *Delirio* vendría a ser fruto de la colaboración entre Agustina y Aguilar: la primera habría aportado a los hechos narrados los recuerdos de su infancia, los documentos de sus abuelos y la visita a McAlister; el segundo, sus vivencias con ella (Agustina).

Como vemos por el resumen de *Delirio*, la violencia que surge en el seno familiar no va dirigida intencionadamente contra la protagonista, sino contra su hermano menor, quien desde pequeño manifiesta una orientación homosexual («sus modales de niña le ocasionaron repetidas tundas por parte de su padre», 264). Llama la atención, sin duda, que la autora colombiana haya preferido mostrarnos cómo perturba psicológicamente a Agustina (que es heterosexual) el abuso físico del hermano en lugar de cómo lo afecta directamente a él. Pero, como sabemos por los estudios sobre la violencia doméstica, los perjudicados no son sólo los que reciben los golpes, sino también los que están presentes. Así pues, el enfoque narrativo en Agustina y no en Carlos Vicente estaría justificado por esa razón.

---

9 Como la hermana enloquece como consecuencia del encierro al que la somete la familia y el hermano lo hace por razones que ignoramos, la novela de Restrepo más que sugerir la posesión de un mismo gen defectuoso, propone la visión de la locura como contagio, tema tratado en la novela *The Virgin Suicides* de Jeffrey Eugenides y que Sofía Coppola llevó al cine en 1999.

10 Independientemente de que interpretemos el desequilibrio de Agustina como consecuencia de su herencia genética o no, en cualquier caso la novela nos permite contrastar dos tipos de perturbaciones en sexos-géneros diferentes. Que en la novela no sólo Agustina e Ilse sufran trastornos mentales sino también Portulinus contribuye a debilitar la asociación de la mujer y la locura tan generalizada en las culturas occidentales. Véase el artículo de Shoshana Felman, «Women and Madness: The Critical Phallacy».

Agustina es el único miembro de la familia que procura prevenir a su hermano menor (pues, según ella, tiene el don de «ver cuándo el padre le va a hacer daño al niño», 15) o que lo consuela después de recibir una paliza[11]. Ella hace, parcialmente, el papel de la madre protectora y proveedora de amor, papel que Eugenia, la madre biológica, se niega a desempeñar o bien es incapaz de realizar. Sin embargo, la protección de su hermano no implica una condena directa ni indirecta de las acciones de su padre. He aquí lo que le dice a su hermano en una ocasión: «[prométeme] que aunque mi padre te pegue vas a perdonarlo, mi padre dice que es por tu bien y los padres saben cosas que los hijos no saben» (17)[12]. De hecho, Agustina no pide ayuda ni se interpone en ningún momento entre su padre y su hermano para impedir el abuso, ni siquiera le reprocha a aquel su comportamiento y sus prejuicios homofóbicos. La actitud de Agustina se debe, en parte, a su edad y, en parte, a la ambivalencia que siente hacia su padre: teme su poder («Yo acato tu voluntad, padre, no descargues tu ira también sobre mí», 252), pero a la misma vez anhela desesperadamente su atención y aprobación. Durante su adolescencia, Agustina supera su miedo pero sigue anhelando la atención paterna:

> Y ya luego entre mi cama no me podía dormir… lo que la mantenía despierta era que el padre no se había acostado por estar pendiente de ella, nunca antes, dice Agustina, nunca antes. […] Por fin supe comprender cómo ejercer mis poderes sobre el padre, No sé si habrá sido tu amor el que conquisté entre los automóviles de mis mil y un novios, padre, no sé si habrá sido tu amor o si habrá sido sólo tu castigo (216-217).

Tampoco la Agustina adulta está dispuesta a recordar a su padre, que ya ha muerto, como un hombre injusto, abusivo e intolerante, aunque una parte de ella sí lo reconoce. La idealización de la figura paterna (si bien subconscientemente) es lo único que justifica que, durante el último delirio, la protagonista confunda a su padre con

---

11 No todo el daño que recibe el hermano menor de pequeño lo causó el padre. Agustina recuerda que en una ocasión en que al cortarle las uñas a su hermano, le cortó parte de la yema del un dedo (164).

12 Se podría estudiar *Delirio* como ejemplo de narrativa familiar, pero frente a novelas como *El cuarto mundo* de la chilena Diamela Eltit, en la que el poder del padre simboliza el del dictador, esta obra de Restrepo no sustentaría tal alegoría. La violencia en Colombia procede no sólo del Estado, sino igualmente de otros actores: paramilitares, guerrilleros y narcotraficantes.

su hermano menor. La primera vez que los confunde es cuando está hablando con McAlister al volver de la finca:

> [C]uando regrese mi padre… dijo, Quieres decir cuando regrese el Bichi, la corrigió el Midas y la volvió a corregir la segunda vez que lo dijo, pero ya a la tercera vez sospechó que era mejor dar el timonazo y swichar de tema para salirse del terreno minado (278).

Y días más tarde, delante de Aguilar y Sofía, Agustina reitera la confusión:

> Mi padre va a venir a visitarme, anuncia de repente, mi padre me advirtió que si ustedes están en mi casa, él cancela su visita porque no quiere verlos aquí (198).

Aunque para los/as lectores/as el padre y el hijo no sólo no tienen nada en común sino que además cada uno representa el polo opuesto de la dicotomía agresor-víctima, en el subconsciente de la protagonista ambos deben estar obviamente investidos de la misma manera para poder ocupar uno la posición del otro. Sigmund Freud y Jacques Lacan verían en la fijación de la hija adulta con el padre indicios de un complejo de Edipo no resuelto y en su enfermedad mental, el conflicto interno causado por dos fuerzas antagónicas: el amor al padre (el agresor) y el amor al hermano (la víctima)[13]. Ni de niña ni de mayor Agustina sabe cómo reconciliar satisfactoriamente ambos afectos o bien decidirse por uno de ellos excluyendo al otro, y esta incapacidad genera en ella un fuerte sentimiento de culpa[14].

---

13 Múltiples citas de la novela apuntan a la existencia de esta relación edípica en el imaginario de la protagonista: «Agustina ha estado hablando de su padre como si no hubiera muerto… a ella parece que se le olvida, o que nunca ha querido registrar el hecho, pero pese a que lo adoraba, ni lloró su muerte ni quiso asistir a su entierro» (48); «El verdadero rival, el indestructible, el que estaba anclado en lo profundo de su trastorno, y posiblemente también de su amor, era el fantasma de [su] padre» (211). Y en cuanto al amor por su hermano, McAlister observa: «A fin de cuentas ese hermano pequeño debe ser la única persona que has querido de veras y a saber qué pájaros locos han levantado vuelo dentro de tu cabeza con el anuncio de su retorno» (263). Personalmente me resulta chocante que Restrepo, dados su pensamiento izquierdista y su feminismo, recurra a las teorías de Freud para «explicar» la enfermedad de Agustina.
14 Agustina no parece saber tampoco cómo reaccionar a lo que la perturba y no puede cambiar. Por ejemplo, tras una discusión entre su padre y su madre, ella se quema la lengua con un secador de pelo: «Apago el secador porque su ruido no me deja escuchar las palabras de rabia que se dicen, la voz llorosa de mi madre, observo

Dado que la homosexualidad del hijo menor parece ser lo que provoca más tensiones familiares, sorprende que ningún párrafo de *Delirio* –una novela de 342 páginas– examine con detenimiento este tema ni presente argumentos para contrarrestar la homofobia de la familia Londoño. Sólo porque «los buenos de la novela» (Agustina, Aguilar y Sofía) aceptan sin ambages a Carlos Vicente, cabe concluir que el texto sustenta su legitimidad (es decir, no la ve como una aberración), pero eso es todo. A los/as lectores/as les corresponde la tarea de conjeturar el porqué de una reacción tan violenta por parte del padre y del hijo mayor, puesto que el texto novelístico no lo hace: ¿es tal vez porque creen que va «contra natura» como se decía antiguamente, porque menoscaba la honra familiar, porque la Biblia condena la sodomía, etc.? ¿Por qué supone el padre que con patadas hará desaparecer las tendencias homosexuales del hijo? (Téngase en cuenta que la homosexualidad en *Delirio* no sólo aparece relacionada con el hermano menor; el abuelo Portulinus sueña con un tal Farax y sus sueños parecen revelar deseos homoeróticos (289).

Igualmente, los/as lectores/as tendrán que decidir si los que aceptan la homosexualidad lo hacen por convicción ideológica o por razones éticas. Por otra parte, que estos personajes acepten la homosexualidad de un miembro de su familia no implica que cuestionen otras nociones perniciosas enraizadas en los papeles masculinos y femeninos. Habría que investigar en otro trabajo la visión que tienen los «buenos» en *Delirio* sobre la identidad sexual: ¿se acerca a postulados de los/as teóricos/as actuales que la ven como algo fluido y cambiante, en lugar de fija e inamovible? ¿Saben Aguilar y Agustina que su comportamiento masculino y femenino es, en cualquier caso, un tipo de *performance*? ¿Estarían de acuerdo con que la imposición de los roles sexuales ha sido tan dañina para algunos hombres como para algunas mujeres a lo largo de la historia?[15]

Si bien la novela no da una respuesta explícita a los interrogantes anteriores, lo que sí hace es equiparar el rechazo que recibe el hermano homosexual con el de su hermana «rara» (265). Los dos personajes constituyen lacras para los Londoño, pues no actúan como su familia y clase social esperan de ellos. Pese a que las causas (¿psicológicas, genéticas?) del comportamiento de Carlos Vicente y el de

---

el interior de ese tubo por donde sale el aire y veo que dentro tiene un espiral de alambre. Lo enciendo de nuevo [...] mi lengua se acerca, mi lengua lo toca» (115). Durante su último «delirio» vuelve a autolesionarse de la misma manera (107).

15 Para estas cuestiones, véase *Gender Trouble. Feminism and the Subversion of Identity* de Judith Butler.

Agustina no son las mismas, sí lo es la decisión que toman: irse de casa.

Volviendo al tema de la violencia, hay que aclarar que su presencia en la novela no se limita al abuso repetido del hijo por parte del padre. Dentro del escenario que es el hogar familiar, Agustina es testigo asimismo de la muerte de un conocido, el celador, un día que sus padres están ausentes (165). Siendo todavía una niña, pasa con este hombre, al que acaban de acuchillar y está desangrándose, los últimos minutos de su vida. En esta escena destaca la perplejidad de la niña ante lo que está contemplando; la muerte (observemos que además es violenta, no natural) le resulta incomprensible. Cabe considerar esta experiencia traumática como uno de los múltiples factores desencadenantes de su enfermedad mental, pues según Liliana Befumo Boschi,

> [E]s muy importante para el posterior desarrollo del equilibrio psíquico del hombre la forma como se realiza la primera experiencia de la muerte del «otro», fundamentalmente porque ello implica tomar conciencia de la propia mortalidad. Ha sido posible verificar a través de la práctica psicoterapéutica que, en general, existe una relación directa entre la actitud angustiada en la vida y una situación dramática frente a la muerte en la infancia[16].

La muerte del celador –cuya sangre se derrama en el hogar de los Londoño– resulta asimismo significativa porque muestra la entrada de la violencia social en el espacio doméstico, no importa lo inexpugnable que parezca éste. Restrepo nos muestra así que Agustina (o cualquier persona de la clase alta colombiana), aunque protegida por los privilegios que su clase social le otorga, no puede dejar de ser testigo e incluso víctima de «la descomposición política y social» de Colombia. Según explica Elsa María Fernández Andrade en su libro *El narcotráfico y la descomposición política y social*, el caso de Colombia, esta «descomposición», se inició en la época conocida como La Violencia (1945-1965). He aquí cómo resume la investigadora la situación actual:

> La vía de la violencia se ha convertido en el presente colombiano en un instrumento a disposición de todos, utilizable para

---

16 Liliana Befumo Boschi, *op. cit.*, p. 437. Para más información, véase el libro de Marilyn Yalom, *Maternity, Mortality, and the Literature of Madness*, en el cual la autora examina la conexión entre estos mismos temas.

imponer todo tipo de objetivos. Se la practica en público o en privado, por individuos o grupos, de manera espontánea o premeditada, para alcanzar fines políticos, económicos y personales. Como consecuencia, los actores violentos son cada vez más numerosos, mientras que las fronteras que existen entre ellos van perdiendo los contornos[17].

Otra experiencia aterradora se la provoca a Agustina un leproso a la puerta de su casa, es decir entre el hogar y la calle. Pero lo que más la asusta no es tanto lo que ve sino lo que Aminta, su niñera, le cuenta (133-35). A juzgar por las declaraciones de la historiadora Diana Obregón Torres a Dominique Rodríguez Dalvard, en la entrevista «Batallas contra la lepra», de 2005, la reacción de Agustina semeja la de generaciones de colombianos:

> Este interés científico coincidió con un recuerdo de la infancia de los leprosos que venían de Agua de Dios y golpeaban en las casas y llegaban con objetos de plástico y metal y las intercambiaban por ropa. La lepra causó en nuestros padres, en nuestros abuelos, unas impresiones muy profundas. Elaboraron unos imaginarios, unas representaciones colectivas alrededor de la lepra muy fuertes que hoy desaparecieron. Las representaciones colectivas de los colombianos [sobre los leprosos] fueron remplazadas por la guerrilla[18].

La siguiente experiencia de Agustina con la violencia social y política ocurre fuera de la casa, durante una manifestación estudiantil. Se encuentra dentro de un coche cuando se inicia la persecución policial y la madre los obliga a ella y a su hermano menor a agacharse para no ver la brutal represión de los estudiantes. El dramatismo con que Agustina narra este incidente pretende comunicar a los/as lectores/as el tremendo impacto que tuvo en ella.

Ya que los enunciados de Agustina rememoran básicamente su infancia y adolescencia, para saber cómo la aflige la violencia social y política en la edad adulta sólo nos queda recurrir a los discursos

---

17 Elsa María Fernández Andrade, *op. cit.*, p. 28.

18 Según el historiador y filósofo Michel Foucault, desde el siglo xv la locura ocupó en la imaginación occidental (mejor dicho, europea) el lugar que la lepra había representado hasta su desaparición (*Historia de la locura en la época clásica*, FCE, México D.F., 1967, pp. 13-74). Esto no ha ocurrido así en el caso de Colombia. En este país, donde la lepra no se ha erradicado todavía, el confinamiento de los leprosos en lazaretos como Agua de Dios fue obligatorio hasta 1961. Tampoco la figura del loco ha suplantado a la del leproso, sino la del guerrillero, como apunta Diana Obregón en el texto citado.

de Aguilar y McAlister[19]. En ellos hallamos referencias al ambiente de violencia generalizada en Colombia, cuya repercusión en la población civil es, comprensiblemente, la frustración, la inseguridad y el miedo. He aquí, por ejemplo, cómo el primero resume la caótica situación durante la década de los ochenta (época en la que se sitúan los hechos novelísticos):

> [E]n un país como éste, [...] las carreteras [...] son tomadas un día sí y otro también por los militares, los paramilitares o los enguerrillados, que te secuestran, te matan o te agreden con granadas, a patadas, con ráfagas, con explosivos, cazabobos, mina antipersonal o ataque masivo con pipetas de gas (41).

Debido al estado mental de Agustina en las partes de la novela narradas por Aguilar, es difícil precisar la reacción que este ambiente provoca en ella. Por ejemplo, Aguilar se sorprende de que «su mujer» ignore los múltiples peligros que los acechan una noche que caminan por las calles de Bogotá. Agustina tampoco tiene miedo de ir con Aguilar y Sofía hasta Sasaima, con el pretexto de recoger los diarios de los abuelos, aunque «la carretera estaba tomada por la guerrilla a partir de las tres de la tarde» (317) y debían viajar «bajo su propia responsabilidad» (317-318). Tal vez su despreocupación haya que interpretarla en estos dos casos como un indicio de su «locura» y ésta, como una manera de pasar por alto lo que la angustia[20].

El atentado contra el edificio de la Policía en Paloquemao (183) es otro incidente en el que la «locura» le impide a Agustina reaccionar ante un acto violento. Aguilar supone que la bomba que ha escuchado y sentido esa madrugada mientras iba conduciendo «seguramente habría despertado a Agustina aterrorizándola» (197), pero

---

19 Menciona Elsa María Fernández Andrade que en los ochenta, La Comisión de Estudios sobre la Violencia «diferenció, al lado de la violencia política, otras tres modalidades básicas: la violencia socioeconómica, la violencia sociocultural y la violencia sobre los territorios (es decir, disputas por la propiedad entre indígenas y latifundistas); además, advirtió que todas ellas se veían reforzadas por una cultura de la violencia que se reproduce a través de la familia, la escuela y los medios de comunicación, como agentes centrales de los procesos de socialización»: *op. cit.*, p. 26.

20 Afirma Befumo Boschi, refiriéndose al personaje de Susana San Juan, que «desde el punto de vista psicológico la locura es un refugio estéril, en donde se intenta el resguardo de la realidad» (*op. cit.*, p. 447). Si bien podemos decir que Agustina «se resguarda de la realidad» cuando enloquece, es difícil ver cuáles serían las ventajas de tal refugio, pues ella experimenta la locura como un tormento. Tampoco creo que *Delirio* corrobore la visión de la enfermedad mental que propone Befumo Boschi (y otros autores antes que ella) como una elección equivocada e inmoral por parte del sujeto. ¿Cómo puede ser Agustina culpable de su enfermedad?

cuando llega a casa la encuentra, sin embargo, «completamente vestida» y «con zapatos de tacón alto» (197). Aunque «Aguilar, en un primer momento lo interpretó como una señal alentadora» (197), más tarde se da cuenta de que Agustina está sufriendo otra de sus crisis, «la original epifanía de la demencia» (198).

En las secciones narrativas de McAlister el único hecho concreto en el que la violencia perturba a Agustina ocurre en el Aerobic's Center. En este gimnasio, que es de su propiedad, McAlister había organizado hacía tiempo un espectáculo sadomasoquista para uno de sus amigos. La mujer contratada para participar en él murió como consecuencia de las torturas a las que la sometieron. McAlister lleva a Agustina allí después de volver de la finca y ella entra en uno de sus «trances adivinatorios» (294): «Veo sangre, veo sangre, sangre inconfesable inunda los canales [...] A esa mujer la mataron aquí, aquí, y la mataron a patadas» (294)[21]. A partir de ese momento, McAlister no puede controlarla («convulsiona y fibrila como un azogado» 294), y para librarse de ella la lleva a un hotel, adonde irá Aguilar a buscarla (ahí comienza la novela). Así pues, el miedo a que Joaco hiera a su hermano menor, amenaza que había oído en la finca ese mismo día, más el presentimiento de que ha ocurrido un crimen en el lugar donde está precipitan la crisis mental (el «delirio», según el título de la novela) que sufre Agustina.

Por último quiero destacar que así como vimos en la primera parte del trabajo, al examinar la homofobia del padre, en *Delirio* no encontramos tampoco expresadas las causas de la violencia política y social. La autora colombiana dio por sentado que los/as lectores/as ya las conocían, o bien temía que su obra literaria se pareciera más a un libro de historia si incluía los nombres y siglas de todos los actores que intervienen en el drama nacional (MAS, FARC, ELN, AUC, etc.)[22].

En resumen, al examinar los actos violentos relatados en *Delirio*, observamos que unos van dirigidos contra el hermano homosexual y otros contra diversos personajes. Asimismo notamos que los pri-

---

21 La situación de Agustina –todos los que la rodean dudan de sus poderes paranormales por creer que está loca– evoca la de Casandra, personaje de la *Ilíada* a quien los dioses le otorgaron el don de la profecía y más tarde se lo anularon al impedir que nadie creyera sus predicciones.

22 Véase el sitio web de Sonia Aparicio («Noticia de un secuestro») sobre la situación actual de Colombia. La periodista de *El Mundo*, según me comentó ella misma, actualiza la información con regularidad. Asimismo consúltese «Colombia: Discord, Civility, and Violence» de Thomas E. Skidmore y Peter H. Smith.

meros, motivados por la homofobia del padre, ocurren dentro del espacio doméstico y los segundos, surgidos de los conflictos políticos y sociales que afligen a Colombia, fuera de él, en el área pública.

Aunque la novela de Restrepo asocia cada espacio con un tipo específico de violencia, ello no debe hacernos olvidar que en la vida real los ataques contra los homosexuales ocurren no sólo en el hogar y que las víctimas de la violencia político-social no siempre se encuentran en la calle. El que un homosexual o un ciudadano puedan ser atacados en cualquier lugar demuestra que no existe una relación unívoca o esencial entre un determinado espacio y un determinado tipo de violencia. Por otra parte, debemos contrarrestar la tendencia a pensar que el espacio privado y el público son dos entidades separadas, herméticas y resistentes a fuerzas e ideologías externas. La conexión entre el exterior y el interior es constante e inevitable. Tengamos presente que uno no se sacude sus convicciones y prejuicios al traspasar el umbral de la casa.

Además de las diferentes modalidades y ubicaciones de la violencia, la novela de Restrepo nos muestra sus efectos en el personaje de Agustina. Y aunque ella sólo desempeña el papel de testigo de los sucesos violentos, no obstante hay que considerarla una víctima también. Tanto el maltrato del hermano como los demás actos violentos que ella ha presenciado han contribuido a su inestabilidad mental desde la infancia[23]. La novela debería titularse, en realidad, «delirios» (en plural), pues según Aguilar «su mujer» ha experimentado más de uno en los tres años que llevan viviendo juntos:

> [C]risis de melancolía en las que [...] se retrae en un silencio cargado de secretos y pesares; épocas frenéticas en las que desarrolla hasta el agotamiento alguna actividad obsesiva y excesiva; anhelos de corte místico en los que predominan los rezos y los rituales; vacíos de afecto en los que se aferra a mí con ansiedad de

---

23 Para una reacción de la mujer colombiana a la violencia diferente a la del personaje literario de Restrepo, véase el libro de Elvira Sánchez-Blake, *Patria se escribe con sangre*. En él ha recogido los testimonios de María Eugenia Vásquez, ex combatiente del M-19, y de Inés Carrillo, colaboradora del mismo grupo guerrillero durante los setenta y ochenta. Como declara la autora, «[sus] vidas han sido marcadas y escritas por esa violencia que aumenta y se agudiza cada día en Colombia» (p. 18). Cabe añadir a esta lista de mujeres colombianas «que han tomado las armas» a Rosario Tijeras, protagonista de la novela del escritor Jorge Franco Ramos. Y también hay que agregarla a la lista de personajes femeninos trastornados debido a su relación con un familiar: Rosario sufre una crisis mental –aparentemente una grave depresión– a la muerte de su hermano. La obra de Franco ha sido llevada al cine por el director Emilio Maillé, en el 2005.

huérfano; períodos de distanciamiento e indiferencia en los que ni me ve ni me oye ni parece reconocerme siquiera (273-274).

Pese a que la novela de Restrepo presenta un final esperanzador (la protagonista parece haber superado por fin su crisis mental, se va a reencontrar con su hermano menor y su marido está todavía enamorado de ella), si nos fijamos en el hogar de los Londoño y en el estado de la nación, notaremos que nada ha cambiado. Los prejuicios homofóbicos siguen vigentes y la violencia en Bogotá y en el resto de Colombia no ha amainado. En ese sentido, no hay razón para la esperanza[24].

REFERENCIAS BIBLIOGRÁFICAS

Aparicio, Sonia, «Noticia de un secuestro», http://www.elmundo. es/documentos/2003/04/guerras_olvidadas/colombia.html, consultada en marzo 11 de 2005.

Befumo Boschi, Liliana, «La locura de Susana San Juan», *Cuadernos Hispanoamericanos: Revista Mensual de Cultura Hispánica*, 421-423, 1985, pp. 433-447.

Butler, Judith, *Gender Trouble. Feminism and the Subversion of Identity*, Routlegde, Nueva York, 1990.

Felman, Shoshana, «Women and Madness: The Critical Phallacy», en Robyn R. Warhol y Diane Price Herndl (eds.), *Feminisms. An Anthology of Literary Theory and Criticism*, Rutgers University Press, New Brunswick, 1993, pp. 6-19.

Fernández Andrade, Elsa María. *El narcotráfico y la descomposición política y social. El caso de Colombia*, Plaza y Valdés, México, D.F., 2002.

Foucault, Michel, *Historia de la locura en la época clásica*, Fondo de Cultura Económica, México D.F., 1967.

Franco Ramos, Jorge, *Rosario Tijeras*, Plaza & Janés, Bogotá, 1997.

Restrepo, Laura, *Delirio*, Alfaguara, Madrid, 2004.

Rodríguez Dalvard, Dominique, «Batallas contra la lepra», Entrevista con Diana Obregón Torres, http://www.semana.com.co/opencms/opencms/Semana/articulo.html?id=67182, consultada en marzo 11 de 2005.

---

24 Nada esperanzadora es también la obra de otro escritor colombiano, Fernando Vallejo. Véase su pesimista y deprimente novela *La virgen de los sicarios*.

Sánchez-Blake, Elvira, *Patria se escribe con sangre*, Anthropos, Barcelona, 2000.

Skidmore, Thomas E. y Peter H. Smith, «Colombia: Discord, Civility, and Violence», en *Modern Latin America*, sexta edición, Oxford University Press, Nueva York, 2005, pp. 221-253.

Vallejo, Fernando, *La virgen de los sicarios*, Alfaguara, Bogotá, 1994.

Yalom, Marilyn, *Maternity, Mortality, and the Literature of Madness*, Pennsylvania State University Press, University Park, 1985.

LA FRONTERA INVISIBLE: RAZÓN Y SINRAZÓN

ELVIRA SÁNCHEZ-BLAKE, UNIVERSIDAD DE CORNELL

> *Nadie me verá del todo*
> *Ni es nadie como lo miro.*
> *Somos algo más que vemos,*
> *Algo menos que inquirimos.*
> MIGUEL HERNÁNDEZ

Ganadora del premio Alfaguara 2004, *Delirio*, de Laura Restrepo, es el retrato por excelencia del mundo devastado de una Colombia que llega al siglo XXI como epítome de la civilización en cierne. No es por medio de una historia triste, ni de un relato oscuro, sino de una pintura plasmada con tintes de hechizo, tragedia, pasión y hasta humor, en la que se refleja el desplome de la legitimidad de la sociedad, atacada por todos los males del fin de siglo. Con *Delirio*, Restrepo logra alcanzar la cúspide de su carrera literaria en su intento de mostrar las caras alternas de Colombia.

En la novela *Delirio* la crisis de la protagonista, Agustina, es ocasionada por el resquebrajamiento de un orden social y familiar que la lleva al desmoronamiento de su mundo interior. La autora pinta la crisis de valores creada por el narcotráfico, la inversión de valores morales y la deslegitimización de un Estado, en el que a nivel individual y colectivo impera la violencia y la falsedad. Pero más que esto, la novelista sugiere que la base del desquicio radica en la imposibilidad de la misma sociedad de ver y de aceptar su realidad, porque prefiere continuar el ensueño de sus pequeños mundos artificiales. Restrepo utiliza en la novela la videncia, la ceguera y la locura como los factores que retratan la nación real invisible para la gran mayoría de los colombianos.

Esta frontera entre la visibilidad y la ceguera, entre la capacidad de ver y no ver y la relación que se establece con el delirio o locura, razón y sinrazón, constituye a mi modo de ver el elemento fundamental de la novela de Restrepo y en el que centraré buena parte de mi análisis.

En *Delirio* la narración se construye en cuatro niveles, cada uno de los cuales provee una perspectiva de la trama. Los textos se van entremezclando como piezas de rompecabezas hasta conformar un todo que sin ser unitario integra las diversas historias en una especie de caleidoscopio. El flujo de conciencia es la técnica que utiliza la narradora para producir un efecto de delirio en el lector, lo que significa el estado mental de la protagonista. Así, el lector se integra a la narración en un primer nivel, como actor implícito, cómplice de las confidencias de Aguilar y de su búsqueda detectivesca para llegar al origen de la locura de su amada Agustina. También actúa como narrador Midas McAlister, en el segundo nivel, que se dirige siempre a un «tú» (Agustina), pero que el lector asume desde su posición privilegiada. Asimismo, el lector es testigo de las infidencias de los recuerdos de niñez de Agustina, en un tercer nivel, y de los recuerdos seniles del abuelo Portulinus, quien, desde un cuarto nivel de narración que surge del pasado, refleja el tipo de demencia del ser que se debate entre dos mundos. En cada una de las líneas narrativas se articula una historia que se va tejiendo desde tiempos y espacios diferentes para construir una sólida visión integrada que se descubre al final de la obra.

La novela de Restrepo nos remite a *Memorial del convento*, de José Saramago. Esta narración, que tiene como pretexto histórico la construcción de un convento en el siglo XVII en Portugal, narra una historia paralela de amor entre dos labriegos, Baltasar y Blimunda. En una época signada por la persecución religiosa a los herejes bajo el yugo de la inquisición, estos dos seres encarnan el destino cruento de los marginados que se mueven alrededor de la lucha por el poder y la riqueza. Blimunda posee un don extraordinario, la capacidad de ver el interior de las personas. «Mi don no es herejía ni hechicería, mis ojos son naturales… Yo sólo veo lo que está en el mundo, no veo lo que está fuera de él»[1]. Blimunda es capaz de ver lo que está dentro de los cuerpos y a veces lo que está en el interior de la tierra, pero sólo puede hacer uso de este don cuando se encuentra en ayunas. Cuando ella conoce a su amado, Baltasar, y comienza con él una vida de pareja, le promete que nunca lo verá por dentro, como un pacto de lealtad. Este don es utilizado para fines nobles por la personaje, como es el caso de recoger dos mil voluntades humanas que le permiten a Fray Bartolomeu Lourenço usarlas como propulsoras de su máquina voladora. Sin embargo, es la misma Blimunda quien alerta sobre el peligro de utilizar su poder: «Ojalá no lo tuviera, porque lo que la piel oculta nunca es bueno verlo. Incluso el alma…»[2].

---

1 José Saramago, *Memorial del convento* (tr. Basilio Losada), Punto de Lectura, México D.F., 2004, p. 90.
2 José Saramago, *op. cit.*, p. 90.

La sabiduría de Blimunda proviene del poder de la videncia auna-
da a una inocencia con que descifra la existencia, una ciencia infusa
aprendida desde el vientre de su madre, donde estuvo con los ojos
abiertos y lo veía todo. Al final, Blimunda es castigada y a Baltasar lo
queman en la hoguera de la inquisición. Tras nueve años de búsqueda infructuosa, Blimunda, vieja y acabada, encuentra a su amado en
el momento en que agoniza en la pira. Antes de morir, ella absorbe
su voluntad, que ve como una nube cerrada sobre su cuerpo. De esta
forma conserva lo esencial del ser, que no está en el alma ni en el
cuerpo, sino en la voluntad.

AGUSTINA

En *Delirio,* se observa claramente un eco de la figura de Blimunda
en el personaje de Agustina. Al igual que Blimunda, Agustina tiene
el poder de la clarividencia. Desde niña es consciente de sus poderes
y aprende a utilizarlos para presagiar el futuro y ver lo que le está
vedado a los demás.

Pero su poder es más que un efecto mágico o sobrenatural, es la
capacidad del personaje de ser la receptora a nivel sensible de todos
los procesos de encubrimiento y de falsedad que ocurren a su alrededor. En el nivel familiar, Agustina es la que encuentra las fotos que
revelan la relación de infidelidad de su padre con la tía Sofi. Es la
que percibe y sufre con la violencia que desata el padre sobre su hermano por su conducta afeminada. Agustina es testigo de lo que se
esconde tras la faz imperturbable de su madre y el arte de hipocresía
con que sabe mantener las apariencias.

También, es la única que entrevé a través de las rendijas de su
casa las amenazas que vienen del exterior en una ciudad llena de
peligros: «los seres dañinos contra los que debemos protegernos:
los leprosos, los francotiradores y sobre todo la chusma enguerrillada que se tomó Sasaima» (135)[3]. Agustina comprende desde pequeña que el exterior es una amenaza a su mundo interior
protegido e invulnerable. En su universo se van tejiendo las claves
que desencadenarán la crisis de su edad adulta: el exterior como
amenaza reflejado en la figura del leproso, llagado y repulsivo, y
el interior, protegido por las llaves de su padre, centro de poder
y autoridad (a quien no hay que encolerizar con las debilidades
humanas). Es decir que el horror que se esconde tras su portón

---

3 Las citas de *Delirio* corresponden a la edición de Alfaguara, México, 2004.

de Teusaquillo empieza a desmoronar su percepción primigenia del mundo.

Los poderes de Agustina tienen un punto vulnerable, como el talón de Aquiles, y es el de la Sangre Derramada. Un episodio que tiene lugar en su niñez y ante el que se enfrenta indefensa es cuando el celador muere en la puerta de su casa y se desangra a sus pies. Agustina comprende que sus poderes son impotentes ante el poder de la sangre:

> Sin poder quitarle los ojos de encima al hombre muerto, mis ojos muy abiertos y cada vez más penetrantes, como estatua de sal, porque la visión de la sangre paraliza mis poderes y me atrapa (166).

Más adelante, cuando le llega su primera menstruación y su madre se enoja con ella ante la falta de recato, Agustina reconfirma su sospecha: «Ahí fue cuando entendí que mi don de los ojos es débil frente a la potencia de la sangre y que la hemorragia es incontenible e inconfesable» (170). Pero, al mismo tiempo, Agustina relaciona el poder de los dos fluidos: la sangre y el agua: porque aunque la sangre nubla el poder de los ojos (164) sólo el agua puede controlar la voluntad de la sangre (165). Esos tres elementos: poder de los ojos, sangre y agua que se mencionan en el nivel de narración de la infancia de Agustina van a ser determinantes para resolver el enigma sobre la locura de Agustina.

MIDAS

En el segundo nivel de narración, la voz de Midas MacAlister revela la radiografía de una sociedad en la cual prima la corrupción y la violencia. Descubre igualmente los conflictos enraizados en una familia de la élite bogotana, donde sus más preclaros patriarcas están asociados con el narcotráfico para mantener el nivel económico y el estatus social. Asimismo, nos enfrenta al surgimiento de personajes que, como él, adquieren poder por medio del dinero que han hecho en la ilegalidad, y devela la cadena que existe entre narcotraficantes, lavadores de dólares y miembros de la clase social dirigente, incluyendo al agente de la DEA, que se beneficia por punta y punta. Es quizá en este nivel donde se aprecia con mayor nitidez el mensaje de la novela y la destreza de Restrepo para caracterizar al escalador social, Midas McAlister[4]. Este personaje es el producto del resentimiento social derivado de siglos de desprecio y absoluta inmovilidad de la sociedad colombiana. Así se ilustra en el siguiente pasaje en voz de McAlister:

> ¿Alcanzas a entender el malestar de tripas y las debilidades de carácter que a un tipo como yo le impone no tener nada de eso, y saber que esa carencia suya no la olvidan nunca aquéllos, los de ropón almidonado por las monjas carmelitas? [...]
> Así te hayas ganado el premio Nobel de literatura como García Márquez, o seas el hombre más rico del planeta como Pablo Escobar, o llegues de primero en el rally París-Dakar o seas un tenor de todo el carajo en la ópera de Milán, en este país no eres nadie comparado con los de ropón almidonado (155).

Lo llamativo es que la obra no se limita a denunciar la desigualdad e injusticia social, sino que revela las consecuencias de este malestar creado por siglos de marginación y represión. El resultado es la aparición de una serie de personas que al adquirir poder económico doblegan a la clase política y ocasionan un caos social a partir de la inversión de valores y de legitimidad. Restrepo no se limita a darle voz a ese segmento de la sociedad, sino que refleja que el problema no radica en su presencia, sino en la imposibilidad de quienes generaron este fenómeno de «verlos»:

> Pero si tu familia ni siquiera registra a Aguilar... Decir que tu madre lo odia es hacerle a él un favor, porque la verdad es que tu madre ni lo ve siquiera, y a la hora de la verdad tampoco lo ves tú, no hay nada que hacer, así se sacrifique y se santifique por ti, Aguilar será siempre invisible porque le falta ropón (155).

Pareciera que el uso de la violencia fuera el medio de hacerse visibles ante los grupos élites que siempre han ignorado su presencia. Midas, desde su cima de poder adquirido por el narcotráfico y el manejo de sus relaciones se impone, pero aun así, hacen caso omiso de él:

> ¿Y yo?... ante mí se arrodillan y me la maman porque si no fuera por mí estarían quebrados, con sus haciendas que no producen y sus pendetifs de diamantes que no se atreven a sacar de la

---

4 Al preguntarle por la inspiración de este personaje, Laura Restrepo declaró: «Conocí a miles de Midas McAlister cuando trabajaba como periodista en la revista *Semana*» (entrevista personal, abril 3 de 2006).

caja fuerte por temor a los ladrones y sus ropones bordados que apestan a alcanfor. Pero eso no quiere decir que me vean. Me la maman, pero no me ven (156).

Es por medio de esta dicotomía/dualidad entre lo visible y lo invisible, entre la capacidad de ver y no ver como *leitmotiv* de la narración que se enlaza el eje temático de la novela. Las fotos que denuncian la relación amorosa entre el padre de Agustina y su tía son el detonador de la crisis que plantea la novela y, a la vez, otro de los pretextos para rebasar la negación de la realidad. Cuando la madre de Agustina se niega a «ver» lo que denuncian las fotos a pesar de que están frente a sus ojos, una vez más, escoge «transformar» la realidad para su conveniencia, porque admitir la evidencia significaría romper el mundo artificial que se ha creado y del que le es imposible desistir.

La novela juega con las fachadas y apariencias que se despliegan a lo largo del texto: el gimnasio de Midas no es otra cosa que la cubierta del lavado de dólares que esconde la fortuna de varios distinguidos miembros de la sociedad bogotana. El álbum de la familia Londoño feliz oculta los conflictos de violencia que se ciernen en su seno: infidelidades, intolerancia contra el hijo homosexual, un padre violento y otro hijo que recrea a su propio padre en la agresión contra sus inferiores. El palacio de cristal de Midas no es más que otra suplantación de su pasado «clasemediero», oculta su origen humilde y se permite negar a su madre por delatar su inferioridad de clase.

Aguilar

Es en el primer nivel de narración, por medio del focalizador Aguilar, que encontramos el hilo conductor que nos permite componer las piezas y conectar los datos fragmentados del rompecabezas de la novela. Comprendemos que la locura del abuelo Portulinus, que le permite vivir simultáneamente entre su pasado de Alemania y el presente de Sasaima, entre el amor y el odio por su esposa Blanca, y entre la tendencia homosexual/cariño paternal hacia su discípulo Farax/Abelito, va a definir el carácter de Eugenia, la madre de Agustina. Es, también, donde se revela la importancia del río Dulce de Sasaima: catalítico y tránsito entre sus dos universos y lecho donde sucumbe ahogado el abuelo.

Dos eventos causan el desquicio de Agustina durante el fin de semana en el que Agustín se ausenta de su casa. El encuentro de Agustina con su madre y su hermano Joaco en la finca de la sabana, donde le informan del regreso de su hermano Bichi de México. El anuncio la alegra, pero se altera ante la reacción de sus parientes en el sentido de no poder aceptar la homosexualidad de su hermano y de empeñarse en salvaguardar las apariencias. Esta disociación de la verdad-mentira, de la simulación-apariencia y de lo que Midas ha denominado «catálogo Londoño de la falsedad», obra como acicate del espíritu sensible de Agustina, que la remite a la vida de temores y ansiedades de su infancia[5].

El poder de su clarividencia es lo que marca la desgracia de Agustina y lo que desencadena su locura. Agustina sucumbe al delirio, por tener la capacidad de «ver» los rastros del horripilante crimen ocurrido en el gimnasio de Midas. Al ser vidente del hecho, no lo puede resistir y cae en un delirio. En un sentido metonímico, el delirio de Agustina refleja el castigo por ser testigo de algo que le estaba vedado por ser imponderable, o en un nivel más profundo, en el caos delirante en que cae la sociedad que se atreve a confrontarse a sí misma[6]. Este evento es por demás el resumen de todos los elementos que ha planteado los cuatro niveles de narración: Agustina es el recipiente de todo el meollo de falsedades y mentiras en que se construye, destruye y se reconstruye la realidad a su alrededor. Ella es víctima y objeto de sacrificio que se ofrenda para salvar a su hermano Bichi de la ira de su padre, pero es también la que queda «enredada en el marasmo de mentiras» que se los traga a todos desde el día en que su hermano Bichi pone al descubierto ante la familia las fotos de la infidelidad de su padre con la tía Sofi. En ese episodio se revela además que cada miembro de la familia encuentra un mecanismo de escape o salvación ante la fatal evidencia: la tía Sofi y el Bichi huyen de la casa, la madre y Joaco prefieren negar la realidad para salvar

5 Laura Restrepo declaró: «En *Delirio*, me metí con el tema de la locura, una lógica muy complicada. Investigué mucho sobre ese tema, Estuve en instituciones mentales, entrevisté mucho a personas locas y a sus familiares. Descubrí que el juego de la lógica se vuelve asombroso porque corre por otro lado. Descubrí que lejos del monólogo deshilvanado, lo que hay es una lógica absolutamente cerrada, obsesiva, tan hermética que por eso es tan difícil penetrarla. También, quería mostrar que detrás de la locura de Agustina había una cadena de mentiras familiares, que es lo que en realidad enloquece al personaje» (entrevista personal, abril 3 de 2006).
6 Sobre este tema, Gricel Ávila Ortega ha realizado una comparación entre *Delirio* y la tragedia *Edipo Rey*, de Sófocles, y señala lo siguiente: «En *Delirio*, el personaje de Agustina puede interpretarse como este personaje trágico. Agustina descifra una realidad vinculada al pasado y al presente como parte de su identidad. El personaje no puede soportar esa verdad –como Edipo– y decide negarla por medio de una "ceguera": la locura»: «La mimesis trágica: acercamiento a la fragmentación social», en esta antología.

su endeble apariencia de familia feliz, mientras que Agustina queda atrapada en las marañas del horror.

Contrario a *Memorial del convento*, donde Blimunda es incapaz de salvar a Baltasar, pero logra conservar la voluntad de su amado, en *Delirio* es Aguilar quien decide iniciar la cura de Agustina por medio del poder de su amor. En efecto, cuando Aguilar descubre las pistas que lo conducen al origen de la situación que desencadenó el delirio de Agustina, comprende que ella sólo podrá recuperar la lucidez si él se atreve a ver el mundo desde la perspectiva de ella. Al entender la causa de la locura de Agustina, Aguilar logra penetrar su mundo interior y asimila su nivel de percepción de la realidad. Es por eso que Aguilar decide el viaje maratónico a Sasaima, para recuperar diarios y cartas de los abuelos Portulinus y Blanca, pero además es allí donde Agustina lo lleva a conocer «el río de su infancia». El río Dulce obra entonces como el purificador de la «sangre derramada». Las abluciones que vanamente realizaba Agustina en su apartamento trajinando con trastos de agua no habían surtido efecto (Aguilar los interpretaba como rasgos de su locura). El río Dulce produce un efecto equiparable al del río Éstige, mencionado en los rituales de infancia (el que vuelve invulnerable a Aquiles) y es el mismo río donde también se inmoló el abuelo estando presa de su propio delirio.

En el momento en que Aguilar accede a ponerse la corbata roja que ella le pide usar para la llegada del Bichi, se revela su disposición a «mirar el alma desnuda» de Agustina. Este detalle demuestra su capacidad de ubicarse a su nivel, y no al contrario, para ver el mundo desde su misma óptica e iniciar así el rescate de la cordura de su amada. La última línea de la novela insinúa que la recuperación de Agustina es posible cuando él se planta ante ella y le dice:

¿Le parece suficientemente roja esta corbata? (342).

Este final sugiere la esperanza de poder alterar la percepción de una realidad a través de un prisma de posibilidades. Si Aguilar es capaz de contrariar sus principios al ponerse la corbata roja que en el universo de Agustina tiene una significación especial, ¿por qué no los colombianos podemos aprender a entender nuestra realidad a partir de lo que la evidencia nos plantea ante los ojos?

Curiosamente, al final de la novela, a medida que se reconstruyen las claves que develan las razones del delirio de Agustina, en el segundo nivel de narración se desploma la torre de cristal de Midas McAlister:

...[P]ara mí todos son fantasmas, actores y escenarios de una obra que ya terminó, y vinieron los utileros y alzaron con todo y ya cayó el telón, hasta el mismo Pablo un fantasma, y fantasmal por completo este país; si no fuera por las bombas y las ráfagas de metralleta que resuenan a distancia y que me mandan sus vibraciones hasta acá, juraría que ese lugar llamado Colombia hace mucho dejó de existir (327).

En sentido metonímico el escenario de Midas y su negocio que enmascara un negocio ilegítimo, el catálogo de falsedad de la familia Londoño, el arte de la disimulación de Eugenia, el castillo de naipes, la casa de paja de la tía Sofi son reflejos de ese lindero entre razón y sinrazón, que vive Colombia. Los conceptos de visibilidad, invisibilidad que componen y descomponen la narración en su polifonía y que genera la locura de Agustina obra como paráfrasis del país sumido en «el marasmo de mentira que nos traga a todos», porque la lectura le plantea al lector el reto de atreverse a ver o cegarse ante la realidad delirante que lo rodea.

Delirio revela así el mundo ficticio en el que viven miles de personas que día tras día salen a la calle en sus universos blindados que les impide «mirar» lo que ocurre en las calles llenas de desplazados por la violencia, la miseria y la delincuencia. A pesar de que el horror se hace evidente en cada esquina y en las informaciones que llenan los periódicos del día, los ciudadanos de las metrópolis prefieren cerrar los ojos, negar su propia realidad y vivir en la inconsciencia que no les reclama su participación en esa suma de irracionalidad. Al preguntarle sobre el tema de su novela, Laura Restrepo expresó:

> En América Latina vivimos en una constante mentira. El secreto está en el corazón de nuestra sociedad, el secreto acompañado de las mentiras y la tergiversación. En el caso de *Delirio*, el poderoso utiliza el secreto, la mentira y el castigo. El débil se quiebra porque es incapaz de asumir el peso que cae sobre él. El otro marco de la novela es el lavado de dólares, otra de las grandes mentiras a nivel mundial. El lavado de dólares es la delincuencia de cuello blanco que se esparce y va fermentando todos los segmentos de la sociedad. De eso no se habla hasta que explote. Eso es *Delirio*: los mecanismos de control a través del secreto y de la mentira[7].

En este nivel nos confrontamos de nuevo con el paralelo que establece *Delirio* con las obras de José Saramago. *Delirio* presenta clara-

---

7 Entrevista personal, abril 3 de 2006.

mente un paralelo con *Memorial del convento* en cuanto al tema. Pero la técnica escritural en forma de flujo de conciencia y el mensaje como totalidad tiene una correspondencia más directa con *Ensayo sobre la ceguera*, del escritor portugués. En esta obra, publicada en 1995, Saramago advierte a la humanidad sobre la nube blanca que le impide ver lo que sucede a su alrededor porque los sistemas de poder están diseñados para controlar lo que el individuo percibe de su entorno. «La mentira circula impunemente por todas partes, se ha erigido en una especie de otra verdad», dice Saramago[8]. La locura se convierte en una forma de razón, de alguna manera adquiere un sentido dentro del campo de la razón, por eso no se reconoce. «Y nos envuelve, nos distorsiona la realidad y nos conduce en masa hacia un proceso alarmante de deshumanización», continúa el escritor. Los acontecimientos recientes del mundo demuestran que los lados del espejo se confunden entre el delirio de la razón y la sinrazón. O, como señala Foucault:

> El símbolo de la locura es el espejo, que sin reflejar nada real, refleja secretamente para quien se mire en él, el sueño de su presunción, porque la locura no tiene tanto que ver con la verdad y con el mundo, como con el hombre y con la verdad de sí mismo, que él sabe percibir[9].

¿Y qué es la locura, sino el saber?, «ese saber tan temible e inaccesible lo posee el loco en su inocente bobería», concluye Foucault[10].

En una forma paródica la novela de Restrepo refleja el postulado del pensador francés:

> En tanto que el hombre razonable y prudente no percibe sino figuras fragmentarias, el loco abarca todo en una esfera intacta: esa bola de cristal que para todos está vacía, está a sus ojos, llena de un espeso e invisible saber[11].

Consecuente con esta afirmación, Laura Restrepo transmite en su obra un mensaje que explica los orígenes del caos en que se encuentra sumida una región que vive bajo la inconsciencia de la hi-

---

8 Ver José Saramago, «George Bush o la edad de la mentira», prólogo a *El Nerón del siglo XXI*, de Jammer H. Hatfield, en *El País*, Madrid, noviembre 11 de 2004.
9 Michel Foucault, *Historia de la locura en la época clásica*, vol 1 (tr. J.J. Urtrilla), Fondo de Cultura Económica, México, 1976, p. 45.
10 Michel Foucault, *op. cit.*, p. 39.
11 Michel Foucault, *op. cit.*, p. 39.

perrealidad que escoge una mayoría para sobrevivir al horror de su existencia.

Referencias bibliográficas

Ávila Ortega, Gricel, «La mimesis trágica: acercamiento a la fragmentación social», texto incluido en esta compilación.

Foucault, Michel, *Historia de la locura en la época clásica*, vol. 1, 2ª ed. (tr. J.J. Urtrilla), Fondo de Cultura Económica, México, 1976.

Restrepo, Laura, *Delirio*, Alfaguara, México, 2004.

Sánchez-Blake, Elvira, Entrevista personal a Laura Restrepo, Ithaca, NY, abril 3 de 2006.

Saramago, José, *Ensayo sobre la ceguera*, Alfaguara, Madrid, 1995.

_____, *Memorial del convento* (tr. Basilio Losada), Punto de Lectura, México, 2004.

_____, «George Bush o la edad de la mentira», Prólogo a *El Nerón del siglo XXI*, de Jamer H. Hatfield, publicado en *El País*, noviembre 11 de 2004.

ENTREVISTAS

Decidimos concluir este volumen con una selección de entrevistas que le han hecho a Laura Restrepo, escritora cada vez más reconocida y estudiada. Las tres entrevistas que incluimos aquí nos dan pistas reveladoras de quién es Laura Restrepo y cuál es su visión del mundo y su papel dentro de él.

Restrepo es una escritora que tiene una visión muy clara de su propósito en la vida, la cual se plasma de una forma definitiva en sus textos. Esto no quiere decir que sea panfletaria, sino más bien de que se la puede calificar tanto de «escritora para escritores» como de escritora popular. Reúne temas que llaman la atención del público lector y que le tocan el corazón con técnicas literarias sofisticadas que también entusiasman a los críticos literarios, como quienes escribimos para esta compilación. Su obra es una combinación que de seguro ubicará a la escritora para siempre en los cánones literarios y en los estantes de las librerías de todo el mundo.

Esperamos que estas entrevistas le ayuden al lector a profundizar un poco más en la psiquis de esta gran escritora y que provoquen más investigaciones del nuevo mundo que nos ha creado Laura Restrepo.

LAURA RESTREPO POR SÍ MISMA[1]

JULIE LIROT, NOVA SOUTHEASTERN UNIVERSITY

Esta entrevista hace parte de un proyecto de entrevistas a escritoras colombianas para un volumen que probablemente se publicará este año, y que se llevó a cabo gracias a una beca de la Universidad de Nevada, Las Vegas, para investigar las opiniones y el pensamiento de escritoras colombianas contemporáneas. En esta entrevista, igual que en el libro, se intenta analizar la situación de la mujer por medio de su literatura, de sus palabras y sus experiencias. Y así, al reflexionar sobre la realidad colombiana y universal de la mujer, lograr una visión más integral y real.

Las preguntas que se les hicieron a las escritoras se concentran en siete áreas: bases literarias y familiares, proceso de escritura, público literario, función literaria, política nacional e internacional, estudios de género e intereses futuros. El enfoque es panorámico y se intentó que las mujeres pudieran compartir sus pensamientos y sentimientos de manera abierta y directa para poder indagar tanto en lo que es la literatura escrita por mujeres como en la identidad de las escritoras mismas. Todo con el fin de revelar las estrategias que utilizan para realizarse.

¿CUÁNDO COMENZÓ A ESCRIBIR Y POR QUÉ?

Empecé a escribir jugando, desde muy niña, porque en mi casa se leía mucho. En la universidad estudié Letras, ahí había que hacerlo de manera sistemática. Luego me metí a la izquierda mucho tiempo, estaba en las revistas y en los periódicos que sacaban una tarea muy intensa de análisis de propaganda, siempre muy marginales, pero por lo mismo encantadores. Lo hice en varios países, en Colombia, en España y en Argentina. De ahí pasé al periodismo comercial. Trabajé en una revista que se llama *Semana*. Fue bien curioso porque yo venía de un esquema mental bastante definido, la formación de

---

1 Entrevista realizada en marzo de 2006, por teléfono, en Oxford, Ohio.

izquierda. Al entrar a *Semana*, que se estaba inaugurando en Bogotá, nos pusieron de jefe de redacción a un tipo muy de derecha, porque el director de la revista, Felipe López, tenía la idea de que el éxito iba a residir en el hecho de tener una revista de derecha escrita por gente de izquierda. En medio de todo, era muy divertido y eran épocas de aprendizaje, porque nosotros llegábamos con nuestros análisis y nuestros artículos y el jefe de redacción los desbarataba. Siempre mantuve mis puntos de vista, pero fue momento de confrontar mis propios esquemas y de ampliarlos en la medida en que ese ejercicio tan brusco te obligaba a mirar las cosas una vez y otra vez. El jefe de redacción era Plinio Mendoza, una de las personas con más fama de derecha aquí en el país; de todos modos es un buen periodista, muy inteligente. En la contienda con Plinio, uno tenía que sustentar muy bien sus cosas, ir, volver, averiguar, preguntar. Fue un trabajo enriquecedor.

¿CUÁL HA SIDO EL PAPEL DE LA EDUCACIÓN FORMAL EN SU FORMACIÓN COMO ESCRITORA? ¿HAY ALGO EN SU NIÑEZ QUE HAYA INFLUIDO SU OBRA?

Mi abuelo paterno, Enrique Restrepo, ya había sido escritor, un hombre autodidacta. No terminó ni siquiera la escuela primaria, uno de esos fenómenos bien particulares de esa generación que terminó hablando griego, alemán, italiano, latín. Tenía una biblioteca preciosa en varias lenguas, de filosofía, de poesía, de novela. Luego mi padre se formó mucho en la cultura norteamericana de los cincuenta, era apasionado del teatro de Tennessee Williams, de Miller; sus novelistas de cabecera eran Faulkner, Steinbeck, William Saroyan, Capote. En la casa había esa mezcla de los libros de mi padre y de mi madre, que se mantenían muy actualizados, muy conectados con la cultura norteamericana y toda la biblioteca de mi abuelo, que era más bien alemana y francesa. Siempre vivimos entre los libros, yo creo que esa convivencia con los libros es definitiva. Como que aprendes a asociar la felicidad con los libros, los buenos momentos están rodeados de libros, la relación con tus padres también pasa porque te leen. Yo veo por ejemplo a mi hijo, que montó su propio apartamento y lo primero que puso fue, lo único, fueron libros, antes de cualquier otra cosa. Viene ese mecanismo casi automático porque los libros significan bienestar.

Es tan necesario leerlo todo, estar pendiente de todo. Luego ya cuando escribes te vuelves muy utilitario con los libros que lees. De alguna manera siempre estás buscando libros de información, estás buscando aprender, disecar la manera de otros escritores para ver, para empaparte de lo que están haciendo. Eso vale tanto para la buena literatura como para la mala. También con la mala aprendes mucho, aprendes lo que no quieres hacer o lo que sí. Muchas veces la mala literatura tiene una capacidad mucho más grande para llegarle a la gente que la buena, son recursos que si logras traducirlos, te pueden ser muy útiles.

Yo hice política mucho tiempo y en la política lo que quieres siempre es llegarle a la gente. Esa actitud de que no te importa si la gente te lee o no, no viene al caso cuando se trata de política y para mí los libros siempre han sido un puente hacia la gente. Tengo un gran interés en no hacer algo que deje a la gente por fuera.

¿QUÉ AUTORES HAN INFLUIDO MÁS EN SU FORMACIÓN Y EN SUS OBRAS?

La generación mía fue directa y abiertamente discípula del *Boom*, cuando crecimos, en la universidad, de adolescente. Yo entré muy jovencita a la universidad, a los quince años, y vivimos esa situación deslumbrante de que por primera vez en América Latina, los jóvenes crecían estudiando primero a los latinoamericanos. Antes había sido al revés. Mis abuelos habían crecido estudiando a los franceses, a los alemanes, la literatura norteamericana. Nosotros fuimos la primera generación que se alimentó en primera instancia, en la temprana adolescencia, de la escritura de latinoamericanos y latinoamericanos deslumbrantes. Lo que era un día leer *La ciudad y los perros* de Vargas Llosa, *Pedro Páramo* de Juan Rulfo, y después te caían en las manos *Cien años de soledad*; de verdad íbamos de deslumbramiento en deslumbramiento. Esa época tan crucial en América Latina, donde la política era renovadora, y de alguna manera quizá el eje del mundo estaba puesto en América Latina con ese montón de escritores fantásticos que hoy le parece a uno casi un milagro; tanta gente que escribe tan bien.

Después, también en el proceso de los estudios universitarios, vino toda la literatura española. La facultad estaba encauzada hacia la literatura española y también la francesa; yo desde la infancia leía otras, pero un proceso de formación en la adolescencia fue el propio *Boom* latinoamericano. El descubrimiento del continente, la certeza por fin de que el continente tenía su propia lengua y que era una lengua poderosa, una lengua seductora.

¿Podría describir el proceso que utiliza cuando escribe? ¿Corrige, edita mucho?

El haber hecho periodismo por tantos años es una cosa que marca. El reflejo del periodista te queda. Yo no concibo ni siquiera sentarme a escribir sin investigar antes. Aunque hace años lo que hago es ficción, siempre parto de la investigación primero, porque fue un contacto con la realidad. Es decir, antes de someterte al encierro tremendo que implica escribir, es un proceso de gran soledad, de introspección casi monacal, viene bien la idea de que tienes que salir, ir a los sitios, meterte a la casa de la gente, hablar, empaparte, dialogar. Una cosa del periodismo que yo reivindico es que el escritor tiene la obligación de saber, mientras que el periodista tiene el derecho a preguntar. El preguntar ha sido para mí fundamental a la hora de escribir, salir, ver, ver lo que está haciendo la gente, ver lo que está haciendo para sobrevivir, es una primera etapa decisiva. Luego organizo mi información y después la utilizo o la desecho en la medida en que la ficción me lo pide, pero siempre parto de la investigación. Después viene un proceso de reelaboración, en el que toda esa investigación va quedando atrás, en una especie de trama de fondo, a veces directamente o se diluye, y la ficción va cobrando ritmo. El punto de partida para mí es ése.

Hay una parte que disfruto enormemente que es la estructura. Le pongo mucha atención a la estructura de mis novelas, lo hago con fichas de colores. Lo hago todo a mano, además, la escritura a mano me seduce mucho, me ayuda mucho. Entonces, en las fichas van las distintas fechas, un color para cada personaje, un color para cada capítulo, un color para cada tema. Organizar, armar la estructura es un ejercicio de rompecabezas, un juego de niños. Extiendes en el piso todas las piezas de tu novela y la vas armando, corrigiendo, es importante para mí el aspecto físico, que puedas ver la novela. Creo que en el computador se pierde, sólo se ve lo que está en la pantalla y lo demás está allá en el fondo. Siento que para la estructura es fundamental tenerla ante los ojos, construirla como se construye una casa. Esa parte siempre me ha divertido mucho y le dedico meses.

Luego ya viene ese proceso muy largo de convivencia con los personajes. Tengo la sensación de que con los personajes te pasa como con las personas, sólo los conoces a medida que convives con ellos. Entonces empiezas a convivir con tu personaje, a trabajarle y el personaje mismo empieza a corregirte. A veces escribes cosas enteras sobre alguien, o lo pones a dialogar, a hacer ciertas cosas y el personaje se encarga de decirte que te estás equivocando, que eso no lo diría, que eso no lo haría. Durante meses de convivencia con los personajes empiezas a saber, más o menos, cada vez más, de quién se trata. Viene todo ese proceso de buscar el lenguaje apropiado para cada novela, para cada personaje, para cada época. Yo me divierto mucho, la verdad es que considero un privilegio enorme tener este oficio.

Toda la parte de la investigación la hago en cuadernos. Yo siento que en la escritura hay una parte muy artesanal, enorme paciencia de elaboración, de reelaboración. Creo que ese ritmo mental se acopla más al de la mano con el estilógrafo que con la computadora. Toda esa parte inicial, prefiero escribirla a mano. Después llega un momento en que la novela se dispara, empieza a pedir cuerda como una cometa. Ahí la cabeza está trabajando mucho más rápido y casi no te alcanza. Las ideas se te vienen en tropel porque la novela ya está definida, porque arranca como un tren. Entonces, en ese momento ya me paso a la computadora. Son etapas mentales distintas y yo siento que la primera etapa exige escritura a mano y la segunda te reclama más velocidad y computador. Desde luego el aporte de la computadora ha sido fantástico para el proceso de corrección, tener la facilidad de corregir veinte mil veces. Antes corregir era todo un problema. Te inventabas una manera mejor de decir una frase pero ante la perspectiva de tener que volver a reescribir la hoja a máquina te la pensabas. Ahora se volvió muy fácil, hasta demasiado fácil. El problema ahora es ponerle un límite a tu impulso de andar corrigiendo.

¿Cómo escoge sobre qué escribir? ¿De dónde le vienen las ideas?

Es un bombardeo, permanentemente están llegando ideas de todas partes y se te vuelve como un vicio. Cada vez que oyes un tema, alguien dijo algo, pasó algo en algún lugar, pasas por un sitio evocador, te enteras de una vieja historia, se te vuelve como un vicio inmediatamente ponerle título, visualizarlo como una historia. Yo pienso que qué diría la gente que habla conmigo si pensara que yo siempre estoy viéndola como personajes. Es un vicio del oficio. Todo lo que pasa ante tus ojos, o que pasa por tu cabeza o por tus oídos, lo estás traduciendo al lenguaje literario para ver cómo queda. Hay temas de esos que perduran en tu cabeza. Tengo cuadernos de esos gringos maravillosos que son negritos, de tapa dura, rayados, astillados negro con blanco. Siempre tengo un buen stock de ésos, así que cuando hay un tema que me pega muy fuerte saco un cuaderno, le pongo un título, la etiqueta, y empiezo a tomar notas, luego lo guardo. De tal manera que cuando termino la novela y quiero empezar una nueva, siempre tengo ahí esos siete u ocho cuadernos. Son cada uno de ellos un libro posible y viene una etapa muy sabrosa en donde un ratico le trabajas a uno, luego lo dejas, agarras otro, andas ahí como coqueteando con uno y con otro hasta que tomas la decisión de irte por alguno. Siempre tengo ahí esperando en una repisa varios libros posibles que durante años he ido dándoles vuelta y haciéndoles ganas.

UNA VEZ QUE LE PUBLICARON POR PRIMERA VEZ, ¿PLANEÓ HACER DE LA ESCRITURA SU CARRERA? ¿TUVO ALGÚN PROBLEMA PARA PUBLICAR SUS OBRAS?

Nunca fue difícil publicar realmente, porque *Semana,* donde trabajaba, se volvió la revista del momento y tuvo una difusión enorme. Resultó una forma distinta de las demás revistas y resultó ser leída aquí en Colombia nacionalmente. Los que escribíamos ahí nos dimos a conocer por todos lados. Cuando terminé el primer libro, me resultó muy fácil publicarlo y de ahí en adelante, nunca tuve problemas. Lo que pasa es que no todos los libros tienen la misma trayectoria, a unos libros les va muy bien, nos sorprenden, y hay otros que tienen una existencia mucho más discreta. Hay a veces dificultades pero no en el sentido de que haya algunos obstáculos para publicar. Lo que pasa es que no todos los libros le llegan a toda la gente.

¿PARA QUIÉNES ESCRIBE? ¿QUIÉNES SON SU PÚBLICO, SU AUDIENCIA?

Es parte de las sorpresas que te trae un libro. Las giras de promoción que a muchos escritores les fastidian a mí me encantan. Me parecen como una especie de complemento necesario para las novelas, a pesar de que implican un esfuerzo brutal, porque es muy fatigante eso de andar dos días en un país y dos en otro y otro y otro. Sin embargo, es la posibilidad de entrar en contacto con el público. Cada libro te trae sorpresas deliciosas porque tú no te alcanzas a imaginar a quiénes va a llegar el libro, cómo lo van a tomar, cómo lo interpretan, cómo lo leen. Yo pienso que el libro no es libro hasta que alguien no lo tiene en sus manos y lo lea, alguien distinto a ti, una lectura distinta a lo que fue tu intención original y le pone su propio sello y lo vive de su peculiar manera. En esas giras, en esas presentaciones, tú tienes la posibilidad de confrontar y encontrarte con gente que está viviendo, que se ha apropiado de tu libro y que lo está viviendo de su manera. Entonces te lo multiplica en sentidos, en posibilidades. Hay gente que se pone furiosa con un final, se enamora de un personaje, hay otros a los que ése les resulta invisible y en cambio ponen toda la atención en otro. Hay un libro por cada lector y esa parte es fascinante. En la literatura no hay otro premio que ese momento de encontrarte, de tener intimidad con un desconocido por medio del libro, que hay una persona que ha compartido horas contigo, que hay una pasión común. Rompe esa etapa de aislamiento que es la escritura e implica volver al contacto con la gente.

Lo fascinante es la multiplicidad de los lectores y lo sorprendente que pueden llegar a ser los lectores y el placer de encontrar que una cosa es la lectura que puede hacer una muchacha en un barrio popular de Bogotá, un intelectual de Nueva York o una señora de no sé dónde. Cada uno te da una versión distinta de tu libro. Para uno es un placer ver las muchas señales distintas, y muchas veces contradictorias, que un mismo libro envía. Generalmente te pasa que cuando hay lectores que se han leído todos tus libros, les encanta alguno y hay otros que no les gustan. Eso también es divertido, ver cómo la gente se apasiona por uno y hay otros que no les llegan. Dice mucho, te enseña mucho sobre cómo tender puentes hacia la gente. Hay algo de golpe en un libro que hace conexión con alguien y hay un lenguaje secreto como un hilo invisible que une un libro a un determinado lector. También me ha pasado encontrar en algún lugar, en algún país, en alguna parte, a una persona que hizo una lectura particular de un libro que a mí me resulta particularmente reveladora. Yo siento que ese libro es para esa persona.

¿DEBE HABER UNA RELACIÓN ENTRE LA LITERATURA Y LA REALIDAD?

Por supuesto, hay una relación entre la realidad y la literatura, dentro del marco de absoluta libertad, porque no creo que haya fórmulas para nada. Parte del placer de leer y escribir es que te está moviendo en un reino de libertad total para innovar, para buscar en el acervo cultural, para parecerte a los otros, para inventarte tus propias fórmulas. La realidad siempre está ahí atrás, mandándote mensajes, abriéndote los ojos, mostrándote escenarios deslumbrantes, presentándote personajes que a todas luces quieres atrapar para ponerlos en las páginas. La realidad es esa gran cantera de donde sacas todo. Después puedes procesarlo por los conductos de la literatura, pero la realidad es la cantera y es ella la que te está mandando mensaje y alimentando tus ganas de escribir.

¿CÓMO INFLUYE EN SU TEMÁTICA LA SITUACIÓN POLÍTICA DE SU PAÍS? ¿USTED CREE QUE HAY UNA DIMENSIÓN POLÍTICA EN SU POÉTICA O NARRATIVA?

En este momento, América Latina en conjunto está viviendo por un proceso muy interesante de buscar alternativas, de volver los ojos después de esta etapa neoliberal tan dura, de volver los ojos hacia una política social. Entonces te encuentras con unos personajes variopintos con problemas enormes, probablemente, pero con su propia personalidad y su propio estilo, que tienen en común un interés por los pobres que la filosofía neoliberal había dejado a un lado. Se preocupan por la necesidad de cuidar a la gente que ha quedado más desfavorecida durante décadas en este continente. Desafortunadamente Colombia va como en reversa. El proceso en Colombia es como en inversa. Estamos en un proceso de desmonte de la democracia, afianzamiento de un sistema autoritario, violento con respaldo paramilitar. Es muy peligroso. A mí me fascina la política, me apasiona. No hay novela de nadie que no sea política en el fondo. Siempre te estás moviendo en un ambiente político y no creo que sea un obstáculo para escribir literatura. Desde luego la literatura de tesis política hace mucho que quedó atrás y creo que no hay nadie que la practique ya, pero no hay como desvincularte de la política. Todo lo que haces, todo lo que dices, es político, porque incide de una manera u otra en la realidad. Siempre estás tomando partido, aunque te propones no hacerlo. Yo creo que la vocación democrática es la pasión de nuestros días y que todo lo que tú haces tiene que estar puesto al servicio de eso. En cualquier área del pensamiento, hay que abogar por la libertad del ser humano, por principios básicos como la igualdad, el derecho a la alegría. Es una cosa que subyace a todo lo que haces y todo lo que escribes.

¿CÓMO LE HA AFECTADO EL HECHO DE QUE TANTOS COLOMBIANOS SE ENCUENTREN EN EL EXILIO?

Siento que el exilio es en parte un tema colombiano, pero en parte es un tema universal. Está el problema de los desplazados que luego es un problema de derechos humanos, tema que aparece en *La multitud errante*, donde quise registrar ese drama. Pero también hay un lado gozoso en ese desplazamiento, y es la constatación de que la gente siente que su hogar es el planeta, que tiene el derecho de buscarse la vida en cualquier parte, que la nacionalidad es una nostalgia, una añoranza, es un arraigo, pero ahí está el planeta entero y está a tu disposición para que te busques la vida. Es uno de los grandes signos de nuestros tiempos que se ha generalizado. Influye mucho en la literatura. Hace un tiempo me pusieron a presentar una antología de jóvenes narradoras colombianas y hay unas veinte historias, algunas muy buenas. Me sorprendió ver que casi en su totalidad, yo diría que por lo menos diecisiete de las veinte historias son de mujeres jóvenes buscando vidas en otras partes del planeta y pensé que Colombia ya no es sólo Colombia, Colombia es este territorio acá, y también todos nosotros que estamos esparcidos por el continente, por el planeta. Encuentras colombianos por todas partes, además haciendo oficios inverosímiles. Hace poco estuve en Israel y fui al Mar Muerto y había una tienda de venta de barro del Mar Muerto y la manejaba un colombiano. Ya estamos aquí vendiendo el barro del Mar Muerto, el único rincón de la economía que nos faltaba abarcar.

¿QUÉ PIENSA DEL FEMINISMO?

La gran revolución del siglo XX, inclusive la única revolución interesante, fue la revolución de las mujeres. El gran cambio que nos ha tocado vivir a nosotros es esa toma de conciencia de parte de la mujer, de su propio poder, de su papel en la sociedad y en la historia. Eso ha sido deslumbrante. Me alegra enormemente que éste sea el momento en que me tocó vivir. Uno siente la fuerza tremenda de un grupo de gente que toma las riendas de su destino. Entro en conflicto con la posición de las feministas que mantienen una actitud demasiado plañidera. Es indispensable, éticamente imprescindible, la renuncia a los abusos de la mujer, la denuncia del maltrato, de la desigualdad, pero al mismo tiempo es urgente el reconocimiento de que ganamos. Es inaceptable protagonizar una revolución y en el momento del triunfo desconocerlo. Es una revolución que se ganó.

Hoy día nosotras, las mujeres, tenemos todos los derechos y libertades, posibilidades de expresar con nuestra propia fuerza, nuestras propias posiciones, que nunca tuvimos antes. Eso implica un compromiso e implica también una responsabilidad. No puedes sólo quejarte, tienes que saber que estás en el momento en que tienes que construir, que tienes que dar, que tienes que hacer, que responder por los demás. Ahí viene un poco la polémica con los grupos feministas y así claro, denunciar todo lo que todavía queda de discriminación y violencia contra la mujer, desde luego hay que hacerlo. Pero asumamos la responsabilidad que implica haber ganado un lugar importante en el mundo, asumamos la responsabilidad.

¿EXISTE UNA DIFERENCIA ENTRE LA ESCRITURA DE MUJERES Y LA DE LOS HOMBRES?

Marguerite Yourcenar decía que cuando se escribe se pone por encima de su sexo, de su género, casi se pone uno por encima de la raza humana. No creo que haya algo que con algún rigor se pueda llamar literatura femenina. Eso no quiere decir que no crea que las novelas y la poesía de las mujeres no arroje luces sobre ese sector de la realidad que es el mundo de las mujeres, lo cual es un tema que se ha explorado mucho más que cuando la escritura era un oficio predominantemente masculino, de la misma manera que un escritor negro te arroja luces sobre el mundo de los negros. Esa parte es interesante y se debe considerar, pero de ahí a evangelizar sobre aquella forma femenina, me parece que no tiene bases.

¿CÓMO ES LA SITUACIÓN LITERARIA EN COLOMBIA O PARA LA MUJER COLOMBIANA HOY DÍA?

La situación literaria en Colombia ahora es muy rica, múltiple. Uno siente a veces que esto tan duro del momento ha sacudido a la gente intelectual espiritualmente y que hay tanta necesidad de buscar unas formas éticas de vida, de plantear las relaciones entre la gente. Es posible que eso sea la base del remesón tan grande de materia de literatura y de arte. Hay mucho.

¿CÓMO ENCUENTRA UN BALANCE ENTRE SU VIDA COMO ESCRITORA, EL TRABAJO Y LA FAMILIA?

Para mí, ser mamá ha sido una prioridad. Lo primero siempre ha sido mi hijo, pero después, claro, me encanta participar activamente en la política. Eso es bien contradictorio con la literatura, que necesita de un tiempo ininterrumpido, dedicación, y que implica meses y meses de encierro. Como que poquito a poco a ratos te asomas y participas, pero hacer literatura para mí ha implicado retirarme de la política más activa, que me hace mucha falta, porque me encanta.

¿CUÁL ES SU MAYOR PREOCUPACIÓN EN ESTOS MOMENTOS? ¿EN QUÉ ESTÁ TRABAJANDO ESTOS DÍAS?

Yo no tengo aspiraciones, en el sentido que se entiende tradicionalmente. El sólo hecho de poder escribir y vivir de mi oficio es un premio tan grande que sentiría que es una indelicadeza pedirle más a la vida. Lo que pienso es que hay que trabajar, trabajar todos los días. Nunca puedes parar. Una parte fundamental del oficio es que la máquina no la pares porque si te das el lujo de descansar es como si se relajara demasiado la fábrica y luego arrancar es difícil. Hay que hacerlo permanentemente. Por ejemplo, las exigencias de promoción de las novelas te imponen viajes y cosas, hay que tratar de que no te impidan trabajar por lo menos un par de horas, porque se enfría la cabeza, se enfría el brazo. Eso de si te va muy bien, muy mal o regular, ni siquiera me lo planteo. Disfruto enormemente haciendo cada libro y me parece un privilegio poder vivir de eso. Lo que pido es poder trabajar en el próximo libro y que eso me dé suficiente para hacer otro más. Con eso tengo suficiente. No me planteo metas. No creo que la vida esté hecha ni de triunfos ni de fracasos, está hecho de trabajo.

Entrevista con Laura Restrepo[1]

Jaime Manrique, Universidad de Columbia

¿Cuándo empezaste a escribir?

Según dicen los miembros de mi familia que aún conservan la memoria, a los nueve años produje mi primera pieza: me dejé venir con una tragedia de campesinos pobres garrapateada en un cuaderno escolar. Hasta los miembros desmemoriados de mi familia aseguran que no se trató propiamente de una muestra de genialidad infantil, y sin embargo hoy día se ve que tuvo dos claras consecuencias: la primera, que le inoculó irremediablemente a mi padre el empecinamiento en que yo –su hija mayor– me convirtiera en novelista. Y la segunda, que según parece me casó con ciertos temas, porque por más vueltas que le doy siempre termino escribiendo tragedias de campesinos pobres, o en cualquier caso asuntos afines. La testarudez proverbial de mi padre, y su fascinación por los libros, lo llevó a regalarme, en la Navidad del año de mi ópera prima, una máquina de escribir IBM ejecutiva y del tamaño de un barco, que durante meses permaneció anclada en medio de mi habitación dificultando las tareas de salto mortal desde el armario hasta la cama, persecuciones de ladrones y policías, juego de jacks y trompo en el piso y demás aficiones en las que se empeñaba la escritora potencial, al parecer reacia a sentarse frente a la IBM para cumplir con su misión. Sin dejarse amilanar, mi padre dio en regresar a casa todos los días de su trabajo a las cinco en punto de la tarde para llevarme a pie hasta el vecino centro Manpower de mecanografía y taquigrafía, donde me esperaba una hora mientras yo recibía mi lección. Aprendí entonces a escribir a máquina con gran estilo, todos los dedos y sin mirar las teclas, como una auténtica secretaria, pero, aun así, debieron pasar veinticinco años antes de que me sentara en serio a escribir. Según veo ahora, fue la muerte de mi padre lo que me empujó a hacerlo.

---

1 Esta entrevista apareció originalmente en *Bomb Magazine* 78, invierno 2001-2002, pp. 54-59. (La traducción es de Jaime Manrique.)

Creo que desde entonces escribo en buena medida por amor a él, en memoria suya y para no sentirlo tan lejos.

¿QUÉ AUTORES INFLUYERON EN TU FORMACIÓN?

En concordancia con lo anterior, en un principio adopté como autores de cabecera a los que habían sido más amados por mi padre, los que mientras estuvo vivo me leyó una y otra vez sin considerar que de tanto escucharlo ya me los sabía de memoria, como William Saroyan, John Steinbeck y Nikos Kazantzakis. En realidad no puedo decir que yo los adoptara a ellos sino que ellos me embrujaron a mí, porque en esos terrenos, ya sabes, nunca se trata del todo de una decisión. Si te fijas, son escritores que se interesan ante todo por la dignidad del ser humano aun en las circunstancias más adversas, en su capacidad de transmitir afecto pese a las asperezas y en la solidaridad y el férreo vínculo de clan. Detrás de estos tres hitos iba mi padre, tanto en los libros como en la vida. Claro está que después me dejé arrastrar por el vendaval de mis propias lecturas y mis particulares entusiasmos literarios, pero aún hoy sigo pensando que si el genio de la botella me preguntara como quién quisiera escribir, yo le pediría que como William Saroyan.

¿DÓNDE ESTUDIASTE ? ¿QUÉ ESTUDIASTE?

Como me preguntas por mis primeros años te sigo hablando de mi padre, ya por entonces quien tomaba las decisiones era él y no yo. Después me arrastraría una fiera rebeldía que habría de implicar una desgarradora ruptura con él, pero sólo bastante después. En materia de criterios educativos, como en todo, mi padre –que no pisaba una iglesia, ni un consultorio médico, ni un club social– fue un libertario de ideas fijas y propias, entre ellas la convicción de que el colegio no servía para nada. Su padre –mi abuelo– siendo ciento por ciento autodidacta (con esto quiero decirte que en la vida vio un maestro ni pisó una escuela) llegó a dominar seis lenguas, incluyendo latín y griego, y fue en su tiempo un escritor poco difundido pero bastante interesante. Mi propio padre abandonó los estudios a los trece años para empezar a trabajar. Era comerciante, pero ante todo era un viajero entusiasta y compulsivo que nos arrastraba consigo por los cuatro puntos cardinales, entre un Volkswagen, a mi madre, a mi hermana y a mí, sin dejarnos parar en ninguna parte suficiente tiempo como para terminar el año escolar.

Hay días en que nos sentamos con mi hermana a repasar la lista de los colegios por los que tuvimos un paso fugaz. Recuerdo que a la escuela pública de Cortemadera, en California, asistí un solo día, porque al día siguiente ya estábamos en otro lugar. Durante seis meses en Dinamarca, por ejemplo –debía de tener diez años por ese entonces–, mi educación formal consistió en la asistencia a una escuela nocturna de cerámica. Allí, entre mis compañeros de clase, que eran adultos y que por supuesto hablaban en incomprensible danés, hice un montón de ceniceros y de objetos varios. ¿Te imaginas cuántos ceniceros de barro puede hacer una niña de diez años durante seis meses? Una abrumadora cantidad... A mi padre no sólo no le preocupaba aquello, sino que, como te digo, creía que los demás niños perdían lamentablemente el tiempo. En Madrid no me recibieron en la escuela porque en las pruebas de admisión me rajé en aritmética, en gramática y sobre todo en bordado y labores, que el fascismo consideraba requisito fundamental. Entonces quedé bajo la tutela de un profesor a domicilio de guitarra flamenca, que se percató rápidamente de mi nulidad en esa materia. Pero ningún inconveniente lograba mermar el furor educativo de mi padre, quien a cambio de colegio nos llevaba a los museos, a las ruinas, a teatro, a encaramarnos en los volcanes y a ver soplar los géiseres, y nos sentaba a escuchar a todo volumen, en su viejo equipo Marantz de tubos a la vista que había que dejar calentar, a sus compositores favoritos, que eran Bartok, Stravinski y Prokofiev. A los catorce años yo me había leído un par de libros de Sartre, pero no me sabía las tablas de multiplicar. Todavía no me las sé.

¿CÓMO EMPEZASTE A ENSEÑAR Y QUÉ ENSEÑASTE EN LA UNIVERSIDAD NACIONAL? HÁBLANOS ACERCA DE TU ÉPOCA DE MILITANCIA EN EL PARTIDO SOCIALISTA EN COLOMBIA Y EN ESPAÑA.

Como no había hecho estudios sistemáticos, para poder graduarme de bachiller tuve que presentar en el ministerio de Educación los exámenes correspondientes a todas las materias de todos los años. Fue una tremenda exprimida de cerebro: una semana me preparaba para trigonometría, a la siguiente para química orgánica, la otra para geografía de Colombia, y así. Sobra decirte que mi padre fue mi entrenador en aquella maratón. Al cabo de unos meses recibí el diploma, o mejor dicho lo recibimos, porque él había estudiado tanto como yo. Sin felicitaciones ni ceremonias me lo entregó un burócrata que no acababa de firmarlo cuando yo ya me había olvidado de toda esa barahúnda de conocimientos que me había embutido en la cabeza tan de afán. Ahora caigo en cuenta de que se trató de la primera vez en nuestra pequeña historia que un miembro de mi familia paterna recibía un diploma.

La familia de mi madre era otra cosa: ricos, terratenientes e ilustrados desde algunas generaciones atrás. Me presenté a exámenes de admisión en la Universidad de los Andes, de Bogotá, y sucedió una cosa bien rara: saqué el promedio más alto en matemáticas. Como me había postulado para letras, el rector me mandó a buscar, para hacerme reflexionar sobre si me habría equivocado de vocación. Es verdad que yo no sabía ni la regla de tres, pero a lo mejor mi padre, siendo comerciante, me había inculcado de niña cierta lógica matemática, ve tú a saber... De todas maneras entré a Letras y después a Ciencia Política, en los Andes, como te digo, que era y es una universidad elitista pero de buen nivel académico, donde tuve la suerte de caer en una facultad pequeña y con excelentes profesores –por lo general no éramos más de diez alumnos por clase– y durante siete u ocho años no hice otra cosa que estudiar. Bueno, estudiar y enseñar, porque a los dieciséis años, estando en segundo de carrera, me recibieron como maestra de literatura en una escuela pública para varones, a donde corría a repetir a las once de la mañana lo que acababa de aprender a las nueve. Los alumnos, de estrato bajo, eran mayores que yo, sabían más que yo, habían vivido más que yo... Y de ellos aprendí una lección inquietante, que habría de cambiarle el rumbo a mi vida: aprendí que más allá de mi cerrado núcleo familiar, y de esa caja de prodigios que era el arte y la cultura, había todo un universo por explorar, ancho y ajeno, feroz y apasionante. Como si me hubieran propuesto un viaje a Marte me lancé con avidez a la exploración, por los barrios populares de mi ciudad y los campos de mi país; por la mentalidad y las costumbres de gentes distintas a las mías; por el universo hasta entonces desconocido para mí de la sexualidad; por el horror y el dolor de una sociedad marcada por la desigualdad y la injusticia; por los sueños de quienes luchaban por hacerla cambiar.

Fue así como llegué a descubrir una faceta dura en el dulcísimo carácter de mi padre: reaccionaba de manera autoritaria, impositiva e irracional ante cualquier intento mío por buscar otros mundos que no fueran aquel que él había construido, protegido y encerrado dentro del cálido y acogedor círculo de su afecto. Ante mí se abrió una disyuntiva tajante: o la familia, que hasta ese momento había sido mi refugio y mi paraíso, o la incertidumbre, el asombro y la aventura que significaba la puerta abierta hacia el mundo exterior. No dudé al optar por lo segundo y, con el corazón roto, me despedí de mi padre para no volver a verlo nunca más, porque murió unos años después, antes de que yo me planteara la posibilidad de regresar, aunque fuera de visita. Renuncié a las clases de literatura que dictaba en la Universidad Nacional y a cualquier tipo de vida académica o de pretensión económica o cultural, para meterme de lleno en esa otra dimensión de la realidad que llamábamos «la revolución». Adherí a un partido trostskista, y, siguiendo la creencia de que el mundo entero estaba allí para que nos lo apropiáramos y la historia a nuestra disposición para transformarla, me dediqué de lleno a la política, primero en Colombia, luego por un par de años en el Partido Socialista Obrero en España y después en la Argentina, donde durante cuatro años me vinculé a la resistencia clandestina contra la dictadura militar. Como cuando niña, me sentía de nuevo en alas de plena libertad, pero ya no en una libertad ideada por mi padre, sino en la mía propia; en una libertad escogida por mí.

¿ERA TU PADRE SOCIALISTA?

Libertario sí, pero socialista no. Se negaba a aceptar credos políticos con la misma indómita radicalidad con la que se negaba a ir al médico, a misa, a clubes sociales o deportivos, o a montar por motivo alguno en avión pese a su perenne condición de viajero.

ERES UN PRODUCTO DE LA MILITANCIA DE LOS AÑOS SESENTA. ¿CUÁLES FUERON ESAS INFLUENCIAS: ¿LA REVOLUCIÓN CUBANA? ¿EL CURA COLOMBIANO CAMILO TORRES, QUIEN ABANDONÓ LA IGLESIA PARA DEDICARSE A LA REVOLUCIÓN? ¿TUS COMPAÑEROS DE LA UNIVERSIDAD?

Un poco todo lo anterior, pero sobre todo el dolor y la ira que me producía –y me produce– ver a mi alrededor pobreza, desigualdad, injusticia, prepotencia de unas gentes sobre las otras, matanzas, masacres, odio y desprecio de unos seres humanos por otros. Pese a ser parte del reducidísimo porcentaje de la población colombiana que la pasaba relativamente bien, ¿cómo podía yo crecer sanamente si no me enardecía la angustia ajena? A raíz de la horrenda masacre del 11 de septiembre en Nueva York, he escuchado a los norteamericanos preguntarse por qué no los quieren en el resto del mundo. De joven yo los quería, ciertamente, como pueblo estupendo que sentía que eran, y admiraba su cultura en lo mucho que le encontraba de contemporánea, de democrática, de audaz y de universal. Ya te dicho que autores como Saroyan y Steinbeck fueron mi punto de referencia durante la adolescencia. Pero, ¿cómo podía la muchacha que fui sentir algún aprecio por los gobiernos norteamericanos, si día a día constataba que apoyaban política, económica y militarmente en nuestras tierras a los regímenes que garantizaban que entre nosotros se perpetuara un desastrado e inadmisible estado de cosas, y una guerra sin fin que devoraba nuestras vidas? ¿Cómo podía no repudiarlos, si experimentaba en carne propia que cualquier intento por parte nuestra de buscar una existencia más digna para nuestras gentes, inmediatamente encontraba en la política exterior norteamericana al primer y más furibundo obstáculo? Así eran las cosas entonces y así siguen siendo ahora; así vibraban mi corazón y mi razón por esos días, y así siguen vibrando ahora.

CUANDO EMPEZASTE A ESCRIBIR PERIODISMO, ¿CÓMO FUE Y DÓNDE, PARA QUÉ DIARIOS O REVISTAS? ¿CUÁL ES LA INFLUENCIA DE GARCÍA MÁRQUEZ Y SU REALISMO MÁGICO EN TU OBRA?

Empecé a trabajar en periodismo a mi regreso a Colombia después de los tres años de militancia en el PSOE, en Madrid, durante la época del destape postfranquista, y de los cuatro años de militancia en la Argentina contra la dictadura militar; militancia que, te aclaro, fue clandestina pero no armada, porque yo creía entonces, como he creído siempre y creo ahora, que la vía de las armas o del terrorismo es una pavorosa distorsión que nada tiene que ver con la revolución humanitaria y profunda con la que soñaba y sigo soñando. Mis años de periodista los pasé en la revista *Semana*, como responsable de la sección de política nacional, y esporádicamente también internacional, como cuando viajé a Granada en plena invasión para cubrir los sucesos de esos días, o cuando pasé un mes en la frontera entre Nicaragua y Honduras cubriendo la guerra entre los sandinistas y los contras.

En *Semana* conocí a Gabriel García Márquez, quien se hallaba por entonces vinculado a esa publicación y por tanto asistía todos los lunes a la reunión del comité de redacción, donde comentaba con nosotros los acontecimientos recientes, se tomaba el trabajo de leer lo que escribíamos y con frecuencia nos instaba a rehacerlo de principio a fin. Ya se había ganado el premio Nobel y era todo un personaje –por la calle le gritaban «¡Adiós, don Premio!» cuando sathe first death

líamos a almorzar– y nosotros nos considerábamos asombrosamente afortunados de tenerlo a mano, como asesor. Ya desde entonces, sin embargo, le hacíamos unas críticas muy duras y sectarias a su realismo mágico. Mi tesis de grado para la licenciatura en Literatura, en l969, había sido una enardecida diatriba contra lo que considerábamos el ahistoricismo y el fatalismo del llamado realismo mágico. Aunque nunca volví a leer esa tesis, estoy segura de que lo que allí yo sostenía era arbitrario y desatinado como crítica literaria, pero al mismo tiempo encuentro lógico que a los jóvenes colombianos de entonces, tan politizados como estábamos, y tan dolidos por la dureza de la vida en nuestro país, nos sedujera más la idea de aprenderle al escueto y realista autor de *El coronel no tiene quién le escriba*, que al igualmente genial pero más fantasioso y florido autor de *Cien años de soledad*.

¿Cómo llegaste a ser miembro de la Comisión intermediaria entre el gobierno de Belisario Betancur y los guerrilleros? ¿El fracaso de ese experimento fue el presagio del actual proceso de paz? ¿Crees que sea posible algún día llegar a un acuerdo entre los guerrilleros y el gobierno, y qué implicaría? Describe las condiciones en las que escribiste *Historia de un entusiasmo*.

En l982, debido a mi trabajo en *Semana*, me llamó el entonces presidente Belisario Betancur para nombrarme miembro del Comité Negociador que habría de buscar un acuerdo de paz con la guerrilla del M-19. Era la primera vez en América Latina que se planteaba la posibilidad deslumbrante de ponerle fin a nuestra cadena interminable de guerras sanguinarias mediante un acuerdo social y político con la insurgencia armada. El proyecto suscitó, por una parte, un enorme entusiasmo –o más que entusiasmo, casi que felicidad–, pero por otra, despertó una rabiosa oposición. A medio país la idea de acallar los fusiles y de parar el inútil derramamiento de sangre, para sentarse a conversar, le sonó a música, a única posibilidad de futuro. Pero al otro medio, al que sólo creía en la vía militar y en los hechos de fuerza, le pareció un oprobio inadmisible. La experiencia como comisionada de paz me resultó apasionante; tanto, que dejé de lado el periodismo para dedicarme de lleno a esa gran esperanza que para mí significó la negociación. Pero al mismo tiempo, aquellos fueron meses extenuantes y peligrosos, que terminaron en el asesinato de muchos de los guerrilleros que entregaron las armas y que estuvieron marcados para mí por una serie riesgos y de amenazas que me obligaron a abandonar el país, durante seis años.

Hoy los caminos de la negociación se han retomado en Colombia, pero ya desgastados, convertidos en retórica y en acto burocrático por parte de un gobierno incapaz y pusilánime y de una guerrilla que atenta sistemáticamente contra la población civil. Quisiera detenerme aquí un instante para vislumbrar qué nos espera a los colombianos, en materia de posibilidades de paz, tras la declaración de guerra sin tregua al terrorismo por parte de Estados Unidos, y el bombardeo a Afganistán. Por un lado, el M-19 ya es un partido legal, que ha abandonado las armas, y las FARC, la guerrilla que hoy predomina en Colombia, han sido declaradas por los Estados Unidos el grupo terrorista más peligroso del hemisferio. No es necesario hilar fino para sospechar que se pueden avecinar intervenciones militares directas por parte del ejército norteamericano sobre nuestro territorio, ya de por sí devastado por la guerra civil, que harán que nuestra población desarmada –ampliamente mayoritaria, desplazada y cruelmente martirizada por la violencia interna– tenga que sufrir además la horrenda inclemencia de bombardeos e invasiones, tan inútiles, por lo demás, a la hora de ponerle fin a atávicos conflictos internos, debidos no sólo a la acción de los violentos, sino también, y estructuralmente, a la desigualdad, la miseria y la injusticia propiciadas durante decenios por gobiernos locales apoyados por los propios Estados Unidos. Vaciadas de contenido tanto las actuales vías de la negociación como las de la guerra, lo único que puede frenar la desintegración total de Colombia como nación es el fortalecimiento de un poderoso, valeroso, autónomo, gandhiano y profundo movimiento pacifista, que ya existe y que paso a paso se ha ido desarrollando pese a las embestidas de la violencia guerrillera, la del narcotráfico, la militar y la paramilitar, y que, según mi opinión, será el único que podrá democratizar a nuestro país y encauzarlo hacia la dignidad y la paz.

CUÉNTANOS ACERCA DE LOS ORÍGENES DE TU PRIMERA NOVELA, *LA ISLA DE LA PASIÓN. exiliada en m.*

El primer año de mi exilio en México fue un tiempo de aislamiento y de añoranzas, de soñar a todas horas con el momento en que me fuera dada la posibilidad de regresar a Colombia, de andar pendiente de cualquier noticia o periódico viejo que llegara de mi tierra y de mi gente, de andar rodeada de otros exiliados con quienes compartía destino común. Un buen día amanecí cansada de todo eso: me di cuenta de que tenía a mi alcance ese país maravilloso que es México y que me lo estaba perdiendo por andar con la cabeza y el corazón embebidos en Colombia. Entonces empecé a buscar una historia local que me permitiera escribir un nuevo libro (me refiero a una historia real, desde luego, porque en ese entonces ni se me ocurría la posibilidad de recurrir a la ficción). Pero resulta que a diferencia de Colombia, que es un territorio básicamente inédito, México ha sido reseñado una y mil veces no sólo por sus propios narradores e historiadores, que son extraordinarios, sino también por extranjeros que han sucumbido ante los encantos de ese país, como John Reed, Ambrose Bierce, Oscar Lewis o Malcolm Lowry.

Me resultó difícil encontrar algún rincón de la historia mexicana que no hubiera sido explorado ya, pero al fin lo encontré, y se trataba, desde luego, del último rincón. Un atolón inhóspito, despoblado, inaccesible por los fieros arrecifes coralinos que lo rodean e indeseable por la laguna de aguas podridas que tiene en el centro. Mejor dicho, el quinto infierno, pese al bello nombre –Isla de la Pasión–, que en tiempos de la Conquista la bautizó el explorador Fernando de Magallanes. Pues resultó que a principios del siglo XX, en esa isla –más pequeña que el Central Park de Nueva York– se había llevado a cabo una dramática, fantasmagórica y al mismo tiempo quijotesca historia de resistencia militar por parte de la guarnición de once soldados mexicanos contra un invasor extranjero que nunca llegó a atacar, y ni siquiera a mostrar la cara. Luego, tras la muerte de todos los soldados mexicanos, vinieron nueve años de supervivencia, como náufragos, por parte de sus mujeres y sus hijos, hasta el emocionante rescate final. Empecé a rastrear las huellas de semejante tesoro de historia por entre los archivos de la marina mexicana y de la norteamericana, viejas cartas de amor, documentos perdidos, noticias de los diarios de la época y sobre todo por el territorio mexicano, que recorrí de un extremo al otro en busca del testimonio vivo de los descendientes de las once familias. Aquello no sólo me resultaba apasionante, sino que además –y supongo que eso fue lo fundamental– se me aparecía como la posibilidad de hablar en términos metafóricos de mi propia situación en ese momento: de mi confinamiento en esa muy particular isla que es el exilio político, con su extraña lucha por la supervivencia y la estrecha convivencia forzada con sus peculiares náufragos. Y fue así, a medio camino entre el reportaje histórico y la recreación literaria, como surgió mi primera novela, *La isla de la pasión*.

Tu segunda novela, Leopardo al sol, toma lugar en Colombia y apareció en 1992.

En los años ochenta, a raíz del narcotráfico, se desencadenó en Colombia una violencia interna más abrumadora aun que la anterior, y una corrupción sin límites, para no hablar de la agresión que nos cayó desde afuera, por la vía de ese invento incomprensible y a todas luces inútil que se llama la Guerra contra la Droga. Todo eso sucedía en una sociedad regida por la moral cristiana y en muchos sentidos por la vigencia de patrones que parecían perdurar entre nosotros desde el Siglo de Oro español (XVII). Hasta los ochenta, a poca gente en Colombia se le ocurría asociar la idea de dinero con la de felicidad. Más bien por el contrario, en las familias estaba prohibido hasta hablar de dinero, y decir, por ejemplo, cuánto te había costado un automóvil, o un reloj, era considerado un gesto grosero y de la peor educación. Todavía te encuentras que en Colombia con que si le preguntan a un carpintero, o a un conferencista universitario cuánto le deben por su trabajo, él responde con suma cortesía: «Ni más faltaba, cómo voy a cobrarle; lo que usted considere justo es lo que debe pagarme». ¿Cómo pasamos de ahí, aparentemente de la noche a la mañana, a los miles de millones de dólares que se pudrían de humedad en sótanos clandestinos, a la invasión de armas de la más alta tecnología, la multiplicación de ejércitos privados, la proliferación de sicarios, la sobrepoblación de agentes de la CIA y la DEA, las sangrientas cadenas de venganza, las mansiones literalmente enchapadas en oro de los nuevos millonarios, la muerte sistemática de jueces, dirigentes políticos, figuras públicas, policías y poblaciones enteras. En fin, del exterminio de quien quiera que se opusiera a los designios de esta nueva y flamante casta de los flamantes señores de la droga? Semejante tránsito estaba plagado de códigos secretos, de viejos caminos hasta entonces invisibles, que quise empezar a descifrar en Leopardo al sol, en una investigación que me tomó once años.

Sobre esa investigación de los hechos reales monté una novela de ficción que estructuré en dos tiempos. En el pasado, los protagonistas de la violencia se mueven a velocidades frenéticas –busqué inspirarme en técnicas de cómics, de telenovela y de cine de hiperacción– mientras que en un presente detenido gentes anónimas, vecinos del montón, van conversando entre ellos, comentando los hechos a manera de coro, no griego sino caribeño, que inventa o desmiente rumores, que lanza interpretaciones lúcidas o delirantes, que hace recuentos realistas o transposiciones míticas de todo aquello. Pienso que el resultado fue una novela brutal, de lenguaje muy rudo, que intenté suavizar a través de las protagonistas mujeres, mostrándolas en su afán por preservar la vida de sus hijos. Un dato curioso es que nunca en *Leopardo* mencioné la palabra «droga», y ni siquiera hablé directamente del tema. Primero, porque estoy convencida de que todo lector lee entre líneas y que el autor sólo logra sobrecargar el texto y hacerlo obvio cuando explicita lo que el lector deduce por sí solo, y segundo, como reacción a la fetichización que se desprende de la filosofía de la Guerra contra la Droga, que reduce a un objeto –la droga– todo un intrincado tejemaneje de relaciones humanas.

Me preguntas cómo fue recibida en Colombia *Leopardo*, hace ya casi diez años, cuando fue publicada por primera vez. En general, mal. Entre los pocos que la leyeron, muchos se sintieron ofendidos. Tal vez porque los narcotraficantes estaban además vistos como seres humanos, y tal vez también porque no se los separaba asépticamente del resto de la sociedad, en un esquema de buenos y malos, sino que apuntaba a los nexos y complicidades entre ellos y los políticos, los militares, los obispos, las reinas de belleza, los asesores de imagen.

Tu tercera novela, *Dulce compañía*, te lanzó internacionalmente. Recibiste el premio mexicano Sor Juana Inés de la Cruz y el Prix France Culture. ¿Cómo surgió la idea de la novela y en qué forma cambió el éxito tu vida?

Aunque no recibí una educación directamente religiosa durante mi niñez, sí viví de lleno por entonces en terreno mítico y poético de lo que está imantado por lo religioso. Así, en su vieja casona en penumbra y bajo la luz roja de las veladoras al Sagrado Corazón, mi abuela paterna me hacía rezar con ella «Los Mil Jesuses», que es una oración extraña e hipnótica en la que repites el nombre de Jesús mil veces, contadas una por una. Entrar a los dormitorios de las empleadas domésticas era una experiencia sobrecogedora para la niña que fui, porque olían a sahumerio y estaban llenos de estampas de santos milagrosos y de matas de sábila contra el mal de ojo. Todos los diciembres hacía con mi madre un pesebre gigante en el que representábamos las montañas, los ríos, las constelaciones del cielo, los pastores de Belén, los camellos de los tres Reyes Magos, en fin, el universo entero, y por supuesto que creía a rajatabla en que el Niño Dios en persona me traía los regalos del 24, tanto, que tengo un primo mayor que aún recuerda la patada que le di cuando quebró el encanto al contarme que en realidad eran los padres. O sea que crecí bajo el arrullo de esa convicción deliciosa e irracional según la cual existe un ser todopoderoso y bueno que te protege de todo mal y en todo momento porque te quiere y te perdona.

Luego, en la adolescencia, mandé al infierno al santerío con todo y moral cristiana y pastores de Belén, y de ahí en adelante viví muy a gusto en el más impío de los descreimientos. Entonces sucedió que, ya pasados los cuarenta, viajes a ciertos lugares donde el misterio ha puesto su dedo, como Asís y Jerusalén, despertaron en mí una cierta nostalgia. ¿Qué pasaría, me dio por pensar, si una mujer madura y pragmática se topara de buenas a primeras, en una calle cualquiera, cara a cara, con aquella entrañable y etérea compañía que vigiló los días de su infancia? Para mí estaba claro que le sería imposible encontrar la fe perdida, pero ¿se permitiría al menos el intento de buscarla? Así fue como nació esa comedia adolorida, *Dulce compañía*.

En cuanto a los premios, la fama, las traducciones, tuve el privilegio de ser, durante años, una autora altamente desconocida y prácticamente inédita, que tenía, por esa misma razón, la libertad de escribir como le daba la gana. A mi agente literario, Thomas Colchie, de Nueva York, le debo las giras internacionales y las traducciones. Pero él –hombre culto y encantador– es el primero en alentarme a que siga escribiendo como me dé la gana.

TU CUARTA NOVELA, *LA NOVIA OSCURA*, ESTÁ PRÓXIMA A APARECER EN LOS ESTADOS UNIDOS. ¿CÓMO FUE EL PROCESO DE SU ESCRITURA?

Desde hace seis o siete años (desde que conozco a Thomas Colchie) vivo de mis derechos de autor, pero antes tenía que escribir de noche y ganarme el pan durante el día en diversas actividades que iban desde el periodismo hasta los guiones para telenovela. Uno de esos trabajos fue una investigación para Ecopetrol, la empresa estatal de petróleos. En Colombia, las instalaciones petroleras y sus funcionarios han sido declarados objetivo militar por parte de cuanto grupo armado opera por aquí, y mi tarea era conversar con los diversos protagonistas del conflicto para tratar de arrojar luces sobre motivos del descontento y posibles soluciones distintas a la militar, que le cuesta a la empresa millones de dólares y que tiene una eficacia muy relativa.

Fui a parar, pues, a la muy paradójica ciudad petrolera de Barrancabermeja, de larga historia antimperialista y sindical, que es un pequeño cordón urbano en torno a una inmensa refinería, a orillas del río Magdalena, en el corazón de la selva colombiana y también en el propio corazón de la guerra. Es una ciudad paradójica porque en medio del terror y calor campean allí estupendas bibliotecas públicas, una intensa vida intelectual y nocturna, una vegetación bellísima y un enjambre de personajes inéditos y de historias vivas que son una tentación para cualquier escritor. De día entrevistaba ingenieros norteamericanos, altos ejecutivos internacionales, jefes militares y jefes guerrilleros, comandantes del Ejército, defensores de los derechos humanos, contrabandistas de gasolina, buscafortunas y desplazados de la violencia; mientras que de noche, entre balaceras y luces rojas, me sentaba en alguno de los bares de la ciudad a conversar con las putas y con los obreros petroleros, en especial los más viejos, los que habían trabajado y luchado hacia los años cuarenta, en épocas de la «Troco» –la famosa Tropical Oil Company– antes de la nacionalización del petróleo en Colombia.

Desde el primer momento supe que de allí tendría que sacar al menos una novela, y por lo pronto he sacado dos, ambas de ficción pero ancladas en los hechos reales de esa caja de Pandora que es Barrancabermeja: *La novia oscura*, que es la historia de Sayonara, una niña prostituta del mundo petrolero; y ahora, hace unas semanas, *La multitud errante*, sobre la masa de gente que la violencia va arrojando a los caminos al dejarlos sin tierra ni familia, y en particular sobre uno de estos desplazados, llamado Siete por Tres, que recorre la geografía de la guerra en busca de un amor perdido.

Para terminar, ¿cómo desarrollaste tu método de escribir, esa mezcla de la realidad y la ficción?

Pienso que son tus propios libros, un poco independientemente de ti, los que van buscando su estilo para abrirse camino. *Historia de un entusiasmo* es básicamente un reportaje. Pero ya de por sí un reportaje curioso, o expulsado del periodismo, por decirlo así, porque en él relaté, desde el exilio, hechos y testimonios que los medios de comunicación se negaron a publicar en los duros y sangrientos momentos que siguieron a la ruptura de la primera negociación de paz. *La isla de la pasión* dio un paso más en este recorrido no premeditado hacia el reportaje que, al no tener cabida en los medios, empieza a abrir ventanas hacia la literatura. Es, si quieres, un «falso reportaje», porque a los capítulos de neta investigación histórica, o reporteril, les fui intercalando capítulos literarios en los que me permitía deducir ciertas cosas pese a no tener pruebas, porque podía jurar que habían ocurrido así o asá, de la misma manera en que sabes cómo son las piezas que te faltan en un rompecabezas a partir del contorno de las piezas vecinas. Pero con el grave inconveniente de que yo era una colombiana de fin de siglo que andaba contando una historia de mexicanos de principios de siglo, y aunque podía verificar los datos externos, tenía en mi contra un amplio margen de error a la hora de interpretar reacciones, o sentimientos, o diálogos. Necesitaba, por tanto, una fórmula que me permitiera violentar levemente los hechos verificables para no ofender con mi interpretación personal, y de ahí el carácter dual de los capítulos, unos estrictamente investigados, y otros con licencia para mentir un poco. Fíjate que por ese tiempo le entregué el borrador de *La isla* a un editor inglés que me dijo que estaba dispuesto a publicarla siempre y cuando yo decidiera de una buena vez si lo que quería hacer era novela o reportaje, porque encontraba inaceptable esa mezcla disparatada de las dos cosas. Entonces decidí que lo que aquel editor me pedía era justamente lo que no iba a hacer, y puse la siguiente nota al inicio del libro: «Los hechos históricos, lugares, nombres, fechas, documentos, testimonios, personajes, personas vivas y muertas que aparecen en este relato son reales. Los detalles menores también lo son, a veces». Mirando hacia atrás, veo que ésa fue mi proclamación de independencia frente a las fronteras entre los géneros.

Mi tercera novela, *Leopardo al sol*, fue primero una serie de informes que hice cuando trabajaba como reportera de un noticiero de televisión; luego los convertí en un extenso artículo de revista, a raíz del cual me pidió una programadora de televisión que lo transformara una vez más, esta vez en guiones para una miniserie, cosa que hice, pero que nunca salió al aire porque sus protagonistas, muy reales y muy armados en la vida real, amenazaron con volar la programadora con una bomba. Entonces traduje la historia de nuevo, esta vez a la ficción, manteniendo de la realidad los hilos interpretativos básicos. Pero la amenaza de bomba seguía sonando en los oídos de los directivos de la programadora, que finalmente no me compraron los derechos, así que todo aquello terminó convertido en novela de ficción. Como te digo, no decides del todo tu estilo, sino que en su afán de supervivencia tus libros deciden por ti. Y a partir de *Dulce compañía*, lo que antes había sido un quebradero de cabeza se convirtió en una afición, y quise estirar al máximo la ambigüedad, haciendo que la protagonista, una reportera que investiga la aparición de un ángel en una barriada de Bogotá, no violara todas las normas de ob-

before Dulce
and
after Dulce

jetividad informativa y de no intervención en los temas tratados, y no sólo se enamorara del ángel, sino que además tuviera un hijo con él, con lo cual estaba jugando a romper, al mismo tiempo, la separación tradicional entre lo divino y lo humano, y entre el autor y su personaje. El juego estaba casado y me resultaba delicioso: ahora quería hacer del protagonista una figura literaria a la manera del detective en el género negro. Y como narradora de *La novia oscura* puse a una periodista que investiga y relata en primera persona los resultados de su investigación, pero que es, junto con los demás personajes, una invención.

¿El próximo paso? Dejar de lado todo aquello, y dedicarme a algo así como la zona de intersección entre la novela y el ensayo.

Casi todo sobre mi madre[1]

Pedro Saboulard

Pedro: Me gustaría decir aquí lo de los rulos.
Laura: ¿Qué es lo de los rulos?
Pedro: Que cuando escribes tienes puestos rulos en el pelo.
Laura: No es cierto. Casi nunca escribo con los rulos puestos, no vayas a decir eso.

La literatura es un oficio que a veces hay que interrumpir porque hay que preparar los espaguetis o porque hay que ir al dentista, porque hay que sacar al perro. Al lado de Laura Restrepo, mi madre, he vivido la relación con los libros como una serie de personajes y de hechos que saltan de las novelas a la vida real y viceversa, a veces sin saber siquiera a qué campo pertenecen. Laura trata de enseñarme el oficio de escribir. Desde ese primer libro infantil que leímos juntos, hasta los cuentos que ahora garrapateo, ella se esfuerza por darme pistas, me indica caminos posibles, me quita un «que», me acorta una frase. Yo me resisto, pero mi mamá me mima y quién soy yo para no dejarme.

Al recordar mi propia vida, mi infancia junto a Laura Restrepo, resulta difícil apartar las historias de sus libros de mis propias memorias.

—Había un cuarto de hotel en Madrid, yo no tendría más de cinco años. Me gustaba jugar con mis muñequitos de He-Man e inventaba leyendas de héroes y de villanos. Tú te la pasabas sentada frente a un computador de pantalla negra con letras verdes y brillantes.

—Por esos meses yo estaba escribiendo *Historia de una traición*, que después se llamó *Historia de un entusiasmo*. Mientras tú inventabas batallas de espadas, yo armaba los personajes de mi libro. De

---

1 Esta entrevista fue publicada originalmente en *Piedepágina*, número 2, Bogotá, marzo de 2005, http://www.piedepagina.com/numero2/html/contenido.htm

alguna manera tú estabas en tu guerra de superhéroes infantiles y yo estaba en mi guerra de «superhéroes» más o menos adultos, más o menos de verdad.

—Yo le ponía a los personajes de mi juego los nombres de los remedios homeopáticos que me obligabas a tomar contra las gripas que me producía el invierno español. Los personajes que aparecían en tu novela eran reales y a muchos de ellos los conocí, fueron personas con las que conviví durante ese tiempo.

—Bueno, es que ésa no era novela, era un reportaje sobre la negociación que hizo el gobierno con el M-19. Cuando lo escribí, aunque se había decretado un armisticio, en Colombia estaban matando a los guerrilleros desmovilizados. De hecho, tú y yo estábamos exiliados en ese hotelito de Madrid, yo había salido contigo del país porque también a mí me tenían amenazada, por haber hecho parte en las negociaciones.

—Al ser nosotros mismos parte de la historia, ¿cómo podías ser objetiva?

—No lo era. Estaba escribiendo ese libro en carne viva, contaba los acontecimientos a medida que pasaban y me sentía comprometida con el proceso. Era una escritura en caliente, que se hacía con el alma en la boca. Ese libro pretendía ser mi testimonio, el reflejo honesto de mi propia subjetividad. Dudo que se pueda hacer otra cosa, me parece presuntuoso hablar de «objetividad».

—La parte positiva la conozco, la reconozco como un capítulo del desarrollo democrático de la historia del país. ¿Pero qué hay de los errores del M-19? ¿Qué hay de la sangre que hicieron correr y de ciertos desastres de los que me he ido enterando con el tiempo?

—El estar comprometida con una de las partes me llevó a minimizar sus errores. Lo cual es en si mismo un error. Con el tiempo te das cuenta de que la gente y los procesos históricos se ven enriquecidos tanto por sus aciertos como por sus errores y omitir estos últimos quita vuelo y perspectiva. Quita realismo.

—¿Quieres decir que ese reportaje se volvió literatura?

—Todo reportaje es en parte literatura.

—Las personas del M-19 que yo conocí solían ser heridos que iban a dar al exilio porque de una u otra manera iban sobreviviendo a los atentados y a la guerra. También llegaban huérfanos y viudas, y esos eran mis amigos. La historia del M-19 –*Historia de un entusiasmo*– que yo conocí era una historia de heridas.

—También conociste y quisiste a algunos a quienes mataron después.

—La primera mujer de la que me enamoré era una mulata hermosa a la que le decían La Negra. La Negra iba y volvía de Colombia y me traía regalos de allá. Ella me enseñaba a bailar salsa y yo me moría de amor. Pero un día desapareció.

—La Negra era la compañera de Pedro Pacho, otro dirigente del M a quien también conociste.

—Si, pero era mi rival y me caía mal

—A Pedro Pacho y a La Negra los mataron en un aeropuerto, cuando se bajaban de un avión. *Historia de un entusiasmo* esta escrita «con tinta sangre del corazón», como dice el bolero.

—Hay episodios que yo recuerdo de una manera muy distinta a como tú los describes en tu libro. Vistos desde la perspectiva de un niño, las personas que murieron no eran guerrilleros de un proceso de paz, eran simplemente seres queridos.

—Así que desde chiquito lo sabes, en cada libro escrito uno va dejando jirones de vida.

—También hubo libros que me dejaron alegrías. A diferencia de la soledad del exilio en el que escribiste *Historia de un entusiasmo, Las vacas comen espaguetis* lo hicimos en Bogotá con la familia: la abuela, la tía, el tío y los primos.

—Ésa fue una amorosa miniempresa familiar.

—Eso mismo iba a decir.

—Yo transcribía en una libreta las cosas que iba diciendo el niño que eras tú. Tu tía Carmen recogía los dibujos que hacía tu prima María. A los niños se les ocurren cosas fantásticas, racionales y cuerdas algunas y otras muy locas, pero siempre divertidas, siempre fascinantes. Tienen una visión peculiar y aguda de la realidad. Para mí era muy entretenido, me hacías reír con tus loquinas. Pero a veces me quedaba fría con tu visión tan crítica de lo que era mi vida. Eras un *pain in the ass*, bueno, sigues siendo.

—Para el niño que fui, debía ser alucinante ver cómo todo se nos volvía literatura. Los del M ya eran «superhéroes» y ahora los miembros de la familia pasaban a ser personajes de libro.

—*Las vacas* salió de la pura vida cotidiana. Una familia sentada en una mesa juntando las piezas del rompecabezas de un pasado compartido. Ahí hablamos del cariño, de la separación de los padres, de sueños y miedos, de fantasías tuyas como caballos alados y piedras del gran poder, cosas así.

—Y de mis amores en el colegio a los siete años. Yo me los tomaba muy en serio y hasta hoy resiento que ahí hayan quedado payaseados.

—Supongo que el tema de esta entrevista es cómo la literatura y la vida van corriendo paralelas, cogidas de la mano. Ésa podría ser una buena frase para la introducción...

—Sí, perfecto, mamá —digo mientras pienso en los rulitos que ella usa en el pelo y empiezo a imaginarme una introducción un tanto distinta para esta entrevista.

Una vez en la escalera de un centro comercial en México nos encontramos tirado un rollo de billetes. Se le habían perdido a alguien. Laura siempre me ha dicho que ese dinero fue «como caído del cielo» porque con eso pudo hacer la investigación para *La isla de la pasión*. Yo sólo recuerdo que hubiera preferido que con esa plata me comprara el Transformer verde que quería...

—En esa ocasión recorrimos en bus y en automóvil muchos de los pueblos de México, recogiendo datos.

—Yo sólo recuerdo que me mareaba en las carreteras.

La isla de la pasión es una historia de náufragos de principio del siglo XX, que Laura hizo basándose en los testimonios de los descendientes de las víctimas. Según vine a saber después, ésas eran las personas que fuimos visitando de pueblo en pueblo. Con tanta distancia y tantas versiones distintas y encontradas, le pregunto a ella si su libro resultó ser historia o literatura.

—También consulté documentos oficiales, cartas de amor, bibliotecas. Yo estaba haciendo una novela histórica pero tenía que fantasear los diálogos, complementar con pinceladas aquí y allá, redondear personajes. Por eso te digo, todo escrito, así sea reportaje, biografía o historia, en el fondo es literatura.

—Como dices, es una historia de gente abandonada en una isla a principios del siglo XX, pero al mismo tiempo yo la siento como la historia nuestra de esos días. Nuestro aislamiento de Colombia, de mi familia, de mis amigos...

—Claro, esa novela en el fondo es una metáfora del exilio. Recurres a las metáforas porque siempre hay un pudor que te impide escribir directamente sobre lo tuyo. La situación del exilio, tal como la vivíamos tú y yo, era básicamente la misma de los náufragos en *La isla de la pasión*: un grupo de mujeres y de niños que se apoyan los unos en los otros para tratar de sobrevivir en un medio adverso y ajeno.

De la escritura de *Leopardo al sol* tengo recuerdos divertidos. La sala de un apartamento en Roma y mi madre sentada en el suelo leyendo cómics y oyendo canciones de Metallica, porque, según decía, ésas serían sus principales influencias para la nueva novela que estaba escribiendo. Los cómics eran míos, pero debo confesar que los discos de Metallica eran de ella. *Leopardo* es mi novela favorita; según creo, en ella sale a flote la adolescencia tardía de mi madre. Al final, cuando la leí ya impresa, a los doce años, casi me voy de para atrás. Nunca pensé que mi mamita linda fuera capaz de escribir esas ferocidades: matanzas a lo Tarantino y sexo de película porno.

En Roma la acompañé a hacer la investigación para la novela *Dulce compañía*. Buscábamos ángeles y arcángeles por las catacumbas, las ruinas arqueológicas, los museos, las iglesias. Recuerdo que una vez, visitando los túneles que hay bajo el altar mayor de San Pedro, encontramos la figurita de un ángel esculpida en una lápida. Cuando me acerque a ver la inscripción, vi que decía Luzbel y se me pusieron los pelos de punta. Ella convertía todo ese aquelarre celestial en párrafos de su novela, mientras que yo me moría de miedo por las noches, cuando ese Luzbel se me aparecía entre las sombras.

—Dime la verdad y confiésales a tus lectores: yo soy ese ángel bello y misterioso de tu libro, ¿sí o no?

—Cómo no, enano ridículo, tú eres el Luzbel de la lápida.

Pese a este trato inhumano que he recibido por parte de mi madre, he decidido continuar haciéndole esta entrevista, y le pido que me cuente sobre el premio Alfaguara, que le dieron por su última novela, *Delirio*.

—Hay la sensación generalizada de que un premio de ésos le cambia la vida a un escritor y que su carrera se divide en dos a partir de ese momento. Yo siento que no es así; sé que este premio, como también otros anteriores, han traído alegría a la casa, pero al mismo tiempo sé que no está sucediendo nada distinto a lo que ya venía ocurriendo antes (al menos sigues escribiendo con los mismos rulos de doña Florinda). Dime cómo vives tú esto.

—Los premios son buenos por cuanto te permiten tener acceso a más lectores, pero no son la lotería que la gente cree. En esta vida no hay loterías, sólo hay procesos, desarrollos, trabajo. Yo no creo ni en los éxitos ni en los fracasos, sino en la consistencia de una vida dedicada al trabajo. Además, nada te garantiza que en la novela siguiente no te vaya fatal.

En la ceremonia de entrega del premio Alfaguara, José Saramago, presidente del jurado, dijo que hay muchos buenos escritores que han sido ruines como personas, «pero Laura Restrepo», dijo, «es una buena escritora y una buena persona». Yo puedo asegurar que además es una buena madre.

No es fácil hacer análisis literario cuando la escritora es la mamá de uno. En los libros de Laura Restrepo hay pedazos de mi propia vida y a veces yo mismo siento que soy un personaje de su invención, o que al menos así me ve ella. Por eso, esta entrevista es mi dulce venganza: aquí el personaje de ficción es ella. ¿Literatura o realidad? *That is the question.* Y sigue sin respuesta.

RESEÑAS BIOGRÁFICAS

Luz Stella Angarita Palencia (Barrancabermeja, Colombia). Estudió literatura. En la actualidad es profesora de literatura colombiana y latinoamericana en la Pontificia Universidad Javeriana de Bogotá. Entre sus publicaciones se encuentran cuentos, artículos y reseñas que se mueven entre la creación literaria y la académica. El público infantil y juvenil constituye el principal interés en sus escritos

Gricel Ávila Ortega (Mérida, México). Estudió licenciatura en literatura latinoamericana en la Universidad Autónoma de Yucatán y tiene una maestría en literatura hispanoamericana de la Universidad del Estado de Nuevo México. También realizó estudios de historia del arte y lenguas extranjeras. Ha publicado poesía, cuento y ensayo en revistas nacionales, internacionales, electrónicas y en antologías. Ha trabajado como guionista, locutora de radio y maestra de español en la Universidad del Estado de Nuevo México.

Vania Barraza Toledo (Osorno, Chile). Se desempeña como docente en la Universidad Central de Michigan. Recibió su doctorado en la Universidad de Arizona con una especialización en literatura latinoamericana y teoría literaria. Sus investigaciones se enfocan en estudios de género, estudios culturales y análisis del discurso. Ha publicado artículos sobre narrativa detectivesca, teoría de la recepción y escritura femenina. Es becaria del Ministerio de Asuntos Exteriores de España y recientemente del Programa Interdisciplinario de Estudios de la Mujer, de El Colegio de México, para realizar investigaciones y estudios de género. En la actualidad se encuentra desarrollando el proyecto «Mujeres en la encrucijada: fisuras pendientes del género femenino».

Juan Alberto Blanco Puentes (Bogotá, Colombia). Licenciado en lingüística y literatura de la Universidad Distrital Francisco José de Caldas y magíster en literatura latinoamericana de la Pontificia Universidad Javeriana, donde actualmente es profesor, además de editor de la revista *Cuadernos de Literatura*. También es profesor en la Universidad Colegio Mayor de Cundinamarca y en la Institución Universitaria Colombo Americana. Sus intereses investigativos tienen que ver con la literatura latinoamericana y colombiana especialmente. Ha escrito artículos y reseñas sobre obras y autores latinoamericanos para las revistas académicas *Cuadernos de Literatura* (Universidad Javeriana), *Tabula Rasa* (Universidad Colegio Mayor de Cundinamarca) y *Con-textos* (Universidad de Medellín).

Helena Isabel Cascante (Ottawa, Canadá). Estudiante de doctorado en el Departamento de Español y Portugués en la Universidad de Toronto, Canadá. Se especializa en la literatura contemporánea colombiana. En su tesis de maestría (Universidad de Calgary, Canadá), trata el tema del desplazamiento y la identidad en dos novelas de Laura Restrepo: *La novia oscura* y *La multitud errante*. Ahí está la base del ensayo incluido en esta colección.

Mery Cruz Calvo (Cali, Colombia). Profesora de la Escuela de Estudios Literarios de la Universidad del Valle. Es licenciada en literatura y magíster en literatura colombiana y latinoamericana (tesis con calificación emérita) de la Universidad del Valle. Ha publicado en los libros de ensayos *De sobremesa, lecturas críticas* (1996) y *Género y literatura en debate* (2004), libros editados por la Universidad del Valle. De igual manera en *Nueva novela colombiana: ocho aproximaciones críticas* (Nueva York: Sin Fronteras Editores; Cali: Botella y Luna, 2004). Ha participado con ponencias en diversos eventos sobre literatura colombiana y latinoamericana. Actualmente participa del grupo de investigación sobre género, literatura y discurso, adscrito a la Escuela de Estudios Literarios y al Centro de Estudios de Género de la misma universidad. También adelanta el proyecto de investigación *Narrativa femenina del Valle del Cauca*.

Rosana Díaz-Zambrana (Mayagüez, Puerto Rico). Es profesora en el Departamento de Lenguas Modernas y Literatura de Rollins College. Obtuvo su doctorado en literatura comparada en la Universidad de Illinois, Urbana-Champaign. Ha publicado artículos sobre cine, cultura popular y narrativa latinoamericana contemporánea. Sus intereses son los estudios culturales, la novela postdictatorial y la literatura de viajes.

María Victoria García Serrano (Conquista de la Sierra, Cáceres, España). Estudió filología hispánica (lingüística) en la Universidad Complutense de Madrid y literatura latinoamericana contemporánea en la Universidad de Wisconsin-Madison. En su tesis doctoral analizó la oposición entre oralidad y escritura en la novela de Guillermo Cabrera Infante *Tres tristes tigres*. Desde entonces se ha dedicado al estudio de la narrativa producida por las escritoras hispanas contemporáneas. Sus más recientes publicaciones se centran en la representación literaria de mujeres con enfermedades mentales. También le interesan los acercamientos teóricos a la enseñanza de las lenguas y culturas extranjeras. Enseña español y literatura en la Universidad de Pensilvania.

Samuel Jaramillo González (Bogotá, Colombia). Economista de la Universidad de los Andes. Doctor en urbanismo de la Universidad de París XII. Profesor titular de la Facultad de Economía de la Universidad de los Andes. También es poeta, crítico literario y ensayista. Es autor de *Geografías de la alucinación* (1982), *Doble noche* (1998), *Selva que regresa* (1988) y *Diario de la luz y las tinieblas. Francisco Joseph de Caldas* (Editorial Norma, 2000), entre otros. En 1982 fue galardonado con el Premio Nacional de Poesía de la Universidad de Antioquia.

Julie Lirot (South Heaven, Michigan, Estados Unidos). Hizo los estudios universitarios en la Universidad del Estado de Michigan y obtuvo el doctorado en letras hispanas en la Universidad de Arizona. Ha sido docente en la Universidad de Nevada, Las Vegas, la Universidad de Miami (Ohio) y la Nova Southeastern University. Su investigación se concentra en literatura colombiana y caribeña, especialmente la literatura femenina. Ha publicado varios artículos y un libro sobre Reinaldo Arenas, *En busca de la identidad posmoderna* (Ed. Universal, Miami, 2006). Próximamente aparecerá una colección de entrevistas a escritoras colombianas, que publicará la editorial de la Universidad del Valle.

Magdalena Maiz-Peña (Monterrey, México). Catedrática de Davidson College en Carolina del Norte. Ha publicado *Identidad, nación y gesto autobiográfico* (1998), y es coautora de *Modalidades de representación del sujeto autobiográfico femenino* (1997). Su línea de investigación es género y literatura femenina latinoamericana, literatura contemporánea mexicana y estudios autobiográficos en Latinoamérica. Su trabajo de investigación en proceso se centra en geografías corpóreas y geografías culturales y en ciudad, producción cultural y género en el México postrevolucionario

Jaime Manrique (Barranquilla, Colombia). Escritor y catedrático. Recibió el Premio Nacional de Poesía Eduardo Cote Lamus en 1975 por su primer libro, *Los adoradores de la luna*. En el 2000 le fue otorgada una beca de la Fundación John Simon Guggenheim. Es autor de varios libros en español: *El cadáver de papá* (1978, cuentos) y *Notas de cine: Confesiones de un crítico amateur* (1979). En inglés es autor de *Maricones eminentes: Arenas, Lorca, Puig y yo*, y de las novelas *Oro colombiano* (1983), *Luna latina en Manhattan* (1992) y *Twilight at the Equator* (1997), que han sido traducidas a media docena de idiomas. Entre sus poemarios bilingües se encuentran *Mi noche con Federico García Lorca* (1995) y *Tarzán, mi cuerpo y Cristóbal Colón* (2000), y el libro *Sor Juana's Love Poems*. Su última novela, *Nuestras vidas son los ríos*, fue publicada en marzo del 2006 por Rayo/HarperCollins en Estados Unidos y en el 2007 Alfaguara publicó la edición en español. Es profesor asociado en el M.F.A. de la Universidad de Columbia y es miembro de la Junta de directores del PEN American Center.

Gustavo Mejía (Pereira, Colombia). Profesor del Departamento de Lenguas Modernas en la Universidad Central del Estado de Connecticut. Ha enseñado en varias instituciones de enseñanza superior en diferentes partes de mundo y ha liderado talleres sobre la integración de cultura y lenguaje por medio de la tecnología. Ha sido director asociado y director interino de la Escuela de Español en Middlebury College en Vermont y de la escuela graduada de Middlebury College en España. Actualmente es el coordinador del Instituto de Verano para Maestros de Español en la Universidad Central del Estado de Connecticut. Es autor de varias publicaciones académicas, libros y artículos en literatura y es coautor de *La escritura paso a paso*, Prentice Hall, 2007, un texto de composición en español a nivel intermedio avanzado.

Elizabeth Montes Garcés (Bogotá, Colombia). Recibió su maestría y doctorado en literatura hispanoamericana de la Universidad de Kansas en 1993. Desde entonces ha trabajado en varias universidades norteamericanas incluyendo la Universidad de Texas en El Paso y la Universidad de Calgary en Alberta, Canadá. Sus campos de especialización son la literatura escrita por mujeres y el cine latinoamericano. Ha publicado los libros *El cuestionamiento de los mecanismos* *de representación en la novelística de Fanny Buitrago* (1997), *Relocating Identities in Latin American Cultures* (2007) y una gran variedad de artículos sobre escritoras latinoamericanas en revistas prestigiosas como *Letras Femeninas, Texto Crítico* y *Revista de Literatura Mexicana Contemporánea*. Ha presentado ponencias en diversos congresos en Canadá, Estados Unidos, Europa y Latinoamérica.

Carmiña Navia Velasco (Cali, Colombia). Poeta y ensayista, es profesora titular de la Escuela de Estudios Literarios de la Universidad del Valle. Es coordinadora del grupo de investigación Género, Literatura y Discurso y dirige la Casa Cultural Tejiendo Sororidades. Es autora, entre otros textos, de *La narrativa femenina en Colombia* y *Guerra y paz en Colombia, escriben las mujeres,* que fue Premio Casa de las Américas en el 2004.

María E. Olaya (Bogotá, Colombia). Realizó estudios de guitarra clásica bajo la dirección del maestro Ramiro Isaza. Hizo estudios de literatura latinoamericana en la Universidad de Minnesota, donde terminó el doctorado. Su área principal de investigación es la literatura colombiana del siglo XX en el contexto del desplazamiento. También ha publicado trabajos sobre música y cine. Actualmente es profesora de español en la Universidad de Willamette y continúa tocando la guitarra clásica activamente.

Montserrat Ordóñez (Barcelona, 1941 - Bogotá, 2001). Recibió su doctorado en literatura comparada de la Universidad de Wisconsin-Madison, se desempeñó como profesora titular de la Universidad de los Andes y se especializó en literatura escrita y leída por mujeres. Publicó sus trabajos en numerosas revistas de América y Europa. Se le deben en particular una recopilación de trabajos críticos sobre *La vorágine* (Bogotá, Alianza Editorial, 1987), una edición crítica de la misma novela (Madrid, Cátedra, 1990), una selección de escritos de Soledad Acosta de Samper (Bogotá, Fondo Cultural Cafetero, 1988) y una edición de *Novelas y cuadros de la vida suramericana,* de la misma escritora (Bogotá, Ediciones Uniandes y Editorial Javeriana, 2004). Autora de los poemarios *Ekdysis* (Roldanillo, Ediciones Embalaje del Museo Rayo, 1987) y *De piel en piel* (París, Indigo, 2002). Fue eterna lectora, estudiante y profesora de idiomas y de literatura, editora, traductora, conferencista, periodista, crítica literaria, investigadora, viajera y escritora.

José Jesús Osorio (Caicedonia, Valle, Colombia). Realizó estudios de licenciatura y filosofía en la Universidad del Valle, en Cali. Recibió su doctorado en el Graduate Center of the City University of New York. Su tesis doctoral, *Silva y su ciudad: literatura, cultura y política en Colombia 1880-1886*, fue publicada en el 2006 por The Edwin Mellen Press. Ha publicado el poemario *Fantasmas muertos* (2002) y algunos de sus poemas están en la antología *Encuentro: 10 poetas latinoamericanos en USA* (2003). Es coeditor de la antología de cuentos *Narraciones sin fronteras, 27 cuentistas hispanoamericanos* (2004), y editor y miembro fundador desde 1997 de la revista literaria *Hybrido*, que se publica en Nueva York. También editó y compiló el libro de ensayos *Nueva novela colombiana, ocho aproximaciones críticas* (2004). En la actualidad enseña en Queensborough Community College of CUNY en Nueva York.

Lourdes Rojas (Barranquilla, Colombia). Es doctorada en filosofía y letras por la Universidad del Estado de Nueva York, Stony Brook. En la actualidad es catedrática de español en el Departamento de Lenguas Romances de la Universidad de Colgate. Ha publicado *Mujer, mitificación y novela* (1991) y numerosos ensayos sobre narrativa, poesía y ensayo latinoamericano contemporáneos. Su próximo libro, *Ensayistas del Caribe hispano: hilvanando el silencio* (editorial Verbum, Madrid), de próxima aparición en España, estudia el ensayo femenino en las tres islas mayores del Caribe hispanohablante. En la actualidad está preparando un ensayo crítico sobre la novelística de Mayra Montero y un proyecto de historia oral sobre las inmigrantes.

Pedro Saboulard Restrepo (Córdoba, Argentina). Licenciado en literatura de la Universidad de los Andes. Hizo estudios de escritura creativa en la Universidad de Cornell. Actualmente trabaja como guionista de cine y televisión en la Ciudad de México. Ha publicado cuentos y entrevistas en revistas literarias.

Elvira Sánchez-Blake (Bogotá, Colombia). Obtuvo su maestría y doctorado de la Universidad de Cornell. Sus publicaciones incluyen *Patria se escribe con sangre* (Anthropos, 2000), un libro que recoge testimonios de la mujer en la violencia en Colombia, y la antología *Voces hispanas siglo XXI: entrevistas con autores* (Yale University Press, 2005), una coedición con María Nowakowska Stycos. La antología comprende una selección de textos acompañada de un DVD de entrevistas a los autores seleccionados. Además ha publicado ensayos sobre narrativa latinoamericana en revistas académicas profesionales y en antologías. Actualmente enseña español y literatura en el Departamento de Estudios Romances de la Universidad de Cornell.

Paolo Vignolo (Milán, Italia). Profesor asociado de la Universidad Nacional de Bogotá, donde coordina el grupo de investigación Historia cultural: prácticas, imaginarios, representaciones. Su trabajo está enfocado en la exploración de mundos al revés (antípodas, carnavales, revueltas) desde la Edad Media hasta nuestros días. Luego de una formación en disciplinas económicas y sociales, se dedicó a la actividad teatral y al trabajo social, con el Taller de la Imagen Dramática de la Universidad Nacional, dirigido por Enrique Vargas (hoy Teatro de los Sentidos), con la compañía Adradanza, dirigida por Marta Ruiz, y con el grupo Residui Teatro de Roma, del cual es cofundador. En el 2003 sustentó su tesis doctoral, en la Escuela de Altos Estudios en Ciencias Sociales de París, titulada *Europa al revés: las antípodas en el imaginario del Renacimiento* (en vías de publicación). Es autor de numerosos textos académicos, ensayos y espectáculos y colabora activamente con el Instituto Hemisférico de Performance y Política.